Ulrike Schmieder
Hans-Heinrich Nolte (Hg.)

ATLANTIK

Wien 2010

Edition Weltregionen

Herausgegeben von

Andreas ECKERT, Hamburg
Friedrich EDELMAYER, Wien
Bert FRAGNER, Wien
Marcus GRÄSER, Washington
Margarete GRANDNER, Wien
Robert HOFFMANN, Salzburg
Andreas KAPPELER, Wien
Andrea KOMLOSY, Wien (geschäftsführend)
Matthias MIDDELL, Leipzig
Hermann MÜCKLER, Wien
Hans-Heinrich NOLTE, Hannover
Norbert ORTMAYR, Salzburg
Gerhard PFEISINGER, Wien
Barbara POTTHAST, Köln
Hans-Jürgen PUHLE, Frankfurt am Main
Dietmar ROTHERMUND, Heidelberg
Walter SCHICHO, Wien
Ulrike SCHMIEDER, Hannover
Arno SONDEREGGER, Wien
Susanne WEIGELIN-SCHWIEDRZIK, Wien

für den Verein für Geschichte und Sozialkunde (VGS)
in Kooperation mit dem Institut für Wirtschafts- und Sozialgeschichte der
Universität Wien, Dr. Karl Lueger-Ring 1, A-1010 Wien

Ulrike Schmieder / Hans-Heinrich Nolte (Hg.)

Atlantik

Sozial- und Kulturgeschichte
in der Neuzeit

Gefördert aus Mitteln der Historisch-Kulturwissenschaftlichen Fakultät der Universität Wien, des Bundesministeriums für Wissenschaft und Forschung, Wien, sowie des Kulturamtes der Stadt Wien, Abteilung Wissenschafts- und Forschungsförderung.

Die Deutsche Bibliothek verzeichnet diese Publikation in der deutschen Nationalbibliographie; detaillierte bibliographische Daten sind im Internet über http://dnb.ddb.de abrufbar.

Edition Weltregionen, Band 20

© 2010 Verein für Geschichte und Sozialkunde & Promedia Verlag/Wien
Alle Rechte vorbehalten

Umschlaggestaltung: Stefan Kraft
Umschlagbild: Moses Pitt, Nova Totius Terrarum Orbis Geographica, Oxford 1680. Kopie der Karte © The John Carter Brown Library at Brown University. Wir danken herzlich für das Copyright.
Kartengestaltung (Innenseiten): Roman Dangl
Redaktion: Andrea Schnöller
Satz: Marianne Oppel
Druck: Interpress, Budapest

ISBN: 978-3-85371-322-8

Inhalt

Hans-Heinrich NOLTE – Ulrike SCHMIEDER
Ein anderer Atlantik 7

Hans-Heinrich NOLTE
Der Atlantik
Jugendzimmer des Weltsystems 13

Wolfgang GABBERT
Warum Montezuma weinte
Anmerkungen zur Frühphase der europäischen Expansion
in den Atlantischen Raum 29

Martina KALLER-DIETRICH
Globalgeschichte des Essens im Südatlantik
Vom *Columbian Exchange* zur Entstehung afroamerikanischer Lokalküchen
in der Karibik und in Brasilien 48

Christian CWIK
Atlantische Netzwerke
Neuchristen und Juden als Lançados und Tangomaos 66

Claus FÜLLBERG-STOLBERG
Transatlantischer Sklavenhandel und Sklaverei in den Amerikas 86

Ulrike SCHMIEDER
Der Lusoatlantik
Perspektiven und Debatten 116

Kirsten RÜTHER
Christentum im Spannungsfeld atlantischer Bezüge
Versuche der Annäherung 138

Karl H. SCHNEIDER
Migration im nordatlantischen Raum, 18. und 19. Jahrhundert 154

Arno SONDEREGGER
Atlantische Wellen – Afrikanische Positionen
Zur panafrikanischen Idee bis 1945 172

Brigitte REINWALD
Transatlantische Passagen und der Preis der Freiheit
Erfahrungen und Begegnungen westafrikanischer und
afroamerikanischer Soldaten in Diensten der Alliierten 193

Jana GOHRISCH
Transatlantischer Kulturaustausch 209

Ulrike SCHMIEDER
Aspekte der Forschungsgeschichte zum Atlantischen Raum................................. 226

Autorinnen und Autoren 255

Hans-Heinrich Nolte – Ulrike Schmieder

Ein anderer Atlantik

Der Atlantik prägt uns auch in Mitteleuropa, obgleich hier der große Kontinent im Osten ja nicht ganz so fern ist, wie in Irland oder am Kap Finisterre, da, wo der Jakobsweg endet. Viele Europäer sind auf diesem Weg nach Westen gepilgert, nicht nur Spanier und Franzosen, sondern auch Deutsche und Österreicher, Ungarn, Tschechen und Polen. Und viele fuhren vom 16. Jahrhundert an über den Ozean noch weiter nach Westen, um in den Amerikas ein neues Leben zu beginnen. Im 19. Jahrhundert entwickelte sich der Staat der ausgewanderten Verwandten, die USA, nicht nur zum Modell kapitalistischen Wirtschaftsaufschwungs und politischer Demokratie (die freilich die Afrikaner, die indigene Bevölkerung und alle Frauen, d.h. die Bevölkerungsmehrheit, von Bürgerrechten ausschloss), sondern auch zur Großmacht. Im 20. Jahrhundert wurden die USA zur Weltmacht, welche die Geschicke der Daheimgebliebenen bestimmte. Das amerikanische Eingreifen entschied den Ersten Weltkrieg, das Desinteresse des amerikanischen Senats am Völkerbund trug zu dessen Scheitern bei, und der Angriff der Diktaturen Japan und Deutschland auf die USA 1941 besiegelte deren Zusammenbruch. Die Ozeane waren kaum Hindernisse, im Gegenteil – die GI's, die sie überquert hatten, blieben nach 1945 als Instrumente amerikanischer Macht und Zeichen kultureller Einwirkungen, die in Deutschland wie in Japan manchmal als »Amerikanisierung« erschienen. Und »Amerika« war derart überlegen, dass es als Hegemon des Nordatlantischen Bündnisses (NATO) in Ruhe abwarten konnte, was die letzte unabhängige Großmacht, die UdSSR, ihr an Machtmitteln entgegensetzen wollte. Die Sowjetunion, die ja nur in einem äußersten Zipfel bei Murmansk an den Atlantik reicht, wurde im Westen während des Kalten Krieges als kontinentale Masse, als Reich der Unfreiheit, wenn nicht des Bösen, wahrgenommen, der Atlantik dagegen als »Meer der Freiheit und des Wohlstands«. Die NATO verband die Küsten auf beiden Seiten des Ozeans. Der Gründungsvertrag 1949 ging von der Einheit eines Raumes aus, der über das Meer hinweg zusammengehalten wurde und sah vor, »innere Festigkeit und Wohlergehen im nordatlantischen Gebiet zu fördern« (Nato-Handbuch 9. Paris 1962:11).

Wer allerdings in dem vorliegenden Band über den Atlantischen Raum eine weitere Geschichte der »nordatlantischen Gemeinschaft« oder gar des »Westens« sucht, hat das falsche Buch erwischt. Nicht nur, weil Nordamerika und Lateinamerika einschließlich der Atlantischen Revolutionen schon in vorherigen Bänden der Edition Weltregionen behandelt wurden, setzt der hier in Kooperation der Universitäten Hannover und Wien vorgelegte

Sammelband ganz andere Akzente: Die Ringvorlesung im Hannoveraner *Master Atlantic Studies in History, Culture and Society* schaut auf die *drei* Kontinente um den Atlantik.

Der Nordatlantik wird behandelt, neue Forschungen zur Migrationsgeschichte und zu den USA werden vorgestellt und in eine neue Gesamtsicht integriert. Es wird darüber hinaus in Bezug auf den ganzen Atlantik gefragt, wie man die Rolle dieses einen der sieben Weltmeere in globalen Zusammenhängen und die Interaktionen in diesem Raum, der von Europa früher und deutlicher beeinflusst wurde als die übrigen Weltmeere und deren Küstengebiete, angemessen beschreiben kann.

Das Gewicht des Bandes liegt jedoch auf dem in der Forschung lange vernachlässigten Südatlantik einschließlich der karibischen Welt. Durch die Globalisierung – ein Konflikt in Nigeria betrifft sofort den Benzinpreis an der Tankstelle um die Ecke –, besonders aber durch die Wanderungen in die Metropolen gewinnen Karibik und Südatlantik auch im Norden immer mehr an Bedeutung. Diese Migrationen dauern schon viel länger an, als über sie in den Medien debattiert wird, und die Realitäten, die aus ihnen folgen, sind sehr vielfältig. Einwanderer aus Afrika in den Pariser Banlieus sind arbeitslos, einige ihrer Töchter aber waren oder sind Mitglieder im Pariser Kabinett, Afrikaner und Afrokaribier leben in armen Londoner Stadtvierteln, studieren und lehren auch an der *School of Oriental and African Studies* oder der *London School of Economics and Political Science*. Um diese vielfältigen und komplexen Realitäten zu begreifen, wird es Zeit, dass wir die historischen und aktuellen Formen kulturellen Austausches und interreligiösen Zusammenlebens kennenlernen, die im Südatlantik entwickelt wurden. Vielleicht sollten wir sie sogar nicht nur kennenlernen, sondern etwas aus ihnen lernen?

Dieser Band will das Lernen erleichtern. Die Ereignisse in Lateinamerika, welche die Voraussetzung des heutigen Zusammenlebens bilden – die Eroberung und teilweise Vernichtung indianischer Kulturen und die Neu-Besiedlung mit europäischen Herren und afrikanischen Sklaven – werden auf dem neuesten Stand der Forschung dargestellt. Dazu gehört auch der Blick auf die indigene Sicht auf die Conquista und Motive der indianischen Verbündeten der spanischen Eroberer, die einen wesentlichen Beitrag zu deren Sieg leisteten.

Es ist fast zu banal zu erwähnen, dass der von europäischen Händlern organisierte transatlantische Sklavenhandel und die Sklavenarbeit in den Amerikas zum Konzept eines »freien« Atlantik in diametralem Widerspruch steht. Die Zwangsmigration von Afrikanern wird aber nicht nur als Grundlage einer eigenen, wenn auch mit Europa verflochtenen Gesellschaftsform – der Plantagensklaverei – vorgestellt, sondern vor allem als Teil einer umfassenden Interaktion von Afrikanern, Indianern und Europäern. Trotz der hierarchischen Grundstruktur – und Sklaverei ist ja die radikalste Ungleichheit zwischen Lebenden – waren diese Beziehungen nicht einseitig, sondern durch Austausch vorgänge zwischen den Gruppen und Individuen bestimmt. Im Machtbereich der portugiesischen Krone kamen nicht nur iberische und arabische, sondern auch dahomeianische und kongolesische Gesellschaften zusammen. Durch Ehen und Handel entwickelte sich in West- und Zentralafrika eine luso-afrikanische Elite. Brasilien wurde stark von den Kulturen der Sklaven aus Afrika geprägt, afrikanische Rückwanderer aus Brasilien hinterließen Spuren in westafrikanischen Städten.

Austausch und Interaktion prägten auch die Ausbreitung von Nutzpflanzen von Amerika nach Afrika und umgekehrt, und damit das Essen, ob es nun Mais von Amerika nach Afrika oder die Banane (die ursprünglich aus Südostasien stammt) von Afrika nach Amerika kam. Die Lokalküchen waren von Anfang an dynamisch und aufnahmefreudig für Neues, während *ethnic food* (etwa Cajun aus New Orleans) systematisiert wurde und die berühmten erfundenen Traditionen konkretisierte. Auch die Beziehungen zwischen den Religionen waren keine Einbahnstraßen. Die Afrikaner brachten ihren Glauben mit über den Ozean, aus der Religion der Yoruba entstanden die *santería* in Kuba und der *candomblé* in Brasilien. Die Mission brachte nicht nur christliche Lehre, sondern auch einen Habitus weißer Überlegenheit nach Afrika, welcher oft im Widerspruch zu eben dieser Lehre mit ihrer Idee der Erlösung aller Menschen stand. Erfahren wurde dieser Widerspruch, wenn etwa afrikanischen Christen der Aufstieg in den Kirchenhierarchien untersagt wurde und afroamerikanischen Christen alle Ausdrucksformen afrikanischer Kultur untersagt wurden. In den Nischen zwischen den Fronten der konkurrierenden europäischen Mächte fanden aber auch manche »Neuchristen« – in den iberischen Staaten zwangsweise getaufte Juden – die Möglichkeit, zum Judentum zurückzukehren. Und gerade sie erwiesen sich als erfolgreiche *broker* zwischen den verschiedenen Kulturen.

Interaktionen bestimmten auch die Geschichte der Sprachen. Obgleich die Plantagenbesitzer Sklaven aus verschiedenen Kulturen mischten, damit sie sich untereinander schlechter verständigen konnten, entstand ein eigenes Kreol oder Patois, das später mit den Menschen aus den Kolonien wieder in die europäischen Metropolen wanderte. Die Idee von der Gemeinsamkeit afrikanischer und afrikanisch geprägter Kulturen stammt aus den schwarzen Diasporas. Es ist kein Zufall, dass besonders karibische Intellektuelle in England vom »Schwarzen Atlantik« sprachen, den sie dem »Weißen« im Norden des Ozeans entgegensetzten. Der Schwarze Atlantik ist vielmehr heute auch Teil des Nordens geworden, oder wie John Agard das formuliert hat:

Me not no Oxford don
me a simple immigrant
from Clapham Common
I didn't graduate
I immigrate.
(»Listen Mr Oxford don« – Agard 1985:44f –, siehe Beitrag von Jana Gohrisch in diesem Band)

Das Bild des Atlantischen Raums, das dieser Sammelband entwirft, hat viel mehr Farben als wir gewohnt sind. Die Unterworfenen haben viel mehr selbst agiert, viel mehr gehandelt, als das alte Bild einseitiger Herr-Knecht-Verhältnisse deutlich werden ließ. Die Afrikaner haben Religionen mit in die neue Welt gebracht, haben eine neue Sprache erfunden, haben Plantagenbesitzer gezwungen, ihnen »eigenes« Land zur Bewirtschaftung zu überlassen und ihre Enkelkinder haben die Nachkommen ihrer afrikanischen Vorfahren in den Weltkriegen kennengelernt, wo sie die Freiheit ihrer Kolonialherren erkämpften. Und die »Indianer« waren nie nur Opfer und haben in vielen lateinamerikanischen Staaten die Anerkennung ihrer Sprachen, Kulturen, Landrechte und Rechtssysteme erreicht – der plurinationale Staat Bolivien wird heute vom Aymara Evo Morales Ayma regiert.

Was findet der Leser in den einzelnen Beiträgen? Einige Artikel stellen die Makrostrukturen im Atlantischen Raum oder die Historiographie in den Mittelpunkt ihrer Darstellungen (Nolte, Kaller-Dietrich, Schmieder), andere die Eigenständigkeit der Handlungen *(agency)* kolonialisierter Bevölkerungen im Kontext von Austausch-, Herrschafts- und Ungleichheitsbeziehungen zwischen dem Norden und dem Süden (Gabbert, Füllberg-Stolberg, Reinwald). In allen Beiträgen berichten Fachleute über die Wechselseitigkeit der Beziehungen zwischen Menschen diesseits und jenseits des Ozeans.

Hans-Heinrich Nolte vergleicht globale Handlungsräume europäischer Mächte und ordnet den Atlantik in den Gesamtzusammenhang der Entstehung eines europäischen Weltsystems ein: von den »Kinderzimmern« Mittelmeer und Ostsee über das »Jugendzimmer« Atlantik bis zur »Erwachsenen-Welt« des Kampfes um Anteile am weltweiten Handel. Aus der Arbeit in den Bergwerken Lateinamerikas stammten Silber und Gold, mit dem asiatische Waren gekauft wurden, auf dem Atlantik fand die »militärische Revolution« statt, welche die weitere europäische Expansion erleichterte, und hier wurde das Völkerrechtskonzept des »freien Meeres« entwickelt, mit dem man es legitimierte, wenn man sich über Ansprüche afrikanischer und asiatischer Staaten hinwegsetzte. So trug die Eroberung des Atlantischen Raumes zur Industriellen Revolution und Unterwerfung der afrikanischen und asiatischen Länder im 19. Jahrhundert bei. Dass Letztere nicht so lange und durchgreifend von Europa geprägt wurden wie der Atlantische Raum, begünstigte den »Aufstieg Asiens« im 21. Jahrhundert.

Wolfgang Gabbert stellt das klassische Bild der europäischen Expansion vom Ergebnis der etablierten Kolonialherrschaft her in Frage. Er wendet sich gegen ein »dichotomisches Geschichtsverständnis«, nach dem Eroberer und Eroberte als jeweils homogene Gruppen gegenübergestellt werden und die indigene Bevölkerung der Amerikas nicht als historischer Akteur erscheint. Die Niederlage des Aztekenreiches führt er nicht auf die – von ihm deutlich bezweifelte – militärische Überlegenheit Europas zurück, sondern auf die Auswirkung der aus Europa eingeschleppten Krankheiten und die wirksame Unterstützung der spanischen Truppen durch indianische Verbündete. Dass diese Verbündeten – die nach ihrer eigenen Geschichtsschreibung nicht als Hilfstruppen, sondern kriegsentscheidend agierten – sich auf die spanische Seite stellten, war auf innere Widersprüche der in ihrer Herrschaft noch nicht gefestigten, expansionistischen vorkolumbischen Reiche zurückzuführen.

Martina Kaller-Dietrich bezieht sich auf globalen Austausch von Pflanzen, Tieren und Krankheitserregern zwischen Eurasiafrika und den Amerikas *(Columbian exchange)*. Sie stellt die Ernährungsgeschichte des südatlantischen Raumes in den Zusammenhängen von transatlantischem Sklavenhandel sowie globalen Veränderungen dar und zeigt Interaktionen, Vernetzungen und Verdichtungen durch Institutionalisierung in der Geschichte des Essens, das die Sklaven erhielten. Deutlich wird der Austausch von Kulturpflanzen zwischen Afrika und den Amerikas sowie die Herausbildung afrikanisch geprägter Lokalküchen, z.B. im brasilianischen Nordosten und bei den Garifuna an der Ostküste Zentralamerikas.

Christian Cwik zeichnet die atlantischen Netzwerke jüdischer und »neuchristlicher«, zum Katholizismus zwangskonvertierter Gruppen nach, die durch die Verfolgung der spanischen und portugiesischen Kronen in die Peripherien der Kolonialgebiete in Afrika und den Amerikas flohen und sich lokalen Kulturen anpassten. Immer neue Verfolgungswellen erzwangen immer neue Wanderungen, auch auf die Karibikinseln im Besitz protestantischer Kolonialmächte. Die in dieser erzwungenen Mobilität gebildeten Netzwerke und die Erfahrungen des Kulturkontaktes mit afrikanischen und indianischen

Bevölkerungen wurden für den Waren- und Sklavenhandel im gesamten Atlantischen Raum genutzt. Aufnahmeregionen wie den niederländischen und britischen Karibikinseln kam das Wissen der Flüchtlinge z.B. in der Zuckerwirtschaft zugute. Am Beispiel Jamaikas wird die Rolle jüdischer Piraten für die Eroberung der Insel durch England, den Sklavenhandel und bei der Etablierung der Plantagenwirtschaft gezeigt.

Claus Füllberg-Stolberg vermittelt die neuesten Zahlen zum transatlantischen Sklavenhandel und zur Sklaverei in den Amerikas, schildert die Zuckerrevolution in der britischen Karibik und die Entstehung des dortigen Plantagensystems. Er geht auf die Kontroversen um den Sklavenhandel, die wirtschaftliche Effektivität von Plantagenwirtschaft mit Sklaven und das Verhältnis von Sklavenwiderstand und Abolition ein. Anhand von Quellen aus der Sicht der Akteure beschreibt er den Transport über den Ozean *(middle passage)*, die Arbeitsbedingungen auf Zuckerplantagen, die sozialen Beziehungen zwischen Sklavenhaltern/Aufsehern und Sklaven, die internen Hierarchien in den Sklavengemeinschaften und die Sklavenökonomien *(kitchen gardens, provison grounds und Sunday markets)*.

Ulrike Schmieder skizziert Entstehung und Strukturen des portugiesischen Kolonialreichs sowie Rückwirkungen auf das Mutterland. Sie diskutiert die Erklärungen zu den Motiven der portugiesischen Expansion, vom mittelalterlichen Kreuzzugsgedanken bis zum frühneuzeitlichen kapitalistischen Gewinnstreben, und stellt kolonialapologetische und kolonialkritische Wertungen in der Historiographie dar. Nach einer Übersicht über Handelsbeziehungen und Migrationen im atlantischen Teil der portugiesischen Kolonien einschließlich der Süd-Süd-Beziehungen werden die zentrale Rolle Portugals im transatlantischen Sklavenhandel, die Charakteristika der Sklaverei in Brasilien und die afrikanischen Prägungen der brasilianischen Gesellschaft und Kultur erläutert.

Kirsten Rüther schreibt über Veränderungen der Religionen, die aus der Dynamik der transatlantischen Beziehungen entstanden. Im 16. und 17. Jahrhundert hatten afrikanische Könige im Kongo das katholische Christentum übernommen und zur Herrschaftssicherung eingesetzt. Portugiesische Missionserfahrungen im Kongo wurden nach Brasilien und Spanischamerika transferiert. Afrikanische Götter wiederum wurden unter atlantischen (nicht nur christlichen) Einflüssen und dem Eindruck des Sklavenhandels neu konzipiert, z. B. entstand bei den Yoruba ein göttliches Wesen, das Menschen verschlang, die aufs Meer gebracht wurden. Die christlichen Missionen des 19. Jahrhunderts führten keineswegs dazu, dass man in Afrika einfach ausführte, was die Mutterkirchen und -orden planten, vielmehr entstanden afroamerikanische Formen von Christentum. Befreite Sklaven aus den USA und England sicherten sich in Westafrika über die protestantische Mission soziale Positionen.

Karl-Heinz Schneider stellt mit der nordatlantischen Wanderung einen der am besten untersuchten Fälle vor und führt in die Schwerpunkte der Migrationsforschung ein. Hier erscheint der klassische Nordatlantik als Raum der Beziehungen zwischen Europa und den USA, die ihren wirtschaftlichen Aufschwung auch diesen Migrationen verdankten. Damit ergänzt Schneider den vorliegenden Band, in dem der Schwerpunkt auf dem Atlantik aus iberischer, lateinamerikanischer, afrikanischer und britisch-karibischer Perspektive gelegt wird. An Beispielen aus Irland und Westfalen zeigt Schneider die Rückwirkungen der Auswanderung auf die Auswanderungsländer.

Arno Sonderegger schildert afrikanische und afroamerikanische Stellungnahmen zur Geschichte des Atlantischen Raums und die Entwicklung der panafrikanischen Idee bis 1945. Diese Idee ist in der amerikanischen Diaspora aus der Ablehnung des negativen Afrikabildes des 19. Jahrhunderts – exemplarisch dafür Hegels Ansichten – und des Rassismus und der politischen und sozialen Exklusion der Afroamerikaner in den USA entstanden, was die Übernahme bestimmter Negativstereotype von Afrika durch die Beteiligten nicht ausschloss. Sonderegger beschreibt die afroamerikanischen Siedlungs- und Missionsprojekte in Sierra Leone und Liberia und stellt die verschiedenen Ansätze zu panafrikanischem Denken dar, die antirassistisch, nationalistisch und antikolonial bestimmt waren.

Brigitte Reinwald berichtet über Erfahrungen afrikanischer und afroamerikanischer Soldaten in Diensten der Alliierten in den beiden Weltkriegen und den eher seltenen und zufälligen Begegnungen von Afrikanern und Afroamerikanern. Obwohl es unter den europäischen Offizieren zeitweise eine »imperiale Panik« im Zusammenhang mit Vermutungen gab, wie sich der Einsatz der Kolonialtruppen in Europa auf die weiße Herrschaft in Afrika auswirken werde, entstanden größere Unruhen unter den Mannschaften erst bei den Entlassungen am Kriegsende. Besonders interessant ist die Amerikasympathie vieler französischer Kolonialsoldaten trotz der Rassensegregation in den US-amerikanischen Truppen. Zu den Befreiungsbewegungen haben die Erfahrungen der Kolonialsoldaten im Krieg durchaus beigetragen, aber nicht an vorderster Stelle.

Jana Gohrisch erläutert, was »transatlantischer Kulturaustausch« für die englischsprachige Karibik bedeutet, vor allem für die Literatur in Kreolsprachen und Englisch, die in der Karibik und in der afrokaribischen Diaspora in Großbritannien durch Migranten und ihre Nachfahren produziert wird. In dieser Literatur werden historische und gegenwärtige transatlantische Begegnungen und Konflikte thematisiert, (afro)karibische und englische ästhetische Traditionen zu neuen Kulturformen verarbeitet. Mit den Texten wehren sich die Autor/innen auch gegen Rassismus und Exklusion und betonen die Veränderungen, die Gesellschaft und Kultur in Großbritannien durch Einwanderung und sprachliche und kulturelle Einflüsse aus der Karibik erleben.

Selbstverständlich kann in den einzelnen Beiträgen nur auf die Literatur zu diesen speziellen Fällen hingewiesen werden. Ulrike Schmieder gibt zum Abschluss eine Einführung in mehrere historiographische Traditionen zum Atlantik, in die sie die Texte dieses Bandes einordnet, und berichtet über anglophone, frankophone, spanisch- und portugiesischsprachige Forschungen. Sie legt inhaltliche Schwerpunkte auf Sklavenhandel und Sklaverei sowie das Verhältnis von atlantischer und globaler Geschichte. Eine ausführliche Literaturliste ergänzt den Aufsatz, der Studierenden, aber auch Kolleginnen und Kollegen den Einstieg in weitere Lektüre beziehungsweise eigene Forschung erleichtert.

Hans-Heinrich Nolte

Der Atlantik
Jugendzimmer des Weltsystems

Wie wir alle wissen, suchte Columbus den Seeweg nach Indien, und sein Irrtum hat in Namen wie »Westindies« oder »Indianer« Folgen bis auf den heutigen Tag. Der Fehler trug auch zur Globalisierung bei, weil er das andere Ufer des Atlantiks und dahinter einen eigenen Kontinent fand, was schon wenig später dazu führte, dass auch der größte Ozean für Europäer »entdeckt« wurde: der Pazifik.

Die Entdeckung, Unterwerfung und teilweise Zerstörung der altamerikanischen Kulturen sowie die Besiedlung des amerikanischen Kontinents durch Europäer und Afrikaner hat den Atlantik gleichsam zu einem »afroameropäischen« Binnenmeer gemacht, in dem die europäischen Flotten nicht nur Güter und Nachrichten transportierten, sondern auch Siedler und Zwangsarbeiter. So entstand jener wirtschaftliche, kulturelle und soziale Raum, den wir hier untersuchen. Aber die Entdecker fanden auch, wonach die beiden iberischen Kronen eigentlich suchten – einen neuen Weg nach Indien, auf dem man die Zölle der Osmanen umgehen konnte. Und an Indien schlossen sich Südost- und Ost-Asien an, mit denen man seit alters Handel getrieben hatte; schon seit Jahrtausenden bekannte und um ihres Reichtums wegen beneidete Ökonomien mit respektablen militärischen Kapazitäten. Die Mächte des asiatischen Raums zu unterwerfen, waren die Europäer noch für Jahrhunderte nicht imstande.

Folgend werde ich versuchen, die Rolle des Atlantiks bei der Herstellung des europäischen Weltsystems (Wallerstein 1974ff; Nolte 2005) zu skizzieren. Dabei benutze ich die Metapher des Jugendzimmers:

1. Das Europäische Weltsystem hatte ein oder genauer zwei Kinderzimmer: das Mittelmeer mit dem Schwarzen Meer als Nebenmeer und die Ostsee. Hier wurde vieles geübt, was das Weltsystem später prägte, aber es geschah sozusagen noch in Sichtweite der Ufer. Siedlungskolonien waren räumlich beschränkt (Spanien südlich des Tejo, Deutschland und Schweden östlich der baltischen See).
2. Auf die Kinderzimmer folgte das Jugendzimmer. Nun segelten die europäischen Akteure über Ozeane und besaßen eine derartige waffentechnische Überlegenheit, dass sie mit wenigen Hundert Mann Imperien wie das der Inka unterwerfen konnten, obgleich diese viele Tausende Krieger ins Feld stellten. Die weitgehende Vernichtung der altamerikanischen Kulturen ermöglichte völlig neue Handelsströme, aber auch Siedlungskolonien von bis dahin unbekanntem Ausmaß. In diesem Kon-

text erfolgten vielfältige Migrationsbewegungen und Hybridisierungen, welche den Atlantik als kulturellen Raum bis heute prägen.
3. Eigentlich strebten die iberischen Königreiche danach, Macht und Mission über den gesamten Globus auszudehnen, aber sie konnten die asiatischen Königreiche und Imperien noch nicht beherrschen, weil diese militärisch ziemlich ebenbürtig waren und es kaum Absatz für die Waren gab, welche die Europäer anboten. Umgekehrt waren Güter aus Asien jedoch derart erfolgreich in Europa, dass ein ständiges Handelsdefizit bestand. Über den Atlantik kamen nun die Mittel, um die Stellung der europäischen Mächte in Asien zu stärken – das »neue« Militär, Konzepte wie »Freiheit der Meere« und Edelmetalle, sozusagen das Geld der Frühen Neuzeit.
4. Die Rolle des Atlantiks im Weltsystem änderte sich, als europäische Mächte im späten 18. und 19. Jahrhundert, zeitgleich mit der Industriellen Revolution, in die Lage kamen, einige asiatische Mächte zu besiegen und viele asiatische Waren auf dem Weltmarkt zu unterbieten. Um asiatische Imperien daran zu hindern, ihre Märkte abzuschotten, wurden mehrere kolonialisiert, obgleich keine großen Siedlungskolonien mehr möglich waren – andere wurden in indirekte Formen der Abhängigkeit gebracht.
5. Anders als im atlantischen Raum blieben aufgrund der nur zeitweisen (Indien, China) oder überhaupt nicht erfolgten Eroberung (Anatolien, Persien, Afghanistan, Thailand, Japan) in Asien genug intellektuelle, ökonomische und soziale Ressourcen übrig, um nach der Entkolonialisierung im 20. Jahrhundert eine Erneuerung der Positionen asiatischer Mächte im nun globalen Weltsystem anzustreben.

Kinderzimmer

a) Nach dem Scheitern der universalistischen Herrschaftsversuche von Kaiser und Papst (spätestens im 13. Jahrhundert) blieb das »Heilige Römische Reich« zwar bestehen – aber nur als Ruine des Versuchs, auch in Westeuropa ein Imperium zu errichten. Die politische Realität wurde jedoch von den Königreichen zwischen Portugal und Polen bestimmt, welche eine Oberhoheit des Kaisers nicht anerkannten, oder wie der König von Frankreich das ausdrückte, in ihren Königreichen dem Kaiser gleich waren: »rex imperator in regno suo«. Diese Königreiche – und andere frühe Staaten wie die »Republiken« Novgorod und Venedig oder freie Bauernschaften wie Uri und Dithmarschen – bildeten jedoch durch die entstehende Diplomatie ein politisches System, bezogen sich ökonomisch durch Arbeitsteilung aufeinander und waren religiös, kulturell und kirchenrechtlich als »Christenheit« miteinander verbunden (Nolte 2005:113-140).
b) Die Staaten der weströmischen Christenheit versuchten, alte Wechselbeziehungen mit nichtchristlichen (Muslime, Heiden) und schließlich auch mit christlichen, wenn auch durch ein Schisma getrennten Reichen (Ostrom, Russland) durch militärische Expansionen in direkte Herrschaft zu verwandeln. Sie stimmten sich miteinander ab, um ihre Kräfte gegen äußere Feinde zu vereinen (Kreuzzüge).
c) Im Welthandel lag Europa am westlichen Ende mehrerer seit Jahrhunderten miteinander verbundener Wirtschaftsgebiete (Abu Lughod 2001). Kaufleute aus der

westlichen Christenheit machten ihre Gewinne im Zwischenhandel mit asiatischen Luxusgütern an den levantinischen Küsten. So gelangte z.B. chinesisches Porzellan bis in den Westen, wenn auch bei Weitem nicht in den Mengen, die etwa Damaskus erreichten. Durch seine Expansion gelang es dem Osmanischen Imperium zunehmend, den Handel zwischen Europa und Asien mit Zöllen zu belasten. Die Eroberung Konstantinopels 1453 war auch deswegen so wichtig, weil die Osmanen nun das Schwarze Meer für den Welthandel schließen konnten, und der Eroberung Ägyptens folgte die Kontrolle über das Rote Meer. Die römisch-katholischen Mächte in der Levante (Venedig, Genua, französischer Adel, geistliche Orden) reagierten, indem sie »asiatische« Produkte wie Zucker, Seide und Baumwolle in ihren Kolonien (Zypern, Rhodos, Kreta) herstellen ließen, bis auch diese an die Osmanen verloren gingen (Feldbauer/Liedl/Morrissey 2001). Der Levantehandel war defizitär und das Defizit wurde bis zum 16. Jahrhundert aus der Silberproduktion der deutschen und slowakischen Bergwerke ausgeglichen (Munro 2003). Dem Handel entsprach ein breites Geflecht von Wechselwirkungen, nicht nur in der Verbreitung von Nutzpflanzen wie Zuckerrohr, sondern auch in militärischen Entwicklungen wie der Kanone (Liedl/Pittioni/Kolnberger 2002) und in der Kunst, wo die gegenseitigen Beeinflussungen im Raum zwischen Äthiopien und Andalusien noch heute sichtbar sind (Carbonell/Cassanelli/Velmans 2003).

d) Während vor allem orthodoxe Mächte in Südosteuropa Territorien verloren, gewannen römisch-katholische im Südwesten gegen Muslime (Leon und Portugal, Kastilien, Navarra und Aragon) und im Nordosten gegen Heiden (deutsche Territorialherren, geistliche Orden, Polen, Schweden und Dänemark). Die tragenden Strukturen der Expansionen waren ähnlich – Kronen und Adel, Ritterorden, Kirche und Kaufleute – aber der Fernhandel mit asiatischen Gütern spielte hier keine zentrale Rolle. Vielmehr entwickelte sich die Iberische Halbinsel zum Lieferanten von Rohwolle nach Flandern.

e) Der Ostseeraum hatte vor der christlichen Expansion zum islamischen Fernhandelsraum gehört (Adamczyk 2008), bildete aber in der Periode des Mongolischen Imperiums einen Transitraum vor allem für Silber aus Deutschland, das Russen als Tribut an die Khane lieferten und für das die Hanse Honig, Wachs und Pelze holte. Durch den Aufstieg der Osmanen litt auch der zentralasiatische Handel (für den nur die Nordrouten gangbar blieben). Der Ostseehandel stellte nach einer Phase des Transports von Beute im 13. Jahrhundert (Vieh, Sklaven) auf den Austausch zwischen westlichen Gewerbegebieten (Flandern, Rheinland) und Siedlungen deutscher und skandinavischer Grundherren sowie wenig bevölkerten Gebieten mit viel Wald (Pelze, Wachs) um. Polen, Litauen und Russland, die sich gegen die deutschen, dänischen und schwedischen Ostexpansionen behaupten mussten, wurden an der Ostsee in das europäische Handelssystem einbezogen. Die lateinischen Mächte wurden Mitglieder des politischen Systems. Christenheit, Polen und der Deutsche Orden stritten z.B. auf dem Konzil von Konstanz, also vor der europäischen Öffentlichkeit, 1415 um die Rechtmäßigkeit der Existenz des Ordens. Vielfältige, z.B. deutsch-slawische und schwedisch-finnische Wechselwirkungen prägten die Kultur des Raumes dauerhaft. Die christlich-orthodoxe »Republik« Novgorod, die als Handelsendpunkt der Hanse große Wirtschaftsbedeutung besaß, war am lateinisch-

kirchlichen System nicht beteiligt und musste zudem zeitweise Tribut an das mongolische Imperium zahlen.
f) Vom 15. Jahrhundert an wurde der Handel mit Massenwaren aus dem Ostseeraum (Getreide, Hanf, Flachs, Pech, Holz) über See in den Westen entwickelt. Durch die Erhöhung der Transportkapazität sowie die Verkleinerung der Schiffsmannschaften und die (weitgehende) Beendigung der Piraterie wurde er profitabel: Vom 16. Jahrhundert an fuhr man unbewaffnet (North 2008). Deutlicher als im Mittelalter wurde der baltische Raum in die überregionale Arbeitsteilung einbezogen, als Lieferant von billigem Getreide (Roggen) und von Marinebedarfsgütern. Dass in Polen im 15. und in Russland im späten 16. Jahrhundert die Bauern in die Schollenpflichtigkeit gedrückt wurden, sodass sie den Forderungen von Gutsbesitzern und Staaten nach Fronarbeit nicht ausweichen konnten, gehört in diesen Kontext. Der Ostseehandel war aber ein Defizithandel, in dem die westlichen Einkäufer – neben die Hanse traten zunehmend Holland und England – die Waren zu etwa einem Viertel mit Silber bezahlten, das anfangs aus den mitteleuropäischen Bergwerken und später aus Lateinamerika stammte. Auf der baltischen Seite stiegen die Einkommen der Gutsbesitzer und die Zolleinnahmen der Mächte. Im 16. Jahrhundert bildete der parlamentarische Adel Polens mit vielfältigen italienischen Einflüssen einen der Höhepunkte der europäischen Renaissance. Schweden finanzierte seine Großmachtstellung im 17. Jahrhundert weithin über Zölle; die Niederlande und England intervenierten aber mit ihren Flotten erfolgreich sowohl gegen eine von Schweden drohende Kontrolle des Sundes als auch gegen eine von Russland ab 1714 befürchtete Annexion Finnlands; sie hielten die Ostsee offen. Zwar gab es in der Frühen Neuzeit immer wieder Versuche, den Wolga-Handelsweg zum Vorderen Orient und nach Ostasien zu fördern – im 16. Jahrhundert durch die britische Muscovy-Company und im 17. durch die Armenier –, aber es gelang nicht, den zentralasiatischen Zwischenhandel in alter Bedeutung zu erneuern.

Jugendzimmer

Der Atlantik bot den siegreichen christlichen Mächten – zu Spanien und Portugal traten schnell Holland, England und Frankreich – Möglichkeiten, die über jene in Osteuropa und an der Ostsee weit hinausgingen. Keine der vorkolumbianischen Mächte konnte sich gegen die Christen behaupten. Ein Doppelkontinent lag den Europäern zu Füßen, und die Grenzen auf diesen 42 Mio. km² wurden allein aufgrund der Konkurrenz innerhalb des europäischen Systems gezogen. Die vielfältigen Verflechtungen und Interaktionen zwischen Europa, Amerika und Afrika über den Atlantik hinweg sind Thema des vorliegenden Buches.

Für den Welthandel wurden mehrere der Strukturen und Waren wichtig, welche im atlantischen Gebiet entwickelt oder produziert worden waren:
a) Das Silber und später das Gold, das vom 16. Jahrhundert an in Peru (Potosi), Mexiko und später Brasilien gefördert wurde, ermöglichte es den europäischen Ostindienkompanien, viel mehr asiatische Waren zu kaufen, als sie aus dem Verkauf von europäischen Waren hätten bezahlen können. Diese asiatischen Importe wurden zu je-

nen »Kolonialwaren«, welche die Seemächte auf dem Kontinent verkauften und die es ihnen ermöglichten, ihr Handelsdefizit gegenüber den Ostseeländern abzubauen.
b) In der Konkurrenz der europäischen Mächte wurde im 17. Jahrhundert in der »militärischen Revolution« (Parker 2003) eine Vervollkommnung der Waffentechnik erreicht, welche tendenziell auch die militärische Kapazität der »Gunpowder-Empires« (der mit dem Einsatz von Feuerwaffen begründeten Imperien wie das Osmanische oder Indische) überstieg. Kern der Veränderungen bildeten eine Vermehrung der Schussfolgen durch spezielles Training der Soldaten und eine Verbilligung der Kanonen durch die neue Technik der gebohrten Eisenkanonen, welche an die Stelle der teuren Bronzekanonen traten. Auf See verschärfte die militärische Revolution die Überlegenheit der neuen Marinen gegenüber den arabischen oder chinesischen Kriegsschiffen, auf dem Lande machte die neue Festungstechnik die Forts der Ostindienkompanien fast uneinnehmbar.
c) Zugleich bildeten die europäischen Mächte das intellektuelle Handwerkszeug aus, mit dem sie über Ansprüche asiatischer und afrikanischer Mächte hinweggehen konnten. Hatte im Mittelalter jeder ans Meer grenzende Staat sein Hoheitsgebiet so weit in die See ausgeweitet, wie die militärische Kapazität seiner Einwohner reichte, wurde nun mit dem Konzept der Freiheit der Meere begründet, dass jede Marine jeden Platz an einem Meer anlaufen könne und die Ozeane ohne Herrschaftsanspruch »frei« seien. Hier wiederholte sich vom 17. Jahrhundert an auf Weltebene ein Kampf, welcher in der Ostsee schon erfolgreich geführt worden war: Wer nach der Durchsetzung der neuen Weltordnung ein Schiff auf See kaperte, war nun nicht mehr der große Beutejäger seines Dorfes, sondern ein Pirat – es sei denn, er besaß einen Kaperbrief einer europäischen Macht. Dänemark hat lange, um am Sund Zoll vom gesamten Ost-West-Verkehr erheben zu können, die Durchfahrt durch die Belte verhindert, indem jeder Däne jedes dort durchfahrende Schiff angreifen durfte. Nun ging es darum, eine ähnliche Ordnung in Südostasien durchzusetzen – Konzentration der Handelswege bei einer Festung (z. B. Malacca, später dann Singapur), Behinderung der »freien« Schifffahrt in den anderen Seestraßen zwischen den Inseln des heutigen Indonesien und Verfolgung der malaiischen Piraten. Dass diese die neue Ordnung nicht gleich anerkennen wollten (und manche dort noch heute von Piraterie leben), ist eine andere Geschichte.

Welthandel der Frühen Neuzeit

Das Ziel der Portugiesen wie der Spanier während der Expansionen am Ende des 15. Jahrhunderts war der unmittelbare, die Zölle der Osmanen umgehende Zugriff auf die Reichtümer der technisch wie gewerblich hoch entwickelten asiatischen Gesellschaften. Diese Gesellschaften unterhielten seit Jahrhunderten ein Fernhandelssystem, das aus zwei maritimen Subsystemen bestand – dem Indischen Ozean und der ostasiatischen See; chinesische Dschunken liefen im 14. Jahrhundert regelmäßig Südindien an. Verbunden waren die beiden Systeme durch die Seestraßen im heutigen Indonesien; sie gegen Piraten zu sichern, war ein Ziel der Seeexpeditionen der Ming. Die Kosten dieser Sicherung dürften auch zum Ende des direkten Handels China-Indien beigetragen haben.

Aber selbstverständlich hatten auch die malaiischen Zwischenhändler Interesse daran, viele Waren zu verkaufen, und möglicherweise war der Handel des Indischen Ozeans zwischen Mombasa und Aceh der wertmäßig größte der Frühen Neuzeit (Skizze Nolte 2005:159f; Chaudhuri 1990; Linhart 2007; Ahuja 2007). Die hohe Ladekapazität der asiatischen Schiffe ermöglichte dabei eine deutliche Zunahme der Massengüter in diesem Handel (Feldbauer 2003:34-52).

Als sie durch die Fahrt um das Kap in die Lage kamen, an diesem System teilzunehmen, hatten die Portugiesen das schon bekannte ökonomische Problem: Sie verfügten über nur wenige Waren, die sie auf den asiatischen Märkten verkaufen konnten. Ihre militärische Stärke war groß – ihre Karacken konnten zwar weniger Last transportieren als arabische Dhaus oder chinesische Dschunken, aber sie konnten auf beiden Seiten Kanonen abfeuern, ohne dass der Rückstoß die Schiffe hätte kentern lassen, während die Osmanen – welche mit venezianischer Hilfe versuchten, die Portugiesen aus den indischen Gewässern zu vertreiben – ihre Geschütze nur am Heck ihrer Galeeren postieren konnten. Die Portugiesen haben dann ihre ökonomische Schwäche dadurch ausgeglichen, dass sie im Indischen Ozean ein Schutzgeldsystem einrichteten – die Handelsschiffe der Gujarati (der wichtigsten Händlergruppe Nordindiens) und der Araber mussten Zahlungen leisten, die dann wieder zum Unterhalt des »Estado da India« und zum Einkauf asiatischer Waren eingesetzt wurden. Peter Feldbauer hat jedoch davor gewarnt, die Rolle dieser Schutzgelder zu überschätzen und schlägt den Terminus »militärgestützter Seehandel« vor (Feldbauer 2003:54).

Jedenfalls gelang es den Portugiesen anfangs vor allem durch ihre militärische Überlegenheit, sich in den alten süd-ostasiatischen Handel einzuklinken, was »zu einer langsamen und kontinuierlichen Einbindung der europäischen Wirtschaften in globale Zusammenhänge führte« (Pieper 2001:34).

Die Bedeutung des asiatischen Handes für den Welthandel lässt sich anhand der Silberströme schätzen, welche die Verfügung über die Silbervorkommen Lateinamerikas ermöglichte. Zwischen 1600 und 1650 (Skizze 1) lieferte Lateinamerika etwa 158.500 kg Silberäquivalent nach Europa. Der größte Teil wurde benötigt, um das Handelsdefizit mit der Ostsee auszugleichen, der zweitgrößte Teil für den Handel mit dem Mittelmeer und nur ein relativ kleiner Teil ging um das Kap nach Süd- und Ostasien, um das Defizit mit den asiatischen Ökonomien zu decken. Der ostasiatische Handel verfügte in dieser Periode aber auch noch über Silber aus Japan, und zusätzlich brachte eine einsame spanische Galleone einmal im Jahr Silber von Acapulco nach Manila über den Pazifik. Andre Gunder Frank (Frank 1998) hat in seinen Rechnungen darauf hingewiesen, dass ein Teil des Silbers, das in den Ostsee- und Mittelmeerhandel ging, nach Osten weiterfloss – auch um schließlich in China Seide und Porzellan zu bezahlen. Der Handel auf der südlichen (von den Osmanen beherrschten) Seidenstraße lief, wie Steensgard schon vor längerer Zeit gezeigt hat, trotz des Auftauchens der Portugiesen ja weiter (Steensgard 1973).

Zwischen 1725 und 1750 produzierte Lateinamerika fast doppelt so viel Silberäquivalent im Jahr wie in der Periode 1600–1650 (Skizze 2). Der Handel mit der Ostsee benötigte nicht mehr ganz so viel wie im 17. Jahrhundert, weil es inzwischen den Produzenten in Holland und England gelungen war, mehr Waren zu exportieren, d. h. das Handelsdefizit zu verkleinern (Nolte1986). Die Menge an Silberäquivalent, die um

Silberströme im Welthandel 1600–1650

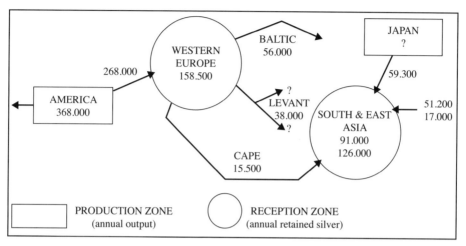

(de Vries 2003:80)

Silberströme im Welthandel 1725–1750

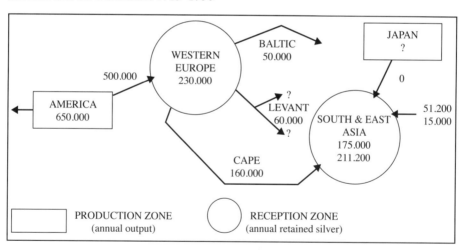

(de Vries 2003: 81)

das Kap verschifft wurde, war verzehnfacht worden, weil der Handel der Ostindischen Kompanien vervielfältigt worden war und es sich immer noch um einen Defizithandel handelte. Zu dem in Asien verfügbaren lateinamerikanischen Silber kam immer noch der Transport der spanischen Galleone, welche den Silberhandel wirklich global machte.

Alle diese Zahlen geben nur ein ungefähres Bild, aber sie machen insgesamt deutlich, dass die Silberproduktion Lateinamerikas für den europäischen Anteil am Welthandel konstitutiv war, weil Silber die Voraussetzung bildete, um nicht nur in den Häfen, in denen

Schema des europäischen Weltsystems und der afroasiatischen Gesellschaften, 16. bis 18. Jahrhundert (Nolte 2005)

	Zentrum	Halbperipherie	Peripherie	»Afroasien«
Region	»Banane« (der Raum zw. London u. Florenz)	Spanien bis Osteuropa	Sibirien, Amerikas, Philippinen	China, Japan, Osmanisches Reich
Exporte	»Geld«, Fertigwaren, Dienstleistungen	Rohstoffe mit viel Gewicht je Wert	Rohstoffe mit wenig Gewicht je Wert	Fertigwaren
Importe	Rohstoffe	Fertigwaren, Kolonialwaren	Fertigwaren	Edelmetall
Arbeitsverf.	frei	Schollenpflicht	Sklaverei	frei
Politische Verfassung	Parlamente ›› Absolutismus	Absolutismus ›› Parlamente	Kolonie	Imperien
Stellung im Mächtesystem	Konzert der	Mächte		Eigene Systeme
Emigration	Fachleute und Siedler	Siedler und Saisonarbeiter		Sklaven
Immigration	Saisonarbeiter	Fachleute	Sklaven und Herren	Herren
Bildung, Forschung	Alte Universitäten, Jeschiwot, Akademien	Neue Universitäten, Jeschiwot, Klöster		Medresen, Akademien, Klöster
Religionen	Katholizismus, Protestantismus	Katholizismus Orthodoxie, Islam	Christliche Missionen ›› Schamanismus	Islam, Buddhismus, Konfuzianismus
Militär	Infanterie, Flotten, Festungen	Infanterie, Flotten, Festungen	Festungen, Forts	Kavallerie, Festungen

die Schiffe in Richtung Atlantik ablegten, sondern auch im innerasiatischen Handel kaufen zu können. Hinzu kam, dass der Handel mit Ostsee und Levante ebenfalls nur durch die Verfügung über Silber in dem Umfang durchgeführt werden konnte, den er besaß.

Zugleich wird deutlich, dass der atlantische Handel Teil eines die Welt umfassenden Systems war. Inwieweit die Silbergewinnung in Lateinamerika durch Gewalt oder freie Arbeit geprägt war, mag im Einzelnen offen sein; entscheidend ist, dass die Spanier ohne Vernichtung des Inka- und des Azteken-Reiches keinen unmittelbaren Zugang zu den Minen gehabt hätten. Auch der Handel der Portugiesen im Indischen Ozean wäre, wie oben skizziert, ohne militärische Überlegenheit kaum zustande gekommen. Die Entwicklung des neuen Militärs war also ein Teil dieses Systems. Die militärische Entwicklung in Europa wiederum ist ohne die Konkurrenz zwischen den Königreichen innerhalb der Christenheit, aber auch ohne die Transfers und Gegnerschaften an den christlich-muslimischen Grenzen nicht zu verstehen (Kolnberger/Steffelbauer/Weigl 2004; Nolte 2007).

Der Ansatz von Immanuel Wallerstein besitzt deshalb einige Erklärungskraft – wir haben es in der Frühen Neuzeit mit einem weltweiten System zu tun, in dem schon Vieles mit Vielem verflochten ist (Wallerstein 1974ff). Zugleich gibt aber gerade die Geschichte des europäischen Asienhandels der Kritik Franks und anderer Gewicht, die meinen, dass Wallerstein ein europazentrisches Bild gezeichnet hat und dass nicht Europa, sondern Asien und besonders China bis zum 18. Jahrhundert das Zentrum des Weltsystems bildete. Bei Wallerstein tauchen diese Gesellschaften und Ökonomien als »Außenarena« auf. Ich plädiere dafür, sie unter »Afroasien« zusammenzufassen – Staaten zwischen Marokko und Japan, die »selbstverständlich«, seit Jahrtausenden, mit den Europäern (oder wer immer vor ihnen an der Küste im Norden saß) Handel trieben, aber weder ökonomisch noch sozial auf sie bezogen waren. Die Eliten dieser Staaten fühlten sich den Europäern keineswegs unterlegen; ihre Kaufleute verkauften Seide und Porzellan, aber auch Lackwaren, Rosinen und z. B. gute Klingen in den Westen; nur wenige hielten es für notwendig, »von Europa zu lernen«, nicht einmal in den Fällen, in denen einige Länder militärische Niederlagen hatten hinnehmen müssen.

Das System hatte bis zum 18. und vielleicht bis zum Anfang des 19. Jahrhunderts klare Außengrenzen. Sie entsprachen oft Linien gleicher Dichte von Handelsbeziehungen, waren aber vor allem durch Religionen, Schriften, Kulturen, soziale und politische Institutionen etc. bestimmt. Es ist sinnvoll, Russland zum System hinzuzurechnen, weil das Land zum osteuropäischen Versorgungsraum für die Seemächte gehörte, weil es ein christliches Reich war – aber auch, weil die russischen Eliten seit dem 17. Jahrhundert dazugehören wollten und große Anstrengungen machten, um das zu erreichen; am auffälligsten kommt das im Lernen des Neuen Militärs am Ende des 17. und Anfang des 18. Jahrhunderts zum Ausdruck. Und es ist sinnvoll, China nicht hinzuzurechnen – weil der Warenaustausch mit Europa für China marginal war, weil das Land nicht christlich war, und auch weil die chinesischen Eliten nicht dazugehören wollten. Sie dachten keineswegs darüber nach, wie »die Wissenschaften« aus Westeuropa in ihr Land kommen sollten – so wie Peter der Große das für Russland tat. Es scheint uns entsprechend erklärungskräftig, das europäische System als eine von mehreren »Provinzen« der Welt anzusehen (Chakra 2000). Es gab viele Gemeinsamkeiten zwischen diesen Großregionen, aber eben auch deutliche Unterschiede.

Auch wenn in der Mitte des 18. Jahrhunderts die Niederländische Ostindienkompanie schon die Gewürzinseln erobert hatte und die Englische kurz davor stand, für Bengalen den »Diwan« des Großmogul zu erlangen, und auch wenn Spanien schon die Philippinen kolonisierte, bleibt, dass die Kaufleute des europäischen Weltsystems trotz vieler von ihnen kontrollierter Produktionsgebiete und Handelsrouten und trotz der Kolonisierung Amerikas nicht den größten Teil der Ökonomie der Welt beherrschten, weder nach Einwohnern noch nach Wirtschaftsleistung. Geht man von den Schätzungen von Findlay und O'Rourke aus, dann umfasste das europäische System 1700 höchstens ein Viertel der Weltbevölkerung (Findlay/O'Rourke 2007:161). Paul Bairoch hat berechnet, dass man bei allen Unterschieden, etwa zwischen China und Afrika in Afroasien sowie England und Russland in Europa, für 1750 ungefähr von Parität beim durchschnittlichen Nationalprodukt je Person ausgehen kann – etwa 180 $ in Preisen von 1960, aber mit Differenzen von wahrscheinlich 1:1,5 zwischen »armen« Ländern wie Afrika und »reichen« wie China (Bairoch ²1995:101-110). Es ist also begründet zu schätzen, dass das europäische Weltsystem um 1700 etwa ein Viertel der Güter der Welt kontrollierte.

Konkret dürfte allein das Imperium China um 1750 in Bevölkerung und Wirtschaftsleistung nicht hinter dem gesamten europäischen System zurückgestanden sein, und die Fernhandelswege innerhalb des Imperiums waren nicht kürzer als die innerhalb Europas (vergleicht man die Fracht von Roggen von Danzig nach Amsterdam mit Reis vom Jangtse nach Peking). Es gab auch chinesischen Überseehandel mit Japan, Manila und Südasien, und chinesische Kaufleute produzierten Zucker für den chinesischen Markt im gerade zurückeroberten Taiwan sowie unter holländischer Herrschaft im heutigen Indonesien. Aber hier liegt eine der Differenzen: Das Ausmaß der Strecken des Überseehandels der europäischen Mächte war deutlich größer – der Atlantik »fehlte« den Chinesen, und die Schifffahrt zum Indischen Ozean hatten sie eben im 15. Jahrhundert aufgegeben (Pomeranz 2000).

Nicht nur die Binnenmärkte der Imperien, sondern auch mehrere Fernhandelswege waren »noch« unter der Kontrolle nicht-europäischer Mächte:
1. Die Wege des Transsahara-Handels zwischen dem Mittel- bzw. dem Roten Meer und den Ländern des Sudan (Austen 1990)
2. Der zentralasiatische Handel zwischen Peking, Samarkand, Istanbul, Moskau und Wien (Rossabi 1990)
3. Der Handel des Indischen Ozeans: trotz der militärischen Übermacht der europäischen Flotten blieben ökonomische Erfahrung, preiswerter Transportraum und Kapital der Anlieger (Araber, Gujarati, Malaien) noch lange vorherrschend (Rothermund 2004).
4. Der südasiatische See-Handel zwischen China, Japan, Vietnam, Thailand, den Philippinen und dem malaiischen Archipel (Linhart 2004).

Erst die Industrielle Revolution schuf die Voraussetzungen für die europäische Eroberung der afroasiatischen Imperien (Marokko, Turkestan, China u. a.) und Systeme (Marrhaten, Yoruba).

Welthandel nach der Industriellen Revolution

Sowohl karibische als auch asiatische Intellektuelle haben in der Mitte des 20. Jahrhunderts die Gewinne der Briten in den Kolonien zur Hauptquelle für die Akkumulation von Kapital und damit zu einer Voraussetzung der Industriellen Revolution erklärt (Williams 1944). Umgekehrt haben englische Historiker die Industrielle Revolution ganz auf endogene Antriebe zurückführen wollen – die sichere Rechtslage, das parlamentarische System, den Erfindungsreichtum (Jones 1981; Landes 1999). Gegenüber solchen einseitigen Erklärungen ist die globalhistorische Perspektive, die auf »Interaktionen und Verbindungen« verweist, deutlich erklärungskräftiger. Ohne chinesisches Porzellan kein Meißen! Aber selbstverständlich war dies keine Einbahnstraße, weder bei den Handelsbeziehungen noch bei der Vielfalt der technischen Erfindungen. »Die asiatische Dominanz im Exportgewerbe wurde von der englischen abgelöst, die kontinuierliche Innovation in der Gewerbekunst vom rapiden, ›revolutionären‹ Wandel«, fasst Andrea Komlosy zusammen (Komlosy 2004:105).

Das 19. Jahrhundert war durch tief greifende Wandlungen und Widersprüche geprägt, nicht zuletzt aber auch durch die globale Vorherrschaft europäischer Mächte (Osterhammel 2009). Einerseits stiegen die USA als europäische Siedlungskolonie zu einem Land des Zentrums auf, andererseits gerieten Indien und China in fast periphere Abhängigkeit. Der Globus wurde wirklich zu einem System vereint; Eisenbahnen und Dampferlinien sowie dann auch das Kabel schufen neue Geschwindigkeiten in Verkehr und Information (Roth/Schlögel 2009). Was versetzte die Europäer im Einzelnen in die Lage, die asiatischen Großreiche zu erobern?

a) Entscheidend war, dass die Industrielle Revolution den militärischen Vorsprung der europäischen Mächte noch einmal vergrößerte. Gezogene Geschützrohre, Maschinengewehre, gepanzerte Schiffskörper, Eisenbahnen und Dampferlinien für den Nachschub – wer nicht auf diesem technischen Niveau rüstete, hatte keine Chance. Die Briten unterwarfen nicht nur indische Sultanate und Maharadscha-Reiche, sondern zwangen auch China, seine Märkte für englische Waren zu öffnen, auch wenn das Opium aus Bengalen war. Und die USA, die Union aufsteigender Siedlerkolonien von jenseits des Atlantiks, zwangen Japan jenseits des Pazifiks, den amerikanischen Handel ins Land zu lassen, annektierten das Königreich Hawaii, stritten mit dem Deutschen Reich um Samoa und erwarben schließlich die Philippinen als Kolonie.

b) Wirtschaftlich waren die Staaten, welche industrialisiert waren, oft in der Lage, mit Maschinenprodukten die Waren aus Asien zu unterbieten. Den klassischen Fall bietet die erfolgreiche Durchsetzung englischer Tuche in Indien. Allerdings setzte die britische Regierung des Imperiums in Delhi auch die Interessen Londons an die erste Stelle, sowohl bei den niedrigen Außenzöllen wie beim Kauf des Materials für die Eisenbahnen in England.

c) Sozial wurde nun über die Emigration ein beträchtlicher und nicht selten in der Anpassung schwieriger Teil der europäischen Bevölkerung in den Peripherien untergebracht, sei es als Konsul oder Kaufmann in China, sei es als Angestellter des Indian Civil Service oder Offizier der kaiserlichen indischen Armee. Auch die Pensionen dieser Europäer wurden von den Kolonien bezahlt, jedenfalls die »home-charges« der Briten von Indien.

d) Intellektuell wurde aus der Unterwerfung der Welt ein Hochgefühl der Europäer, das sich durch die weltweite Mission und die Ausweitung des europäischen Universitätssystems auf ganz bestimmte Personengruppen stützen konnte.

Das 20. Jahrhundert (Nolte 2009) brachte dann die Selbstzerstörung des europäischen Konzerts in den beiden Weltkriegen, die Systemauseinandersetzung zwischen der Hegemonialmacht USA und der UdSSR, die sich zum Protagonisten des Versuchs machte, ein Gegenzentrum zum kapitalistischen Weltsystem zu gründen, und das Ende der Kolonialreiche. Das Jahrhundert brachte aber auch die Erfahrung, dass die bloße Entkolonialisierung nicht ausreichte, um die ehemaligen Kolonien zu erfolgreicher »Entwicklung« zu ermächtigen, sowie die Erklärung dieses Zurückbleibens mit der Dependencia-Theorie.

Wiederaufstieg Asiens

Die afroasiatischen Länder waren von der Welle des neuen Kolonialismus im 19. Jahrhundert tief betroffen, aber es gab von Anfang an Gesellschaften, die sich auf die neuen globalen Bedingungen einstellten und Eigenständigkeit verteidigten. Japan stieg zur Großmacht im System auf, China stürzte zwar von seinem selbst gewählten Sockel als Mitte der Welt in die Nüchternheit und die Nachteile der ungleichen Verträge, wurde aber doch nicht als Kolonie unter die europäischen Mächte aufgeteilt. Thailand, der Iran, das Osmanische Imperium und Äthiopien blieben souverän. Im 20. Jahrhundert gelang dann mehreren asiatischen Staaten und Gesellschaften der Wiederaufstieg in die Reihe der wirtschaftlich am meisten entwickelten Länder der Welt und derjenigen mit dem höchsten Wohlstand (Nolte 2009:129-155).

Mit der Gründung der »North-Atlantic-Treaty-Organisation« (NATO) 1949 wurde die »atlantische Welt« als Instrument zur »Eindämmung der UdSSR nicht nur militärisch, sondern auch ordnungspolitisch und parlamentarisch als transnationale und transkontinentale Union gegründet«; schon der Gründungsvertrag sah vor, »innere Festigkeit und Wohlergehen im nordatlantischen Gebiet zu fördern« (NATO-Handbuch [9]1962:11). Da für die Traditionen dieses nordatlantischen Raums alles in Anspruch genommen wurde, was »gut« und »schön« war, blieb für den Osten vorzüglich das Gegenteil davon: tyrannisch, arm und militaristisch.

Die atlantischen Eliten fühlten sich lange durch den sowjetischen Monopolsozialismus bedroht. Die Aufmerksamkeit war auf die UdSSR und Zentralasien gerichtet, sowie auf die Ausweitung der sozialistischen Bewegung in Asien, die in der Vorstellung vieler im Westen von »Moskau« über die Steppen Zentralasiens hinweg betrieben wurde. Dabei blieb unentschieden, ob der Kommunismus in China mehr aus dem Westen als aus dem Osten kam oder vielleicht doch eher an die lange Tradition endogener Bauernaufstände anknüpfte. Dass der Kommunismus in Vietnam mehr mit dem Studium vietnamesischer Eliten in Paris als mit Moskau zu tun hatte, wurde dagegen früh erkannt (Becker/Weissenbacher 2009). Das Bild des »roten Asien« ließ McKinders These wieder aufleben, Zentralasien sei das »Herzland«, von dem aus die Welt beherrscht werden würde. Da China als ein Teil des »Ostens« erschien, wurde Japan zu einem Teil des »Westens« – Ostasien als eigene Großregion verschwand gewissermaßen in den Frontstellungen des Kalten Krieges.

Aber dies Bild führte in die Irre – die Rolle des Kommunismus in Asien war nicht als Expansion der UdSSR erklärbar. Nicht nur die Konjunktur des nordatlantischen Raums und die Stabilisierung der Demokratie zwischen Washington und Bonn machten spätestens ab den 1970er Jahren deutlich, dass solche Ängste die realen Machtverhältnisse nicht wiedergaben. Hinzu kam die Niederlage der USA in Vietnam 1975, die offenbar mehr der amerikanischen Unterschätzung des vietnamesischen Nationalismus zuzuschreiben war als einer Expansion des Kommunismus. Allgemein gerieten die sozialistischen Staaten ab den 1970ern in eine Krise, weil die nachholende Industrialisierung angesichts einer neuen Welle kapitalistischer Innovationen besonders in der EDV-Technik an ihre Grenzen stieß. Dass die UdSSR als Rohstoffexporteur von dieser Krise damals nicht viel spürte, hat zu den Fehleinschätzungen der sowjetischen Führung der 1970er Jahre bis hin zur Intervention in Afghanistan 1979 entscheidend beigetragen (Komlosy/Hofbauer 2009; Nolte 2008).

Aber die Musik spielte gar nicht mehr rund um den Atlantik. In den USA begann man, von der Bedeutung der Länder des »Pacific Rim« zu sprechen und die unmittelbaren Beziehungen zu Asien über den Pazifik hinweg zu pflegen. Auch für die theoretische Debatte wurde die erfolgreiche Industrialisierung asiatischer Länder zum entscheidenden Argument; die »Newly Industrialized Countries« (NICs) stellten nämlich die These der Dependencia-Theorie in Frage, dass in den kapitalistischen Peripherien nachholende Industrialisierung ohne Erfolg bleiben müsse, weil die Abhängigkeit vom Zentrum zu groß sei (Senghaas 1974; Davies/Nyland 2004).

Einen Durchbruch seiner ökonomischen Entwicklung erreichte dagegen China, nachdem es 1978 unter kommunistischer Führung den Wirtschaftsbereich für Verfahren nach dem kapitalistischen Ordnungsmodell freigesetzt hatte (Derichs/Heberer 2003; Klein 2007; Adamczyk 2009), politisch aber an der autoritären Parteiherrschaft festhielt. Erst der Aufstieg Chinas – und Indiens – am Ende des 20. Jahrhunderts ließ Japan und Südkorea im Bewusstsein der atlantischen Welt wieder als Teile »Asiens« erscheinen und nicht mehr als Teile des »Westens«. Damit wurde der Atlantik wieder zum »Jugendzimmer«, zum Ozean, der verwandte (z. B. ganz überwiegend monotheistische) Kulturen verbindet, während die Wege über den Indischen und Pazifischen Ozean in die reale Vielfalt des Globus führen.

Was erklärt unter den neuen Umständen die Kategorie des Weltsystems? Kann man die Unterkategorie Halbperipherie neu definieren? Der russische Wissenschaftler Khoros (2003) definiert halbperipher als »Kombination von Eigenschaften hoher Entwicklung mit Rückständigkeit«. Sein Kollege Eljanov wendet in demselben Sammelband die Kategorie auf eine Gruppe von Ländern mit mehr als 100 Millionen Einwohnern an – Russland, China, Brasilien, Indien, Indonesien, Mexiko und Pakistan. In der zweiten Hälfte des 20. Jahrhunderts konnten diese Länder ihren Anteil an der Kaufkraft der Welt von 18,5 auf 26,3 % erhöhen, wobei Russland allerdings schlecht abschnitt. Allgemein stieg bei diesen sieben Ländern der Anteil der Industrieprodukte an ihren Exporten – nur in Russland war es anders: die Rohstoffexporte wuchsen zwischen 1990 und 2000 von 61,4 % auf 77,1 % des gesamten Exports, während der Anteil der Industriewaren von 8,4 % auf 1,6 % sank (Khoros 2003:10, 22, 33).

Ohne Frage, und hier kann man Eljanov folgen, ist die pure Größe der nationalen Märkte einer der Umstände, der nachholende Entwicklung fördert. Dies Argument wird auch dadurch gestärkt, dass die Südostasien-Assoziation ASEAN ebenfalls zu den ökonomischen Aufsteigern gehört, nicht zuletzt weil sie durch die Zollunion einen großen Binnenmarkt hergestellt hat. Aber schon die Beispiele von Bangla Desch oder Nigerien zeigen dann, dass die Marktgröße als Argument nicht ausreichen dürfte.

Vielmehr liegt als weiteres Argument nahe, dass die Dauer der Zuordnung und der Grad der Unterordnung verschiedener Länder in das kapitalistische Weltsystem eine gewisse Rolle gespielt haben und spielen. Das knüpft an das alte Argument Franks an (in Senghaas 1974), dass die Entwicklung in Ländern, die durch Dependencia geprägt sind, vor allem deswegen scheiterte, weil eine Kompradoren-Bourgeoisie gar nicht die Entwicklung »ihres« Landes vorantrieb, sondern stattdessen versuchte, sich auf der Ebene des globalen Kapitals zu etablieren. Sie transferierte deshalb die Gewinne aus dem »eigenen« Land auf die internationalen Kapitalmärkte, ähnlich wie die neuen/alten Eliten das beim Zusammenbruch der UdSSR getan haben (Nolte 2008:429). Ähnlich ist kontinuierlich ein großer Teil des privaten Kapitals Lateinamerikas auf den Weltmarkt geflossen. In Russland selbst spricht man von einer »Lateinamerikanisierung« des Landes, einer Angleichung an die Strukturen Lateinamerikas, oder genauer, an das, was man für diese Strukturen hält – Abfluss von Kapital, brain-drain der besten Leute und Verschärfung der sozialen Unterschiede.

Im Unterschied zu dieser Tendenz in halbperipheren Ländern des europäischen Weltsystems floss chinesisches Auslands-Kapital aus Singapur und sonstigem Ausland nach der Liberalisierung der chinesischen Wirtschaftspolitik nach China zurück. Dieser Unterschied könnte vielleicht einen Ansatz bilden, um als weiterer Argumentationsstrang zur Erklärung der globalen Differenzen die These global vergleichend zu untersuchen, dass die Dauer und der Grad der Zuordnung von Eliten zum europäischen Weltsystem auf Werte und Haltungen wirken, und dass es für die nachhaltige Entwicklung einer »Provinz« der Welt nachteilig ist, wenn dort Haltungen und Verfahren internalisiert wurden, die einer halbperipheren oder peripheren Struktur entsprechen (Hu/Hoffmann 2010). Viele Chinesen fühlen sich auch in Singapur der chinesischen Kultur verpflichtet, aber gilt das für einen ähnlich hohen Prozentsatz der Kubaner in Miami, der Mexikaner in den USA oder der Kolumbianer in Spanien? Vielleicht liegt in der kulturellen Nähe der beiden Seiten des Atlantiks und der beiden Teile des amerikanischen Kontinents eine Schwäche; die Betonung von Indigenität im Süden des atlantischen Raums (wie sie in diesem Band mehrfach erfolgt) wäre dann nicht nur eine Rückbesinnung auf eigene Geschichte, sondern auch eine Vorbereitung eigener Entwicklung der bis dahin halbperipheren und peripheren Länder.

Of course culture matters – most of all in the economy.

Zusammenfassung

Mit der Eroberung des atlantischen Raumes im 16. Jahrhundert bildeten die europäischen Mächte einen hierarchisch aufgebauten Verflechtungszusammenhang für etwa ein Viertel der Weltbevölkerung. Die Beherrschung des Atlantiks ermöglichte es Europäern, in Afro-Asien mehr ökonomische Präsenz durchzusetzen, als ihrer endogenen Produktion entsprach. Unter diesen günstigen Bedingungen gelang im europäischen Zentrum dieses frühneuzeitlichen Weltsystems die Industrielle Revolution. Durch sie stieg die militärische Überlegenheit der europäischen Mächte derart an, dass sie im 19. Jahrhundert fast alle afro-asiatischen Länder unterwerten und/oder für ihre nun produktiveren Industrien öffnen konnten. Damit war (fast) die gesamte Weltbevölkerung asymmetrisch mit dem Zentrum dieses Systems – Europa und USA – verflochten. Nach der Krise Europas im 20. Jahrhundert wurde der Atlantik zum Rückgrat der westeuropäischen Welt, unter der Führung der und organisiert in der NATO. Aber nicht der »kontinentale« Gegner UdSSR wurde langfristig zum Konkurrenten, sondern mehrere ost- und süd-asiatische Staaten, die deutlich weniger von Westeuropa geprägt waren als die atlantischen Welten und auch als Russland. Dieser »Aufstieg Asiens« könnte im 21. Jahrhundert dazu führen, dass der Atlantik an Bedeutung verliert und Indischer

Ozean sowie Pazifik (wieder) zu den wichtigsten Ozeanen der Weltökonomie und der Weltkultur werden.

Literatur

Abu-Lughod, Janet Lippmann (2001): Das Weltsystem im dreizehnten Jahrhundert. In: Feldbauer, Peter/Liedl, Gottfried/Morrissey, John, Hg.: Vom Mittelmeer zum Atlantik. Wien: 11-36

Adamczyk, Dariusz (2008): Friesen, Wikinger, Araber. In: Komlosy, Andrea/Nolte, Hans-Heinrich/Sooman, Imbi, Hg.: Ostsee 700-2000. Gesellschaft – Wirtschaft – Kultur. Wien: 32-48

Adamczyk, Dariusz, Hg. (2009): Asiatische Mächte im globalen Kontext. Schwalbach

Ahuja, Ravi (2009): Indischer Ozean. In: Jaeger, Friedrich, Hg.: Enzyklopädie der Neuzeit, Bd. 5. Stuttgart: Sp. 857-890

Austen, Ralph A. (1990): Marginalization, stagnation and growth: the transsaharen caravan trade 1500-1900. In: Tracy, James D., Hg.: The Rise of the Merchant Empires. Cambridge: 311-350

Bairoch, Paul (²1995): Economics and World History. Chicago

Becker, Joachim/Weissenbacher, Rudi, Hg. (2009): Sozialismen. Entwicklungsmodelle von Lenin bis Nyerere. Wien

Carbonell, Eduard/Cassanelli, Roberto/Velmans, Tania (2003): Das Zeitalter der Renaissance. dt. Darmstadt

Chakra, Dipesh (2000): Provincialising Europe. Princeton/NJ

Chaudhuri, K.-N. (1990): Asia before Europe. Cambridge

Davies, Gloria/Nyland Chris, Hg. (2004): Globalization in the Asian Region. Cheltenham

Derichs, Claudia/Heberer, Thomas, Hg. (2003): Einführung in die politischen Systeme Ostasiens. Opladen

Edelmayer, Friedrich/Landsteiner, Erich/ Pieper, Renate, Hg. (2001): Die Geschichte des europäischen Welthandels und der wirtschaftliche Globalisierungsprozeß. Wien

Feldbauer, Peter/Liedl, Gottfried/Morrissey, John, Hg. (2001): Vom Mittelmeer zum Atlantik. Die mittelalterlichen Anfänge der europäischen Expansion. Wien

Feldbauer, Peter (2003): Estado da India. Die Portugiesen in Asien 1498-1620. Wien

Findlay, Ronald/O'Rourke, Kevin H. (2007): Power and Plenty. Princeton/NJ

Flynn, Dennis O./Giráldez, Arturo/von Glahn, Richard, Hg. (2003): Global Connections and Monetary History 1470-1800. Aldershot: 1-34

Frank, Andre Gunder (1998): Re-Orient. Princeton/NJ.

Hu Qiu-hua/Hoffmann, Rainer (2010): Das Eigene und das Fremde. Chinas Rückwendung zu einem autochthonen Kulturmodell. In: ZWG 11/1: 9-52.

Jones, Eric (1981): The European Miracle. Cambridge

Khoros, V. G./Krasil'shhikov, V. A./Salickij A. I., Hg. (2003): Globalizacija i krupnye polyperiferijnye strany (Die Globalisierung und große halbperiphere Länder). Moskva

Klein, Thoralf (2007): Geschichte Chinas. Paderborn

Kolnberger, Thomas/Steffelbauer, Ilja/Weigl, Gerald, Hg. (2004): Krieg und Akkulturation. Wien

Komlosy, Andrea (2004): Chinesische Seide, indische Kalikos, Maschinengarn aus Manchester. In: Grandner, Margarete/Komlosy, Andrea, Hg.: Vom Weltgeist beseelt. Globalgeschichte 1700-1815. Wien: 103-134

Komlosy, Andrea/Hofbauer, Hannes (2009): Peripherisierung und nachholende Entwicklung in Osteuropa, plus Debatte. In: ZWG 10/2: 99-134

Komlosy, Andrea/Nolte, Hans-Heinrich/Sooman, Imbi, Hg. (2008): Ostsee 700-2000. Gesellschaft – Wirtschaft – Kultur. Wien

Krieger, Manfred (2003): Geschichte Asiens. Köln

Landes, David (1999): Wohlstand und Armut der Nationen. dt. Darmstadt
Liedl, Gottfried/Pittioni, Manfred/Kolnberger Thomas, Hg. (2002): Im Zeichen der Kanone. Islamisch-christlicher Kulturtransfer am Beginn der Neuzeit. Wien
Linhart, Sepp/Weigelin-Schwiedrzik, Susanne Hg. (2004): Ostasien 1600–1900. Geschichte und Gesellschaft. Wien
Linhart, Sepp/Weigelin-Schwiedrzik, Susanne Hg. (2007): Ostasien im 20. Jahrhundert. Geschichte und Gesellschaft. Wien
Munro, John H. (2003): The Monetary Origins of the ›Price-Revolution‹, South German Silver Mining, Merchant Banking, Venetian Commerce. In: Flynn/Giráldez/von Glahn, Hg.: Global Connections and Monetary History 1470–1800. Aldershot: 1-34
NATO-Handbuch (^{9}1962). Paris
Nolte, Hans-Heinrich (1986): The Netherlands and Russia in the Seventeenth Century. In: Review 10: 230-244
Nolte, Hans-Heinrich (2005): Weltgeschichte. Imperien, Religionen und Systeme, 15.–19. Jahrhundert. Wien
Nolte, Hans-Heinrich (2007): Neuzeitlicher Kulturtransfer zwischen Islam und Christenheit: Politik, Militär, Religion. In: ZWG 8/1: 105-130
Nolte, Hans-Heinrich (^{4}2008): Kleine Geschichte Russlands. Stuttgart
Nolte, Hans-Heinrich (2009): Weltgeschichte des 20. Jahrhunderts. Wien
North, Michael (2008): Ostseehandel. In: Komlosy, Andrea/Nolte, Hans-Heinrich/Sooman, Imbi, Hg.: Ostsee 700–2000. Gesellschaft – Wirtschaft – Kultur. Wien: 132-147
Osterhammel, Jürgen (2009): Die Verwandlung der Welt. München
Parker, Geoffrey (2003): Empire, War and Faith. London
Pieper, Renate (2001): Die Anfänge der europäischen Partizipation am weltweiten Handel. In: Edelmayer, Friedrich/Landsteiner, Erich/Pieper, Renate, Hg.: Die Geschichte des europäischen Welthandels und der wirtschaftliche Globalisierungsprozeß. Wien: 33-53
Pomeranz, Kenneth (2000): The Great Divergence. Princeton
Pomeranz, Kenneth (2003): Nachdenken über Vergleichende Wirtschaftsgeschichte: Der ›fernöstliche Entwicklungsweg‹. In: ZWG 4.2: 11-26
Rossabi, Morris (1990): The ›decline‹ of the central Asian caravan trade. In: Tracy, James D., Hg.: The Rise of the Merchant Empires. Cambridge: 351-370
Roth, Rolf/Schlögel, Karl, Hg. (2009): Neue Wege in ein neues Europa. Frankfurt am Main
Rothermund, Dietmar/Weigelin-Schwiedrzik Susanne, Hg. (2004): Der Indische Ozean. Wien
Rothermund, Dietmar (2008): India. The Rise of an Asian Giant. New Haven
Senghaas Dieter, Hg. (1974): Peripherer Kapitalismus. Frankfurt am Main
Steensgard, Niels (1973): The Asian Trade Revolution of the Seventeenth Century. Chicago
Tracy, James D., Hg. (1990): The Rise of the Merchant Empires. Cambridge
Vries, Jan de (2003): Connecting Europe and Asia: A Quantitative Analysis of the Cape-route Trade 1495–1795. In: Flynn, Dennis O./Giráldez, Arturo/von Glahn Richard, Hg.: Global Connections and Monetary History 1470–1800. Aldershot: 35-106
Wallerstein, Immanuel (1974ff): Das moderne Weltsystem Bd. I–III. New York, dt. Frankfurt am Main/Wien 1986–2004
Williams, Eric (1944): Capitalism and Slavery. Chapel/Hill NC

Wolfgang Gabbert

Warum Montezuma weinte
Anmerkungen zur Frühphase der europäischen Expansion in den Atlantischen Raum

Prolog

Bereits zehn Jahre bevor die Spanier 1519 die Küste Mexikos erreichten, wurde – wie Quellen des 16. Jahrhunderts berichten – der Herrscher Montezuma (Motecuhzoma II) durch einen Kometen, der ihm als böses Vorzeichen galt, in Unruhe versetzt. Der um Rat gefragte Nezahualpilli, Fürst von Texcoco und bekannter Magier, sagte für die nahe Zukunft unzählige Tote und schreckliche Katastrophen voraus:

»Montezuma begann bitterlich zu weinen und sagte: ›Oh Herr der Schöpfung, oh mächtige Götter ... Wie könnt ihr es zulassen, dass nach so vielen mächtigen Königen und Herren mein Schicksal sein soll, Zeuge der Zerstörung Mexikos zu werden, dass ich den Tod meiner Frauen und Kinder und den Raub meiner mächtigen Reiche, Herrschaften und Vasallen und von allem, was die Mexikaner mit ihrem starken Arm und der Kraft und Tapferkeit ihrer Brust erobert und gewonnen haben, mitansehen muss. Was soll ich tun? Wo soll ich mich verbergen‹«. (Durán 1984, II:469, Übersetzung W.G.)

Das Bild Montezumas, der angesichts der geweissagten Katastrophe in Ratlosigkeit und Verzweiflung verfällt, kann als paradigmatisch für zahlreiche Interpretationen der kolonialen Expansion Spaniens nach Lateinamerika gelten. Die Europäer erscheinen als übermächtig, das Schicksal der indigenen Bevölkerung als besiegelt, die Reiche als dem Untergang geweiht ...

Einführung

Die Geschichte der Eroberung und Kolonialisierung Amerikas seit dem späten 15. Jahrhundert ist vornehmlich aus eurozentrischer Perspektive geschrieben worden. Zudem hat man sie häufig allein von ihren Ergebnissen her interpretiert, der etablierten Kolonialherrschaft im Besonderen oder der seit dem späten 19. Jahrhundert nahezu weltweit durchgesetzten Dominanz des Westens im Allgemeinen. Frühere Darstellungen konzentrierten sich vor allem auf herausragende europäische Persönlichkeiten, wie die Eroberer von Mexiko, Hernán Cortés, oder Peru, Francisco Pizarro (z. B. Konetzke 1963). Spätere Interpretationen führten zur Erklärung der spanischen Erfolge Spezifika der europäischen Zivilisation an, wie etwa die europäische Überlegenheit in Waffentechnik, Kriegskunst, Schriftkenntnis (Davies 1989:316; Diamond 2006:84-87), oder des frühneuzeitlichen pragmatisch orientierten Weltbildes (Todorov 1985). Die Dominanz dieser Interpretationen ist m. E. auf mehrere Faktoren zurückzuführen:

1. Der verbreitete Eurozentrismus wurde durch die beherrschende Stellung Westeuropas und der USA in Politik, Wirtschaft, Wissenschaft und Technik zwischen dem späten 19. und der zweiten Hälfte des 20. Jahrhunderts begünstigt und diese Dominanz ins 16. Jahrhundert zurückprojiziert.
2. Die übergroße Mehrzahl der uns zur Verfügung stehenden Quellen aus der Eroberungszeit geben die spanischen Sichtweisen wieder. Die Zahl zeitgenössischer indianischer Quellen ist demgegenüber gering.
3. Es ist nicht bestreitbar, dass die vorkolumbischen Einwohner Amerikas von Europäern kolonialisiert wurden und nicht umgekehrt, sodass die Annahme einer europäischen Überlegenheit zunächst einleuchtend erscheint.

Die vorherrschenden Interpretationen der Eroberung Amerikas sind also in gewissem Maße nachvollziehbar, sie verhindern jedoch – so die hier vertretene These – ein angemessenes Verständnis der Eroberungs- und Kolonialisierungsprozesse. Denn sie beruhen auf einem »dichotomischen Geschichtsverständnis« (Gabbert 1995), welches Kolonisatoren und Kolonialisierte als jeweils weitgehend homogene Gruppen einander gegenüberstellt. Zudem werden die indigenen Bewohner der Amerikas mehr oder weniger als »Völker ohne Geschichte« (Wolf 1982) betrachtet, während die Europäer als einzige Träger der historischen Dynamik erscheinen.

Man hat sich aus verschiedenen Blickwinkeln ausführlich mit den Vorbedingungen der kolonialen Expansion in Europa beschäftigt, von der Lebensgeschichte eines Kolumbus oder Cortés bis zur Entstehung des Kapitalismus in Westeuropa. Dabei wurden u. a. die Defizite im Asienhandel, die Beeinträchtigung des Handels zwischen Europa und Asien über Land Mitte des 15. Jahrhunderts und der Abschluss der Rückeroberung der Iberischen Halbinsel (*Reconquista*) nach der Einnahme der letzten muslimischen Bastion Granada durch die Spanier 1492 als wichtige Faktoren bezeichnet. Mit den *hidalgos*, die als Angehörige des niederen spanischen Adels im Zuge der *Reconquista* umfangreiche militärische Erfahrung gesammelt hatten, Handarbeit und (Klein-)Handel verachteten, jedoch häufig nur über geringe finanzielle Mittel verfügten, wurde auch ein wichtiger sozialer Träger des frühen Expansionsprozesses identifiziert (Domínguez Ortíz u. a. 1990:396-402; Spalding 1999:913-919; Kizca 1998:248). Demgegenüber haben die spezifischen Voraussetzungen für die Eroberung in Amerika selbst nur wenig Beachtung gefunden. Eine genauere Analyse der historischen Entwicklung der indigenen Gesellschaften bis zum Auftauchen der Europäer unterbleibt in der Regel. Die indigenen Gesellschaften erscheinen dominiert von einer sich immer wieder reproduzierenden »Tradition«, eine wirkliche Geschichte fehle demzufolge. So wird beispielsweise die aztekische Kultur von Todorov als rituelle, »der Vergangenheit zugewandte, von der Tradition beherrschte Welt« beschrieben, welche die zu ihr gehörenden Individuen nahezu unfähig machte, sich neuartigen Situationen, wie der *Conquista*, anzupassen und zu improvisieren (1985:104, 107f). Zudem werden die Indianer im Drama der

Conquista als weitgehend passive Opfer dargestellt, wie das Eingangszitat zeigt, fast nie als strategisch Handelnde.

Für ein Verständnis des Eroberungsprozesses ist es jedoch notwendig, sich von eurozentrischen Sichtweisen zu lösen, nicht nur die Bedingungen der Expansion in Europa zu betrachten, sondern auch den historischen Kontext in Amerika zu berücksichtigen und Hypothesen über die zeitgenössischen Handlungsoptionen und Perspektiven der indigenen Akteure zu entwickeln. Angesichts der oben beschriebenen Quellenlage müssen die indigenen Sichtweisen überwiegend aus verstreuten Hinweisen in den von Europäern verfassten Quellen herausdestilliert werden.

Die europäische Expansion im Kontext

Der Beginn der Expansion europäischer Mächte nach Übersee lässt sich auf die Zeit um 1415 datieren. In diesem Jahr besetzten die Portugiesen den muslimischen Hafen Ceuta auf der afrikanischen Seite der Meerenge von Gibraltar. Die Besetzung der Stadt zielte zunächst nur auf die Kontrolle des »Schlüssels zum Mittelmeer«. Jedoch wurde der portugiesische Einfluss bald auf die im Atlantik gelegenen Inseln und andere Teile der afrikanischen Küste ausgedehnt (Braudel 1990:147f).

Wachsende private und staatliche Bedürfnisse im Zuge der Ausweitung der Geldwirtschaft und der Zentralisierung staatlicher Herrschaft in Europa lösten zu dieser Zeit eine Suche nach Ressourcen in anderen Weltregionen aus. Diese konnten theoretisch in der Levante, den »Ländern des Sonnenaufgangs« – wie die Gebiete am östlichen Mittelmeer auch genannt wurden – gefunden werden. Der Handel über das östliche Mittelmeer und weiter über Land entlang der Seidenstraße nach Indien und China wurde jedoch durch das Vordringen der Osmanen insbesondere nach der Eroberung Konstantinopels 1453 erheblich erschwert. Der Blick richtete sich folglich nach Westen und Süden, und Portugal, Spanien und die katalanischen Städte gewannen gegenüber den östlichen Mittelmeeranrainern (Genua, Venedig, Zypern und Kreta) an Bedeutung.

Die neue, von den Portugiesen eröffnete Atlantikroute versprach, die türkische Sperre der Mittelmeerroute zu den Reichtümern Asiens zu umgehen. 1420 besiedelten die Portugiesen Madeira, 1448 errichteten sie ein Fort und Lagerhäuser auf der Insel Arguin vor der mauretanischen Küste und 1482 ein zweites Fort in Elmina in der Bucht von Benin. Ein Jahr später erreichten sie die Mündung des Kongo und 1487 gelang die Umrundung des Kaps der Guten Hoffnung, der Südspitze des afrikanischen Kontinents. Damit war ein Seeweg nach Indien eröffnet, und 1497 begann Vasco da Gama seine Fahrt, die ihn über Ostafrika an die indische Malabar-Küste führte. 1509 eroberten Portugiesen erste Stützpunkte in der südindischen See (Bethencourt/Ramada Curto 2007). Die Portugiesen stellten so eine »Voraustruppe des europäischen Vorstoßes« dar (Wolf 1982:129).

Ende des 15. Jahrhunderts begann auch Spanien (die Königreiche Kastilien und Aragón), nach Übersee zu expandieren. 1492 erreichte die Expedition des Cristóbal Colón (Christoph Kolumbus) die karibischen Inseln, und rasch wurde auch die Unterwerfung des Festlandes in Angriff genommen. 1513 überquerte Vasco Nuñez de Balboa mit seinen Gefolgsleuten den Isthmus von Panama und erreichte den Pazifik. In wenig mehr als zwei Jahren, zwischen 1519 und 1521, gelang es den Spaniern unter Hernán Cortés, das Reich der Azteken (Mexica) im heutigen Mexiko zu unterwerfen, und 1530 begannen Konquistadoren unter Francisco Pizarro mit der Eroberung des Inka-Reiches in Peru. 1564 besetzte eine von Mexiko startende spanische Expeditionstruppe schließlich die Philippinen und drang damit von Westen nach Asien vor (Wolf 1982:129f).

Jedoch zeigt die neuere historische Forschung, dass mindestens bis zum Ende des 18. Jahrhunderts keineswegs von einer klaren Dominanz (West-)Europas in der Welt gesprochen werden kann. So wurden z. B. noch Ende des 18. Jahrhunderts schätzungsweise 80 % des weltweiten Bruttosozialproduktes in Asien erwirtschaftet (Marks 2006:18f, 23f, 37f, 80f; Pomeranz 2000; Frank 1998). Auch blieben die Eroberung größerer Gebiete und die Errichtung von Kolonialreichen bis ins 18. Jahrhundert auf Amerika beschränkt. Entlang der Küste Afrikas und Ostasiens wurden lediglich Handelsstationen und Stützpunkte eingerichtet. In Japan und China unterhielten Europäer eher sporadische Handelskontakte (Braudel 1990:554).

Schließlich war die Expansion europäischer Staaten nach Übersee im 15. und 16. Jahrhundert auch keineswegs einzigartig. So war die bereits erwähnte Eroberung Konstantinopels 1453 Teil eines Expansionsprozesses, in dem sich das osmanische Reich seit dem 14. Jahrhundert über den gesamten Mittelmeerraum ausbreitete (weitere Eroberungen u. a.: Bulgarien 1365, Athen 1456, Bosnien 1462–1466, Syrien 1516, Ägypten 1517, Belgrad 1521, 1529 Belagerung Wiens; Marks 2006:85f). Zwischen 1500 und 1800 verdoppelte das chinesische Reich seine Fläche und das russische Imperium wuchs sogar um das Vierfache (Marks 2006:84f; Braudel 1990:508-509, 521-527). In Westafrika entwickelte sich das Songhay-Reich nach dem Zerfall des Mali-Reiches im frühen 15. Jahrhundert zur neuen führenden Regionalmacht. Es sollte diese Stellung bis zum Ende des 16. Jahrhunderts behalten. Songhay erstreckte sich über annähernd 2.000 Kilometer entlang des Nigertales (Iliffe 1995:99).

Auch in Mittel- und Südamerika war das 15. Jahrhundert eine Zeit der Expansion. Dort bildeten sich in kaum mehr als 90 Jahren jene zwei Großreiche heraus, auf welche die spanischen Eroberer dann im frühen 16. Jahrhundert stoßen sollten. So entwickelte sich das von Einwanderern in die Region um Cuzco in den südamerikanischen Anden begründete inkaische Gemeinwesen vermutlich erst im frühen 15. Jahrhundert aus einem kleinen, eher unbedeutenden Häuptlingstum von 20.000-30.000 Personen zu einem Herrschaftsbereich, der sich über mehr als 4.000 Kilometer vom heutigen Ekuador im Norden bis nach Chile und Argentinien im Süden ausdehnte und mehrere Millionen Menschen umfasste (Rostworowski 1999:22f, 65-86; Prem 2008:71-75).

In Mittelamerika hatten die Azteken seit dem frühen 15. Jahrhundert ihren Herrschaftsbereich im zentralen Hochland immer weiter ausgedehnt. Zum Zeitpunkt der Ankunft der Spanier erstreckte es sich von der Golfküste Mexikos bis an den Pazifik und umfasste ebenfalls ein Gebiet mit mehreren Millionen Einwohnern (Bethell 1984:145; Smith 1996:57).

Wenn also die These einer generellen Überlegenheit der Europäer über die außereuropäischen Gesellschaften seit dem späten 15. Jahrhundert kaum aufrechterhalten werden kann, hat sie angesichts der spanischen Eroberungen nicht zumindest gegenüber den indigenen Gesellschaften Amerikas Bestand? Schließlich gelang in beiden Fällen recht kleinen Gruppen von Spaniern die Eroberung indianischer Großreiche. Hernán Cortés verfügte über weniger als 500 Soldaten und etwa 100 Matrosen, als er am 19. April 1519 die mexikanische Küste in der Nähe des heutigen Veracruz erreichte. Francisco Pizarro landete 1532 mit lediglich 180 Spaniern in Tumbes im Norden des Inka-Reiches (Díaz 1983:43; Davies 1989:302; Prem 2008:90).

Erklärungen für die Niederlage der altindianischen Reiche in Mexiko und Peru

An anderer Stelle (Gabbert 1995) habe ich mich kritisch mit Ansätzen auseinandergesetzt, welche die These vertreten, die Europäer hätten sich u. a. dank ihrer Überlegenheit im Bereich der menschlichen Kommunikation durchgesetzt (so Todorov 1985:79f, 87, 112, 120, 296). Die indianische Mentalität sei religiös dominiert, von Vorstellungen der Vorherbestimmung beherrscht und somit den taktisch kalkulierenden Denkmustern der Spanier strategisch hoffnungslos unterlegen gewesen. Wie andere Erklärungsversuche der Eroberung homogenisiert diese Argumentation die indigene Bevölkerung und betont die Unterschiede zwischen den Weltsichten in Europa und Amerika zu stark. So war die erste Hälfte des 16. Jahrhunderts eine Hochzeit der Astrologie in Europa. Die Beschäftigung mit Vorzeichen bildete also keineswegs ein Spezifikum der indigenen Gesellschaften Amerikas. Schließlich beruht Todorovs Ansatz auf einer unzureichenden Kritik der Quellen. Hier möchte ich jedoch auf eine andere häufig vorgebrachte These eingehen – die Eroberung sei der waffentechnischen oder kämpferischen Unterlegenheit der Indianer geschuldet – und anschließend alternative Erklärungsmöglichkeiten skizzieren. So schreibt z. B. Wilfried Westphal (1992:246) zur Eroberung des Aztekenreiches:

»Die Indianer ... lebten in der Steinzeit: Ihre technische, insbesondere militärische Ausrüstung beschränkte sich auf Gerätschaften, die nur wenig von dem abweichen, was ihnen die Natur bot. Pfeil und Bogen, Schwerter, die mit Obsidiansplittern besetzt waren, Wurfspeere und Schilde – das war das ganze Waffenarsenal, das die Indianer den eisernen Rüstungen und stählernen Degen, den Kanonen und Arkebusen der Spanier entgegensetzen konnten. ... Da half alle Übermacht nichts: die Spanier waren keine Götter, aber sie hatten göttliche Waffen«.

Während die aztekischen Krieger mit dem *macuahuitl*, einem mit eingesetzten rasiermesserscharfen Obsidianklingen versehenen Holzschwert, über eine effektive Hiebwaffe verfügten, beschränkte sich die Bewaffnung der Inka-Heere überwiegend auf Steinschleudern sowie metallbesetzte Lanzen und Keulen (Guilmartin 1991:51f; Rostworowski 1999:91f; Prem 2008:79).

Davies (1989:317) konstatiert darüber hinaus die »spanische Überlegenheit in Taktik und Kampfmoral«. Die Indianer waren durch »die Zwangsvorstellung, ihre Feinde lebend als Sakralopfer abschleppen zu müssen, hoffnungslos behindert ... [Sie] verstanden einfach nicht die Bedeutung eines totalen Krieges.« Für Peru kommt Guilmartin zu dem Schluss: »Im Grunde verschafften die spanischen Waffen, Pferde und ihr Zusammenhalt den Konquistadoren einen nahezu unüberwindlichen Vorteil.« (1991:57, Übersetzung W.G.; s. a. Hemming 1970:110-116)

Tatsächlich berichten die Quellen von Gefechten, bei denen sich relativ wenige Spanier gegen große indianische Heere durchsetzen konnten. So schildert beispielsweise der Chronist Pedro Cieza de León (2001:125-126) eine siegreiche Schlacht im Jahre 1531, bei der 168 Spanier 3.500 Indianern aus Puná im heutigen Peru gegenüberstanden. Der Sekretär von Hernán Cortés, Francisco López de Gómara, beschreibt den Triumph von 400 Spaniern gegen angeblich 150.000 Tlaxcalteken (1987:128, 139).

Gegen die Unterlegenheit aufgrund der eher rituellen, vornehmlich auf die Gefangennahme von Opfern gerichteten Art der Kriegführung, die insbesondere hinsichtlich der Azteken von vielen Autoren behauptet wird, spricht bereits der in den Quellen deutlich werdende verbissene Widerstand gegen die Eroberer. Sie wird auch durch neuere systematische Analysen widerlegt. So kommt der nordamerikanische Anthropologe Ross Hassig in seiner Untersuchung *Aztec Warfare* zu dem Schluss, dass der Umgang der Azteken mit dem Krieg ein pragmatischer war und die Kriegführung den jeweiligen Gegebenheiten angepasst wurde. Die Gefangennahme war für die Kriegführung zwar wichtig, wurde jedoch, sobald es notwendig erschien, praktischen oder taktischen Erfordernissen untergeordnet (Hassig 1988:11, 114, 119).

Nun bedeutete die Verfügung über Geschütze, Hakenbüchsen und insbesondere über Metallwaffen und -rüstungen sowie die bis dahin in Amerika unbekannten Pferde sicherlich eine erhebliche Steigerung der Kampfkraft. Allerdings führten die Spanier bei der Eroberung des aztekischen und des Inka-Reiches nur eine geringe Zahl von Schusswaffen und Pferden mit sich. Zudem verfügten Hakenbüchsen und Kanonen zwar über eine erhebliche Durchschlagskraft, waren jedoch umständlich zu bedienen. Wichtiger im Kampf waren sicherlich die Metallschwerter (Hemming 1970:114f; Davies 1989:316; Guilmartin 1991:53; Kizca 1992:248f). Trotz der im Vergleich zu ihrer geringen Zahl erheblichen Kampfkraft grenzt es ans Wunderbare, wenn sich die Spanier vermeintlich gegen eine z.T. mehr als hundertfache Übermacht durchsetzen konnten. So ist Hassig (1988:237, Übersetzung W.G.) zuzustimmen, wenn er feststellt: »Kanonen, Gewehre, Armbrüste, Stahlklingen, Pferde und Kriegshunde waren im Vergleich zur aztekischen Bewaffnung sicherlich ein Fortschritt. Aber der Vorteil, den ein paar hundert spanische Soldaten daraus ziehen konnten, war keineswegs überwältigend.«

Dies gilt umso mehr, als sich die Indianer offenbar recht schnell auf die neuen Waffen einstellten. Das Erstaunen über Pferd und Reiter oder den Geschützdonner wich rasch einer pragmatischen und taktischen Einstellung gegenüber diesen Waffen und den Berittenen. So wichen die Azteken bald den Kugeln der Geschütze und Eisenbolzen der Armbrüste aus, als sie erkannt hatten, dass diese immer nur geradeaus flogen (Sahagún 1982:739f). Indianische Krieger attackierten die Spanier bei vielen Gelegenheiten auf das Heftigste, wobei gerade auch die Pferde ein bevorzugtes Angriffsziel darstellten (Tapia 1963:29). Die Bedeutung der Kavallerie suchten sie durch die Konstruktion von Fallen oder, soweit möglich, den taktischen Rückzug in zerklüftetes Gelände oder geschlossene Ortschaften zu reduzieren (López de Gómara 1987:149; Hemming 1970:103f, 158; Guilmartin 1991:56). Darüber hinaus entwickelten die Azteken neue lange Lanzen, die sie gegen die Reiter einsetzten, und indianische Krieger in Mexiko und Peru begannen bald, mit erbeuteten Schwertern und Lanzen zu kämpfen (Díaz 1983:383f; López de Gómara 1987:259, 280; Durán 1984:565; Hemming 1970:215). Sie stellten sich zuweilen auch einzeln einem Reiter entgegen (López de Gómara 1987:279). So töteten zwei Azteken im Einzelkampf die Pferde zweier Spanier (Durán 1984, II:529). Bei einem anderen Gefecht wehrten sich 15 aztekische Kämpfer recht erfolgreich gegen mindestens sieben spanische Reiter, wobei sie zwei verletzten und zwei Pferde töteten (Cortés

1963:40). Ein aztekischer Krieger war durchaus in der Lage, ein Pferd mit einem Hieb seines obsidianbesetzten Schwertes zu köpfen (López de Gómara 1987:125). Offenbar waren indianische Krieger prinzipiell in der Lage, einem berittenen Spanier die Lanze abzunehmen und ihn zu töten (Sahagún 1982:746).

Die Spanier gingen auch keineswegs immer siegreich aus ihren Schlachten hervor. So scheiterte beispielsweise 1517 die Expedition von Francisco Fernandez de Córdoba zur Halbinsel Yucatán im heutigen Mexiko nach einer Auseinandersetzung mit den lokalen Indianern in der Region Potonchan (Champoton), bei der die Hälfte der Spanier getötet, der Rest schwer verwundet wurde. In einem halbstündigen Gefecht wurden 55 Eroberer getötet, mehr als 80 verletzt und zwei gerieten in Gefangenschaft (Díaz 1983:12f).

Eine der größten Niederlagen erlitten die spanischen Eroberer wohl in den Tagen um die von ihnen sogenannte *noche triste*, die »traurige Nacht« vom 30. Juni auf den 1. Juli 1520, in welcher Cortés mit seinen Truppen und indianischen Verbündeten nach heftigen Kämpfen aus der Hauptstadt des aztekischen Reiches, Tenochtitlan, fliehen musste. Dabei wurden nach Angaben des beteiligten Soldaten Bernal Díaz del Castillo (1983:391) innerhalb von fünf Tagen 800 der nunmehr aufgrund von Verstärkungen 1.300 anwesenden Spanier und mehr als 1.200 der 2.000 in der Stadt befindlichen indianischen Verbündeten getötet. López de Gómara (1987:242f) und der Chronist Diego Muñoz Camargo (1983:286) beziffern die Verluste allein in der »traurigen Nacht« auf 450 tote Spanier und anders als Díaz sogar 4.000 befreundete Indianer.

Wenn folglich die spanischen Eroberer keineswegs unbesiegbar waren, wie ist dann ihr Erfolg gegen zahlenmäßig weit überlegene Gruppen indianischer Krieger zu erklären? Ich sehe hier v.a. drei Ansätze:

1. Die Angaben in den spanischen Quellen sind mit großer Wahrscheinlichkeit in vielen Fällen stark übertrieben. Zahlen wie 140.000 oder ähnliche sind wohl in der Regel nicht als exakte Angaben zu verstehen, sondern bedeuten »viele«. Den Spaniern fehlte in der Regel die Möglichkeit, die Anzahl ihrer Gegner genauer zu bestimmen. Diese Zahl hoch anzusetzen, entsprach ihrem Interesse, die eigenen Verdienste als möglichst groß erscheinen zu lassen. Schließlich handelt es sich bei vielen spanischen Quellen um Schriften, welche das eigene Tun gegenüber der Krone rechtfertigen und Ansprüche auf möglichst große Belohnungen begründen sollten. Dies gilt z.B. für die Briefe, die Hernán Cortés an Kaiser Karl V richtete (Cortés 1963). So kritisiert Bernal Díaz (1983:43) explizit die übertriebenen Angaben zu den Einwohnerzahlen indianischer Städte durch López de Gómara:
»[S]o schrieb er 8.000 statt acht. Wie hätten wir all die großen Gemetzel anrichten sollen, die er uns zuschreibt? Denn wir waren nur 400 Soldaten im Kampf und hinreichend damit beschäftigt, uns zu verteidigen, um nicht getötet oder verschleppt zu werden. Selbst wenn die Indios gefesselt gewesen wären, hätten wir nicht so viele von ihnen töten können ... wie er behauptet.«
2. schwächten von den Europäern eingeschleppte Krankheitserreger (Pocken, Windpocken, Mumps, Masern, Gelbfieber, in den tropischen Tieflandern auch Malaria), gegen welche die Indianer nicht genügend Abwehrkräfte hatten, nicht nur die Widerstandskraft der indianischen Heere. Das Massensterben, das vielfach bereits einsetzte, bevor die Indianer den ersten direkten Kontakt zu den Eroberern hatten, machte auch vor den indigenen Führungsschichten nicht halt (Diamond 2006:251-

254). Dies führte häufig zu politischer Instabilität und Auseinandersetzungen um die Thronfolge (s.u.).
3. War die Rolle der indianischen Verbündeten von erheblich größerer Bedeutung als es die spanischen Quellen suggerieren, die sie oft gar nicht oder nur am Rande erwähnen. Nur durch die massive Beteiligung indianischer Truppen, die sich von einer Allianz mit den Europäern eine Befreiung von der aztekischen bzw. inkaischen Vorherrschaft oder andere Vorteile versprachen, war die Eroberung Mexikos und Perus durch eine handvoll spanischer Abenteurer überhaupt möglich.

So waren an der 80-tägigen Belagerung Tenochtitlans, welche die Niederlage der aztekischen Herrscher besiegelte, neben 900 Spaniern vermutlich 100.000–200.000 indianische Verbündete beteiligt (Prem 2008:96; Hassig 2006:175). Auch bei der Eroberung anderer Regionen spielten indianische Truppen eine wichtige Rolle. 12.000 Krieger des Inka Manco Capac begleiteten Diego de Almagro und 570 Spanier 1535 auf einer Expedition nach Chile, und in Guatemala waren Mam sprechende Indianer wichtige Verbündete Pedro de Alvarados bei der Unterwerfung der Quiché und anderer indianischer Fürstentümer (Hemming 1970:177f; Hawkins 1984:50-53; Spalding 1999:933f).

Interne Widersprüche der vorkolumbischen Reiche

Wie lässt sich aber die offenbar erhebliche Bereitschaft von Indianern verstehen, mit den Europäern gemeinsame Sache zu machen? Hier als Motivation die Befreiung vom aztekischen oder inkaischen Joch anzuführen, ist zwar nicht falsch, greift jedoch zu kurz.

Zunächst ist festzuhalten, dass es sich bei der Bezeichnung »Indianer« um eine koloniale Kategorie handelt, die auf dem Missverständnis Kolumbus' beruht, er sei in Asien gelandet. Darüber hinaus beinhaltete die kollektive Bezeichnung »Indianer« (*indios*, *naturales* oder *indígenas*) für alle einheimischen Bewohner Amerikas nur ihren gemeinsamen Status als Kolonisierte. Tatsächlich unterschieden sich die Ende des 15. Jahrhunderts vermutlich zwischen 40 und 80 Millionen Indianer in den Amerikas (Coe 1986:13; Edelmayer 1996:54) jedoch erheblich in Sprache, Kultur, Wirtschaftsweise, sozialer Organisation und politischen Interessen und waren zum Zeitpunkt der Eroberung in zahlreiche z.T. auch bewaffnete Konflikte untereinander verwickelt (Schüren 2005; Gabbert 2008).

Zu einem besseren Verständnis der Handlungslogik der indigenen Verbündeten der Spanier muss kurz auf die Geschichte und Struktur der vorkolumbischen indigenen Reiche eingegangen werden. Die Oberherrscher des inkaischen wie des aztekischen Reiches sind häufig als despotisch regierende, absolute Herrscher beschrieben worden. Die Herausstellung ihrer Macht und der Bedeutung ihrer Reiche erhöhte natürlich wiederum den Ruhm derjenigen, die sie erobert hatten. Zudem lieferte die Charakterisierung als Despoten und Tyrannen eine Legitimation der Eroberung (Chamberlain 1939:134; Hanke 2006). Neuere Forschungen deuten jedoch darauf hin, dass dieses Bild absoluter Herrschaft eher die Ansprüche der Eliten in den Hauptstädten der indianischen Reiche – Cuzco und Tenochtitlan – und zugleich die Projektionen der Spanier widerspiegelt als die Realität. Tatsächlich spricht vieles dafür, dass die jeweiligen Oberherrscher politisch in beträchtlichem Umfang vom Hochadel abhängig waren und dass das Ausmaß ihrer Kontrolle über die eroberten Gebiete weitaus geringer war als das Bild der despotischen absoluten Herrscher suggeriert (Smith 1996:162; Prem 2008:56f, 205f).

Es ist bereits darauf hingewiesen worden, dass es sich sowohl beim aztekischen als auch beim inkaischen Reich um relativ junge Herrschaftsstrukturen handelte, die jeweils in weniger als 100 Jahren durch die fortgesetzte Eroberung und Unterwerfung anderer politischer Einheiten entstanden waren. Unterworfenen Gebieten wurden militärische Unterstützung, Tribute und Arbeitsleistungen abverlangt. Dabei war der Grad politischer Zentralisierung im Inka-Reich größer als im aztekischen Herrschaftsbereich. So etablierten die Inka eine einheitliche Rechtsordnung und ließen im Zuge ihrer Expansionspolitik ein umfangreiches System von Straßen, Brücken und Depots vornehmlich zur Versorgung der Heere, Beamten und Arbeiter für den Staat maßgeblich erweitern (Schmitz 1991:57-61, 135-141; Rostworowski 1999:47-65). Aber auch das Inka-Reich war kein monolithischer Staat. Vielmehr beruhte die Expansion der Inka auf Eroberung, Überzeugung, Druck u.a. Mittel, mit denen bislang unabhängige Herrschaftsgebiete in ein komplexes Geflecht asymmetrischer Allianzen integriert wurden (Spalding 1999:922-924; Rostworowski 1999:71, 82, 94).

Das aztekische Reich verfügte demgegenüber weder über eine gemeinsame politische Spitze noch über ein durchgehendes, eindeutig abgegrenztes Territorium oder eine einheitliche Verwaltung. Außerhalb des Kerngebiets im Hochtal von Mexiko wurde kaum Infrastruktur errichtet, und es gab nur wenige Befestigungsanlagen und Garnisonen (Charlton 2000:529; Prem 2008:207). Für den aztekischen Herrschaftsbereich ist nicht einmal ein einheimischer Name bekannt. Dies hängt mit dem spezifischen Charakter des Azteken-Reiches zusammen. Tatsächlich bestand nicht einmal im Kerngebiet ein zentralisiertes politisches Gemeinwesen, sondern ein Bündnis dreier Stadtstaaten (Tenochtitlan, Texcoco und Tlacopan), der sogenannte aztekische Dreibund. Diese hatten um 1428 vereinbart, einander nicht anzugreifen und bei Eroberungszügen zu kooperieren. Die aus diesen Unternehmungen resultierenden Tribute sollten nach einem festgelegten Schlüssel (2/5 Tenochtitlan, 2/5 Texcoco und 1/5 Tlacopan) aufgeteilt werden. Das Hochtal von Mexiko wurde in drei Einflussbereiche aufgeteilt, die jeweils von einem der drei Staaten beherrscht werden sollten. Die Gesamtheit betreffende Angelegenheiten wurden von den Herrschern der Dreibundstädte informell im Einvernehmen geregelt. Innenpolitisch waren die drei Herrschaftsbereiche selbstständig. Jeder der drei Mitgliedsstaaten verfügte über ein bevorzugtes Einflussgebiet, in dem er bei Eroberungen führend war. Während ein Teil der zu Abgaben verpflichteten Gebiete Tribute an alle drei Staaten des Bundes zahlte, führten andere Leistungen lediglich an eines der Dreibund-Mitglieder ab. Allerdings hatte sich Tenochtitlan zum Zeitpunkt der spanischen Eroberung zum dominierenden Zentrum des Dreibunds entwickelt (Gibson 1971:383-389; Prem 2008:53-55).

In beiden vorkolumbischen Reichen wurden unterworfene Gebiete über ein System indirekter Herrschaft an die Zentren gebunden. Da sich die administrativen Einteilungen nach der Eroberung durch Inka oder Azteken überwiegend an den zuvor bestehenden politischen Einheiten orientierten, lokale Eliten meist weiterhin die zentralen Führungspositionen übernahmen und in lokalen Angelegenheiten eine weitgehende Autonomie bestand, blieben die lokalen Bindungen und politischen Loyalitäten wirkungsmächtig. So entwickelte sich in beiden vorkolumbischen Herrschaftsbereichen, in denen neben den Verkehrssprachen (Quechua und Nahuatl) zahlreiche Lokalsprachen gesprochen wurden, kein übergreifendes Gemeinschaftsbewusstsein. Die Einwohner beider Reiche verstanden sich vorwiegend als Angehörige der etablierten Lokalgruppen – Stadtstaaten (Sing. *altepetl*) in Mexiko, kleinere Herrschaften (in den spanischen Quellen *cacigazgos* oder *behetrías* genannt) in Peru – und nicht als Teil eines größeren Ganzen (Rostworowski 1999:66f, 86f; Murra 1986:51f; Smith 1996:162, 169). Die Aufrechterhaltung der Herrschaft über die unterworfenen Gebiete blieb so immer eine prekäre Angelegenheit. Schnelle Expansion und immer wieder ausbrechende Rebellionen waren zwei Seiten des gleichen Prozesses (Rostworowski 1999:80-89; Spalding 1999:922; Hassig 1988:25, 231, 267; Prem 2008:48, 57).

Die Betonung des expansionistischen Charakters der vorkolumbischen Großreiche ist u. a. deshalb wichtig, weil jeweils erst seit relativ kurzer Zeit unterworfene indianische Gruppen (wie die Totonaken in Mexiko oder die Wanka, Cañari oder Chachapoya in Peru) oder Herrschaftsbereiche, die von der Eroberung bedroht waren (wie z.B. Tlaxcala oder Huexotzinco durch die Azteken) zu den entscheidenden Verbündeten der spanischen Eroberer zählten (Hemming 1970:156, 201; Murra 1984:124f; Díaz 1983:173f).

Die Stabilität der vorkolumbischen Reiche war in Perioden des Interregnum – die Zeit zwischen dem Tod des Amtsinhabers und dem Herrschaftsantritt des Nachfolgers – besonders bedroht. Da keine eindeutige Nachfolgeregelung existierte, sondern der vermeintlich Fähigste aus einem Kreis durch ihre edle Abstammung legitimierter Kandidaten ausgewählt wurde, konnte zwar die Amtsübernahme durch ungeeignete Kronprätendenten verhindert werden. Allerdings kam es regelmäßig zu ernsten Konflikten oder sogar Bürgerkriegen zwischen den Anhängern durch ihre Abstammung gleichermaßen legitimierter Thronanwärter. Diese Schwächung des Zentrums nutzten die Führer unterworfener Gruppen häufig, um die unliebsame Oberherrschaft abzuschütteln, sodass viele Gebiete mehrfach unterworfen werden mussten (Smith 1996:57; Murra 1986:51f; Rostworowski 1999:87, 90, 97; Prem 2008:53, 76).

Die Austragung von politischen Konflikten und Erbfolgestreitigkeiten mit der Unterstützung äußerer Verbündeter war im vorkolumbischen Mexiko und im Andenraum ein etabliertes Politikmuster. Tatsächlich ging auch eine Reihe der Eroberungen der Azteken auf Hilfeersuchen lokaler Adeliger bis dahin politisch unabhängiger Stadtstaaten bei ihren Konflikten mit internen Widersachern zurück (Prem 2008:211). Nach dem Tod Nezahualpillis, des Herrschers von Texcoco, konnte sich 1515 Cacama, einer seiner Söhne, mit Hilfe Montezumas im Streit um die Nachfolge durchsetzen. Ixtlilxochitl, ein Bruder Cacamas, floh daraufhin in die Berge und begann einen Bürgerkrieg, um seinen Anspruch auf die Thronfolge durchzusetzen. Ixtlilxochitls Fraktion verbündete sich schließlich mit den Spaniern (Díaz 1983:432; Alva Ixtlilxóchitl 1985, I:450-455).

Auch bei der spanischen Eroberung Perus spielten Streitigkeiten um die Herrschernachfolge eine wichtige, hier sogar zentrale Rolle. Um 1515 war der regierende Inka Huayna Capac mit einem großen Heer nach Norden in das Gebiet des heutigen Ecuador gezogen, um einen Aufstand niederzuschlagen und weitere Gebiete zu unterwerfen. Er blieb dort zehn Jahre, während von ihm eingesetzte Regenten die Geschäfte in Cuzco erledigten. Von einer spanischen Expedition eingeschleppte Krankheiten (Masern oder Windpocken) verbreiteten sich zu dieser Zeit rasch und forderten zahlreiche Opfer unter der indigenen Bevölkerung. So starben um 1525 oder 1527 nicht nur die in Cuzco eingesetzten Regenten, sondern auch Huayna Capac selbst. Die Auseinandersetzungen zwischen zweien seiner Söhne, Huascar, mit seiner Machtbasis in Cuzco, und Atahualpa, der von Quito in Ecuador aus operierte, eskalierten in einen Bürgerkrieg, der mit großer Härte geführt wurde. Inmitten dieser Auseinandersetzungen landete Francisco Pizarro mit seinen Männern 1532 im Norden des Inka-Reiches. Nicht nur Feinde der Inka, sondern auch beide Bürgerkriegsparteien suchten die Unterstützung der Spanier zu gewinnen, und Pizarro wusste die für ihn günstigen Umstände geschickt auszunutzen. So gelang es ihm, Atahualpa in einem Hinterhalt gefangen zu nehmen. Atahualpa ließ nun den inzwischen von seinen Truppen gefangenen Huascar töten, um eine mögliche Einsetzung seines Rivalen als Herrscher zu verhindern. Nach mehrmonatiger Gefangenschaft (November 1532 bis August 1533) wurde Atahualpa trotz der Zahlung eines Lösegeldes von den Spaniern hingerichtet (Schmitz 1991:229-237, 247-249, 251f, 268f; Rostworowski 1999:110-131).

Die Gefangennahme der indigenen Oberhäupter und der Versuch, über die einheimische Elite die Kolonialherrschaft durchzusetzen, war eine Vorgehensweise, welche die Spanier schon früher, bei der Eroberung der Kanaren, regelmäßig eingesetzt hatten (Kizca 1992:248). Demgegenüber erscheint das Verhalten der indigenen Herrscher (Atahualpa bzw. Montezuma) gegenüber den Spaniern zunächst schwer verständlich. Beide setzten den Europäern keinen entschiedenen Widerstand entgegen und beide gerieten nach überraschenden Handstreichen der Konquistadoren in Gefangenschaft. Ihre Handlungen werden jedoch verständlicher, wenn man sich vom Bild der absoluten, nahezu allmächtigen Herrscher löst und zur Kenntnis nimmt, dass sie sich in einer durchaus unklaren und insbesondere im Falle des Inka äußerst prekären Situation befanden. Sowohl Cortés als auch Pizarro hatten sich zunächst nicht als Feinde offenbart, sondern als Gesandte eines fernen und mächtigen Herrschers präsentiert (Cortés 1963:54; Díaz 1983:122; Pogo 1930:240). Pizarro hatte sich durch die Annahme und Übersendung von Geschenken und die Zusicherung der militärischen Unterstützung – ohne es zu wissen – Atahualpa entsprechend der andinen Gepflogenheiten untergeordnet und eine Beziehung der Gegenseitigkeit (Reziprozität) etabliert (Schmitz 1991:252, 255). Auch Cortés und Montezuma hatten Geschenke ausgetauscht. Dass sich der aztekische Herrscher bereitwillig den Spaniern bei deren Einzug untergeordnet hat, ist nicht nur unwahrscheinlich, sondern auch lediglich durch interessierte spanische und indianische Quellen belegt. Ein Hinweis, dass die Beziehungen auch anders zu interpretieren sein könnten, liefert u.a. die Aussage des Konquistadors Bernal Díaz, der schreibt, Cortés habe Montezuma versprochen, für ihn neue Länder zu erobern (1983:276). In Peru versprach auch Pizarro auf seinem Marsch nach Cajamarca Atahualpa Unterstützung gegen jeden, der sich gegen die Herrschaft des Inka auflehnen würde (Kubler 1945:418; Rostworowski 1999:127). Bündnisse – gegen die gegnerische Bürgerkriegspartei im Inka-Reich bzw. die rivalisierenden Staaten im Falle des aztekischen Dreibundes – schienen angesichts der nicht unbeträchtlichen Kampfkraft der Spanier und ihrer möglichen Erweiterung durch die Macht hinter ihnen durchaus attraktiv. Insbesondere musste es darum gehen, ein Zusammengehen der Europäer mit den Gegnern zu verhindern (Schmitz 1991:253; Cortés 1963:47). So hatten sich die Cañari und Chachapoya, die im Bürgerkrieg blutige Strafexpeditionen von Atahualpas Truppen erleiden mussten, bereits vor dem ersten Zusammentreffen des Inka mit Pizarro den Spaniern angeschlossen (Pogo 1930:242; Schmitz 1991:247).

Die Sichtweise der indianischen Verbündeten der Spanier

Sofern spanische Quellen und die Sekundärliteratur den indianischen Gruppen, die gemeinsam mit den Spaniern gegen die Herrschaft der Azteken und Inka kämpften, überhaupt eine Bedeutung für das Eroberungsgeschehen zumessen, wird ihre Rolle meist auf die von »Hilfstruppen«, Erfüllungsgehilfen spanischer Pläne, reduziert. Nun ist eine solche Interpretation, wenn man von den langfristigen Ergebnissen der Conquista her denkt, verständlich, aber aus der Perspektive der Eroberungsperiode und frühen Kolonialzeit keineswegs zwingend. Wie ich im Folgenden zeigen werde, war die Rolle der Spanier bei der Eroberung nicht immer so zentral, wie die spanischen Quellen suggerieren. Auch folgte die Dynamik des Eroberungsprozesses nicht einfach spanischen Plänen, sondern die indianischen Verbündeten verfolgten ihre eigenen strategischen Ziele.

Die Beziehungen zu den Spaniern wurden von den indianischen Verbündeten nicht zwangsläufig als solche der Unterordnung angesehen. Zur Zeit der Eroberung konnten die Spanier kaum als Repräsentanten eines von Europa ausgehenden übermächtigen Weltsystems betrachtet werden, wie dies heute nachträglich oft interpretiert wird. Schließlich traten die Spanier keineswegs immer als einheitliche Gruppe auf, sondern trugen ihre Konflikte häufig auch mit Waffengewalt untereinander aus. Die zahlreichen Auseinandersetzungen unter den Konquistadoren Perus sind weithin bekannt (Spalding 1999:927f; Hemming 1970:223-229, 233, 268-272, 366f). In Mexiko war Cortés gezwungen, im Frühjahr 1520 gegen eine spanische Expedition zu kämpfen, die ihm vom Gouverneur Kubas nachgeschickt worden war, um ihn gefangen zu nehmen. Denn sein ursprünglicher Auftrag war lediglich eine Erkundungs- und Handelsreise gewesen. Die Eroberung war folglich durch seine Befehle gar nicht gedeckt. Cortés zog mit einem Teil seiner Truppen und indianischen Verbündeten zur Küste, und es gelang ihm dort, die spanische Expedition zu überwältigen (Díaz 1983:343-360; Cortés 1963:82-86).

Die Spanier erschienen so zunächst als eine (oder mehrere) weitere Gruppe(n), welche sich eine Machtposition in Zentralmexiko bzw. Peru sichern wollte(n) (Hassig 1988:241; Schmitz 1991:247). Einige indigene Gruppen konnten sich dabei als zumindest gleichberechtigte, zuweilen sogar überlegene Partner betrachten. Dies gilt sicher für die Tlaxcalteken, welche die aus der aztekischen Hauptstadt Tenochtitlan vertriebenen Spanier nach der verheerenden Niederlage der *noche triste* bei sich aufnahmen (Díaz 1983:380-401).

Aus europäischer Perspektive wird die Gefangennahme Atahualpas im November 1532 und seine Tötung im Frühjahr 1533 in der Regel als Eroberung Perus durch die Spanier interpretiert. Aus Sicht der andinen Bevölkerung erschienen diese Ereignisse jedoch vermutlich zunächst nur als Fortführung des Bürgerkrieges Die Spanier wurden als eine weitere unter den zahlreichen Gruppen betrachtet, die in der verworrenen Situation eines Krieges agierten, in dem die Führer der beiden wichtigsten Parteien getötet worden waren, jedoch noch keine Lösung des Konflikts gefunden worden war (Spalding 1999:911).

Zwar hatte Atahualpa seinen Rivalen Huascar töten lassen und mit seiner eigenen Hinrichtung durch die Spanier hatte auch die »Quito-Fraktion« ihren wichtigsten Führer verloren. Die beiden inkaischen Bürgerkriegsparteien existierten jedoch weiter. Nach der gängigen Interpretation setzte Pizarro nach der Hinrichtung Atahualpas einen Marionetten-Inka, Manco Inca, ein, um durch ihn zu herrschen. Für Manco Inca, welcher der im Bürgerkrieg in Nachteil geratenen Partei Huascars aus Cuzco zuzurechen ist, eröffnete das Eingreifen der Spanier und ihrer indianischen Verbündeten jedoch eine Gelegenheit, das Kriegsglück gegen seine inkaischen Widersacher zu wenden. So bot er Pizarro und seinen Verbündeten eine Allianz an mit dem Ziel, »alle aus Quito aus dem Land zu vertreiben, da sie seine Feinde seien« (Sancho [1534] 1962:20 zit. in Spalding 1999:911; Schmitz 1999:247). In der Tat gelang es einer Allianz von Inka, Spaniern und anderen indianischen Verbündeten, die aus Quito stammenden Truppen der Atahualpa-Fraktion aus dem Hochland zu drängen und den Bürgerkrieg schließlich zu beenden. Manco Inca wurde nun bei einer Zeremonie in Cuzco, an der die Spanier als geschätzte Verbündete teilnahmen, zum neuen Inka gekrönt (Spalding 1999:912, 924). »Zwischen 1532–1535 schien es keineswegs unrealistisch, darauf zu hoffen, dass Cuzco die Spanier lenken und eine manipulative Allianz mit ihnen aufbauen könnte, so wie man bereits früher weitaus größere militärische Kräfte in seinem Sinne beeinflusst hatte.« (Spalding 1999:925, Übersetzung W.G.)

Die Spanier begannen nun, z. T. gemeinsam mit indianischen Verbündeten, plündernd durchs Land zu ziehen. Dies konnte zunächst als Teil der gewaltsamen Rachezüge Manco Incas gegen alle, die sich im Bürgerkrieg gegen seine Fraktion gestellt hatten, gesehen werden, da ein solches Vorgehen ein üblicher Bestandteil der Kriegführung in den Anden war (Spalding 1999:913, 925). Die Situation änderte sich jedoch recht bald. Im Januar 1535 wurde mit Unterstützung der lokalen indigenen Herrscher die Stadt Lima (damals »Ciudad de los Reyes«) an der Küste Perus als Hauptstadt des Kolonialgebietes gegründet. Damit hatten sich die Spanier den Zugang zu Nachschub über die See aus anderen spanischen Niederlassungen in Lateinamerika gesichert. Sie waren zudem neue Bündnisse mit indigenen Herrschern eingegangen und hatten schließlich auch die heiligen Stätten in Cuzco geplündert. Dieses Verhalten, die zunehmende Rücksichtslosigkeit und der Versuch der Spanier, eine unabhängige Machtbasis zu etablieren, führten schließlich zum Bruch. So beschloss Manco Inca im Frühjahr 1536, gegen seine unzuverlässigen und verräterischen Verbündeten vorzugehen. Die Belagerung Cuzcos und Limas scheiterte jedoch am Widerstand der Spanier und ihrer indianischen Verbündeten. Manco Inca musste sich schließlich 1539 mit den ihm verbliebenen Anhängern nach Vilcabamba am östlichen Abhang der Anden zurückziehen. Damit war das Ende des Inka-Systems besiegelt (Spalding 1999:925f).

Im Unterschied zu den Berichten der Konquistadoren und den auf ihren Angaben beruhenden Schriften wird den Spaniern in kolonialzeitlichen Quellen, die in stärkerem Maße die verschiedenen indigenen Perspektiven reflektieren, keineswegs immer eine dominante Rolle bei der Eroberung zugeschrieben. Dies zeigt z. B. ein Blick in den *Lienzo de Tlaxcala*. Dieser um 1585 entstandene illustrierte Kodex kann als Hinweis auf die Sichtweise der Tlaxcalteken, der wichtigsten Verbündeten der Spanier gegen den aztekischen Dreibund, gelten. Denn in den Darstellungen des *Lienzo* sind es oft die Tlaxcalteken, welche die entscheidende Rolle spielen und den Kampf anführen (Chavero 1979:Tafel 14, 20, 22, 26, 32, 33, 35, 42, 45-47).

Auch im sog. *Kodex Ramírez*, einer Quelle, die stärker die Position einer Fraktion aus der Dreibundstadt Texcoco widerspiegelt, stehen weniger die Spanier und Cortés im Mittelpunkt als indianische Akteure. Dies gilt z. B. für Fernando Itlilxochitl, der, wie erwähnt, bei der Herrschernachfolge in Texcoco auf Druck von Montezuma übergangen worden war und sich dann mit den Spaniern verbündet hatte. Ihm und seinen Vasallen schreibt der Kodex die entscheidende Rolle bei der Eroberung Tenochtitlans zu. So waren es gemäß dieser Quelle auch Ixtlilxochitl und sein Onkel Andrés Achcatzin, die den großen Tempel der Stadt gemeinsam mit Cortés stürmten (Anonymus 1983:234f, 238f). Ähnlich äußert sich auch eine von dem spanischen Dominikaner Fray Diego Durán verfasste Chronik. Auch Durán, der im Alter von sieben Jahren nach Texcoco kam und eine starke Verbundenheit zu diesem Ort entwickelte, hebt die herausragende Rolle Ixtlilxochitls bei der Einnahme Tenochtitlans hervor (Durán 1984, II:562, 567).

Die Rolle der indianischen Verbündeten der Spanier ist also nicht auf die von Hilfstruppen zu reduzieren. Sie verfolgten ihre eigenen strategischen Interessen und agierten durchaus selbstständig. So gibt es Hinweise, dass die Tlaxcalteken mit der Unterstützung der Spanier alte Kriegspläne in die Tat umsetzten. Nach Sahagún (1982:732f) waren sie es, die Cortés auf seinem Zug nach Tenochtitlan im Oktober 1519 zu einem gemeinsamen Massaker in Cholula veranlaßten. Cholula war eine nahegelegene reiche Handelsstadt, mit der die Tlaxcalteken seit langer Zeit verfeindet waren. Die Tlaxcalteken unternahmen auch eigenständig Angriffe auf Tenochtitlan, ohne sich mit den Spaniern abzusprechen (Cortés 1963:173, weitere Beispiele für Mexiko in Gabbert 1995:284-287). Auch gibt es Hinweise darauf, dass die Gefangennahme des Herrschers von Tenochtitlan nicht auf eine Idee Cortés zurückging, sondern auf die Initiative von Tlaxcalteken und einiger Spanier, die ihm eingeredet hatten, Montezuma plane, die Spanier ermorden zu lassen (Alva Ixtlilxochitl 1985, II:219).

Fazit

Wie in diesem Aufsatz gezeigt wurde, spricht vieles dafür, dass der letztliche Erfolg der spanischen Eroberer nicht auf eine generelle Überlegenheit der europäischen Waffentechnik oder Weltsicht zurückzuführen war, sondern auf die geschickte Ausnutzung bestehender Konflikte zwischen und innerhalb der indigenen Gesellschaften. Er ist nur zu begreifen, wenn man versucht, die spezifische historische Situation der Eroberungsperiode zu verstehen und die europäische Expansion in den Atlantischen Raum nicht allein von ihren Ergebnissen her interpretiert. Zudem muss man sich ein stückweit von der spanischen Sichtweise lösen, welche den größten Teil der Quellen und der Sekundärliteratur dominiert. Die Rekonstruktion der unterschiedlichen indigenen Perspektiven macht verständlich, warum sich viele Gruppen mit den spanischen Eroberern verbündeten und andere Widerstand leisteten. Dabei wird deutlich, dass die Spanier zunächst als neue, aber nicht prinzipiell andersartige Machtgruppe(n) in bestehende Politikmuster eingeordnet wurden. So können auch die zunächst unverständlich erscheinenden Handlungen indigener Herrscher wie Atahualpa nachvollziehbar gemacht werden, und Montezuma erscheint nicht mehr nur als ein mit dem Schicksal hadernder Zauderer, sondern als strategischer Akteur.

Die Dominanz der Europäer ist keineswegs in kurzer Zeit etabliert worden und konnte nur durch die enge Zusammenarbeit mit indigenen Machtgruppen erreicht werden, welche die durch die Ankunft der Spanier veränderte Situation zur Durchsetzung ihrer eigenen politischen und ökonomischen Interessen nutzen wollten. Wie der folgende kurze Ausblick auf die frühe Kolonialperiode zeigen wird, spielten bestimmte indigene Gruppen auch im etablierten spanischen Herrschaftssystem in Mexiko und Peru eine tragende Rolle.

Ausblick: Die frühe Kolonialzeit – ein Epochenbruch?

Aus heutiger Sicht erscheint die Eroberung von Mexiko und Peru durch die Spanier im frühen 16. Jahrhundert als ein Epochenbruch. Die massiven Bevölkerungsverluste innerhalb weniger Jahrzehnte scheinen diese Einschätzung zu bestätigen: In vielen Regionen Lateinamerikas nahm die indigene Bevölkerung bis zur Mitte des 17. Jahrhunderts um 90 % ab, in einigen Gebieten, wie der Karibik, wurde sie sogar ausgelöscht (Coe 1986:20f). Für die gigantischen Bevölkerungsverluste waren neben den Eroberungskriegen und den Folgen von Versklavung und Ausbeutung vor allem eingeschleppte Seuchen verantwortlich, gegen welche die Indianer nicht genügend Abwehrkräfte hatten. Die Auswirkungen der Krankheiten wurden durch soziale Faktoren, wie Erschöpfung infolge von Überausbeutung und Mangelernährung, verstärkt. Von den ansteckenden Krankheiten waren die Tieflandgebiete stärker betroffen als die Hochländer, da sich dort wegen des feuchtheißen Klimas Krankheiten schneller ausbreiten konnten. Eine weitere Ursache des Massensterbens waren Hungersnöte infolge des Zusammenbruchs der komplexen Anbau- und Versorgungssysteme (Bewässerungssysteme, Institutionen der Redistribution und des interregionalen Austausches), die zuvor das Überleben dichter Bevölkerungen gesichert hatten (Hassig 2006:187-192; Spalding 1999:930-934).

Doch darf man nicht vergessen, dass es sich bei der Bevölkerungsabnahme um einen im Ergebnis radikalen, im Verlauf jedoch langwierigen Prozess handelte, der sich über mehrere Jahrzehnte hinzog. Insbesondere in den Regionen Lateinamerikas, in denen zum Zeitpunkt der Eroberung staatlich verfasste Klassen- oder Ständegesellschaften bestanden hatten (Zentralmexiko, Andenraum), gab es in der frühen Kolonialzeit auch eine ganze Reihe von Kontinuitäten in der Herrschaftsausübung, denn die Spanier knüpften zunächst an überkommene Formen der Aneignung von Mehrprodukt und Arbeit und der Legitimation von Herrschaft an. So übernahm Cortés nach der Niederlage Tenochtitlans den Palast Montezumas als Zeichen der Kontinuität der Macht. Bis 1565 entstammten die obersten Führer (*tlatoani*, *gobernador* in Mexiko-Stadt) der alten Herrscherfamilie (Prem 2008:88f). Wie bereits erwähnt, wurde in Peru nach der Hinrichtung Atahualpas mit Manco Inca ein weiterer Sohn Huayna Capacs als neuer Inka eingesetzt. Damit setzten die Spanier die in den vorkolumbischen Reichen etablierte Praxis der indirekten Herrschaft durch lokale Eliten fort.

Auch im Falle der spanischen *encomenderos*, denen für ihre Verdienste bei der Eroberung Rechte auf Tributanteile und – in Neu-Spanien bis zur Mitte, in den Zentralanden bis zum Ende des 16. Jahrhunderts – auf Arbeitsleistungen bestimmter indianischer Siedlungen zugebilligt wurden, lassen sich gewisse Kontinuitäten zur Situation vor der Eroberung feststellen. Wie die Gouverneure des Inka-Staates oder die aztekischen Tributverwalter handelte es sich um Fremde. Ihre Forderungen waren jenen der vorkolumbischen Reiche zunächst nicht unähnlich und zumindest äußerlich lassen sich Parallelen zwischen ihrer oft verschwenderischen Bewirtung von Gästen, einschließlich von Angehörigen der lokalen indigenen Elite, und der von andinen Führern erwarteten Großzügigkeit feststellen (Gibson 1984:402f; Spalding 1999:936f).

Der Arbeitskräftebedarf der Spanier wurde zunächst im Rahmen der *encomienda*, seit der Mitte des 16. Jahrhunderts durch ein System der Zwangsarbeit gedeckt, wobei jede indianische Gemeinde verpflichtet war, in bestimmten Zeitabständen eine festgelegte Zahl von Arbeitskräften zur Verfügung zu stellen. Dieses Verfahren wurde offiziell als *repartimiento* (Zuteilung) bezeichnet. In Mesoamerika verwendete man weiterhin das aztekische Wort für verpflichtende öffentliche Arbeiten *cuatequil*, im Andenraum den Quechua-Begriff *mita*. Eine Arbeitspflicht der Gemeinden für den Staat hatte bereits im vorkolonialen Mexiko und Peru bestanden. Die Spanier erweiterten jedoch die Verpflichtung auf die Arbeit in den Minen (Wolf 1982:142f; Gibson 1984:403f, 406f).

Der Niedergang der spanischen Großreiche bedeutete keineswegs für alle Teile der indigenen Bevölkerung eine Verschlechterung ihrer Situation. Schließlich beruhte die Kolonialordnung nicht einfach auf der Beherrschung einer homogenen indianischen Bevölkerung durch wenige spanische Soldaten und Beamte, sondern nutzte in den komplexen Gesellschaften der Kernzonen des vorkolumbischen Amerika Traditionen sozialer Differenzierung.

Die schwerste Last des Kolonialsystems drückte die indianischen Bauern, welche die große Masse der einheimischen Bevölkerung bildeten. Sie mussten u.a. Tributleistungen erbringen und wurden zusätzlich zur Zwangsarbeit herangezogen. Ihre Belastung wuchs mit dem Fortschreiten der Kolonialperiode, da die Zahl der zu versorgenden Europäer stieg und der Umfang der tributpflichtigen Bevölkerung u.a. infolge des Bevölkerungsrückgangs abnahm (Spalding 1999:956-963).

Die spanischen Eroberer waren zunächst nicht in der Lage, die zu einer effektiven Herrschaftsausübung notwendige Verwaltung zu etablieren. Gerade in den ersten Jahrzehnten nach der militärischen Eroberung kam deshalb dem indianischen Adel eine zentrale Position im Kolonialsystem zu. Bis zur Ernennung spanischer Beamter und der Einführung einer Gemeindeselbstverwaltung (*cabildo*) in der zweiten Hälfte des 16. Jahrhunderts hatte der indigene Adel die zentrale Mittlerfunktion zwischen Spaniern und indianischer Bevölkerung inne, denn er war für die Einziehung der Tribute und die Bereitstellung von Zwangsarbeitern zuständig (Gibson 1984:390f, 394f, 399; Spalding 1999:935-937).

So wurden in Peru und Mexiko der Rang und die Vorrechte des einheimischen Adels vom spanischen Königshaus bis ins 18. Jahrhundert hinein häufig respektiert. Diese Gruppe, die zwar zahlenmäßig relativ klein, politisch jedoch umso bedeutender war, genoss insbesondere in der frühen Kolonialzeit erhebliche Privilegien. Sie durften den Titel *don* (Herr) führen, verfügten z.T. über großen Landbesitz, Ansprüche auf Tributanteile und das Recht, Waffen zu tragen, hatten Zugang zu Schulen der spanischen Aristokratie oder besonderen Bildungseinrichtungen u.a.m. Ihre wirtschaftliche Stellung war oft besser als die vieler Spanier in der Kolonie. Für Teile dieser Schicht verbesserte sich die Situation gegenüber der vorkolumbischen Periode sogar. Der indianische Adel war von Tributzahlungen und, ebenso wie indianische Handwerker und Mitglieder der indianischen Gemeinderäte (*cabildos*), von der Verpflichtung zur Zwangsarbeit befreit (Gibson 1984:412; Spalding 1999:942f; Zavala/Miranda 1981:102, 105f, 126f,

129). Ein Teil des indianischen Adels gelangte im Handelssektor zu oft beträchtlichem Wohlstand. Der Anthropologe John Murra (1984:125) schreibt in diesem Zusammenhang über die Situation in Peru:

»Mancher der Hochland-Adligen war zeitweise wohlhabender und mächtiger als er jemals gewesen war. Sie übernahmen bereitwillig Pferde, Feuerwaffen und seidene Kniehosen. Sie begannen damit, europäische Produkte wie Weintrauben oder Gerste anzubauen. Der Großteil des inländischen Fernhandels zu den neuen Minengebieten lag in ihren Händen, sie gaben Kredite und liehen sich Geld, beschäftigten Europäer als Schreiber und Handwerker, konnten lesen und schreiben und beherrschten sogar das höfische Zeremoniell.«

So besaß beispielsweise Don Diego Caqui, der Sohn des *kuraka* (Oberhaupt) von Tacna, 1588 vier Weinberge, eine Weinkellerei, einen Lama-Zug, mit dem er Wein zum Verkauf in das Minenzentrum Potosí schaffen ließ, sowie zwei Fregatten und eine Schaluppe, mit denen Handelsgüter zwischen Tacna, Arica und Callao transportiert wurden (Spalding 1999:956).

Für die erste Generation der Spanier war deshalb die Heirat mit einer Angehörigen des indigenen Adels nicht nur praktisch, sondern häufig auch sozial vorteilhaft (Kizca 1992:253; Spalding 1999:936f). So verwundert es nicht, dass sich in der frühen Kolonialzeit ein Teil der indigenen Elite als Verbündete der Spanier und z.T. gar als »adlige Eroberer« betrachtete (Gabbert 2004:33-35; Spalding 1999:936).

Mit dem Fortschreiten der Kolonialperiode, dem Wachstum der spanischen Bevölkerung und dem Aufbau einer spanischen Verwaltung verlor der indigene Adel jedoch zunehmend an politischer Bedeutung und ging ebenso in der Mestizenbevölkerung auf wie die indianischen städtischen Handwerker und Gewerbetreibenden. Innerhalb der indianischen Dörfer verringerten sich die Unterschiede in Rang und Einkommen. Die Kategorie »Indianer« verwandelte sich in vielen Regionen zum Ende der Kolonialzeit und noch stärker nach der Unabhängigkeit der lateinamerikanischen Staaten von Spanien zu einem Synonym für die arme, »rückständige« und »ungebildete« Landbevölkerung.

Literatur

Alva Ixtlilxochitl, Fernando de (1985): Obras Históricas. México, D.F.: UNAM

Anonymus (1983): Codice Ramírez. Relación del origen de los indios que habitan esta Nueva España según sus tradiciones. In: Baudot, Georges/Todorov, Tzvetan, Hg.: Relatos aztecas de la conquista. México, D.F.: Grijalbo: 219-240

Bethell, Leslie (1984): A Note on the Native American Population on the Eve of the European Invasions. In:Bethell, Leslie, Hg.: The Cambridge History of Latin America. Cambridge: Cambridge University Press: 145-146

Bethencourt, Francisco/Ramada Curto, Diogo, Hg. (2007): Portuguese Oceanic Expansion, 1400–1800. Cambridge: Cambridge University Press

Braudel, Fernand (1990): Sozialgeschichte des 15.–18. Jahrhunderts. Band 3, Aufbruch zur Weltwirtschaft. München: Kindler

Chamberlain, Robert S. (1939): The Concept of the Señor Natural as Revealed by Castilian Law and Administrative Documents. In: Hispanic American Historical Journal 19/2:130-137

Charlton, Thomas (2000): The Aztecs and their Contemporaries: The Central and Eastern Mexican Highlands. In: Adams, Richard W./MacLeod, Murdo J., Hg.: The Cambridge History of the Native Peoples of the Americas. Vol. II, Mesoamerica, Part 2. Cambridge: Cambridge University Press: 500-557

Chavero, Alfredo, Hg. (1979): El Lienzo de Tlaxcala. México, D.F.: editorial innovación. Nachdruck der Erstausgabe von 1892. Mexiko 1979

Cieza de León, Pedro de (2001): Descubrimiento y conquista del Perú. Las Rozas: Dastin

Coe, Michael D. (1986): Weltatlas der Kulturen: Amerika vor Kolumbus. München: Christian Verlag

Cortés, Hernán (1963): Cartas y documentos. México, D.F.: Porrúa

Davies, Nigel (1989): Die Azteken. Meister der Staatskunst – Schöpfer hoher Kultur. Reinbek: Rowohlt

Diamond, Jared (2006): Arm und Reich. Die Schicksale menschlicher Gesellschaften. Frankfurt am Main: Fischer

Díaz del Castillo, Bernal ([1568] 1983): Historia Verdadera de la Conquista de la Nueva España. México, D.F.: Porrúa

Domínguez Ortiz, Antonio/Fernández Vargas, Valentina/García Sanz, Angel/Chacón Jiménez, Francisco/Castillo Pintado, Alvaro/Da Silva, José-Gentil (1990): La Crisis del Siglo XVII. La Población, La Economía, La Sociedad. Madrid: Espasa-Calpe

Durán, Fray Diego ([1581] 1984): Historia de las Indias de Nueva España e islas de la Tierra Firme. México, D.F.: Porrúa

Edelmayer, Friedrich (1996): Spanien und die Neue Welt. In: Edelmayer, Friedrich/Hausberger, Bernd/Weinzierl, Michael, Hg.: Die beiden Amerikas. Frankfurt am Main/Wien: Brandes & Apsel: 45-65

Frank, André Gunder (1998): ReOrient. Global Economy in the Asian Age. Berkeley, CA: University of California Press

Gabbert, Wolfgang (1995): Kultureller Determinismus und die Eroberung Mexikos – Zur Kritik eines dichotomischen Geschichtsverständnisses. In: Saeculum 46/2: 276-294

Gabbert, Wolfgang (2004): Becoming Maya. Ethnicity and Social Inequality in Yucatán since 1500. Tucson: University of Arizona Press

Gabbert, Wolfgang (2008): Indians in Latin America – Colonialism and Cultural Diversity. In: Comparativ 18/5:9-24

Gibson, Charles (1971): Structure of the Aztec Empire. In: Wauchope, Robert, Hg.: Handbook of Middle American Indians, Bd. 10. Austin: University of Texas Press: 376-394

Gibson, Charles (1984): Indian Societies under Spanish Rule. In: Bethell, Leslie, Hg.: The Cambridge History of Latin America, Bd. 2. Cambridge: Cambridge University Press: 381-419

Guilmartin, John F. Jr. (1991): The Cutting Edge: An Analysis of the Spanish Invasion and Overthrow of the Inca Empire, 1532–1539. In: Andrien, Kenneth J./Adorno, Rolena, Hg.: Transatlantic Encounters. Europeans and Andeans in the Sixteenths Century. Berkeley, CA: University of California Press: 40-69

Hanke, Lewis (2006): The Spanish Justification for Conquest, Viceroy Francisco de Toledo's Attack on Inca Rule. In: Hanke, Lewis/Rausch, Jane M., Hg.: People and Issues In Latin American History. The Colonial Experience. Sources and Interpretations. Princeton, N.J.: Markus Wiener: 81-88

Hassig, Ross (1988): Aztec Warfare. Imperial Expansion and Political Control. Norman: University of Oklahoma Press

Hassig, Ross (2006): Mexico and the Spanish Conquest. Norman: University of Oklahoma Press

Hemming, John (1970): The Conquest of the Incas. New York: Harcourt Brace Jovanovich

Hawkins, John (1984): Inverse Images: The Meaning of Culture, Ethnicity and Family in Postcolonial Guatemala. Albuquerque: University of New Mexico Press

Iliffe, John (1995): Geschichte Afrikas. München: C.H. Beck

Kizca, John E. (1992): Patterns in Early Spanish Overseas Expansion. In: The Williams and Mary Quarterly 49/2: 229-253
Konetzke, Richard (1963): Entdecker und Eroberer Amerikas. Frankfurt am Main: Fischer
Kubler, George (1945): The Behavior of Atahualpa, 1531–1533. In: Hispanic American Historical Review 25/2: 413-427
López de Gómara, Francisco ([1552] 1987): La conquista de México. Madrid: Historia 16
Marks, Robert (2006): Die Ursprünge der modernen Welt: Eine globale Weltgeschichte. Stuttgart: Theiss
Muñoz Camargo, Diego ([1581–84] 1983): Historia de Tlaxcala. In: Baudot, Georges/Todorov, Tzvetan, Hg.: Relatos aztecas de la conquista. México, D.F.: Grijalbo: 241-301
Murra, John (1984): Andean Societies. In: Annual Review of Anthropology 13: 119-141
Murra, John (1986): The Expansion of the Inca State: Armies, War, and Rebellions. In: Murra, John V./Wachtel, Nathan/Revel, Jacques, Hg.: Anthropological History of Andean Politics. Cambridge: Cambridge University Press: 49-58
Pogo, Alexander (1930): The Anonymous La Conquista Del Peru (Seville, April 1534) and the Libro Vltimo Del Svmmario Delle Indie Occidentali (Venice, October 1534). In: Proceedings of the American Academy of Arts and Sciences 64/8: 177-286
Pomeranz, Kenneth (2000): The Great Divergence. China, Europe, and the Making of the Modern World Economy. Princeton, N.J.: Princeton University Press
Prem, Hanns J. (2008): Geschichte Altamerikas. München: Oldenbourg Verlag
Rostworowski de Diez Canseco, María (1999): History of the Inca Realm. Cambridge: Cambridge University Press
Sahagún, Fray Bernadino de ([1575–77] 1982): Historia general de las cosas de Nueva España. México, D.F.: Porrúa
Sancho, Pedro ([1534] 1962): Relación de la conquista del Perú. Madrid
Schmitz, Claudia (1991): Zur Akkulturation und Staatsentwicklung im Inka-Reich. Unveröffentlichte Magisterarbeit am Fachbereich Altertumswissenschaften der Freien Universität Berlin
Schüren, Ute (2005): Indigene Kulturen vor der europäischen Eroberung. In: Edelmayer, Friedrich/Hausberger, Bernd/Potthast, Barbara, Hg.: Lateinamerika, 1492–1870. Wien: Promedia: 13-31
Smith, Michael E. (1996): The Aztecs. Oxford: Blackwell
Spalding, Karen (1999): The Crises and Transformations of Invaded Societies: The Andean Area (1500–1580). In: Salomon, Frank/Schwartz, Stuart B., Hg.: The Cambridge History of the Native Peoples of the Americas, Vol. III, South America, Parts 1. Cambridge: Cambridge University Press: 904-972
Tapia, Andrés de (1963): The Chronicle of Andrés de Tapia. In: Fuentes, Patricia de, Hg.: The Conquistadors. First-Person Accounts of the Conquest of Mexico. New York: The Orion Press: 16-48
Todorov, Tzvetan (1985): Die Eroberung Amerikas. Das Problem des Anderen. Frankfurt am Main: Suhrkamp
Westphal, Wilfried (1992): Die Azteken. Ihre Geschichte von den Anfängen bis heute. Bergisch Gladbach: Bastei Lübbe
Wolf, Eric (1982): Europe and the People without History. Berkeley, CA: University of California Press
Zavala, Silvio/Miranda, José (1981): Instituciones indígenas en la colonía. In: Caso, Alfonso/Zavala, Silvio/Miranda José /González Navarro, Moisés, Hg.: La política indigenista en México. Métodos y resultados. México, D.F.: INI: 45-206

Martina Kaller-Dietrich

Globalgeschichte des Essens im Südatlantik
Vom *Columbian Exchange* zur Entstehung afroamerikanischer Lokalküchen in der Karibik und in Brasilien

Hochrechnungen gehen davon aus, dass etwa 11 Millionen Menschen im Rahmen des Sklavenhandels über den Atlantik gebracht wurden (Meissner/Mücke/Weber 2008:47-48; neueste Zahlen: Beitrag von Füllberg-Stolberg in diesem Band). Während aber bei den europäischen Siedlern (Beitrag von Schneider in diesem Band) der Austausch von Kulturpflanzen und Haustieren sowie Ackerbau- und Kochkünsten in aller Öffentlichkeit vor sich ging, verlief ein ähnlicher Austausch im Südatlantik – da auf Versklavung und Verschleppung beruhend – ungesehen und unkommentiert. Dennoch, der Transatlantik-Handel im Süden begünstigte – neben all den Schrecken, die ihm innewohnten –, auch einen Wissenstransfer. Dieser lässt sich am Feld, in den Hausgärten und am Teller der AfroamerikanerInnen ablesen.

Im Folgenden setzte ich mich damit auseinander, wie die kaum beleuchteten ernährungsgeschichtlich nachweisbaren Verbindungen zwischen Westafrika und den Amerikas erforscht werden könnten. Zu fragen, inwiefern amerikanische Kulturpflanzen Landschaft und Ernährungsgewohnheiten in Afrika veränderten, ist eine von AfrikanistInnen wahrgenommene Möglichkeit, die Bedeutung des Südatlantiks in einer Globalgeschichte des Essens zu unterstreichen. Meine Frage konzentriert sich auf die Amerikas, und wie afrikanische Ernährungsgewohnheiten und Lebensmittel zusammen mit Menschen aus Afrika in die Amerikas gelangten. Ausgehend von der These über den *Columbian Exchange* von Alfred Crosby ergeben sich aus ernährungshistorischer Perspektive drei Querschnittthemen, die, als Fragen formuliert, so lauten:

1. Was bekamen Sklaven zu essen – als Proviant auf den Schiffen und als Rationen auf der Plantage?
2. Welche Kulturpflanzen gelangten parallel zum nordatlantischen *Columbian Exchange* in Wechselwirkung mit dem Sklavenhandel von Afrika in die Amerikas und umgekehrt?
3. Auch wenn sie nicht wie Menschen behandelt wurden, waren Sklaven Menschen und damit Trägerinnen und Träger von Wissen und sie brachten dieses Wissen über den Anbau von pflanzlichen Nahrungsmitteln und die Zubereitung heimischer Kost mit. Wie materialisierte sich dieses Wissen in den neoafrikanischen bzw. afroamerikanischen Lokalküchen?

Aus diesen Fragen ergibt sich die Gliederung dieses Beitrags in die folgenden drei Themen.
Was bezeichnete Alfred Crosby als »Columbian Exchange«?
Methoden und Theorie einer Globalgeschichte des Essens für den Südatlantik.
Beispiele für Plantagenproduktion und afroamerikanische Lokalküchen

Columbian Exchange im Südatlantik?

Die These vom *Columbian Exchange* stellte der Historiker Alfred W. Crosby vor knapp 40 Jahren auf (Crosby 1972). Beschrieben wird sowohl ein Ereignis – 1492, Beginn der Invasion in den Amerikas – als auch der Beginn einer weltweiten ökologischen Transformation. In deren Mittelpunkt steht der Austausch von Pflanzen und domestizierten Tieren zwischen den östlichen und westlichen Hemisphären. Diese globale Ausbreitungs- und Aneignungsgeschichte wird als eine der wesentlichen Rückwirkungen der europäischen Expansion gesehen.

Die Hauptfrage, welcher Crosby in seiner Sammlung von Essays auf der Spur ist, lautet: Wieso und wie konnten sich die Europäer in den neoeuropäischen Siedlungsgebieten der Amerikas und Ozeaniens durchsetzen, ansiedeln und auf Dauer verbleiben? Im Vergleich zu späteren kolonialen Projekten der Europäer in Asien und Afrika fällt auf, dass in den Amerikas neoeuropäische Siedlungen entstanden sind. Dass dies gelingen konnte, schreibt Crosby in einem seiner späteren Werke dem sogenannten »ökologischen Imperialismus der Europäer« (Crosby 1986) zu, einer Kombination von biologischen Folgen beim Kontakt zwischen Eurasien und Amerika: Die Altamerikaner erlagen der Waffengewalt der Invasoren und den mit eurasischen Haustieren eingeschleppten Viren, gegen welche die Europäer immun waren. Den Europäern gelang es, dauerhafte Kolonien auszubilden, weil die ökologischen Voraussetzungen für den Anbau des europäischen Hauptgetreides, Weizen, sowie für die Haltung von Rindern, Pferden, Schweinen und Hühnern in den neoeuropäischen Hauptsiedlungsgebieten Amerikas unvergleichlich günstig waren. Die Invasoren der Amerikas überlebten die ersten Jahre, weil sie mühelos auf das amerikanische Grundnahrungsmittel Mais umsteigen konnten. Doch bald schon wurde dieses »pan de los indios« durch Weizenspeisen ersetzt. Dasselbe trifft auf den Fleischverzehr zu. Stand in der ersten Phase der Kriegsproviantierung den Invasoren nur Wild zur Verfügung, brauchten sie schon wenige Jahre später auf die gewohnten europäischen Fleischspeisen nicht zu verzichten. Lebhaft schildert Crosby, wie sich Schweine im Schlamm der Tieflandtropen munter vermehrten, Rinder und Pferde unaufhaltsam die weiten Trockenlandschaften in Nord- und Südamerika abweideten, und gleichzeitig in immer größer werdenden Herden die delikate Grasnarbe unwiederbringlich zertrampelten (Crosby 1999:182). Weitere ökologische Probleme entstanden, nachdem die Epidemien ihr Vernichtungswerk vollzogen hatten. Sekundäre Pionierpflanzen aus Europa, etwa die mediterrane Brombeere und der Klee, überwucherten die menschenleer gewordenen Landstriche.

Crosbys These vom »ökologischen Imperialismus der Europäer« ist, trotz einiger Fehler im Detail, aufschlussreich. Bei der Auseinandersetzung mit der Geschichte des Transatlantiks entstanden neben den Klassikern der kolonialen Sozialgeschichte, allen voran Eric Wolfs *Die Völker ohne Geschichte* (1983), viele gelehrte Detailstudien zum

Phänomen des *Columbian Exchange*. Auch wendete sich die populäre Geschichtsdarstellung (zum Beispiel Mann 2005) der Frage zu, wie sich die AltamerikanerInnen vor 1492 ernährt hatten.

Die These vom *Columbian Exchange* schärft den Blick für das Geschick der Europäer in den neoeuropäischen Gebieten Amerikas. Es ist Crosby zu verdanken, dass er von einem Austausch zwischen den Amerikas und Eurasien, nicht Europa, spricht. Eurasien freilich stand mit Afrika seit Menschengedenken in engem Austausch von Gütern und Wissen. Dennoch kommt bei Crosby der Beitrag Afrikas zum Erfolg von Austausch und Transformation der Globalgeschichte auf dem Teller nicht vor.

Aus der Sicht einer Globalgeschichte des Essens, welche die Verbindungen von Eurasien und Afrika voraussetzt, verliefen die Domestizierung von Tieren, die In-Kulturnahme von Pflanzen und die Sesshaftwerdung von Osten nach Westen. In Nordafrika begannen Sammlerinnen- und Jägergesellschaften vor mehr als 8000 Jahren, Viehherden in ihren Besitz zu nehmen, und sammelten für das tägliche Brot weiterhin Wildpflanzen – Riedgräser, Binsen und Rohrkolben (Kiple 2007:51; Pilcher 2006:21f). Im Nildelta wurden erste Formen von Gerste, später auch Weizen angebaut. Was aßen die Menschen im Nildelta sonst noch? Nilfisch, Vögel, Früchte – Melonen und Wassermelonen – und Grünzeug: allen voran Bohnen (*fava*), Zwiebel, Knoblauch, Lauch, Rettich. Malvenartige Wildpflanzen (*Chochorus olitorius*) erweiterten den Speiseplan der Untertanen des Pharaos (Kiple 2007:52). Die ägyptischen Fellachen waren abhängig von ihrer Ölration, gewonnen aus Flachs (Leinöl) und Sesam. Eine strikte Verteilungspolitik im Nildelta ist aus dem Alten Testament bekannt: die sieben guten mussten die sieben schlechten Jahre ausgleichen. Die Herrscher am Nil reagierten auf das periodische Ausbleiben von Ernten so wie die chinesischen Fürsten und die Inka-Herrscher in Südamerika: Kornspeicher und Aufseher derselben wurden von Herrschaftsgnaden verwaltet. Besonders die Stadtbevölkerung unterstand strikter Verteilungsdisziplin.

Vielfältiger war die Kost südlich der Sahara (Jackson 1999) mit einer unvergleichlich reichen Auswahl an Getreiden: Sorghum, Zwerg- und Perlhirse. Flussreis (*river rice*) wurde von afrikanischen Bäuerinnen und Bauern in Trockenreis verwandelt; jenen Reis, der die Trockengebiete Südeuropas ebenso einnehmen sollte wie viel später die von Rinder- und Pferdeherden zertrampelten Weiden der Amerikas. Schwarzaugenbohnen und Yamswurzel stammen aus Westafrika. Geschmack und die orange Farbe des Palmöl, gewonnen aus den Samen der Ölpalme, verzaubern heute noch viele Gerichte in Westafrika.

Über den Nahen Osten gelangten Saatgut und agrikulturelles Wissen schleppend über das Mittelmeer in den europäischen Westen. Von einer »europäischen Weizenkultur« konnte lange nicht die Rede sein. Die frühesten Siedlungsfunde in Zentraleuropa zeugen von kargen Mahlzeiten: Wildgetreide ergänzt durch wild wachsende, apfelartige Früchte, die als Wintervorrat getrocknet wurden. Dazu kam gelegentlich ein Fisch aus dem See, dem Fluss oder von den Ufern des stürmischen Atlantiks. Jagdglück vor ausgesetzt, war Wildbret noch seltener am Tisch. Im Späten Neolithikum bzw. in der Frühen Bronzezeit wurden neben der routinierten Sammeltätigkeit der Menschen im Norden und Westen Europas Linsen, Hirse und Erbsen angebaut. Sesshaftigkeit führte zur Weidewirtschaft. Erst um 2500 v. Z. gelangte der als europäisch geltende Weizen – eigentlich die frühen Formen Einkorn und Emmer – zusammen mit Gerste via Balkan und über die Donau nach Nord- und Westeuropa. Die Kelten brachten Zuchtvögel mit. Die Ausdehnung des Römischen Reiches machte die Mittel- und Nordeuropäer vertraut mit Roggen, Hafer, Obst- und Weinbau. Die sakralen Mahlzeiten des Christentums, bestehend aus Weizenbrot, Wein und Olivenöl, gelangten mit der Christianisierung Europas in den Norden.

Während also die wenigen Menschen auf jener Halbinsel im Atlantik, die wir Europa nennen, als Sammlerinnen- und Jägergesellschaften mit ihrem Vorrat an Wurzelgemüse, Bohnen, Hirsebrei und Erbsen auskommen mussten, welche ihr spärliches Überleben während der kargen Winter sicherten, schlemmten die zukünftigen Sklaven dieser Herren aus dem Vollen.

Die folgende Tabelle fasst zusammen, wo die Herkunftsgebiete der heute wichtigsten Nahrungsmittel liegen, die zwischen östlicher und westlicher Hemisphäre ausgetauscht wurden, wenn Eurasien um den Blick auf Eurafrika, welches auch den Mittleren Osten einschließt, ausgedehnt wird. Bezogen auf den *Columbian Exchange*, der ursprünglich von europäischen Akteuren bestimmt war, sind viele Nahrungsmittel als eurasisch konnotiert, die eigentlich in Afrika, dem Mittleren Osten und Asien gezüchtet worden sind, und, sofern es die klimatischen Bedingungen zuließen, auch auf der europäischen Halbinsel im Atlantik übernommen wurden.

Amerikas	Afrika und Mittlerer Osten	Europa	Asien
Nordamerika Süßkartoffel, Topinampur, Ahornsirup, Sonnenblume	Weizen Trockenreis Gerste Linsen Erbsen	Oliven Trauben Kirsche Kraut Feldsalat und Gartengemüse (Karotte, Knollensellerie, Mangold, Meerrettich etc.)	Reis Zwiebel Knoblauch Zitrusfrüchte Aprikose Soyabohne Aromatische Gewürze Sesamöl Zucker
Mittelamerika Mais, Neuweltliche *Phaseolus*-Bohnen, Schokolade, Cassava, Kürbis, Truthahn, Ananas, Avocado, Papaya, Chili, Paprika.	Yams Wassermelone Bananen Kochbananen Okra Kaffee Zucker		
Südamerika Kartoffel, Maniok, Tomate, Erdnüsse	domestizierte Rinder, Schafe, Schweine Leinöl Palmöl		

Tabelle © Martina Kaller-Dietrich

Methoden und Theorie einer Globalgeschichte des Essens

Fernand Braudel sprach von der Alltagsgeschichte als Geschichte des materiellen Lebens, dem »Studium der Dinge (...) kurzum all dessen, wovon der Mensch Gebrauch macht« (Braudel 1985:21). Kombiniert man diese Aussage mit dem Diktum von Marcel Mauss, dass Essen ein »soziales Totalphänomen« (Mauss 1924) ist, erweitert sich das Bild. Alle angeführten Aspekte des materiellen Lebens verweben sich mit Wissen und Erinnerung zu einer Wirtschafts-, Sozial- und Kulturgeschichte auf dem Teller. Sie gewinnt an Aussagekraft, wenn sie, lokal verankert, gleichzeitig eine globalgeschichtliche Perspektive anbietet, im Folgenden den Südatlantik

Im Mittelpunkt des afrikanisch-amerikanischen Transfers von Nahrungsmitteln und Wissen steht der Sklavenhandel. Was und unter Rückgriff auf welches Wissen haben die verschleppten Afrikanerinnen und Afrikaner wo gegessen und wie haben sie damit überlebt? Mit diesen Fragen schließe ich mich jener interdisziplinären Geschichtsforschung an, die von Marc Bloch und Lucien Febvre gefordert und seit Fernand Braudel als Annales-Schule etabliert ist. Sie hat nach 1945 als Mentalitätsgeschichte und gleichermaßen als Geschichte der materiellen Kultur die deutsche Sozialgeschichte, die US-amerikanische Weltsystem-Theorie und die ab den 1970ern entstandene Umwelt- und Ernährungsgeschichte geprägt. Auf Englisch hat sich für Letztere der Begriff »Culinary History« eingebürgert (Messer/Haber/Toomre/Wheaton 2000:1367-1380). Unter Berücksichtigung der globalhistorischen Theoriebildung greift diese aus in eine Ernährungsgeschichte als Globalgeschichte. Auf Englisch würde man von *Global History of Food and Foodways* sprechen. Auf Deutsch könnte dieser Gegenstand als Globalgeschichte des Essens bezeichnet werden.

Die Globalgeschichte des Essens verarbeitet Beiträge aus verschiedenen Wissensarealen auf interdisziplinäre Weise. Ähnlich der biologischen Geschichte der Menschheit oder Umweltgeschichte erfordert die Geschichte des Essens eine Aufgabe der Grenzen zwischen Natur- und Sozialwissenschaften. Der Demographiehistoriker Kenneth F. Kiple prophezeite in den 1980ern diesem Durchbrechen disziplinärer Grenzen eine »exciting future« (Kiple 1987:11). Kenneth F. Kiple ist auch Mitherausgeber von *The Cambridge World History of Food* (=CWHF). Die CWHF ist ein zweibändiges Nachschlagewerk, in welchem Kenntnisse über Paleo-, Ethno- und klassische Botanik sowie Zoologie mit einer ausführlichen Auseinandersetzung mit ernährungswissenschaftlichen Forschungen verbunden werden. Kürzere thematische Artikel zur Kulturgeschichte der Weltregionen ergänzen diese. Sie ist damit ebenso wenig bloß historiographisch wie die stärker auf kulinarische Aspekte der Geschichte des Essens ausgerichtete Enzyklopädie *The Oxford Companion to Food* (=OCF) des Gastrosophen Alan Davidson.

Auf der Basis dieser umfangreichen Textsammlungen entstanden jüngst zwei Monographien. Die eine von Kenneth F. Kiple, der mit *A Movable Feast. Ten Millennia of Food Globalization* eine Geschichte des Essens mobiler Zutaten ohne Berücksichtigung von Menschen und ihrem Wissen über Agrikultur und Kochkunst zusammengetragen hat. Derselbe Autor befasste sich mit den epidemischen Folgen der afrikanischen Diaspora und deren Folgen in den Amerikas (Kiple 1981, 1988). Darin ist von demographischen Trends die Rede, hervorgerufen durch die chronische Unterernährung der Sklaven und die notorische Fehlernährung der AfroamerikanerInnen nach der Abolition. Kiple konstatiert den Mangel, beschäftigt sich aber nicht damit, was die Sklaven aus Westafrika in den Amerikas zu essen bekamen oder produzierten. Auch die Rückwirkungen dieses Aspekts des *Columbian Exchange* auf die Ernährungsgewohnheiten in Afrika erörtert der Autor nicht explizit.

Felipe Fernández-Armesto beschreibt unter Zuhilfenahme von CWHF und OCF in *Food: A History* die Ernährungsgeschichte der Menschheit als acht global relevante Revolutionen. Diese zur Methode erhobene Gliederung sollte eine stufenweise Entwicklung nachzeichnen, in welcher die verschiedenen Regionen der Welt in Etappen zusammenfanden. Afrika kommt dabei eine verhältnismäßig unbedeutende Rolle zu. Es wird nur bei folgenden Themen genannt: eine Region, in welcher nach Jack Goody (1982) keine zeremonielle Hofküche entstanden ist, und Westafrika, wo sich der Salzhandel erst mit dem Sklavenhandel entwickelt hatte und heute die ursprünglich mittelamerikanische Schokolade für den Weltmarkt produziert wird. Die Karibik, Zentrum des neuzeitlichen Sklavenhandels und schließlich seit dem 18. Jahrhundert mehrheitlich von AfroamerikanerInnen bewohnt, findet nur einmal Erwähnung als Ort, an dem sich die westafrikanische Art Reis zuzubereiten von jener Asiens stark unterscheidet (Fernández-Armesto 2001:147, 170, 208, 198).

Auch ich bediene mich so wie die genannten Autoren der *Cambridge World History of Food* und des *Oxford Companion to Food*. Im zweiten Band der CWHF, der allerdings nur wenig über den afro-brasilianischen Nordosten enthält, finden sich die kürzeren Zusammenschauen über Süd-Amerikas kulinarische Weiterentwicklung. Regionalstudien über die rituellen Speisen der *orisxás* im Candomblé der Yoruba-Nachkommen in Brasilien ergänzen diese Zusammenschau. Ergiebig für meine Zwecke ist der Beitrag des Mexikanisten Jeffrey M. Pilcher in der CWHF über 500 Jahre kulinarische Hybridisierung in der Karibik. Bereichert durch die kulturhistorisch sensible Kochrezeptesammlung von Elizabeth Lambert Ortiz (1986) ergibt sich ein abgerundetes Bild für die afroamerikanische Küche der Karibik. Es wird erweitert durch wenige Artikel zur Ernährung der BewohnerInnen der Ostküste Zentralamerikas.

Zusammen mit den Einträgen zur Ernährungsgeschichte Westafrikas und über *Afroamerican Foodways* (= Soul Food oder Kreolische Cajun Cuisine) in der *Encyclopedia of Food & Culture* und einigen wenigen Monographien zu Westafrikas Beitrag zur globalen Ernährung (Carney 2001; Spivey 1999; Smith 1998; Jackson 1999; Board on Science and Technology for International Development, National Research Council 1996) erlaubt mir diese bibliographische Auswahl eine Eingrenzung der ernährungshistorischen Frage nach dem südatlantischen Wissenstransfer. Praktisch rückt die historische Entwicklung der afrikanischen Lokalküchen in den Amerikas in den Vordergrund meiner Betrachtungen. Damit lenke ich meine Aufmerksamkeit auf Mikro- und Lokalgeschichte beiderseits des Südatlantiks und folge einem globalhistorischen Ansatz, den unter anderen der Frühneuzeit-Historiker Bartolomé Yun-Casalilla (2007) vertritt. Ich bin überzeugt, dass eine lokale Ernährungsgeschichte in der Lage ist, den südatlantischen Wissenstransfer zu dokumentieren.

Die Verbindung zum wirtschaftshistorischen Aspekt der Geschichte des Essens muss erst hergestellt werden. Dabei rückt die Plantage als Ort der Produktion für den Weltmarkt ins Blickfeld. Dort wiederum die externe oder interne Nahrungsversorgung der Menschen, die auf den Zucker-, Reis- und Kaffeeplantagen zur Arbeit gezwungen wurden. Ferner ermittelt die Untersuchung von Lokalküchen ein in schriftlichen Quellen nicht vorhandenes Wissen um die Alltagsgeschichte. Die notwendige Zusammenschau dieser beiden Phänomene führt zu einer strukturalistisch geprägten Sozialgeschichte, in welcher spärliche schriftliche Quellen durch Realien ergänzt werden. Zum Beispiel können archäologische Funde in ehemaligen Sklavenquartieren ebenso als Belege herangezogen werden wie Rechtsdokumente, Provisionslisten der Plantagenbetreiber oder die schriftlich erhaltenen Forderungen der Abolitionisten nach besserer Ernährung der Sklaven. Die spärlichen Hinweise auf die Ernährung der Sklaven und deren Umstände in Egodokumenten (*slave narratives*), die es aus dem 19. Jahrhundert gibt, dürfen nicht übersehen werden. Kochbücher und Kochrezeptsammlungen können ebenfalls Hinweise über das Essen der Bevölkerung in den mehrheitlich von Afro-AmerikanerInnen besiedelten Gebieten der Neuen Welt enthalten. Die Auseinandersetzung mit der Globalgeschichte des Essens muss die Lokalküchen als Realien ins Visier nehmen, auch um den südatlantischen Wissenstransfer zu erschließen. Globalgeschichte erlaubt es, das Denken in Nationalgeschichten aufzugeben, und nicht notwendigerweise nach einem universalhistorisch ausgerichteten Zentrum zu fragen. Besonders Migrationsbewegungen beweisen, wie sich wirtschaftliche, politische und kulturelle Zentren und Peripherien über die Jahrhunderte verschieben, und dass in solchen Verschiebungen nicht nur Machtzentren abwechseln, sondern das Wissen von Menschen konzentriert und angepasst wird. Ich orientiere mich theoretisch an dem von Jürgen Osterhammel und Nils Petersson (2003) vorgeschlagenen Dreischritt zur Konzeptualisierung von Globalgeschichte: Interaktion, Vernetzung und Verdichtung von Interaktionen durch die Ausbildung von Institutionen. Diese Kategorien lassen sich auch auf die globale Geschichte des Essens im Südatlantik anwenden.

Im Falle der Globalgeschichte des Essens entsteht Interaktion, wenn Kulturpflanzen und Haustiere zusammen mit den TrägerInnen einer Kultur von einer Region in die andere, von einem Kontinent auf den anderen gelangen. Von der Vernetzung solcher Beziehungen lässt sich sprechen, wenn eine dauerhafte In-Kulturnahme von Pflanzen und/ oder die erfolgreiche Reproduktion von Haustieren die Ernährung der Menschen in den jeweils neuen Siedlungsregionen ergänzen und prägen. Dasselbe lässt sich feststellen, wenn neue Kulturpflanzen und Masttiere in den Herkunftsregionen der Auswanderer als Teil der Alltagskost Verwendung finden. Erfolgreiche Adaptationen haben laut Sidney Mintz (1992) eine gemeinsame Voraussetzung: Herkunfts- und Zielkultur müssen agrarisch sein. Eine übereinstimmende Ordnung auf dem Teller und die regelmäßige Abfolge von Speisen in Ackerbaugesellschaften nennt Mintz das Core-Fringe-Leguminosen-Modell (CFLM). Dabei kommt es auf das Verhältnis der Anteile einer Speise an. *Core*, die Kernspeise, macht 70–80 % aus, sie wird »umrundet« von *fringe* und saisonal ergänzt durch Obst und Gemüse (Leguminosen).

Core-Speisen bezeichnen ein stärkehaltiges Lebensmittel oder komplexes Kohlehydrat. Es deckt den Hauptbedarf an Kalorien und wird auch als Grundnahrungsmittel beschrieben. *Core*-Speisen bilden den zentralen Bestandteil jeder Mahlzeit und werden in großen Mengen verzehrt. Bekannt sind viele verschiedene, meist recht arbeitsaufwendige Zubereitungsformen. Im Grunde aber kommen *Core*-Speisen ohne Zugabe von Geschmacksverstärkern aus, werden also »nur« gewaschen, gekocht und/oder gebacken (Mintz 1992:17-18). *Fringe*-Speisen umranden *Core*-Speisen und sind intensiv aromatische Geschmackslieferanten. Fringe-Speisen werden in relativ kleinen Mengen verzehrt und variieren den Geschmack. Ein Essen ohne *Fringe*-Speisen wird als nicht vollständig erlebt. Leguminosen in der Form von Obst und Gemüse umranden die Core- und *Fringe*-Speisen in Menge und Geschmack je nach saisonaler Verfügbarkeit.

Das CFLM lässt sich in fast allen agrikulturellen Ernährungspraktiken nachweisen, die historisch überliefert oder ethnographisch erfasst sind. Das Modell unterstützt auch bei der Frage, wieso in Südafrika Menschen die Grundnahrungsmittel Sorghum und Hirse durch den amerikanischen Mais ersetzen konnten, und wie ein Maisporridge (*mealie, meal* und *pap*), aus gemahlenen Maiskörnern zubereitet, zum Zeichen nationaler Identität und der Innovationskraft afrikanischer Gesellschaften werden konnte. Im Laufe der Jahrhunderte führte das Vorherrschen von Mais-Porridge und Tee als Grundnahrungsmittel bei der schwarzen Bevölkerung Südafrikas oft zu Fehlernährung (Wirz 2001:139).

Verdichtung lässt sich erkennen, wenn die angeführten Interaktionen und Vernetzungen zur Ausbildung von Institutionen führen. Verdichtungen, die auf der Basis landwirtschaftlicher Produktion entstehen, können mit Fokus auf den Südatlantik in zwei sehr unterschiedlichen Institutionen gesehen werden: die Produktion von *cash crops* (a) und Lokalküchen (b). Ohne einander wären sie nicht entstanden

a) Auf monokulturell genutzten Anbaugebieten werden landwirtschaftliche Produkte und Güter unabhängig von deren Ursprungszentren für den globalen Warenverkehr angebaut. *Cash crops* genannt, dienen solche Produkte nicht der regionalen Versorgung, sondern, wie der Name sagt, werden sie geerntet, um am Markt Gewinne zu erwirtschaften. Die Zuckerwirtschaft des transatlantischen Dreieckhandels zählt ebenso zu den auf *cash crops* basierenden Wirtschaftsformen wie die spätere Kaffeewirtschaft in Lateinamerika und die Bananenproduktion in Zentralamerika.

b) Lokalküchen sind die andere Institution, die als Folge von Rezeption und Aneignung der Pflanzen- und Tierwelt aus anderen Regionen und Kontinenten entstanden ist. Lokalküchen sind im globalhistorischen Kontext stets kulturelle Hybride. Damit ist ihnen eine Dynamik, ein Prozess eingeschrieben. Also unterscheiden sie sich grundsätzlich von Nationalküchen, welche als Ausdruck von »invention of tradition« (Hobsbawm/Ranger 1983) des 19. Jahrhunderts mehr aussagen als über die Tatsachen am Teller. Vor diesem Hintergrund stehen das afroamerikanische Soul Food und die kreolische Cajun Küche aus New Orleans als klassisches *ethnic food* den sogenannten Nationalküchen wesentlich näher als den Lokalküchen. Dies sieht auch Jeffrey Pilcher so: »In writing the history of culinary practices, there is a tendency to emphasise the ethnic character of diets. Yet nowhere are historical entanglements more apparent than in the international character of modern cuisine, even if explicit ethnic territories are strongly defended with apparent regard to national origin: Indian corn, Irish potatoes, Italian tomatoes, Dutch chocolate, and Hawaiian pineapples, to name but a few. However, the plants that form the basis of many European cuisines in fact originated in the Americas, and American diets were transformed in what Alfred Crosby has described as the creation of neo-Europeans.« (Pilcher 2000:1278)

Die karibische Küche ist eine vom Südatlantik geprägte Lokalküche. Die vielerorts »typischen« Gerichte auf der Basis von Reis (*core*) und Bohnen (Leguminosen), umrandet von würzigen Soßen (*fringe*) sind Ergebnis und Ausdruck von Verdichtungen in der Globalgeschichte des Essens. Dass diese einfachen Gerichte kaum in den Rang von Nationalküchen gelangten, erinnert daran, dass Nationalgeschichte kein Bild davon vermittelt, wie die kulturellen Prägungen, so auch Essgewohnheiten, im Alltag der Mehrheitsbevölkerung aussehen.

Im letzten Kapitel, das hier folgt, frage ich deshalb danach, was die Menschen aus Afrika, die in der Karibik und in Nordostbrasilien die Mehrheitsbevölkerung stellen, während ihrer Überfahrt, in der Zeit als Sklaven gegessen haben, und wie sich diese Erinnerung in zwei speziellen Lokalküchen niederschlug: in der Küche Nordostbrasiliens (Bahia) und in der zentralamerikanischen Atlantikküche (Garifuna). Sie bewahren die Erinnerung an jene Menschen in der Welt, welche der Tragik des transatlantischen Menschenhandels zum Trotz diese Lokalküchen entwickelt und erhalten haben.

Beispiele für Plantagenproduktion und Lokalküchen

Das Modell des transatlantischen Dreieckshandels mit tatsächlichen Waren und der »Pseudo-Ware« Mensch (Mintz 1987:72) lässt sich wie folgt beschreiben. In der ersten Phase wurden Eisen und Fertigwaren – Textilien, Waffen, Werkzeuge u.v.a.m. (Klein 1990) – von Europa nach West- und Zentralafrika gebracht und damit Sklaven erworben. Die Schiffe entluden diese Menschen nach ihrer qualvollen Atlantiküberquerung meist in der Karibik und Brasilien. Einige Sklaven, die in der britischen Karibik landeten, wurden an Siedler im Norden verkauft. Die meisten Sklaven aber wurden direkt in die Zuckerrohranbaugebiete auf den karibischen Inseln und im Nordosten Brasiliens verfrachtet. Die Portugiesen waren führend im transatlantischen Sklavenhandel, die Briten dominierten seit dem 17. Jahrhundert den Zuckerhandel.

Zur Vorgeschichte: 1515 richteten spanische Unternehmer die ersten Zuckermühlen in Hispaniola ein, 1519 gefolgt von Zuckerrohrplantagen der Portugiesen in Brasilien, womit der Direkthandel mit Sklaven aus Westafrika nach Brasilien seinen Ausgang nahm. Um 1640 entstanden die ersten Zuckermühlen auf Barbados und bald warf auf den britischen Antillen die Kombination von Plantage und Zuckermühle hohe Gewinne ab. Die französischen Zuckerenklaven in der Karibik kamen als Konkurrenten dazu; nach der Revolution in Saint-Dominique (Haiti 1804) konzentrierte sich die profitable Zuckerwirtschaft aber vor allem auf Kuba. In der Phase der britischen Vorherrschaft wurde die Melasse nach England gebracht, wo der der Zucker raffiniert und konsumiert, vor allem aber auf dem Weltmarkt weiter gehandelt wurde.

Aus ernährungshistorischer Perspektive können wir die Spuren des Lebens- und Überlebenswissens auffinden, welche Sklavinnen und Sklaven aus Afrika in den beiden Amerikas hinterlassen haben. Die bekannten schriftlichen Quellen lassen wenige Rückschlüsse darüber zu, was die Sklaven als Verpflegung erhielten. Meist ist von einer durchschnittlichen Essensration die Rede, die Hunger zum ständigen Begleiter der Sklaven machte. Kurzfristige Abhilfe brachte der Verzehr von frischen Zuckerrohrstangen. Langfristigere Strategien dagegen waren Diebstahl, Jagd und nächtliches Fischen (Blassingame 1979:254).

Untersuchungen zur Sklaverei in den Südstaaten der USA haben ergeben, dass die HaussklavInnen vergleichsweise besseren Zugang zu Essen hatten, vor allem Köchinnen (Blassingame 1979:250) und Köche im Herrenhaus. Sie zeichnen verantwortlich dafür, dass sich die kreolische Küche entwickelt hat. Das hat nicht zuletzt mit der sogenannten »slave breeding«-Politik der Tabakpflanzer im Norden und seit dem späten 18. Jahrhundert auch der Zucker- und Kaffeebarone in Kuba zu tun (Vesa Figueras 1996:76). Sie ermöglichen den Sklaven, in Familien zusammenzuleben und ihre Subsistenz auf extra dafür vorgesehen Äckern (*provision grounds*) innerhalb der Plantage (*outfield*) oder davon abgelegen (*infield*) in den Hinterhöfen und Küchengärten zu bestreiten. Mais wurde somit zum Hauptnahrungsmittel (*core*-Speise) der Sklaven in den Tabak- und Baumwollplantagen im Süden der heutigen USA. Damit kommen wir zur ersten Frage zurück: Was aßen die Menschen aus Afrika auf dem Seeweg über den Atlantik und in Amerika, und welche Pflanzen und welches Wissen darüber haben sie auf diesen Weg mitgenommen?

Im Zusammenhang mit der Frage der Proviantierung wurde nachgewiesen, dass Mais als Grundnahrungsmittel für die Sklaven in die Karibik re-importiert wurde. Er scheint zwar im Transatlantik-Handel nicht als Ware auf, wurde aber an den westafrikanischen Küstenstrichen seit dem 16. Jahrhundert als Proviant für die Sklaven angebaut und zusammen mit diesen nach Amerika verschifft. Es waren vermutlich portugiesische Händler, die den Mais in Afrika einführten. Dieselben Portugiesen verschleppten Afrikaner in die Karibik und an die Küste Brasiliens, brachten den Mais gewissermaßen zusammen mit den Sklaven zurück nach Amerika. Die unpräzise portugiesische Bezeichnung »milho« für Mais – wodurch das amerikanische Korn mit Hirse verwechselt werden kann – birgt einige Unsicherheiten in der Datierung des ersten Kontakts zwischen Afrikanern und dem Mais. Im Jahr 1533, also knappe 40 Jahre nach dem Beginn der europäischen Invasion in Amerika, hatten portugiesische Seefahrer das Schiff Santa Maria da Luz auf der Atlantik-Insel São Tomé mit 240 Sklaven und 22 Sack »milho das antillas«, was eindeutig Mais bedeutet, beladen (Warman 1988:76). Als der afrikanische Kontinent im 19. Jahrhundert von den Europäern invadiert und erforscht wurde, hatte sich der Maisanbau weit über die Küstengebiete hinaus entlang der interkontinentalen Handelswege ins Landesinnere durchgesetzt. Zusätzlich zeugt die Aufnahme von Mais in lokale Rituale von einer profunden Aneignung des amerikanischen Korns durch die afrikanische Bevölkerung (Warman 1988:81ff).

Umgekehrte Prozesse dieser transatlantischen Verdichtung lassen sich ebenfalls feststellen: Die Banane stammt vermutlich aus Polynesien. Wie und wann diese Pflanze in Kultur genommen wurde – also aus der ungenießbaren Wildpflanze eine Kulturpflanze gemacht wurde – ist nach wie vor ungeklärt (CWHF 2001:37). Aufgrund ihrer hohen Anpassungsfähigkeit verbreitete sie sich Richtung China ebenso wie in Indien. Wann und wie diese zucker- und stärkereiche tropische Frucht an die Ostküste Afrikas gelangte, lässt sich nicht mit Sicherheit sagen. Vermutlich geschah dies auf den Handelsverbindungen zwischen Malaysia und Madagaskar, die über den Indischen Ozean führten. Während ihrer kontinentalen Verbreitung erreichte sie die Guinea Coast im Westen, wo sie erstmals unter dem Namen »Banana« auftauchte (CWHF I:178). Heute noch werden die meisten Bananen in Afrika produziert und verzehrt. Es heißt, portugiesische Seeleute hätten die Kulturpflanze auf die Kanarischen Inseln gebracht, von wo aus 1516 Setzlinge in die Neue Welt gelangten. Jedenfalls steht es so im Bericht des spanischen Chronisten Gonzalo Fernández de Oviedo (zitiert nach Fernández-Armesto 2002:199). *Cash crops*-Enklaven für dieses wichtigste Obst der Weltmarktstrukturküche entstanden mit Ende des 19. Jahrhunderts in Zentralamerika. Der lange Arm der einstmaligen United Fruit Company (= UFCO), welche auch *el pulpo* (der Tintenfisch mit seinen langen Tentakeln) genannt wird, prägte im 20. Jahrhundert das Bild von den zentralamerikanischen »Bananenrepubliken«, zum Beispiel Guatemala (Koeppel 2008:119-31). Drei Viertel der kommerzialisierten Bananen stammen noch heute aus den tropischen Gebieten Zentralamerikas. Auf die lokalen Märkte kommen aber nicht die per Krümmungsnorm zertifizierten Chiquita-Bananen, sondern viele andere Sorten: Die kleinen süßen *platanitos*, die weichschalige *seda*, *plátanos machos* (die Platane oder Kochbanane) sind die häufigsten Bananen aus dem regionalen Artenreichtum.

Ähnlich wurde der Reis in den Amerikas heimisch, eine Kulturpflanze, deren Hauptanbaugebiete heute in Südostasien zu suchen sind. In Afrika haben sich eigenständige Sorten herausgebildet, vor allem solche, die im Trockenfeldbau gediehen. In den amerikanischen Kolonien wurde der Trockenreisanbau in jenen Gebieten gefördert, in denen Weizen nicht gedieh. Laut Judith Carney gelangte der afrikanische Reis nach Carolina, und zu Beginn verfügten die Afrikaner über das Wissen um den Anbau (Carney 2001). Dasselbe gilt für Nordostbrasilien, die Karibik und die Küsten Zentralamerikas, die in erster Linie mit Sklaven aus Westafrika besiedelt wurden. Es liegt auf der Hand, warum in diesen Gebieten alle Hauptgerichte auf einer Kombination von Reis und Bohnen beruhen. Es handelt sich um ein afrikanisches Grundgericht, in welchem der stärkereiche Reis zusammen mit proteinhältigen Bohnen, besonders auch die aus Afrika stammenden schwarzen Augenbohnen, die Ernährungsgrundlage der sesshaften KulturträgerInnen bildete.

Schwarze Augenbohnen waren auch die wichtigste Gabe an die Götter und Orishas der Yoruba. Als Santería sind diese Religionen Westafrikas in der Karibik bekannt, als Candomblé gelangten die Orishas nach Brasilien. Ausgeklügelte Speisefolgen und genau bestimmte Gerichte machen die Orishas geneigt, ihren Schutz über die ihnen anempfohlenen Menschen zu gewähren. Es dürfte sich um Ausnahmeerscheinungen handeln, wenn es verschleppten Yorubas gelang, Bohnensaatgut nach Amerika zu schmuggeln. Vielmehr waren es die Sklavenhalter selbst, die schwarze Augenbohnen und Reis sowohl zur Proviantierung der Sklaven während der Atlantiküberfahrt mitnahmen als auch diese Pflanzen nach Amerika importierten. Zu viele Gefangene hätten wohl ansonsten die Nahrungsaufnahme verweigert (Albala 2007:121).

Vor diesem Hintergrund ist das in Nicaragua übliche Gericht *gallo pinto*, das in Costa Rica *matriominio* genannt wird, dieselbe Speise, die auch *moros y cristianos* heißt, also eine Mischung aus Reis und Bohnen. Es handelt sich um ein Gericht afrikanischer Prägung und stellt einen weiteren Beleg für Verdichtung in der Globalgeschichte des Essens dar.

Auf ähnliche Weise gelangte die afrikanische Okra nach Amerika. In der Subsistenzkrise nach dem Handelsboykott gegen Großbritannien und damit auch gegen die West Indies, welchen der American Continental Congress 1774 beschlossen hatte, zwangen Sklaven in der Karibik ihre Herren mittels Arbeitsniederlegung, die vielfältige Okra-Frucht nach Amerika zu bringen (Kiple 2007:196). Sie wird heute in allen Heißklimagebieten der Welt angebaut. Okra wird gegrillt, gebraten, in Backteig gehüllt genossen und bewirkt als Trägersubstanz in Currys und Eintopfgerichten die Fülle am Gaumen – typisch für das amerikanische Soul Food, das als Inbegriff von Stimmigkeit und als typisch für den US-amerikanischen schwarzen Süden vermarktet wird.

Die Ethnisierung der Sklavenkost setzte erst im 20. Jahrhundert ein. Massenhaft drängten die Nachfahren der ehemaligen Sklaven des Südens nach dem Bürgerkrieg als Wanderarbeiter in den Norden, besonders in die Städte der Ostküste der USA. Dort begannen sie sich als ethnische Gruppe zu verstehen, die sich mit dem Geschmack von Heimat identifizierte, genauso wie die verschiedenen EinwanderInnen-Gruppen, welche etwa die kulinarische Vielfalt der »Gastropolis« (Hauck-Lawson/Deutsch 2009) New York prägte. Ein »melting pot« war in den Schüsseln der MigrantInnen nicht zu finden. Die verarmten Einwanderer aus Irland, Italien, dem Balkan und aus Asien teilten denselben agrarischen Hintergrund wie die Afrikaner. Sie versicherten sich ihrer Herkunft durch Anbau und Zubereitung der ihnen bekannten Lebensmittel und Speisen.

Die asiatische Mango fand auf die gleiche Weise wie Okra Eingang in die Sklavenkost. Hingegen verweigerten die Sklaven in Jamaika den Genuss der Brotfrucht, die in derselben Zeit aus Tahiti importiert wurde. Deshalb fand die Brotfrucht in den ersten Jahrzehnten nach ihrer Einführung nur als Schweinefutter Verwendung (Pilcher 2000:1281).

Die viel geschmähten Derivate aus Klatschmohn (Opium) und Coca (Kokain) erreichten nicht annähernd dieselbe Verbreitung wie Marihuana und die Kolanuss aus den Wäldern Westafrikas. Zusammen mit Gold und Salz gelangte schon in vorkolonialer Zeit die walnussgroße Kolanuss, die ihre stimulierende Wirkung einer Kombination von Theobromin und Koffein verdankt, bis nach Ostafrika (Abaka 2000:685). Es ist belegt, dass Mitte des 17. Jahrhunderts Zuckerproduzenten in Jamaika die Kolanuss anpflanzen ließen, um die Melancholie der Sklaven zu vertreiben und deren Arbeitsleistung zu verbessern (Kiple 2007:221). Dasselbe taten die französischen Pflanzer in Martinique und Guadeloupe. Erst in der zweiten Hälfte des 19. Jahrhunderts stieg die Nachfrage nach diesem Pharmazeutikum und Genussmittel in den Mutterländern Großbritannien und Frankreich. In den USA verhalfen findige Apotheker und ein morphiumsüchtiger Quacksalber (Pollmer/Warmuth 2008:43) aus Atlanta der Kolanuss vermischt mit Coca-Blättern aus Südamerika zu einem Nationalgeschichte schreibenden, alkoholfreien Getränk: Coca Cola.

Im Zusammenhang mit der von Afrika geprägten Globalgeschichte des Essens muss auch Kaffee erwähnt werden, dessen Ursprung im heutigen Äthiopien zu suchen ist. Dass das Gebräu unentbehrlicher Statist am Lagerfeuer der Cowboys im amerikanischen Wilden Westen wurde und dass George Clooney diesen »Wein des Korans« im Kleinformat für einen ursprünglichen schweizerischen und mittlerweile transnationalen Mega-Konzern der so genannten *life industry* bewirbt, lässt sich anhand der Geschichte der Amerikanisierung des in Wolfgang Amadeus Mozarts Kanon noch *Türkentrank* genannten Muntermachers nachvollziehen (Graig/Topik 2008). Sklaven freilich wurde dieses Getränk nicht serviert. Wie die Nationalküchen will die globale Kaffeekultur an den afrikanischen Ursprung dieses universalen Muntermachers nicht erinnert werden.

Zwei afroamerikanische Lokalküchen im Kurzportrait –
Die Bahia Küche in Nordost-Brasilien
Auf beeindruckende Weise manifestiert sich heute noch in Salvador de Bahia, im Südosten Brasiliens, die globalhistorische Verdichtung der Beziehungen über den Südatlantik. In den Töpfen mischen sich portugiesische und indianische Elemente mit dem Geschmack Westafrikas zu Gerichten, welche die Geschichte dieses Landes spiegeln. Im Jahr 1500 entdeckten die Portugiesen Brasilien zufällig und besetzten es umgehend. Anders als die Spanier, welche Siedlungen in ihren amerikanischen Gebieten errichteten, spezialisierten sich die Portugiesen darauf, das rote Brasilholz zu kommerzialisieren und errichteten lukrative Zuckerrohrplantagen an der Küste.

Vom 16. bis ins 19. Jahrhundert gelangten mehr als 4 Millionen verschleppte Afrikaner und Afrikanerinnen als versklavte Arbeitskräfte an die brasilianische Ostküste (genaue Zahlen: Schmieder in diesem Band). Als 1807 die portugiesischen Monarchen von Napoleons Truppen in Europa entmachtet wurden, wurde der Sitz dieser Monarchie nach Südamerika verlegt, die in einer Volkszählung feststellte, dass die Hälfte der Bevölkerung Sklaven waren (Vianna 1977:7). Es gab unterschiedliche Lebensformen – von Sklaven, die ihre Freiheit erlangt hatten bis zu großen Menschenansammlungen auf Zuckerplantagen, wo die Sklaven von ihren Herren verpflegt wurden. Weitverbreitet und toleriert waren interethnische Paarbeziehungen (meist außerhalb von Ehen) und daraus hervorgegangene Kinder.

In Nordost-Brasilien wurden überwiegend Sklaven angesiedelt, die Yorubas waren und somit Sprache und Religion teilten (Fatumbi Verger 1981:7). Salvador da Bahia mit seinen knapp drei Millionen Einwohnern ist heute eine der größten Städte Brasiliens. Achtzig Prozent der Bevölkerung stammt von dieser Gruppe ehemaliger Sklaven ab und bildet heutzutage eines der bedeutenden Zentren der Yoruba-Kultur.

Die Versammlungsorte der Yoruba in Bahia werden *terreiros* genannt, was »unverhüllte Erde« bedeutet. An diesen Orten werden die göttlichen Aspekte, welche in jedem Menschen angelegt sind, verehrt und die entsprechenden Gottheiten (Orishas) angerufen. Keinesfalls fehlen dürfen dabei die Opfertiere Tauben oder Perlhühner – ein europäischer Import aus Afrika in die Amerikas. Neben vielen Kerzen, Räucherwerk, Schmuck aus Naturmaterialien müssen auch Speisen mit genauer Zuordnung bereitet werden. So auch, wenn die begehrten Zwillingsgeburten mit Musik, Skulpturen und Essen gefeiert werden. Das klassische Gericht für diesen Anlass heißt *caruru* und ist ein Fischeintopf mit Okra, Zwiebeln, getrockneten Shrimps, afrikanischem Palmöl (*azeite de dende*) und Melegueta-Pfeffer (Spivey 1999) sowie grünem Gemüse und der amerikanischen Cashew Nuss (Davidson 2006:95). Es gibt auch westafrikanische Ritualspeisen, die heute in ihrer säkularisierten Form zum kulinarischen Repertoire der Region zählen, z.B. *akara* der Yorubas, in Palmöl frittierte Schwarzaugenbohnen. Dieses Gericht wird in Brasilien *acaraje* genannt (Harris 1992:43). Gleicher Herkunft ist der *molho de nagô*, hergestellt aus Trockenshrimps, Limonensaft, Okra und ebenfalls dem afrikanischen Melegueta-Pfeffer, der heute in Westafrika meist nur noch als medizinische Pflanze Verwendung findet, wohingegen er in Brasilien systematisch angebaut wird (Davidson 2006:498). Der üppige Gebrauch von gesalzenem Kabeljau und ebenso zubereiteten Seefrüchten im Nordosten Brasiliens geht auf die Sklavenkost zurück. Ebenso wie andere am Sklavenhandel beteiligten Seemächte importierten die Portugiesen den billigen Trockenkabeljau aus Neufundland und ergänzten diesen mit luftgetrockneten Shrimps aus der Region (Cascudo 1967). Hingegen war entlang der gesamten Westküste Brasiliens im Verlauf der Kolonialzeit eine ausgeprägte Reisanbaukultur entstanden. Eine rote Reissorte wurde in aufwendigem Bewässerungsfeldbau von den westafrikanischen Sklaven erwirtschaftet und wird dort heute noch als wichtiges Grundnahrungsmittel eingestuft. „Das Reisgericht *Arroz de cuxa* ist die typischste Speise der Region, bei der der Reis mit einer aus Westafrika stammenden Pflanze zubereitet wird" (Wätzold 2010:85).

Die Garifuna Küche

Innerhalb der Karibik kommt der Garifuna-Kultur an der Ostküste Zentralamerikas, sowohl was die Besiedlungs- als auch die kulinarische Aneignungsgeschichte betrifft, eine Sonderstellung zu.

Wie Nancie González feststellt, reflektiert ihre Diät »the various exotic cultural influences experienced over the past 400 years« (Nancie Gonzáles 1988:98). Sie haben eine eigene Sprache, die zusammen mit ihren Tänzen und ihrer Musik im Jahr 2001 von der UNESCO zum *Masterpiece of the Oral and Intangible Heritage* erklärt wurde. Heute gibt es insgesamt ungefähr 600.000 Mitglieder der Garifuna Kultur, wobei aber circa 15 % in die USA ausgewandert sind. Die meisten Garifunas leben heute verstreut über die Nationalstaaten Belize, Guatemala, Honduras und Nicaragua.

Sie nennen sich selbst die Yamsesser (= Garinagus). Yams, die Bitterknolle aus Afrika hatte sich als Grundnahrungsmittel verbreitet, bevor sie in die Amerikas gebracht wurde. Die Bezeichnung »yam« geht auf den Guinea-Ausdruck *nyami* zurück. In einer der Lokalsprachen des heutigen Benin heißt dies »etwas zu essen«.

Außenstehende nennen die Garinagus auch »Schwarze Kariben«. Diese Bezeichnung erinnert ebenso an die gewaltsame Verschleppung von britischen Sklaven aufs zentralamerikanische Festland als auch daran, dass viele Garinagus stolz darauf sind, dass ihre Vorfahren als sogenannte *maroons* (auch *marrón*, abgeleitet vom spanischen Wort für Mustang = *cimarrón*), also Entlaufene, an die Küste gelangten, wo sie sich mit der ansässigen Arawak sprechenden indianischen Bevölkerung, den Taínos, arrangierten und kulturell verbanden. Auf eben denselben Wegen erreichten andere Bewohner der karibischen Inseln, welche von den Briten Caribs genannt wurden, die zentralamerikanische Küste. Dieses soziale Umfeld war von Europäern manipuliert. Die vielschichtige Hybridisierungsgeschichte spiegelt sich auch in einer originellen Lokalküche.

Obwohl den Kariben hartnäckig der Vorwurf anhaftete, Kannibalen gewesen zu sein, dürften solche Praktiken, falls überhaupt nachweisbar, rituellen Charakter gehabt haben. Das tägliche Brot der Taínos, welche die Küste vor dem Eintreffen der Europäer besiedelt hatten und der Legende nach aus dem Delta des Orinoco stammten, waren Cassava-Fladenbrot (*casabe*) aus Bittermaniok und Fisch, Leguane oder Krabben. Sie bauten ferner Süßkartoffel (Bataten), Chili, Erdnüsse, Bohnen und die Tropenfrüchte Guave und Mamey an. Aus Ananas brauten sie eine Art Wein, welcher *hui* genannt wurde (Keegan 2000:1273).

Im 17. Jahrhundert gelangten auf europäischen Schiffen die Haustiere Huhn und Schwein sowie die aus Afrika stammenden Wassermelonen zusammen mit dem asiatischen Mango-Baum nach Zentralamerika. Im 19. Jahrhundert kam es zur massiven Afrikanisierung der Garifuna-Kost. Allen voran erreichte die afrikanische Yamswurzel eine größere Bedeutung als Maniok, was sich auch in der erwähnten Eigenbezeichnung »Yamsesser« niederschlug. Und dies, obwohl die meisten AfroamerikanerInnen fast überall in den amerikanischen Tropen in der heimischen Cassava bzw. Maniok-Wurzel einen gleichwertigen Ersatz für die afrikanische Yams-Knolle gefunden hatten.

Ferner wurden Eier, Frischkäse, Kochbananen, Grüne Bananen, Okra, Reis und Bohnen, ergänzt durch Zuckerrohr, Rum und Cashew-Früchte, in den Speiseplan aufgenommen. Die allgegenwärtige Kokosnuss, über deren botanischen Ursprung immer noch Unsicherheit besteht, wurde vermutlich von den Afro-AmerikanerInnen kulinarisch erst adaptiert. Es fällt auf, dass unter den stärkehaltigen Getränken (in der mittelamerikanischen *lingua franca* Nahuatl, *atole*, genannt), welche die indianische Bevölkerung auf der Basis von Mais herstellte, sich auch bei den Garinagus ein reichhaltiges Getränk findet, das eine Mahlzeit ersetzen kann. In Nicaragua heißt dieses Getränk aus Kokosnussmilch, Banane und Zucker *wabul* und wird als die regionale Kost dargestellt.

Die verschiedenen Wellen der kulinarischen Einflüsse auf die Kost der Garinagus ist auch auf ihre Marginalisierung und Widerständigkeit zurückzuführen, und v. a. lässt sie sich wesentlich eindeutiger nachzeichnen als die Lokalküchen der gesamten Karibik, die überaus ähnlich sind und nationale Zuschreibungen nicht erlauben. Die beliebten Eintopfgerichte mit viel Reis und Bohnen, die freilich nicht in den Luxushotels angeboten werden, zeichnen die Alltagskost der Kariben aus. Die Prekarität der historischen Ernährungslage der schwarzen Bevölkerung in der Karibik ist heute noch an dem hohen Anteil von konservierten Nahrungsmitteln, vor allem Fleischspeisen aus der Dose, erkennbar, und dem auffällig hohen Konsum von Zucker durch die proletarische und semiproletarische Bevölkerungsmehrheit von Cuba bis Barbados.

Zusammenfassung

Crosbys These vom *Columbian Exchange* muss nicht umgeschrieben werden. Es ist unbestritten, dass die Kartoffel vor 1492 außerhalb Amerikas unbekannt war, jedoch im 18. Jahrhundert in Irland unverzichtbar geworden ist; dass europäische Pferde die Lebensgewohnheiten vieler amerikanischer Ureinwohner auf den Prärien in einen nomadischen Lebensstil änderten, mit der Bisonjagd zu Pferde (Feest/van Bussel 2009:27-31). Die Tomatensauce, hergestellt aus amerikanischen Tomaten, wurde zum Markenzeichen der italienischen Küche, wohingegen Zuckerrohr, Kaffee und Bananen aus Afrika zu den wichtigsten Anbaupflanzen für Lateinamerikas Exportwirtschaft avancierten. Vor dem 16. Jahrhundert gab es keine Orangen in Florida, keine Ananas in Afrika, keinen Chili in Thailand und keine Schokolade in der Schweiz. Vor dem 19. Jahrhundert gab es keine Cowboys in Texas und keine Gauchos in Argentinien. Diesem Bild muss im Andenken an den mexikanischen Agrarhistoriker Arturo Warman der aus Mittelamerika stammende Mais hinzugefügt werden. Ebenso verlässlich gedieh der Mais im Osmanischen Reich und in China. Die Europäer verachteten das »Brot der Indios«, hielten es für Arme-Leute-Kost. Diese Ignoranz bescherte den armen LandarbeiterInnen in Südeuropa die tödliche Mangelerkrankung Pellagra (Kaller-Dietrich 2001:20ff). In Kombination mit Schweineschmalz und Palmöl aber sicherte der Mais den Sklaven in den Amerikas das Überleben.

Gerade diese Zuschreibung schärft den Blick auf den Südatlantik und die vielen Menschen aus Afrika, die in den Worten von Eric Wolf als »Völker ohne Geschichte« betrachtet wurden. Denn solange und dort, wo ihre Herren sie als Sklaven verköstigten, waren ihre Grundnahrungsmittel Mais und Reis, sporadisch aufgefettet mit Trockenfisch oder Schweineschmalz. Sobald sie aber ihre Subsistenz selbst sichern konnten, aßen diese Menschen wieder afrikanisch: Speisen mit viel Reis und Bohnen, ergänzt von Kochbananen und verfeinert mit orangerotem Palmöl. Tropische Früchte, z.B. die Banane, die aus Afrika nach Amerika gebracht wurde, kamen saisonal dazu. Gelegentlich aßen die Afroamerikaner amerikanisches Wild, Seefrüchte und Fische, die beiderseits des Atlantiks vorkommen. Und sie erweiterten den Speiseplan, indem sie das afrikanische Brot aus Yams aus den amerikanischen Bitterknollenfrüchten Cassava und Maniok herstellten. Bis zum heutigen Tage werden auf beiden Seiten des Südatlantiks Speisen mit Kokosnuss zubereitet. Es ist nach wie vor ungeklärt, welchen Ursprungs diese Frucht ist, aber bekannt ist, dass sie für die Menschen in Afrika und den Amerikas sowie in der asiatischen Küche unentbehrlich geworden ist. Dies zeigt eine zusätzliche Dimension der Globalgeschichte des Essens auf. Zur rein atlantischen Perspektive auf die Rezeption von Kulturpflanzen aus Amerika wäre es nützlich zu erkunden, auf welchen Wegen die meisten amerikanischen Pflanzen, allen voran Chili, und der wichtigste Nutztierexport, der Truthahn, schneller, selbstverständlicher und nachhaltiger als in Europa, in Asien und Afrika übernommen und in die tägliche Kost integriert wurden.

Wenn Globalisierungsprozesse als Interaktion, Vernetzung und intensivierte Verdichtung in Handel und Kultur verstanden werden, gab es diese als Phänomen der *longue durée* in der Geschichte der materiellen Kultur eindeutig immer schon. Denn Menschen wanderten immer schon von einer Region in andere, oder wurden – wie im Falle der Afroamerikaner – von einem Kontinent auf den anderen verschleppt. Es muss bedacht werden, dass Saatgut und Nahrungsmittel »made for walking«, also immer auch mobil waren und sind. Alfred Crosbys These vom *Columbian Exchange* braucht also nicht aufgegeben werden. Doch müssen zukünftige Forschungen den Beitrag der Afrikaner und Afrikanerinnen zur globalen, europäischen, asiatischen, neo-europäischen und zur amerikanischen Wirtschafts-, Sozial- und zur Globalgeschichte des Essens hinzufügen. Und zwar ausgehend von jener Zeit, als die erzwungenen Interaktionen des südatlantischen Sklavenhandels den Speiseplan der Menschen überall in der Welt veränderten.

Literatur

Abkürzung: CWHF = Cambridge World History of Food

Abaka, Edmund (2000): Kola Nuts. In: CWHF 1: 684–690. Cambridge: Cambridge University Press
Albala, Ken (2007): Beans – A History. New York/Oxford: Berg
Blassingame, John W. (1979): The Slave Community. Plantation Life in the Antebellum South (revised and enlarged edition of 1972). New York/Oxford: Oxford University Press
Braudel, Fernand (1985): Der Alltag (= Sozialgeschichte des 15.-18. Jahrhunderts, Bd. 1). dt. München: Kindler
Carney, Judith (2001): Black Rice: The African Origin of Rice Cultivation in the Americas. Cambridge, MA: Harvard University Press
Crosby, Alfred W. (1972): The Columbian Exchange: Biological and Cultural Consequences of 1492. Westport, Conn.: Greenwood Press (dt. Die Früchte des Weißen Mannes. Ökologischer Imperialismus 900–1900. Frankfurt am Main 1991)
Davidson, Alan (2006): The Oxford Companion to Food. An Encyclopaedia of Ingredients, Dishes, History and Culture of Food. Oxford University Press (1st edition 1999; 2nd edition 2006 ed. by Tom Jaine)
Feest, Christian/van Bussel, Gerard W. (2009): Bison, Pferd und Tipi. In: Feest, Christian, Hg.: Sitting Bull und seine Welt. Wien: Kunsthistorisches Museum mit MVK und ÖTM: 27-31
Fernández-Armesto, Felipe (2001): Food: A History. London: Macmillan

Gade, Daniel W. (2000): South America. In: CWHF 2 (V.D.2): 1254–1260

Goody, Jack (1982): Cooking, Cuisine and Class. A Study in Comparative Sociology. Cambridge: Cambridge University Press

Gonzáles, Nancie L. (1988): Sojourners of the Caribbean. Ethnogenesis and Ethnohistory of the Garifuna. Bd. III. Urbana: University of Illinois Press

Graig, Michelle/Topik, Steven (2008): Americanizing Coffee: The Refashioning of a Consumer Culture. In: Nützenadel, Alexander/Trentmann, Frank, Hg.: Food and Globalization. New York: Berg: 109-128

Harris, Jessica (1992): Tasting Brazil: regional recipes and reminiscences. New York/Toronto: Macmillan

Hauck-Lawson, Annie/Deutsch, Jonathan, Hg. (2009): Gastropolis: Food and New York City. New York: Columbia University Press

Hobsbawm, Eric/Ranger, Terence, Hg. (1983): The Invention of Tradition. Cambridge: Cambridge University Press

Jackson, E. A. (1999): South of the Sahara: Traditional Cooking from the Countries of West Africa. Hollis, N.H.: Fantail

Kaller-Dietrich, Martina (2001): Ernährung und Kolonialismus. In: Kaller-Dietrich, Martina/Daniela Ingruber, Hg.: Mais – Geschichte und Nutzung einer Kulturpflanze. Wien/Frankfurt am Main: Südwind/Brandes & Apsel: 13-42

Kaller-Dietrich, Martina (2002): Macht über Mägen. Essen machen statt Knappheit verwalten. Haushalten in einem mexikanischen Dorf. Wien: Promedia

Katz, Solomon H./Weaver, William Woys, Hg. (2002): Encyclopedia of Food and Culture New York: Charles Scribner's Sons (= http://www.enotes.com/food-encyclopedia, Zugriff 01.03.2010)

Kiple, Kenneth F. (1981): Another Dimension to the Black Diaspora: Diet, Disease, and Racism. New York: Cambridge University Press

Kiple, Kenneth F. (1988): The African Exchange: Toward a Biological History of Black People. Durham: Duke University Press

Kiple, Kenneth F. (2007): A Movable Feast: Ten Millennia of Food Globalization. Cambridge: Cambridge University Press

Kiple, Kenneth F./Coneè Ornelas, Kriemhild, Hg. (2000): The Cambridge World History of Food (=CWHF). Cambridge: Cambridge Univ. Press: 2 Bde.

Klein, Herbert S. (1990): Neuere Interpretationen des atlantischen Sklavenhandels. In: Geschichte und Gesellschaft 16/2: 141-160

Koeppel, Dan (2008): Banana: The Fate of the Fruit That Changed the World. Penguin Group: New York

Lambert Ortiz, Elizabeth (1986): The Complete Book of Caribbean Cooking. New York: Ballantine Books

Leland, Andrea E./Berger Kathy L./The Garifuna National Council (1988): The Garifuna Journey. First Voice Testimony Celebrating the Resiliency of the Garifuna People and their Traditions. Video documentary (47 minutes)

Mann, Charles C. (2005): 1491 – New Revelations of the Americas before Columbus. New York: Vintage

Messer, Ellen/Haber, Barbara/Toomre, Joyce/Wheaton, Barbara (2000): Culinary History. In: CWHF (chapter V.F., volume 2): 1367-1380

Mooney, Pat/Fowler, Cat (1991): Die Saat des Hungers. Wie wir die Grundlagen unserer Ernährung vernichten. Reinbek bei Hamburg: Rowohlt

Mauss, Marcel (1925): Essai sur le don. Forme et raison de l'échange dans les sociétés primitives archaïques. Article originalement publié dans l'Année Sociologique, seconde série, 1923–1924. dt. 1984: Die Gabe. Frankfurt am Main: Suhrkamp

Meissner, Jochen/Mücke Ulrich/Weber, Klaus (2008): Schwarzes Amerika. Eine Geschichte der Sklaverei. München: C.H. Beck
Mintz, Sidney W. (1985): Sweetness and Power: The Place of Sugar in Modern History. New York: Viking Penguin. dt. 1987: Die süße Macht: Kulturgeschichte des Zuckers. Frankfurt am Main: Campus
Mintz, Sydney W. (1992): Die Zusammensetzung der Speise in frühen Agrargesellschaften. Versuch einer Konzeptualisierung. In: Martin Schaffner, Hg.: Brot, Brei und was dazu gehört. Zürich: Chronos Verlag: 13-28
Osterhammel, Jürgen/Petersson, Niels P. (2003): Geschichte der Globalisierung. Dimensionen, Prozesse, Epochen. München: C. H. Beck
Pilcher, Jeffrey M. (2000): The Caribbean from 1492 to the Present. In: CWHF. 2 (Kap. V.D.4): 1278-1286
Pilcher, Jeffrey M. (2006): Food in world. New York: Routledge. dt. 2006: Nahrung und Ernährung in der Menschheitsgeschichte. Essen: Magnus Verlag
Pollmer, Udo/Warmuth, Susanne (2008): Pillen, Pulver, Powerstoffe. Die falschen Versprechen der Nahrungsergänzungsmittel. Frankfurt am Main: Eichborn Verlag
Smith, Ifeyironwa Francisca (1998): Foods of West Africa: Their Origin and Use. Ottawa/Ontario: I. F. Smith
Spivey, Diane M. (1999): The Peppers, Cracklings, and Knots of Wool Cookbook: The Global Migration of African Cuisine. Albany: State University of New York Press
Vesa Figueras, Marta (1996): La comida cubana. In: Long, Janet, Hg.: Conquista y comida. Consecuencas del encuentro de dos mundos. México, D.F.: Universidad Nacional Autónoma de México: 71-88
Vianna, Helo (1977): Historiado do Basil. São Paulo: Edicões Melhoramentos
Wätzold, Tim (2010): Proklamierung der »brasilianischen Küche« als Teil des nationalen Identitätsbildungsprozesses im Kaiserreich Brasilien 1822–1889. Ungedruckte Dissertation an der Philosophischen Fakultät der Universität zu Köln (Fach Iberische und Lateinamerikanische Geschichte): Köln
Warman, Arturo (2003): Corn & Capitalism: How a Botanical Bastard Grew to Global Dominance. Chapel Hill, NC: Univ. North Carolina Press
Wirz, Albert (2001): Mealie meale und Pap. Mais, Macht und Magenfrage in Südafrika.In: Kaller-Dietrich, Martina/Daniela Ingruber, Hg.: Mais – Geschichte und Nutzung einer Kulturpflanze. Wien/Frankfurt am Main: Südwind/Brandes & Apsel: 121-140
Wolf, Eric R. (1986): Die Völker ohne Geschichte. Europa und die andere Welt seit 1400. Frankfurt am Main/New York: Campus
Yun Casalilla, Bartolomé (2007): ›Localism‹, Global History and Transnational History. In: Historisk Tidskrift 4/127 (with Angeles Redondo): 659-678

Christian Cwik

Atlantische Netzwerke
Neuchristen und Juden als Lançados und Tangomaos

Als Neuchristen werden in den katholischen Königreichen der Iberischen Halbinsel getaufte sephardische (iberische) Juden sowie arabische und berberische Muslime bezeichnet. Um neuchristliche und sephardische Netzwerke im atlantisch-karibischen Raum beschreiben zu können, bedarf es zuallererst der wechselseitigen Frage nach den Push- und Pull-Faktoren. Davon ausgehend lässt sich beantworten, was die beiden Gruppen von Anbeginn der europäischen Expansion dazu veranlasst hatte, im atlantischen Raum aktiv zu werden. In weiterer Folge gilt es zu klären, in welcher Weise sich beide Gruppen in den atlantischen und karibischen Raum im Sinne eines *big picture* (Atlantischer Raum nach dem Konzept dieses Bandes) integrierten. Durch gezieltes *mapping* lässt sich daraus die Feinmaschigkeit der Netze darstellen und Seeflächen werden nach und nach mit »Atlantischen Menschen« bevölkert. In diesem Raster können dann einige *sea-* und *landscapes* (karibische Inseln und Küstenabschnitte) historiographisch beschrieben werden. Im Umfeld europäischer Expansion im karibischen Raum werden die neuchristlichen Akteure auf ihre Akteurschaft *(agency)* als atlantische Lançados (wörtlich: die Hinausgeworfenen) und Tangomaos (aus dem arabischen *targama* für ›schwarze‹ Übersetzer) innerhalb kaum erkennbarer Schattennetze (Zeuske 2006a:43) untersucht. Darüber hinaus gab es auch Neuchristen, die ganz offiziell als Konquistadoren und Kolonisten über den Atlantik in die Neue Welt gelangten. Schließlich wird am Beispiel der Aktivitäten von Neuchristen und Juden im Zusammenhang mit der englischen Kolonialpolitik auf Jamaika ein Fallbeispiel erarbeitet.

In der antijüdischen und letztlich antisemitischen Politik aller beteiligten europäischen Kolonialmächte im atlantisch-karibischen Raum ist die Ursache für die permanente Mobilität beider Akteurgruppen zu suchen. Ähnliche Erfahrungen haben auch noch andere religiöse und stigmatisierte Gruppen im atlantischen Raum gemacht, wie etwa Muslime, Griechisch-Orthodoxe, Quäker und andere »Protestanten« oder aber auch »Indios«, Cimarrones, Morisken, Armenier, *gitanos* (Kalé) etc. Die Quellen zur Inquisition der in der Neuen Welt errichteten Gerichtshöfe in Mexiko Stadt und Lima (1571–1820) sowie Cartagena de Indias (1610–1821) sind reich an Fällen über Beschuldigte aus den eben beschriebenen Gruppen (Splendiani u. a. 1997; Escobar Quevedo 2008; García de Prodian 1966; Greenleaf 1969). Verhältnismäßig oft müssen sich als Judaisierer verdächtigte Neuchristen mit dem Vorwurf des illegalen Sklavenhandels vor den Inquisitoren in den Amerikas und Europa verantworten, wodurch die Rekonstruktion ihrer Handelsnetzwerke überhaupt erst möglich wird.

Verfolgt man die Netzwerke bis ins 15. Jahrhundert zurück, so ergeben sich abwechselnd fein- und grobmaschige Netze, an deren äußersten Enden sich die bedeutendsten europäischen und afrikanischen Hafenstädte entwickelten. Zur Gruppe der Navigatoren, *cultural broker* (interkulturelle Übersetzer) und *interloper* (nicht autorisierte Sklavenhändler bzw. Warenhändler) im atlantischen Raum zählen von Anfang an Akteure, die in ihren Herkunftsländern unerwünscht waren, beziehungsweise in ihrer »Heimat« oft verfolgt wurden. Die Fluchtmöglichkeiten für Juden waren bis zum Ende des 15. Jahrhunderts im Wesentlichen auf Nordafrika und das Osmanische Reich beschränkt. Die Eroberung des südlichen Atlantiks erweiterte die sozialen und ökonomischen Möglichkeiten der verfolgten Gruppen. Als Pioniere in Afrika, Asien und Amerika eigneten sie sich, meist durch Interaktionsgeflechte auf der Ebene von Familienclanstrukturen (Netzwerkbildung), bereits in der ersten Phase der Conquista interkulturelle und ökonomische Kompetenzen an, die sie zu frühen Protagonisten atlantischer Geschichte werden ließen. Verfolgt man beispielsweise prosopographisch die Spuren dieser atlantischen *gente del mar*, lassen sich nicht nur bislang weitgehend unbekannte illegale und legale Handelsrouten rekonstruieren, sondern auch von Europäern nicht besetzte *sea-* und *landscapes* beschreiben. Die nationalen Historiographien, ausgehend von den frühen lateinamerikanischen Nationalstaaten, blenden bis heute die enorme Bedeutung ihrer Agency für den Aufbau des atlantischen Systems und die Herausbildung lokaler und regionaler Identitäten aus. Die ökonomische Rolle der Sepharden und Neuchristen, die sie als *gente del mar* im Atlantik ab dem 15. Jahrhundert übernommen hatten, leistete einen wesentlichen Beitrag zur Entwicklung Europas hin zu einer Leitkultur eines globalen Wirtschaftssystems, des Kapitalismus. Der Atlantik wurde unter Beteiligung von Juden und Neuchristen zur wichtigsten Projektionsfläche neuzeitlicher Entwicklung, in deren Verlauf Europa bereits ab dem Ende des 16. Jahrhunderts die globale Vormachtstellung (Europäisierung der Welt) erobert hatte.

Jüdische und neuchristliche Lançados und Tangomaos

Von Marokko aus führten die alten Handelsstraßen zur senegambischen Küste, nach Guinea und selbst bis in den Kongo und Angola. Juden und später auch vermehrt Neuchristen folgten diesen Routen in den Süden des Kontinents. Dort pflegten sie intensiven Kulturkontakt, meist die einzige Möglichkeit, um mit afrikanischen Gruppen nachhaltige Beziehungen aufzubauen. Auf diese Weise entstand ab dem 15. Jahrhundert eine afroeuropäische allochthone Gruppe (allochthone Minderheiten sind jene, die exogen aufgrund von Wanderungen, Vertreibung oder Arbeitsmigration entstanden sind), die neben jüdischen auch afrikanische Kulturelemente inkorporierte (Teixeira da Mota 1978:8). Jene von ihnen, die als lokale Händler an der Westküste Afrikas tätig waren, haben unter der Bezeichnung Lançados Eingang in die Geschichtsbücher gefunden. Die meisten Lançados waren Teil der portugiesischen Expansion an die afrikanischen Küsten. Mit dem gesteigerten Interesse anderer europäisch-atlantischer Mächte am Kolonialhandel am Beginn des 16. Jahrhunderts kam es zu Verbindungen von Lançados, die bis nach

England, Frankreich und in die Niederlande, selbst bis nach Dänemark, Hamburg und Danzig reichten. Die Lançados des späten 15. und frühen 16. Jahrhunderts siedelten sich meist an den Oberläufen der weit verzweigten afrikanischen Flusssysteme zwischen Senegal und Sierra Leone an, von wo aus sie den Handel zwischen dem Binnenland und der Küste kontrollieren konnten.

Viele der portugiesischen Lançados erlebten ihren Transkulturationsprozess auf einer der afroatlantischen Inseln und galten bei ihrer Ansiedlung auf dem afrikanischen Festland als kreolisiert. In ihrer Südbewegung trafen sie vereinzelt auf schwarze Juden bzw. möglicherweise sogar jüdische Gemeinden, die der Geograph al-Idrisi 1154 in den beiden Ansiedelungen Malal und Do im Gebiet des westlichen Nigerbogens sowie in Qamnuriya (Ghana) ausmachte und die sein Zeitgenosse, der andalusische Geograph Mohammed Ibn Abu Bakr al-Zuhri, bestätigte.

Unter den Kaufleuten, die mit Kolanüssen, Färbestoffen, Malaguettapfeffer und Sklaven handelten, befanden sich von Anfang an sowohl sephardische Juden aus Portugal als auch jüdische Flüchtlinge aus den anderen christlich-iberischen Königreichen. Die Siedlungen der Lançados in den Küstengegenden Senegambias und Guineas, wie etwa Rufisque, Porto de Ale, Joala, Ziguinchor, Cacheu, Bolama, Porto da Cruz, Bissau und Mina, entwickelten sich im 16. Jahrhundert zu wichtigen Handelsstädten (Newitt 2005:90; Kagan/Morgan 2009:171).

Das Königreich Portugal konsolidierte sich im 14. Jahrhundert als regionale Atlantikmacht mit starkem Einfluss an der Straße von Gibraltar sowie konstanten Handelsbeziehungen bis nach Flandern und England (Nordatlantik). Mit England bestanden seit dem 12. Jahrhundert auch politische und militärische Bündnisse, die Portugals Stellung gegenüber den Ansprüchen des Königreichs Kastilien-Leon stärkten. Die lange Präsenz von Juden beiderseits der Straße von Gibraltar machte sie seit der Antike zu unentbehrlichen interkulturellen Übersetzern für die Byzantiner, Araber oder die berberischen Almohaden und Almoraviden. Davon ausgehend entstanden jüdische Unternehmen, die in den legalen und illegalen Fernhandel zwischen Europa und Afrika involviert waren. Diese wichtigen Funktionen blieben den Juden auch nach der christlichen Eroberung der muslimischen Territorien erhalten.

Die klare Orientierung in Richtung der neuen Märkte in Übersee als Folge der permanenten Diaspora zwang die Sepharden zu höchster Flexibilität. Innovationen und neue Techniken, wie im Bereich der Schiffstechnik (z. B. Abraham Zacuto von Salamanca) oder der Kartographie (z.B. Abraham und Jehuda Cresques), wirkten sich auf die Erschließung neuer Märkte aus. Hierfür wurden sephardische und neuchristliche Afrikaexperten als Avantgarde eingesetzt. Unter den ersten »portugiesischen Seefahrern« des 15. Jahrhunderts finden sich bereits sephardische Kapitäne, Kolonisten und Fernhändler. Ein Beispiel hierfür ist der Eroberer von Porto Santo (1418) und Madeira (1419), João Gonçalves Zarco. Er war Nachfahre sephardischer Juden aus Tomar in Portugal. Als Pioniere in Afrika brachten die Lançados neue Waren aus dem tropischen Afrika nach Europa. In den stark wachsenden iberischen Hafenstädten bildete sich ein städtisches Bürgertum heraus, zu dem auch jüdische und neuchristliche Familien zählten. Gegen sie richtete sich bald der Volkszorn pauperisierter christlicher Bevölkerungsgruppen, der von dominikanischen Hasspredigern vorangetrieben wurde (vgl. die ersten großen Judenpogrome von 1391 auf der Iberischen Halbinsel). Um den Zwangskonvertierungen zu entkommen, flüchteten viele Juden in Folge ins benachbarte islamische Afrika sowie in die neuen portugiesischen Stützpunkte an der Westküste des Kontinents. Als Flüchtlinge vor dem christlichen Terror erreichten einige ab 1492 auch Amerika, wobei sie die Vernetzung zwischen Afrika, Amerika und Europa intensivierten. Ein Beispiel für einen portugiesischen Lançado mit Erfahrungen auf allen drei Kontinenten ist Diogo Dias Querido. Dieser lebte ab 1550 an der senegambischen Küste, wo er Sklaven von afrikanischen Händlern kaufte und sie noch vor Ort zum Judentum bekehrte (Schorsch 2004:178). Als Zuckerproduzent und Pfefferhändler betrieb Dias Querido bereits um 1580 eine Zuckermühle im brasilianischen Bahia. Außerdem zählt er zu den Mitbegründern der ersten Synagoge Beth Yahacob in Amsterdam. Seine Biographie verdeutlicht die transatlantischen Verflechtungen von Lançados zwischen Afrika, Amerika und Europa.

Die Lançados pflegten Beziehungen mit den afrikanischen Königshäusern und besaßen aufgrund ihrer familiären Bindungen sowie ihrer wirtschaftlichen und politischen Kontakte nach Europa und den Atlantikinseln hohes Ansehen (Zeuske 2006a:10). Dort wo bereits matrilineare Strukturen, Beschneidung und Polygamie, wie beispielsweise an der Guineaküste (südlich von Gambia) vorherrschten, übernahmen die jüdischen und neuchristlichen Lançados Elemente afrikanischer Kulturen. Bereits 1546 gelang es transkulturierten Lançados, wie etwa João Ferreira alias Ganagoga, an der Guineaküste in das Königshaus der Fulani (Peul) in Futa Toro einzuheiraten. Dort wo patrilineare Strukturen existierten (z. B. Petit Côte), waren die Formen afrikanisch-sephardischer Transkulturation viel schwächer ausgeprägt (Green 2008:6).

Die wichtigsten Partner der Lançados in den afrikanischen Häfen waren ebenfalls bereits atlantisch akkulturierte Allochtone, die als Tangomaos die vorgelagerten afrikanischen Inseln und Inselgruppen, wie São Tomé und Príncipe, Annobón, Bioko, Bissago, Kapverden, Gorée, Saint Louis, Kanaren, Madeira, Porto Santo und die Azoren besiedelten. Sowohl Portugal als auch Kastilien stützten sich von Beginn an auf »fremde Hilfe«. Genuesische und sephardische Kapitäne, Seeleute, Händler, Investoren und Kulturbroker wurden unter Vertrag genommen und mit den schwierigen Missionen auf den atlantischen Inseln beauftragt. Tangomaos und Lançados wirkten auf die Europäer häufig wie (afrikanische) Autochthone. Einige trugen die Ziernarben und Tätowierungen lokaler afrikanischer Ethnien. Die Tangomaos adaptierten unterschiedliche afrikanische Kulturen und beherrschten ähnlich den Lançados mehrere afrikanische Sprachen (Zeuske 2006b:20). Tangomaos in matrilinearen Gesellschaften heirateten oft sogar nach lokalen Regeln. Als Atlantikkreolen – je nach Region in Westafrika auch als *Pombeiros*, *Imbangala* oder später im karibischen Raum als *Baquianos* (atlantische Sklavenjäger) bezeichnet – zählten sie mitunter zu den ersten Kolonisten, wie auf der Karibikinsel La Española (heutige Dominikanische Republik und Haiti). Unter ihnen befand sich von Anfang an ein signifikanter Anteil sephardischer Juden und Neuchristen, die vor Verfolgung und Vertreibung in den südlichen Atlantik geflohen waren (Zeuske 2006b:19).

Wie die Lançados kontrollierten auch die Tangomaos als afroeuropäische Händler seit dem 16. Jahrhundert den Handel zwischen den afrikanischen Atlantikinseln, der afrikanischen Küste, Europa und den Amerikas (im Speziellen mit Brasilien, den Guyanas und dem karibischen Raum); auch die Push-Faktoren waren identisch (Elbl 1986:667). Im Lauf des 16. und 17. Jahrhunderts änderten sich allerdings durch das verstärkte Engagement der neuen »Atlantikmächte« (England, Frankreich, Niederlande, Dänemark, Schweden, Brandenburg) die Herkunftsländer der Auftraggeber.

Während sich die christliche Politik gegen Juden bereits ab dem 12. Jahrhundert in zahlreichen Disputationen und Verfolgungen artikulierte, gerieten ab der Mitte des 15. Jahrhunderts auch Neuchristen ins Visier der katholischen Kirche. Die schwierige Situation auf der Iberischen Halbinsel (Blutreinheitsgesetze 1449, Inquisition 1478 und Vertreibung 1492) löste erneut Fluchtwellen von Neuchristen nach Afrika, in den Atlantik und in die Amerikas aus, womit die Gruppe der Lançados und Tangomaos weiter anwuchs. Vor die Wahl zwischen Taufe oder Flucht gestellt, ergriff rund die Hälfte der geschätzten etwa 200.000–250.000 Sepharden, die 1492 in den beiden Königreichen Kastilien und Aragon lebten, die Flucht. Über die genaue Zahl der Vertriebenen sind sich die Historiker bislang uneinig:

Autoren	Erscheinungsjahr	Zahl der Vertriebenen 1492
Baer, Yithzak	1936	150.000 bis 170.000
Suárez Fernández, Luis	1964	100.000
Valdeón Baruque, Julio	1968	100.000
Domínguez Ortiz, Antonio	1971	100.000
Beinart, Haim	1992	200.000
Vincent, Bernard	1992	100.000 bis 150.000
Pérez, Joseph	1992	50.000 bis 150.000
Contreras Contreras, Jaime	1995	70.000 bis 90.000
Egido, José Antonio	2006	160.000
Quesada Ladero, Miguel A.	2007	+/- 90.000

Vollständig vom Verf. überarbeitete Tabelle aus: La expulsión de los judíos (Documento No. 1). http://www.geocities.com/capitolhill/lobby/2679/expulsiondoc1.htm

Ein Großteil der aufgrund des Vertreibungsdekrets von 1492 geflohenen Juden wandte sich zunächst nach Westen und Süden und entkam ins benachbarte Portugal, nach Marokko sowie in die neuen portugiesischen Kolonien südlich der Sahara. Die Präsenz von Juden war in diesen Gebieten bekannt, berichten doch bereits erste christliche Missionare seit der Mitte des 15. Jahrhunderts von Synagogen und jüdischen Friedhöfen an der senegambischen Küste (Boulégue 1989:29). Die Existenz jüdischer Lançados rechtfertigte ihrerseits mitunter die inquisitorischen Interessen der Kirche, in Afrika Fuß zu fassen. Die »Errettung der schwarzen Seelen« vor den »jüdischen Lançados« wurde zu einem Vorwand für Missionierung und Kolonialisierung.

Im Jahr 1496 folgte der portugiesische König Manuel I der trastamarischen Judenpolitik und veranlasste ebenfalls per Dekret vom 5. Dezember die Vertreibung der Juden aus Portugal und seinen Kolonien. Bis zum 31. Oktober 1497 waren auch die in Portugal ansässigen Juden, wie schon fünf Jahre zuvor, vor die Wahl Taufe oder Flucht gestellt (Pimienta Ferro 1992). Im Gegensatz zum Dekret von 1496 versuchten Manuel I sowie Teile des portugiesischen Adels die bis dahin bereits im atlantisch-portugiesischen Handel tätigen Juden auch weiterhin als *interloper* und Kulturbroker in den kolonialen Peripherien im Atlantik (afroatlantische Inseln und Küsten sowie ab 1503 Brasilien) einzusetzen. Den Wettlauf um den afrikanischen Kontinent und seine vorgelagerten Inseln hatte (mit Ausnahme der Kanarischen Inseln) das Königreich Portugal im 15. Jahrhundert für sich entschieden.

Im 17. Jahrhundert, so Jean Boulégue (1989), nahm der prozentuelle Anteil von Juden in der Gruppe der Lançados und Tangomaos zu. Spätestens seit 1591 lässt sich beispielsweise in Joal (heute Senegal) eine jüdische Gemeinde nachweisen, die in engem Kontakt mit den jüdischen Gemeinden auf den Kapverdischen Inseln stand und spätestens ab 1641 zumindest eine Synagoge besaß. Der kapverdische Gouverneur Dom Francisco de Mourra berichtete 1622 dem portugiesischen König, dass die Flüsse an der Küste Guineas »voll mit Juden seien, die als Herren ganze Landstriche völlig unabhängig von der portugiesischen Krone beherrschen«. Diese und ähnliche Nachrichten zogen die Implementierung einer eigenen Dependance der portugiesisch-katholischen Inquisition auf den Kapverdischen Inseln 1672 nach sich. Diese Maßnahme richtete sich jedoch in erster Linie gegen die neuen europäischen Mächte an der afrikanischen Westküste, die eine große Zahl portugiesischer Stützpunkte im afrikanischen Atlantik erobern konnten. Engländer, Niederländer, Franzosen, Dänen und Brandenburger übernahmen in dieser Region Portugals Funktion als Auftraggeber interkontinentaler Handelsbeziehungen, während Portugal sich zunehmend auf die atlantischen Inseln, den Kongo und Angola konzentrieren musste.

Die Konvertiten blieben trotz der Zerstreuung über wirtschaftliche Netzwerke in familiärem und wirtschaftlichem Kontakt mit ihren jüdischen Verwandten. Die erzwungene Mobilität ließ Neuchristen und Juden in immer weiter entfernte afrikanische und atlantische Inseln und Küstenregionen vordringen. Die Teilnahme an den Kolonialisierungen in Asien und Amerika wurde zu einer logischen Konsequenz. Mittellose Neuchristen – darunter etwa 2.000 Kinder – wurden 1497 nach São Tomé deportiert. Andere erreichten über familiäre Beziehungen die Atlantischen Inseln, von wo aus sie im Fernhandel mit Afrika, Asien und Amerika tätig waren. Bis heute finden sich Relikte jüdischer Kultur auf den Atlantikinseln, die den hohen Anteil von Juden und Neuchristen unter den Tangomaos widerspiegeln. Darauf verweisen Texte mehrerer sephardischer Rabbiner aus dem 16. und 17. Jahrhundert.

Die Zahl der jüdischen und neuchristlichen Flüchtlinge stieg durch die konjunkturbedingten Verschärfungen antijüdischer und antisemitischer »Maßnahmen« an. Als quasi kirchlich-königliche Finanzbehörde griff die Inquisition in solchen Phasen mit aller Härte und unter Einsatz der »Judenkeule« (Pauschalverdächtigungen *a priori*) gegen wohlhabende Neuchristen durch. Auf diese Weise konnte sich das Bild des »schädlichen« jüdischen Tangomaos, der die Ökonomien Spaniens und Portugals destabilisiert, bis ins 18. Jahrhundert als Feindbild erhalten. Um die Netzwerke der erfolgreichen neuchristlichen Tangomaos zu zerstören, verwiesen die Inquisitoren auf Selbstzeugnisse der Rekonvertierung von Neuchristen an der senegambischen Küste, wie dies das Beispiel von Antonio Espinosa aus dem Jahr 1630 dokumentiert:

»One day he and his crewmates gathered with four Portuguese men who knew Captain Correa [the captain of the ship in which Espinosa was sailing, who had already tried to convert Espinosa to Judaism] and they all said so many things to [Espinosa] about the Mosaic law, discoursing about it for a long time, and recounting how God had given the law to Moses on the mountain, and how on his descent from it he had found the people of Israel fallen into idolatry, spending more than a whole sheet of paper explaining this to him, so that at the end [Espinosa] decided to follow the Mosaic law himself.« (Green 2008:6)

Juden und Neuchristen und ihre Diaspora in England und dem englisch-karibischen Raum

Unter König Charles I. (reg. 1627–1649) begann in England eine zaghafte Toleranzpolitik gegenüber anderen religiösen Gruppierungen einzusetzen, wodurch sich Neuchristen vereinzelt wieder anzusiedeln begannen. 1290 waren Juden per Dekret vom 18. Juni unter König Edward I. aus England vertrieben worden. Grundlage für das Dekret war das 1275 erlassene *Statut of Jewry*, ausgestellt in Westminster durch das Michaelmas Parliament. In der republikanischen Phase unter Lordprotektor Oliver Cromwell (reg. 1648/49–1658) kam es 1656 zur praktischen Aufhebung des Siedlungsverbots für Juden, auch wenn die juridische Verabschiedung eines »Toleranzedikts« noch verhindert werden konnte. Gründe für die verstärkte Immigration von Neuchristen und sephardischen Juden auf die Britischen Inseln waren neben der Vertreibung vor allem die Verdienstmöglichkeiten, die durch den expandierenden englischen Kolonialismus geschaffen wurden sowie die Nähe zu den konkurrierenden Niederlanden und ihren jüdischen Gemeinden. Damit positionierte England seine »Judenpolitik« zwischen der von Frankreich (Duldung von Neuchristen in einigen atlantischen Hafenstädten) und der einiger protestantischer Machtzentren im Nordwesten Europas wie etwa Amsterdam, Middelburg, Rotterdam, Hamburg, Schweden, Dänemark sowie italienischer Zentren wie Ferrara, Pisa oder Ancona.

Im Gegensatz zu England, wo der jüdische Gottesdienst im öffentlichen Raum auch nach 1656 weiter verboten blieb, entwickelte sich auf Barbados und Nevis bereits ab 1645–1655 organisiertes jüdisches Leben. Die meisten Neuchristen und Juden kamen aus dem seit 1645 zusammenbrechenden brasilianischen Neu-Holland (1630–1654). Die siegreichen Portugiesen sahen in den Neuchristen vor allem niederländische Kollaborateure und entsandten mehrere Inquisitoren in den Nordosten Brasiliens, sodass die niederländischen, englischen aber auch französischen Kolonien im karibischen Raum und Nordamerika für viele Flüchtlinge zum rettenden Exil wurden.

Obwohl es im frühneuzeitlichen England aufgrund der mittelalterlichen Vertreibungspolitik zu keiner Entwicklung wie auf der Iberischen Halbinsel kommen konnte, sich ergo kein inquisitorischer Antisemitismus katholischer Prägung etablierte, lassen sich trotzdem Formen von extremer Judenfeindlichkeit feststellen. Die Anfeindungen und Übergriffe widerspiegeln sich sowohl in weltlichen als auch in geistlichen englischen Quellen des 16. bis 18. Jahrhunderts. Die durch die Vertreibungs- und inquisitorische Verfolgungspolitik verstärkte neuchristliche und sephardische Mobilität sowie der damit verbundene Aufbau von globalen Netzwerken produzierte neue Antisemitismen. Konstrukte wie die Bedrohung durch ein imaginäres Weltjudentum entstanden in England bereits in der frühen Kolonialzeit.

Um diese erzwungene Diaspora zu beschreiben, müssen neben den verschiedenen Routen, auf denen Neuchristen und Juden englische Kolonien im karibischen Raum erreichten, auch der Aufbau der Gemeinden und ihre Aktivitäten miteinbezogen werden. Daraus lassen sich einerseits die vielschichtigen Schwierigkeiten während des Aufbaus der atlantischen und innerkaribischen Netzwerke ableiten sowie andererseits die Konsolidierung als neuchristliche und jüdische Gemeinden (im Kampf gegen christliche Siedler und Unternehmer) darstellen. Gegen Naturalisierung (Einbürgerung) und Gleichberechtigungsforderungen der neuchristlichen und jüdischen Konkurrenten wehrten sich die christlichen Kolonisten auf unterschiedliche Weise. Einflussreiche Juden und Neuchristen suchten daraufhin den direkten Schutz der Kolonialregierung in London, woraufhin ihnen die Krone besondere Privilegien zugestehen musste. Diese Sonderstellung für jüdische Siedler in den englischen Kolonien löste wiederum christlichen Widerstand aus. Damit sah man sich in der Praxis überfordert und war gezwungen, Ausländer, also auch Portugiesen und egal ob christlich oder jüdischen Glaubens, mit besonderen Privilegien auszustatten. Die englische Kolonialregierung sah sich verpflichtet, die überlebensnotwendigen Beziehungen mit ihren nicht-englischen Geschäftspartnern nicht aufzugeben.

Im Kontext transatlantischer Beziehungen muss den jüdischen Atlantikkreolen aufgrund ihrer ökonomischen und sozialen Leistungen historiographisch Rechnung getragen werden. Trotz der rechtlichen und politischen Diskriminierung durch die jeweiligen christlichen Oligarchien in den englischen Kolonien auf Jamaika, Barbados und Nevis zählten verhältnismäßig viele Neuchristen und Juden zur wirtschaftlichen Elite der Kolonie. Ihre eingangs beschriebenen afrikanischen Netzwerke machten sie selbst zu Protagonisten der atlantischen Sklavenhaltergesellschaft, die über Jahrhunderte hindurch das Unrechtsystem der Ausbeutung aufrechterhielt.

Aufgrund der ambivalenten Politik der portugiesischen Könige Manuel I. und seines Nachfolgers Johann III. in Bezug auf ihr Verhältnis zu Juden und Neuchristen konnte die portugiesische Krone ihre Überseeaktivitäten, trotz Verfolgungs- und Zwangskonvertierungspolitik weiterhin auf den weltweit verzweigten sephardischen Handelsnetzwerken aufbauen. Erst die Implementierung der »Heiligen Inquisition« in Portugal 1536/37 löste größere Fluchtbewegungen von portugiesischen Neuchristen aus, die sie nach England und in andere nordatlantische Regionen führte. Die iberische Expansion nach Amerika, Afrika und Asien bot den neuchristlichen Akteuren (meist in Familienverbänden) über den legalen Rahmen hinaus neue Zufluchts-, Gestaltungs- und Entfaltungsmöglichkeiten.

Die Inquisition errichtete zwischen 1482 und 1574 in Kastilien und Aragon insgesamt elf ständige Inquisitionsgerichtshöfe auf dem Territorium Kastiliens und vier im Königreich Aragon (Kamen 1997:141). Damit wurde die katholische Inquisition zur Speerspitze »altchristlicher Unionspolitik« im frühneuzeitlichen Nationsbildungsprozess Spaniens. Andererseits entwickelte sie sich zu einer Art staatlicher Enteignungs- und Finanzkonfiszierungsinstitution, die – auf physischer und psychischer Gewaltanwendung basierend – spanische und portugiesische Neuchristen verfolgte und tötete. Der Papst genehmigte die Einrichtung katholischer Inquisitionstribunale als Maßnahme zur Bekämpfung des inneren Feindes. In den Neuchristen jüdischer Herkunft und ihrem vor allem in den Städten wachsenden wirtschaftlichen Erfolg unter den neuen Rahmenbedingungen als Christen sahen führende Kleriker die größte Gefahr für die Einheit von Kirche und Krone. Denunziert und von der Inquisition als Judaisierer (*Judaizantes*) verdächtigt, wurden sie verhaftet und oft jahrelang eingekerkert. Selbst wenn sie freigesprochen wurden, blieben sie als Krypto-Juden (*Marranen*) stigmatisiert. Die Inquisition konfiszierte das Eigentum der Inhaftierten und zerstörte so auch die ökonomische

Basis der Inquisitionsopfer. Die Flucht aus der Stadt wurde von vielen Betroffenen als einzige Überlebenschance gesehen, was die politischen Eliten mit einem generellen Auswanderungsverbot in die Überseekolonien Portugals und Kastiliens zu verhindern suchten. Damit wollten sie die »gefährliche« Netzwerkbildung der Neuchristen verhindern.

Aufgrund der Siedlerknappheit in den Überseekolonien musste die Krone in periodischen Abständen Sonderregelungen, die Auswanderung betreffend erlassen, von denen auch Neuchristen betroffen waren. Ihnen verlangte die Casa de la Contratación in Sevilla eine Extraausreisesteuer ab und limitierte ihr Reisegepäckgewicht.

Der permanenten Bedrohung durch die Inquisition ausgesetzt, kam es zu langen Phasen illegaler Fluchtbewegungen von Neuchristen. Unterbrochen wurden sie von kurzen Phasen toleranter Politik gegenüber Neuchristen, wie beispielsweise während der Regierungszeit des Conde-Duque Gaspar de Olivares (1621–1643). Waren es in der ersten Hälfte des 16. Jahrhunderts vor allem noch Regionen in Nord- und Westafrika und im Mittelmeerraum, die Juden und Neuchristen Exil boten, so ist ab etwa 1550 eine Abwanderung nach Südwestfrankreich feststellbar. Spätestens ab 1580/90 kam es zur Weiterwanderung in die protestantisch regierten Regionen Nordwesteuropas, allen voran der sich konstituierenden Niederlande sowie nach Hamburg und England. Im neuen Umfeld der nordwesteuropäischen atlantischen Hafenstädte und ihrer toleranten Religionspolitik als Folge der Auseinandersetzungen mit Rom und seinen Verbündeten rekonvertierten viele Neuchristen wieder zum Judentum. So entwickelte sich in den sephardischen Exilgemeinden ein Diasporajudentum von neuer Qualität auf allen Ebenen. Dazu zählte mitunter der ökonomische Erfolg, der durch neue Netzwerke von globalem Ausmaß abgesichert werden konnte. Die Exilgemeinden wurden zu Hoffnungsträgerinnen eines prosperierenden Judentums. Neben Neuchristen gelangten somit ab etwa 1600 auch Juden in die karibischen und amerikanischen Kolonien der neuen europäischen Mächte.

Doch auch in der Neuen Welt errichtete die spanische Inquisition zur Überwachung der häretischen Umtriebe permanente Inquisitionsgerichtshöfe (Escobar Quevedo 2008:101f). Ab 1569 in Lima und ab 1571 in Mexiko-Stadt sowie ab 1610 in Cartagena de Indias observierten die »heiligen« Inquisitionsgerichtshöfe die politische Lage in den Kolonien. Diese neue Bedrohung für alle Neuchristen in Kastilisch-Amerika, die wie in Spanien selbst zu Verfolgung und Tötung von Neuchristen führte, veranlasste die in der karibischen Diaspora lebenden Neuchristen zur neuerlichen Flucht. Vor diesem Hintergrund wird die Flucht vieler von ihnen in die äußersten Peripherien der kastilischen und portugiesischen Kolonien bzw. in die sich neu konstituierenden Kolonien der Engländer, Niederländer und Franzosen sowie in die souveränen und autonomen Gebiete von autochthonen Gruppen wie Zambos und Afrokariben verständlich.

Als Fluchthelfer agierten zumeist erfahrene neuchristliche und jüdische Tangomaos. Einige von ihnen waren offizielle *Asientistas* im Dienste der kastilischen Krone. Bei weitem größer war die Gruppe der neuchristlichen und sephardischen Kaperfahrer, *interloper* und Schmuggler. Als atlantisch-kreolische Kulturbroker und Fernhändler hatten sie ja schon seit 1525 ihre Dienste Engländern, Franzosen und später auch Niederländern angeboten. Auf den Schiffen bzw. autonomen und souveränen Inseln und Küstenabschnitten entwickelten sich analog zur Situation in Westafrika allochthone karibische Kulturen. Aufgrund der Bedeutung ihrer ökonomischen Aktivitäten im Atlantik waren sie weniger antijüdischen oder antisemitischen Ressentiments ausgesetzt. Die neuen europäischen Kolonialmächte mussten den neuchristlichen Kolonisten, wollten sie die Netzwerke der Neuchristen und Sepharden nutzen, religiöse Toleranz versprechen. So suchten neben den protestantischen Niederländern und Engländern auch Hamburger, Dänen, Schweden und selbst die katholischen Franzosen die Unterstützung neuchristlicher und jüdischer Lançados und Tangomaos für ihre Expansionsinteressen im atlantischen Raum. Davon erhofften sich die nordwesteuropäischen Atlantikmächte gegenüber Spanien und Portugal wirtschaftliche und politische Vorteile.

Die permanente Verfolgung durch die spanische Inquisition trieb neuchristliche Händler aber nicht nur in die äußersten Peripherien der Kolonien, sondern auch direkt den politischen und wirtschaftlichen Gegnern in die Hände. Allein ein einziger Bericht aus dem Jahr 1611 listet uns rund ein Dutzend jüdischer Kaufleute auf, deren Firmensitze in Portugal, Antwerpen, Amsterdam, Porto und Brasilien gelegen waren. Die zitierte Quelle dokumentiert die jüdische Beteiligung am Handel zwischen Angola, Brasilien und dem karibischen Raum und sie beschreibt den Warenverkehr von »vielen Handelsschiffen mit Elfenbein and Sklaven aus Brasilien und den *Indies*« sowie den Geldfluss (»mit viel Geld« traten sie »wieder die Heimreise« an; Heywood/Thornton 2007:1334).

Jamaikanische Neuchristen im Dienste der Colón-Bragança Dynastie

Abseits der Carrera de las Indias, aber dennoch im Zentrum des karibischen Meeres gelegen, entwickelte sich die Insel Jamaika als spanische Kolonie Santiago durch die Einflussnahme der Gouverneure der Familie Colon-Bragança zu einem wichtigen legalen und illegalen Handelsumschlagplatz. Diese besondere Position bot für viele Kaufleute, Piraten und Schmuggler interessante ökonomische Möglichkeiten (Morales Padron 2003). Am 1. August 1537 hatte Karl I. im Beisein der Heiligen Inquisition entschieden, besondere Nutzungsrechte zu vergeben und die Oberhoheit über die Justiz der knapp über 25 Quadratleguas (1 Quadratlegua = 25 km^2) großen Insel Jamaika sowie über die am Festland gelegene Provinz Veragua, die seit 1903 zur Republik von Panama zählt, dem Admiral Don Luís Colón (Kolumbus) zu übertragen, Sohn des 1526 verstorbenen Vizekönigs und Ersten Admirals Don Diego Colón und seiner Frau Maria de Toledo, der Nichte des Herzogs von Alba,.

Unter Luís Colón (1522–1572) und seinen Nachkommen entwickelte sich die Insel nach der Verbindung mit dem portugiesischen Adelsgeschlecht der Bragança sowie den Familien de Castro, Carvajal und Cuevas zu einem Zentrum portugiesisch-neuchristlichen Handels im karibischen Raum, in dem sie ohne große Angst vor dem Zugriff der Inquisition agieren konnten. Noch unter der Ägide von Maria de Toledo, die seit dem Tod ihres Mannes der Familie vorstand, forcierte 1530 der portugiesische Quästor Pedro de Maçuelo die Ansiedelung der ersten 30 neuchristlich-portugiesischen Siedler auf Jamaika. Die 30 Neuchristen wurden von Pedro de Maçuelo direkt aus Kastilien »importiert«. Maçuelo, ein Pionier der jamaikanischen Zuckerrohrwirtschaft, benötigte dringend Land- und Facharbeiter für seine drei Zuckermühlen an der Südküste Jamaikas. Den Kontraktarbeitern wurde die Atlantikpassage bezahlt. Sie waren vom Zoll befreit und übernahmen, gleich ihrer afrikanischen Pendants, die Funktion von amerikanischen Lançados und Tangomaos (Wright 1921:77).

Obwohl sich neuchristliche und jüdische Siedler und Kaufleute (darunter auch als Kryptojuden verdächtigte Personen) im spanischen Jamaika bereits vor der Eroberung durch die Engländer 1655 niederließen, reagierte die Krone über ihre politischen und administrativen Organe (Vizekönigreich Neuspanien, *Audiencia* von Santo Domingo sowie General-Kapitanie) kaum auf diese illegale Zuwanderung. In den Listen der Inquisition von Cartagena de Indias zwischen 1610 und 1636 finden sich vereinzelt Fälle von jamaikanischen *Judaizantes* (Judaisierern) und Protestanten, allerdings in keinem Verhältnis zur Zahl an *Judaizantes* aus Neugranada, Panama oder Kuba (Splendiani u. a. 1997).

Die Insel Jamaika diente den Engländern durch ihre besondere Lage und ihre spezielle historische Entwicklung bereits vor der Eroberung 1655 als wichtiger Warenumschlagplatz. Mit den portugiesischen Jamaikanern gab es spezielle geschäftliche Beziehungen. Seit der Personalunion zwischen Kastilien und Portugal unterstützten die Engländer den portugiesischen Widerstand gegen die habsburgischen Könige in Madrid. Angeführt wurde die Rebellion durch die einflussreiche Adelsfamilie Bragança, die gegen das habsburgische Spanien unter Philipp II. ankämpfte. 1580/81 hatte Philipp II. in Portugal die Macht übernommen und beendete Portugals »staatliche Existenz« für 60 Jahre (1580–1640). Neben dem politischen Kalkül setzte London auf das wirtschaftliche Know-how der Neuchristen Jamaikas, die seit rund 125 Jahren die legalisierten und illegalen Häfen in den kastilischen und souveränen Regionen mit Textilien, Sklaven, Gewürzen und Kakao belieferten sowie Waren aus Asien, Europa, Afrika und aus Kontinentalamerika verkauften. In diese Märkte drängte es die englischen Händler und Unternehmer, schließlich erhoffte man sich davon mitunter die Gründung weiterer Kolonien in den Amerikas, so wie dies dem Gouverneur von Barbados, Lord Willoughby, in Suriname 1651 gelungen war. Der Erfolg gab den Befürwortern einer religiösen Toleranzpolitik in England Auftrieb, obwohl große Teile der christlichen Gesellschaft Englands auch weiterhin für ein striktes Einreiseverbot für Juden und Neuchristen eintraten.

Zu einem nachhaltigen Problem entwickelte sich allerdings die Einführung der englischen Navigationsakte vom 9. Oktober 1651. Die Maßnahme, die ursprünglich nur gegen die Niederlande gerichtet war, erlaubte den gesamten Export von Überseewaren nach England nur noch auf englischen Schiffen und ließ zudem den Küstenhandel und die Fischerei in englischen Gewässern ausschließlich unter englischer Flagge zu. Da sich die englische Kolonialregierung genötigt sah, die überlebensnotwendigen Beziehungen mit ihren nicht-englischen Geschäftspartnern weiterhin aufrechtzuerhalten, wurden Ausländer vielfach mit besonderen Privilegien ausgestattet, was wiederum in der Folge oft zu einem Motiv für Antisemitismus wurde.

Zu den Handelspartnern der Engländer zählten jene Neuchristen, die trotz des Ausreiseverbots von Beginn der Conquista an zumeist auf illegalem Wege in die kastilischen Kolonien eingereist waren. Die miserable wirtschaftliche Lage im Mutterland und in den Kolonien zwang die jeweiligen kastilischen Könige mehrmals, das Ausreiseverbot zu lockern und sonst von der Ausreise in die Neue Welt ausgeschlossene Kolonisten auswandern zu lassen. Allein im 16. Jahrhundert finden wir diesbezüglich bei Isabella 1502, Ferdinand 1506, 1509 und 1511, aber vor allem unter dem Habsburgern Karl I. in den Jahren 1518, 1522, 1530, 1539, 1552 und Phillip II. 1559, 1566, 1567, 1568 sowie 1577 diesbezügliche Ausnahmeregelungen. Unter dem bereits erwähnten Graf von Olivares wurden die Reisebeschränkungen in den 1630er Jahren fast zur Gänze aufgehoben.

Die unsicheren rechtlichen Rahmenbedingungen für Neuchristen in Spanien und Portugal widerspiegeln einerseits die ökonomische Situation in den Königreichen und dokumentieren andererseits den Einfluss von antisemitischen Gruppen innerhalb der katholischen Kirche auf die reale Rechtsprechung. Die hohe Mobilität der Neuchristen war eine direkte Folge dieser »judenfeindlichen« Politik.

Die englische Eroberung Jamaikas aus der Perspektive jüdischer und neuchristlicher Atlantikfahrer

Nach der englischen Eroberung Jamaikas im Mai 1655 wurden alle Spanier aufgefordert, die Insel innerhalb weniger Tage zu verlassen. Die Mehrheit der Spanier wurde auf englischen Schiffen nach Campeche in Neuspanien deportiert (Wright 1930:123). Wegen der Beteiligung einiger portugiesischer Neuchristen und Sepharden an der Eroberung von Santiago de la Vega schützte die Gemeinde jamaikanische Portugiesen vor den anti-spanischen Maßnahmen der Engländer (Andrade 1941:12). London hatte Portugal bereits im Kampf um seine Unabhängigkeit von Spanien (1639–40) militärisch unterstützt. Jetzt sicherten sich die Briten die logistische Unterstützung portugiesischer Atlantikkreolen, um im schwierigen Gelände der tropischen Insel die militärische Verfolgung der sich zurückziehenden Spanier aufzunehmen. Die Spanier errichteten an der Nordküste um Santa Ana/St. Ann's einen Gegenstaat.

Im Kampf gegen die Spanier und die mit ihnen verbündeten Maroongruppen – bei Letzteren handelte es sich um Gemeinschaften von entlaufenen Sklaven, die in den Blue Mountains im Osten sowie im Cockpit Country im Westen der Insel Wehrdörfer errichtet hatten – erwiesen sich die lokalen portugiesischen Atlantikkreolen (karibische Lançados und Tangomaos) nicht nur als Führer und interkulturelle Übersetzer, sondern auch als wertvolle Brückenbauer zur nahen zentralamerikanischen Karibikküste von Honduras und Nicaragua. Die Portugiesen bewiesen ihr Verhandlungsgeschick gegenüber dem moriskisch-spanischen Gouverneur Don Cristobál Ysassi Arnaldo, der den Gegenstaat im Norden Jamaikas bis zur Mitte der 1660er Jahre regierte. Über ihre eigenen Verbindungen nach Santiago de Cuba und Trinidad sabotierten sie die militärischen Verbindungen Ysassis zur Antilleninsel Kuba (Wright 1930:119; Burns 1954:252; Arbell 2000:11). Ysassis Defensivbündnis brach daraufhin 1660 zusammen und im Frieden von Paris 1670 endete der Krieg mit Spanien. Der spanische König Karl II. musste die Herrschaft Englands über Jamaika akzeptieren. Der Krieg gegen die Maroons dauerte jedoch noch weitere 125 Jahre (Campbell 1990). Durch die portugiesischen Aktivitäten im west- und nordkaribischen Raum eröffneten sich für die Engländer neue Marktmöglichkeiten in Zentralamerika sowie im Golf von Mexiko und darüber hinaus gelangten portugiesische Kaufleute von Acapulco aus über die 1595 eingerichtete Manila-Route in den pazifischen und indischen Raum, z.B. bis ins indische Madras (Israel 2002:34). Obwohl sich die Situation der Neuchristen im karibischen Raum durch die Errichtung der Inquisition in Mexiko-Stadt 1571 und in Cartagena de Indias 1610 weiter verschlechtert hatte, blieben die Handelsgemeinden portugiesischer Neuchristen eine wichtige ökonomische Konstante.

Die Engländer hatten sich schon recht früh neuchristlicher Seefahrer bedient, wie das Beispiel des englischen Sklavenhändlers und Kaperfahrer Sir John Hawkins zeigt.

Hawkins vertraute bei seinen Sklavenfahrten (1562 bis 1595) an die Westküste Afrikas und in den karibischen Raum, genauso wie sein Neffe Francis Drake (1564–1596), auf portugiesische Tangomaos und Lançados. Ohne das technische Know-how der Euroafrikaner, die auf beiden Seiten des Atlantiks ihre Kontakte pflegten, wäre den beiden berühmten »englischen Piraten« wohl kaum dieser Erfolg beschieden gewesen (Kelsey 2003:47; Kerr 1824).

Die Eroberungen der Engländer im karibischen Raum hatten ab 1623 mit der Gründung einer englischen Kolonie auf St. Christopher begonnen. Vom Erfolg beflügelt fand die englische Conquista ihre Fortsetzung in der Besetzung von Barbados (1625), Nevis (1628), Montserrat und Antigua (1632). Trotz Siedlungsverbots erreichten auch portugiesische Neuchristen die neuen englischen Kolonien. Unter ihnen befanden sich bereits die ersten Sklavenhändler, Zuckeringenieure und *interloper,* die über verschiedene, meist Familiennetzwerke von den englischen Erfolgen erfahren hatten.

Mit der Niederlage der Royalisten (1647–1649) geriet England in den Bann des radikalen republikanischen Puritanismus. Der neue starke Mann im Commonwealth of England, Lordprotektor Oliver Cromwell, förderte die Ausdehnung der englischen Expansion mit allen zur Verfügung stehenden Mitteln (Linebaugh/Rediker 2000) und suchte nach Verbündeten für seinen Plan eines Western Designs. In diesem Konzept wurde der ebenfalls protestantischen Republik der Vereinigten Niederlande (*Republiek der Zeven Verenigde Provinciën*, 1581–1795) der portugiesische Teil des Atlantiks zugedacht. Nachdem Cromwells diplomatische Bemühungen in den Niederlanden 1651 gescheitert waren, begann er sein Projekt zunehmend zu radikalisieren. Die Navigationsakte von 1651 sowie die im darauf folgenden Jahr an die Adresse des niederländischen Ratspensionärs Johan de Witt gerichtete Kriegserklärung, sind unter diesen Aspekten zu betrachten. Bis zum Ende des 17. Jahrhunderts sollten noch zwei weitere Kriege zwischen England und den Niederlanden folgen. Nach dem militärischen Erfolg gegen die Niederlande mit dem Frieden von Westminster 1654 erklärte Cromwell schon 1655 Spanien den Krieg. Die Besetzung Jamaikas im Mai 1655 war somit eine militärische Auseinandersetzung innerhalb des englisch-spanischen Krieges. Um im karibischen Raum ihre strategischen Überlegungen gegenüber den Spaniern und Niederländern umzusetzen, forcierten die Engländer ihre Kontakte zu den portugiesischen Neuchristen und den sephardischen Juden. Als Fernhändler hatten sich einige Familien vor allem ab 1600 in den atlantischen Hafenstädten Frankreichs, der Niederlande sowie in Hamburg und dem dänischen Glückstadt niedergelassen. In den letzten Jahren wurden diese Gruppen von Forschern über Atlantische Geschichte als »Port Jews« definiert (Klooster 2006:129-145).

Zum Zeitpunkt der Machtübernahme des English Council of State 1649 unter der Führung Oliver Cromwells existierte in London bereits ein Kreis einflussreicher portugiesischer Händler. Die Unterstützung Englands im Unabhängigkeitskrieg Portugals gegen Spanien hatte die Beziehungen zwischen beiden Staaten intensiviert und portugiesische Unternehmer versuchten ihre Netzwerke auf die britische Insel auszudehnen. Um den portugiesischen Händler Antonio Carvajal gruppierten sich Fernhändler mit ökonomischen Erfahrungen im karibisch-atlantischen Raum. Einer von ihnen war der in Amsterdam ansässige Simón de Caceres, der Cromwell mit wichtigen militärischen Informationen über die spanischen Befestigungsanlagen im karibischen Raum versorgte. Antonio de Carvajal kam 1635 nach London. Er gab bei den englischen königlichen

Behörden an, Händler von den Kanarischen Inseln zu sein und seine Schwester zu besuchen, die als Ehefrau des portugiesischen Botschafters an der Themse lebte. Carvajal blieb jedoch in London und stand bald einer Gemeinde von etwa 30 portugiesisch-neuchristlichen Einwanderern vor. Am 17. August 1655 erhielt er als erster Jude, 365 Jahre nach dem Siedlungsverbot, die englische Staatsbürgerschaft verliehen (Cundall/Pietersz 1919:39-40). Antonio de Carvajal sowie Simón de Caceres und seine beiden Brüder Abraham und Daniel betrieben von London aus regen Handel mit den kleinen Antillen, wobei die Familie Caceres auch für die schwedische Königin Christine und den dänischen König Christian Fracht über Hamburg, Dünkirchen und Oostende transportierte (Kellenbenz 1958:155, 174, 178). Carvajal und de Caceres betrieben via Sevilla überdies einen regen Silberhandel mit Perú und Neuspanien, der von ihnen umfassende Kenntnisse im gesamten amerikanischen Raum erforderte.

In Jamaika lebte bereits Francisco Carvajal, wahrscheinlich ein Verwandter des Londoner Namensvetters. Über Francisco Carvajal, der im spanischen Militär auf Jamaika diente, koordinierte Simón de Caceres den Angriff auf Spanish Town. Zu den Kapitänen der englischen Angriffsflotte gegen Santo Domingo und Jamaika zählte der jüdische Kommandant Campoe Sabada, den Admiral William Penn von der kleinen Antilleninsel Nevis abgeworben hatte.

Sofort nach der englischen Eroberung von Spanish Town durch General Robert Venables am 10. Mai 1655 erhielten die portugiesischen Neuchristen die Einladung, als Siedler auf der Insel zu bleiben (Clarendon State Papers, Bd. 1, Nr. 237, S. 14). Noch im selben Jahr erreichten jüdische Flüchtlinge aus der niederländischen Kolonie Neu Holland in Nordostbrasilien die Bucht von Kingston. Nach neunjährigem Unabhängigkeitskrieg 1645–1654 hatten die Portugiesen das niederländische Neu-Holland zurückerobert und gliederten die 1630 verloren gegangenen Provinzen ihrem Kolonialreich in Südamerika ein. Die Judenfeindschaft der portugiesischen Eroberer zwang allerdings viele in Brasilien verbliebenen Neuchristen zur Flucht. Ein Großteil der durch die portugiesische Inquisition in Brasilien bedrohten Neuchristen wählte die prosperierenden Niederlande als Ziel, vor allem Amsterdam und Rotterdam. Andere folgten den Routen ihrer Glaubensgenossen innerhalb der Amerikas und flüchteten in die niederländischen und englischen Kolonien in den Guyanas, von wo aus einige Familien auf die 1634 von der 1621 gegründeten Westindien Kompanie (WIC) eroberte Insel Curaçao oder in die englische Kolonie Barbados weiterwanderten. Einer Gruppe von Juden aus Recife gelang 1654 die Flucht nach Jamaika. Insgesamt 23 jüdische Siedler setzten ihre Reise jedoch noch im selben Jahr ins niederländische Neu-Amsterdam (heute New York) fort, wo sie in Folge die erste jüdische Gemeinde auf nordamerikanischem Boden gründeten (Kohler 1894:77f).

Um bei Cromwell die Auswanderung von Juden in englische Kolonien durchzusetzen, organisierte Simón de Caceres im Oktober 1655 die Reise des Amsterdamer Haham (Rabbiner) Menasseh Ben Israel (Manuel Diaz Soeiro aus Madeira) nach London. Ben Israel sollte sich beim Lordprotektor für die Aufnahme jüdischer Flüchtlinge aus Brasilien in England und seinen Kolonien einsetzen. Menasseh verband mit der Diaspora in den englischen Kolonien und nach England die Hoffnung auf die Ankunft des Messias. Dem Einsatz der beiden jüdischen Protagonisten ist es zu verdanken, dass sich jüdische und neuchristliche Kolonisten ab 1656 legal in den englischen Kolonien im karibischen

Raum ansiedeln durften. Neben den jüdischen Gemeinden in den englischen Kolonien entstanden bis 1670 auch in den niederländischen Kolonien Cayenne, Curaçao, Essequibo, Suriname sowie auf Tobago weitere jüdische Gemeinden.

Einige der neuchristlichen Siedler in den spanischen Kolonien nutzten die Möglichkeiten, die sich ihnen durch die Gründung von jüdischen Gemeinden im karibischen Raum boten, und emigrierten in die genannten karibischen Kolonien. Wie viele de facto zum Judentum rekonvertierten, ist sehr schwierig einzuschätzen. Die christlichen Kirchen und Siedlergemeinschaften in den Kolonien stellten sich von Beginn an gegen die Einwanderung von Neuchristen (Antikatholizismus) und Juden (Antijudaismus). Trotz dieses Widerstands förderten die politisch Verantwortlichen englischer Kolonialpolitik die Einwanderung qualifizierter Fachkräfte jüdischer und neuchristlicher Provenienz, waren doch für die karibischen Kolonien kaum Auswanderungswillige zu finden. Das »schwierige« und »gefährliche« Leben in den Tropen schreckte englisch-christliche Facharbeiter in der Regel ab, was zur Folge hatte, dass zumeist marginalisierte gesellschaftliche Randgruppen (Kriminelle, ethnische Gruppen, Religionsgruppen etc.) unter Zwang in die Neue Welt deportiert wurden (Linebaugh/Rediker 2000).

Unter den neuen Rahmenbedingungen gründeten jüdische Siedler bereits in den ersten Dekaden englischer Präsenz auf Jamaika zwei jüdische Gemeinden. Unter den sephardischen Juden auf Jamaika befanden sich Familien mit weitreichenden atlantischen Verbindungen, sodass Jamaika bereits ab 1680 Barbados als wirtschaftliche Drehscheibe in der englischsprachigen Karibik ablöste.

Jamaika entwickelte sich im 18. Jahrhundert gemeinsam mit dem französischen Saint-Domingue (heute Haiti) zur ökonomisch potentesten Kolonie im karibischen Raum. In der zweiten Hälfte des 18. Jahrhunderts überflügelten die beiden modernsten Zuckerrohrplantagenökonomien der Welt sogar die reichen englischen Kolonien in Nordamerika. Von Anfang an waren Juden und Neuchristen am Aufbau der erfolgreichen Zuckerrohrindustrie in Jamaika und Barbados beteiligt. Sie sorgten primär für das notwendige technische Know-how. Die meisten neuchristlichen und jüdischen Zuckeringeneure hatten ihre ersten Erfahrungen entweder bereits auf den afrikanischen Atlantikinseln São Tome und Principe gemacht oder ihre Fertigkeiten in Brasilien erlernt. Über ihre afro-atlantischen Netzwerke organisierten sie den illegalen und legalen Sklavenhandel mit den für die Zuckerrohrplantagenwirtschaft so wichtigen schwarzen Arbeitskräften aus Westafrika. Darüber hinaus vermittelten sie durch ihre Verbindungen ins nicht-englische Europa (Amsterdam, Rotterdam, Middelsburg, Hamburg, Glückstadt, Danzig, Rouen, Bayonne oder Bordeaux) selbst die Abnehmer jamaikanischer Produkte, wodurch sie zu einem wichtigen Rad im transatlantischen Dreieckshandel wurden. Protagonisten wie etwa Antonio Méndez Chillón, der 1640 in Mexiko Stadt als *Judaizante* verhaftet und verhört wurde, sagten vor dem Inquisitionstribunal aus, dass sie Mitglieder der »Gente de la Nación« (neuchristliche Portugiesen) seien und seit vielen Jahren am transatlantischen Sklavenhandel von Angola und Loango über São Tomé nach Brasilien und in die Karibik sowie am transkaribischen Kakaohandel zwischen Caracas, Maracaibo, Jamaica sowie Veracruz, Jalapa und Mexiko-Stadt beteiligt wären (Zeuske 2008:91).

Als überregionales Zentrum des Warenaustauschs und Know-how-Transfers auf Jamaika entwickelte sich Port Royal (Puerto de Caguaya), das schon nach wenigen Jahren die Hauptstadt Spanish Town (Santiago de la Vega) als wichtigsten Wirtschaftsstandort verdrängt hatte. Auf einer Halbinsel am Eingang zur Kingston Bay gelegen, stieg die Hafenstadt innerhalb zweier Dekaden zur größten Hafenstadt im gesamten karibischen Raum auf. In Port Royal befand sich ein jüdisches Viertel, das sich seeseitig zwischen Frachthafen und Down Town befand (Klooster 2006:138).

Durch die Eroberung Jamaikas kamen die Engländer in den Besitz der wichtigsten Drehscheibe für den illegalen Warenverkehr in die Nordwestkaribik, nach Neuspanien sowie in den Süden Nordamerikas. Von 1500 bis etwa 1650 bestimmten die Portugiesen, von 1650 bis 1700 die Niederländer und danach die Engländer fast alle Routen, die Westafrika mit dem karibischen Raum verbanden. Ein Großteil der Handelsrouten führte von Afrika direkt an die Küsten Surinames und Guyanas, von wo aus die großen kolonialen Hafenstädte in Südamerika und der Karibik angesteuert wurden. Die Niederländer rückten ab 1650 die Insel Curaçao ins Zentrum ihres Sklavenhandels. Von dort trug eine starke Strömung die Schiffe an die Südküste Jamaikas (Bluefields), von wo aus die Schiffe entlang der Küste Port Royal und später Kingston erreichten. Der Aufstieg Port Royals zur größten Hafenstadt war in hohem Maße von den idealen Meeresströmungen abhängig. Für jüdische und neuchristliche Händler entwickelte sich Port Royal nach Curaçao zum wichtigsten Ziel ihrer ökonomischen Interessen. Nachweislich siedelten bereits seit 1655 Juden in Spanish Town, wo sie 1662 eine jüdische Gemeinde gründeten und dort eine erste Synagoge errichteten (Arbell 2000:11). Das förderte die Einwanderung weiterer jüdischer und neuchristlicher Familien aus Brasilien und England (1663), aus Essequibo, Pomeroon und Berbice (1664) sowie aus Suriname (1673).

Unter den Mitgliedern der ersten Gemeinden in Spanish Town und Port Royal finden wir sowohl portugiesische und spanische Neuchristen aus Europa, als auch sephardische Juden mit Atlantikerfahrung aus Westafrika. Die meisten jüdischen und neuchristlichen Immigranten aus Europa, die sich zwischen 1655 und 1700 auf Jamaika ansiedelten, waren Opfer der katholischen Inquisition auf der Iberischen Halbinsel und flohen über Frankreich, die Niederlande, England und Hamburg nach Afrika und Amerika.

Ein exemplarisches Beispiel für diese Vertreibungsgeschichte verkörpert der bekannte jamaikanische Dichter Daniel Lopez Laguna. 1635 in Portugal als Sohn von Neuchristen geboren, floh er gemeinsam mit seiner Familie im Kindesalter vor der Inquisition nach Peyrehorade (Frankreich). Als Student trieb es ihn wieder auf die Iberische Halbinsel zurück, wo er an mehreren spanischen Universitäten studierte, bis er von der Inquisition in Zaragossa eingekerkert wurde. In den 1660er Jahren gelang ihm nach längerer Haft die Flucht nach England. Schließlich emigrierte er über Neuspanien nach Jamaika, wo Lopéz Laguna erst zum Judentum konvertierte und sein Hauptwerk »Espejo Fiel de Vidas. Que Contiene los Psalmos de David en Verso« schrieb (Cwik 2009:491-492).

Der ökonomische Erfolg einiger jüdischer Unternehmer (Händler, Plantagenbesitzer, Reeder u.a.) auf Jamaika veranlasste die christlich-jamaikanischen Siedler erstmals 1671, gegen die jüdischen Kolonisten vorzugehen. Eine Gruppe von 40 Personen richtete eine schriftliche Petition an die englische Regierung in London. Die Forderungen waren eindeutig: Ausweisung der Juden aus Jamaika sowie den anderen englischen Kolonien im karibischen Raum (v.a. aus Barbados und Nevis). Anhand von Einzelschicksalen jüdischer und neuchristlicher Siedler auf Jamaika im 17. und 18. Jahrhundert wird deutlich, dass die Mehrheit auch im neuen Exil aufgrund von antisemitischer und antijüdischer Diskriminierung weiterhin zu hoher Mobilität gezwungen war. Jüdische und neuchristliche Gruppen übernahmen in diversen wirtschaftlichen Sektoren Schlüsselpositionen und entwickelten durch die wechselnden Bedingungen einen hohen Grad an Professionalität.

Dass es in diesem langen Prozess innerhalb atlantischer Rahmenbedingungen zur Vermischung mit Afrikaner/innen und Erstamerikaner/innen im Kontext des legalen und illegalen Handels kam, drückt sich am hohen Kreolisierungsgrad jüdischer Kolonisten aus. Je nach Herkunft und Netzwerk organisierten sich Gruppen zu einer Bruderschaft, wie etwa der »Darhe Jesarim« (Weg der Gerechten) in Paramaribo (Suriname), die ausschließlich aus schwarzen und farbigen Juden bestand und mit der sephardischen Gemeinde kooperierte. Während viele Sepharden durch den Zuzug europäischer Juden (Sepharden, Aschkenasen) einen Europäisierungsprozess durchliefen, entwickelten sich die jüdischen Afrokreolen durch ihren Einsatz als Kulturbroker im atlantischen Raum als homogene Gruppe (Cwik 2007:153f). Gerade deswegen blieben die Tangomaos, Lançados und Baquianos als Pioniere für die Besiedelung tropischer, weitgehend von autochthonen Kulturen besetzter Räume wichtig. Ihre Aktivitäten waren über Generationen hinweg auf Seascapes (Loanda, Congo, São Tomé e Principe, Fernando Po, Mina, Kapverden, Madeira, Azoren, etc.) ausgerichtet. Doch nicht allen jüdischen und neuchristlichen Neuankömmlingen gelang es aufgrund der Netzwerkstruktur Anschluss zu finden. Viele überlebten in der Neuen Welt vielerorts nur als Bettler und Hausierer.

Angesichts der geschilderten Unterstützung Cromwells überrascht der ab 1655–1656 beginnende systematische Einsatz von neuchristlichen und jüdischen Kolonisten als Frontierbauern und Kulturbroker nicht. Doch nicht nur die Inselwelt der Kleinen und Großen Antillen geriet ins Visier des Western Design (und der WIC), sondern auch die »Wilden Karibikküsten« Zentralamerikas und Südamerikas. Die historische Aufarbeitung der frühen englischen und niederländischen Kolonialgeschichte Guayanas als jüdische Kolonialgeschichte wird seit der Jahrhundertwende zum 20. Jahrhundert betrieben. Die diesbezüglichen Archivforschungen bewiesen die starke Präsenz von Sepharden und Neuchristen sowie kreolisierten Juden zwischen Amazonas und Orinoko (Oppenheim 1907), wobei auch hier Jamaika ab 1655 eine entscheidende Schlüsselrolle als Handelsdrehscheibe zukam.

Bis zum schweren Erdbeben von 1692 entwickelte sich die jüdische Gemeinde von Port Royal zur größten ihrer Art im amerikanischen Raum. Trotzdem blieb sie im Verhältnis zu anderen Religionsgruppen eine verhältnismäßig kleine Gemeinschaft: »On this Port, and also in all other ports of the island, they allow of a free toleration of all sects, and religious, for here on this Port we find a protestant church ... a Presbyterian meeting house, a Romish chapel, a Quakers Meeting House, and a Jewe's Sinagog.« (Arbell 2000:19)

Gemeinsam mit der Gemeinde in Spanish Town existierten bis 1692 zumindest zwei funktionierende jüdische Gemeinden auf Jamaika. Ihre Zahl dürfte um das Jahr 1690 ca. 800 Personen in rund 160 Haushalten betragen haben (Blome 1678:35). Trotz der teilweise harschen Diskriminierung zählte die Gruppe der jüdischen Atlantikfahrer zu den Gewinnern kolonialer Praktiken. Ihr wirtschaftlicher Erfolg scheint genauso unbestritten wie die prozentuell gesehen verhältnismäßig hohe Beteiligung am Sklavenhandel (Faber 1998).

Obwohl es infolge des schweren Erdbebens von Port Royal 1692 zu einer Abwanderung von Juden in die englischen Kolonien nach Nordamerika kam, erholten sich die jüdischen Gemeinden in Jamaika rasch wieder. Was im Juli 1692 als Zufluchtsort für die Überlebenden des Erdbebens von Port Royal in den Liguanea Plains begann, weitete sich längstens ab 1704 zu einer neuen Stadt aus: Kingston Town. In nur wenigen Jahren entwickelte sich Kingston zum Zentrum jüdischen und neuchristlichen Lebens im karibischen Raum.

Zusammenfassung

Der vorliegende Beitrag skizziert zwei Jahrhunderte europäischer Expansionsgeschichte am Beispiel einiger Akteursgruppen (Lançados und Tangomaos), die über terrestre und maritime Handelsrouten die Peripherien miteinander vernetzten und den Kontakt mit dem jeweiligen europäischen Auftraggeber aufrechterhielten. Die hierbei beschriebenen Akteure verbindet ihre religiöse und kulturelle Herkunft, das sephardisch-berberische Judentum. Die Mehrheit litt unter der Diskriminierung durch die jeweiligen Kirchen und ihre weltlichen Verbündeten und sah sich oft gezwungen, in die äußersten Peripherien zu flüchten bzw. sich der jeweiligen Kultur anzupassen und unter Zwang zu konvertieren. Damit wären die beiden wichtigsten Push-Faktoren für die Mobilität der »jüdischen Gruppe« genannt. Die Ausweitung der kirchlichen Macht generierte die permanente Mobilität der Juden, Neuchristen und Atlantikkreolen, welche die Flüchtigen in die scheinbar abgelegensten Gebiete trieb, in denen es allerdings jede Menge wichtiger Rohstoffe und Sklaven gab. Genauso wie in Westafrika akkulturierten sich einige Gruppen neuchristlicher und jüdischer Kolonisten und so fand schon nach der ersten Phase der Kontaktaufnahmen eine Afrikanisierung des karibischen Raums statt. Am Beispiel von Jamaika lässt sich sowohl der Umgang »spanischer Politik« abseits der *Carrera de Indias* als auch die darauf folgende englische Politik gegenüber Juden, Neuchristen und Atlantikkreolen darstellen.

Literatur

Andrade, Jacob A.P.M. (1941): A history of the Jews in Jamaica from the English Conquest to the Present Time. Kingston

Arbell, Mordechai (2000): The Portuguese Jews of Jamaica. Kingston: University of the West Indies Press

Beinart, Haim (1992): The Jews in Castile. In: Beinart, Haim, Hg.: The Sephardi Legacy 1. Jerusalem: 11-43

Blome, Richard (1678): A Description of the Island of Jamaica, with the other Isles and Territories in America, to which the English are Related. London

Boulégue, Jean (1989): Les Luso-Africains de Sénégambie: XVIe–XIXe siècles. Paris: Instituto de Investigação Científica Tropical-CRA

Brooks, George E. (2003): Euroafricans in Western Africa. Commerce, Social Status, Gender and Religion observance from the sixteenth to the eighteenth century. Ohio: Ohio University Press

Burns, Alan Cuthbert (1954): History of the British West Indies. London: Allen and Unwin

Campbell, Mavis C. (1990): The Maroons of Jamaica, 1655–1796, Trenton NJ: Africa World Press

Contreras Contreras, Jaime (1995): Cristianos de España y Judíos de Amesterdam.

Emigracón, familia y negocios. In: Lechner, Jan/Boer, Harm de, Hg.: España y Holanda. Ponencias leídos durante el uinto Coloquio Hispanoholandés de Historiadores. Diálogos Hispánicos 16: 187-214

Cundall, Frank/Pietersz, Joseph (1919): Jamaica under the Spaniards. Kingston: Institute of Jamaica

Cwik, Christian (2007): Neuchristen und Sepharden als cultural broker im karibischen Raum (1500–1700). In: Zeitschrift für Weltgeschichte 8/ 2: 153-175

Cwik, Christian (2009): Die Opfer kastilischer/spanischer und portugiesischer Inquisition in den Amerikas: Daniel Israel Lopez Laguna. In: Benz, Wolfgang, Hg.: Handbuch des Antisemitismus 2/2. Berlin: Saur/De Gruyter: 491-492

Elbl, Ivana (1986): The Portuguese Trade with West Africa 1440–1521. University of Toronto

Escobar Quevedo, Ricardo (2008): Inquisición y Judaizantes en América Española (Siglos XVI–XVII). Bogotá: Colección Textos de Ciencias Humanas

Faber, Eli (1998): Jews, Slaves and the Slave Trade. Setting the record straight. New York: University Press

Garcia de Prodian, Lucía (1966): Los Judíos de América. Sus actividades en los virreinatos de Nueva Castilla y Nueva Granada, siglo XVI. Madrid: Consejo Superior de Investigaciones científicas

Green, Tobias (2006): Fear and Atlantic History. Some observations derived from the Cape Verde Islands and the African Atlantic. In: Atlantic Studies 3: 25-42

Green, Tobias (2005): Further Considerations on the Sephardim of the Petite Cote. In: History in Africa 32: 165-183

Green, Tobias (2008): Equal Partners? Proselytising by Africans and Jews in the 17th Century Atlantic Diaspora. In: Melilah: Manchester Journal of Jewish Studies 1: 1-12

Greenleaf, Richard E. (1969): The Mexican Inquisition of the sixteenth century. Albuquerque: University of New Mexico Press

Heywood, Linda M./Thornton, John K. (2007): Central Africans, Atlantic Creoles, and the Foundation of the Americas, 1585–1660. Cambridge: Cambridge University Press

Israel, Jonathan I. (2002): Diasporas within a Diaspora. Jews, Crypto-Jews and the World Maritime Empires. Leiden: Brill

Kagan, Richard L./Morgan, Philip D. (2009): Atlantic Diasporas: Jews, Conversos and Crypto-Jews in the Age of Mercantilism, 1500–1800. Baltimore: The Johns Hopkins University Press

Kamen, Henry (1997): The Spanish Inquisition: A Historical Revision. Yale: University Press

Kellenbenz, Hermann (1958): Sephardim an der unteren Elbe. Ihre wirtschaftliche und politische Bedeutung vom Ende des 16. Jahrhunderts bis zum Beginn des 18. Jahrhunderts. In: Zeitschrift für Sozial- und Wirtschaftsgeschichte, Beiheft 40, Wiesbaden: Steiner

Kelsey, Harry (2003): Sir John Hawkins. Queen Elizabeth's Slave Trader. New Haven: Yale University Press

Kerr, Robert (1824): A General History and Collection of Voyages and Travels. Bd. VII. Sections 1-18. Edinburgh

Klooster, Wim (2006): Communities of port Jews and their contacts in the Dutch Atlantic World. In: Jewish History 20: 129-145

Kohler, Max (1894): Phases of Jewish Life in New York before 1800. In: PAHJS 2: 77-100

Lobban, Richard A. Jr. (1995): Cape Verde: Crioulo Colony to Independent Nation. Boulder, Colo.: Westview Press

Mark, Peter/Horta, José da Silva (2004): Two Early Sephardic Communities on Senegal's Petite Côte. In: History in Africa 31: 231-256

Morales Padrón, Francisco (2003): Spanish Jamaica. Kingston: Ian Randle Publishers

Mota, Teixeira A. da (1978): Some Aspects of Portuguese Colonization and Sea Trade in West Africa in the 15th and 16th Centuries. Bloomington: Indiana University

Newitt, Malyn (2005): A History of Portuguese Overseas Expansion 1400–1668. London: Routledge

Oppenheim, Samuel (1907): An early Jewish Colony in Western Guiana, 1658–1666: And Its Relation to the Jews in Surinam, Cayenne und Tobago. In: Publications of the American Jewish Historical Society 16: 95-186

Pimienta Ferro Tavares, María José (1992): Los Judíos de Portugal. Madrid: Ed. MAPFRE

Poliakov, Leon (1978): Die Geschichte des Antisemitismus. Das Zeitalter der Verteufelung und des Ghettos. Bd. 2. Frankfurt am Main: Athenäum

Quesada Ladero, Miguel (2007): De nuevo sobre los judíos granadinos al tiempo de su expulsión. In: La España medieval 30: 281-315

Linebaugh, Peter/Rediker, Markus (2000): The many-headed hydra: sailors, slaves, commoners, and the hidden history of the revolutionary Atlantic. Boston: Beacon Press

Schorsch, Jonathan (2004): Jews and Blacks in the Early Modern World. New York: Cambridge University Press

Splendiani, Anna María/Sánchez Bohórquez, José Enrique/Luque de Salazar, Emma Cecilia (1997): Cincuenta Años de Inquisición en el Tribunal de Cartagena de Indias, 1610–1660. 4 Bde. Bogotá: Centro Editorial Javeriana and Instituto Colombiano de Cultura Hispánica

Torn, Jürgen (2007): Alte atlantische Tangos: rhythmische Figurationen im Wandel der Zeit. Hamburg: LIT Verlag

Wright, Irene A. (1921): The Early History of Jamaica (1511–1536). In: The English Historical Review (1511–1536) 36/141: 70-95

Wright, Irene A. (1930): The Spanish Resistance to the English Occupation of Jamaica 1655–1660. In: Transactions of the Royal Society. Fourth Series 13: 117-148.

Zeuske, Michael (2006a): Sklaven und Sklaverei in den Welten des Atlantiks 1400–1940. Umrisse, Anfänge, Akteure, Vergleichsfelder und Bibliographien. Berlin: LIT Verlag

Zeuske, Michael (2006b): Atlantik, Slaven und Sklaverei – Elemente einer Globalgeschichte. In: Jahrbuch für Überseegeschichte 6: 9-44

Zeuske, Michael (2008): Unfreiheit abhängiger Landbevölkerung im atlantischen Raum und in den Américas, 15. bis 18. Jahrhundert – Prolegomena Typologien der Anfänge, Bedingungen und lange Linien. In: Hermann-Otto, Elisabeth, Hg.: Unfreie und abhängige Landbevölkerung. Hildesheim/Zürich/etc.: Olms: 71-157

Claus Füllberg-Stolberg

Transatlantischer Sklavenhandel und Sklaverei in den Amerikas

Einleitung

Der transatlantische Sklavenhandel war eine der größten Zwangsmigrationen in der Weltgeschichte. Es war ein Verbrechen gegen die Menschlichkeit von extrem langer Dauer, das vom Anfang des 16. Jahrhunderts bis zum Ende des 19. Jahrhunderts reichte, also ein Prozess von nahezu 400 Jahren. Sklavenhandel und Sklaverei zeichneten sich durch ein permanentes physisches Gewaltverhältnis aus, obwohl der Sklave beziehungsweise die Sklavin ein wertvolles bewegliches Eigentum darstellte, das es eigentlich zu erhalten galt.

Die Geschichte des transatlantischen Sklavenhandels und der Plantagen-Sklaverei in Amerika (Shepherd/Beckles 1993; Zeuske 2006; Meissner/Mücke/Weber 2008) ist eng verknüpft mit dem Anbau von Zucker und anderen Kolonialwaren.

Die Eroberung der Länder in Übersee war zunächst einmal nur interessant in Verbindung mit den dort lebenden Menschen, die als Arbeitskräfte gezwungen wurden, Güter für Konsumenten zu produzieren, die jenseits des Atlantiks lebten. Die einheimische Bevölkerung wurde in unvorstellbar kurzer Zeit nahezu ausgerottet – dabei war vorsätzliche Grausamkeit ein Merkmal europäischen Sozialverhaltens, das sicher nicht erst gegen die »Edlen Wilden« in Westindien eingesetzt wurde. Die grausame Verfolgung Andersgläubiger wurde bereits in Europa während der Zeit der Inquisition und Reconquista trainiert und internalisiert; Grausamkeit war aber nicht der einzige Grund für das rapide und massenhafte Sterben der indigenen Bevölkerung. Zwangsarbeit, die Vernachlässigung und Beschädigung des traditionellen Öko-Systems, Nahrungsmittelknappheit und in deren Folge Hunger und Seuchen rafften innerhalb der ersten 100 Jahre bereits einen großen Teil der indigenen Bevölkerung hin. Land ohne Menschen aber hatte keine profitträchtige Bedeutung, Arbeitskräfte mussten also importiert werden. Woher? Am besten aus einer reichlich bevölkerten Gegend möglichst nah am Einsatzgebiet, und, was besonders wichtig war, sie mussten aus einer Region stammen, die noch außerhalb der entstehenden Weltwirtschaft lag, sodass Europa nicht von den Folgen dieses Menschenraubes betroffen wurde. Afrika eignete sich daher am besten als Rekrutierungsgebiet für diese Arbeitskräfteersatzbeschaffung.

Sklaverei in Afrika

Als sich portugiesische Seefahrer seit der Mitte des 15. Jahrhunderts auf der Suche nach Gold an der Westküste Afrikas vortasteten, gehörte auch der Erwerb von Sklaven zu den ersten wirtschaftlichen Beziehungen zwischen Afrika und Europa. Die Versklavung eigener und fremder Landsleute war in beiden Gesellschaften kein Novum, aber auch kein Charakteristikum. Der Sklavenhandel mit der alten Welt bewegte sich im Rahmen des Luxushandels mit exotischen Gütern. Der schwarze Haussklave war mehr Vorzeigeobjekt an europäischen Herrscherhäusern als gewerblich genutzter Arbeitssklave.

Mit analytischer Weitsicht hat bereits Las Casas (1957) die Portugiesen für die Bedrohung des sozialen Friedens in Afrika verantwortlich gemacht, die sie durch ihren rapide steigenden Sklavenbedarf hervorgerufen hatten. So richtig dieser Vorwurf zweifellos ist, berührt er aber auch das heikle Problem, ob nicht erst das Vorhandensein der Institution Sklaverei in Afrika die Portugiesen verleitet hat, mit dieser »Ware« Handel zu treiben. Ich kann an dieser Stelle nicht auf die Vielfalt der Formen sozialer Subordination im vorkolonialen Afrika eingehen, will aber betonen, dass sich die in der neuen Welt etablierte Plantagensklaverei strukturell von den in Afrika vorherrschenden gesellschaftlichen Hierarchien und dem Einsatz von Sklaven unterscheidet (Manning 1990; Bley 1991).

Festzuhalten bleibt, dass durch den von außen kommenden Impuls, durch die immense Nachfrage nach Arbeitskräften für die Plantagen Amerikas, ein fremdes Entwicklungselement in die innerafrikanischen Gesellschaften hineingetragen wurde, dass zu einer anhaltenden Verunsicherung und Friedlosigkeit führte. Die Sklavenjagden berafen schon bald keineswegs mehr nur das unmittelbare Hinterland der Küsten, sondern wirkten bis weit ins Innere Afrikas hinein, um dem ständig steigenden Bedarf an »menschlicher Ware« für den transatlantischen Sklavenhandel nachkommen zu können. Die Auswirkungen des fast 400-jährigen Menschenraubs betreffen nicht nur die direkt in den Sklavenhandel verwickelten Gebiete Afrikas. Er hatte nachhaltigen Einfluss auf die Entwicklung des gesamten Kontinents. Die Beherrschung des internationalen Handels durch europäische Nationen degradierte Afrikas Rolle in diesem Dreiecksgeschäft zum Sklavenreservoir und zum Absatzgebiet für europäische Gebrauchsgüter, auch wenn diese, neueren Forschungsergebnissen zufolge (Klein 2002), nicht nur aus billigem Tand, Alkohol und Waffen bestanden. Eine solch einseitige Einbeziehung in den Weltmarkt brachte Afrika keinen Fortschritt, sondern behinderte die Weiterführung einer eigenständigen lokalen Wirtschaftsweise und ordnete sie den Interessen der Europäer unter. Dieses Argument behält seine Gültigkeit auch, wenn die Sklavenbeschaffung von mächtigen afrikanischen Mittelsmännern durch kriegerische Unterwerfung fremder Ethnien, massenhaftes Kidnapping und die Versklavung sozial Deklassierter des eigenen Volkes (Schuldner und »Kriminelle«) besorgt wurde (Iliffe 2000:172-213).

Auf die Gesamtzahl gesehen hatten von den drei Großregionen Westafrika, Kongo-Angola und Ostafrika die ersten Gebiete am schwersten unter dem Aderlass in der Bevölkerung zu leiden gehabt. Im letzten Jahrhundert des Sklavenhandels betraf der Bevölkerungsverlust zunehmend auch Gebiete südlich des Äquators, da die englische Marine seit der Ächtung des Sklavenhandels hauptsächlich den Nordwesten Afrikas vor Sklavenschiffen abschirmte (vgl. Tab. 2).

Die Zuckerrevolution in der Karibik

Die Zuckerrevolution trägt ihren Namen zu Recht, weil sie die wirtschaftlichen und gesellschaftlichen Verhältnisse auf den kleinen Antillen innerhalb kurzer Zeit grundlegend veränderte. Eigentlich müsste man von mehreren oder einer sukzessiven Abfolge von revolutionären Prozessen sprechen, die sich in verschiedenen Phasen über den ganzen karibischen Raum verbreiteten (Higman 2000; Curtin 1990).

Zu unterscheiden sind vor allem zwei weiter auseinanderliegende Fälle explosionsartiger Verbreitung von Zuckermonokulturen. Als Modellfall der ersten gilt Barbados, von wo aus die Zuckerproduktion ihren Siegeszug über die ganze britische und französische Karibik antrat und im 18. Jahrhundert auf den beiden größten Inseln Jamaika und St. Domingue kulminierte. Als Prototyp der zweiten fungiert Kuba, nach dessen Modell die zurückgebliebenen spanischen Inseln im 19. Jahrhundert ihre nachholende Entwicklung mit einer industrialisierten Form der Zuckerrevolution begannen. Aus Platzgründen kann hier nur die umwälzende Entwicklung auf den kleinen Antillen, vor allem in Barbados, angedeutet werden.

Barbados gilt als Modellfall für die sogenannte Zuckerrevolution in der Karibik, weil sich dort die Transformation zur Plantagenmonokultur innerhalb kürzester Zeit vollzogen hat. Die Insel Barbados eignete sich aufgrund verschiedener Standortfaktoren besonders gut zur Zuckerproduktion: Sie war flach, ließ sich überall gut kultivieren und lag verkehrsgünstig. Barbados war relativ klein, überschaubar und einfach nach außen zu verteidigen. Von jedem Ort der Insel gab es nur kurze Entfernungen zum Wasser, dem wichtigsten Transportweg jener Zeit. Noch 1637 produzierte Barbados überhaupt keinen Zucker. 1645 waren schon 40 % der Insel mit Zucker bepflanzt, und 1670 produzierte Barbados alleine über 65 % des in England konsumierten Zuckers. Im selben Zeitraum war die Anzahl der weißen Einwohner von 30.000 auf 20.000 gefallen und dafür waren bis 1680 50.000 Sklaven aus Afrika importiert worden (Beckles 1982; Curtin 1990:83). Damit war die Gesamtbevölkerung größer als in den Festlandkolonien Massachussetts oder Virginia und die Bevölkerungsdichte viermal so hoch wie die Englands. Diesen Vorgang bezeichnete man als Zuckerrevolution, weil sich die ökonomischen und gesellschaftlichen Verhältnisse in überaus kurzer Zeit komplett gewandelt hatten und die Insel vollständig von einer Monokultur des Zuckers überzogen wurde. Von ausschlaggebender Bedeutung hierfür war die Versorgung mit Arbeitskräften, die den für seine Zeit äußerst fortschrittlichen agro-industriellen Komplex (»factory in the field«) in Betrieb hielten. Besonders für die Erntezeit, die über ein halbes Jahr ausgedehnt werden konnte, musste der Verarbeitungsprozess des Zuckerrohrs in quasi industrieller Arbeitsdisziplin und Zeitökonomie organisiert werden (Mintz 1987:77ff). Das heißt, es bedurfte einer großen Anzahl von Arbeitskräften, die zur »crop-time« bis an die Grenzen ihrer körperlichen Leistungsfähigkeit ausgebeutet werden konnten, um den Produktionsprozess des Zuckers möglichst profitabel zu gestalten. Die verschiedenen Arbeitsgänge setzten eine unterschiedliche Ausbildung bzw. Anlernzeit voraus, wobei besonders die maschinelle Verarbeitung des Zuckerrohres Spezialkenntnisse erforderte.

Die erste Phase dieses Transformationsprozesses von der kleinbäuerlichen Landwirtschaft zur monokulturellen Plantagenökonomie wurde noch mehrheitlich von *indentured servants* geleistet. Es handelt sich dabei um Knechte bzw. landwirtschaftliche Arbeiter, die sich mehr oder weniger freiwillig für einen bestimmten Zeitraum verpflichtet hatten, in den Kolonien der Neuen Welt zu arbeiten. Normalerweise wurden die Kosten der Überfahrt auf diese Zeit der Arbeitsverpflichtung angerechnet, sodass für drei bis sieben Jahre Zwangsarbeit kein Lohn gezahlt wurde, sondern nur die Versorgung mit Lebensmitteln und die Verheißung von eigenem Land blieb. Das Land wurde während der Zuckerrevolution schnell knapp, sodass die Attraktivität dieser Lebensperspektive in den Inselkolonien schnell nachließ. Die Kontraktzeit wurde kürzer und die Arbeitskräfte damit teurer. In dieser kritischen Phase konnten die aus den brasilianischen Zuckerproduktionsgebieten verdrängten Holländer versklavte Afrikaner in großer Anzahl und zu Preisen anbieten, die es den britischen Pflanzern angesichts des versiegenden Nachschubs mit *indentured servants* und einer weiter ansteigenden Zuckerkonjunktur erleichterten, diese fremden Arbeitskräfte einzukaufen. Versklavte Afrikaner wurden auch schon vorher zum Verkauf angeboten, doch erst als die Kostenkalkulation eindeutig zugunsten des schwarzen Arbeiters auf Lebenszeit ausschlug und der Zufluss an gewohnter englischer Arbeitskraft deutlich nachließ, akzeptierten die englischen Pflanzer die neuen Arbeitskräfte mit schwarzer Hautfarbe und ungewohnter Physiognomie, mit denen sie sich nicht verständigen konnten und deren ganze Lebensweise ihnen fremd vorkam. Die Pflanzer verfügten mit dem Kauf des Sklaven natürlich auch über seine Arbeitskraft für ein Leben lang; diese Lebensarbeitszeit fiel aber sehr unterschiedlich aus und war durchschnittlich nicht viel länger als die Kontraktzeit der *indentured servants*. In der Anfangsphase der Plantagensklaverei verstarb ein Drittel der Sklavenbevölkerung bereits innerhalb eines Jahres und nur eine intensive und aufwendige Eingewöhnungszeit in der Obhut bereits »eingelebter« *(seasoned)* Sklaven konnte die Todesrate senken (Dunn 1984; Beckles 1982).

Dieser enorme Verschleiß menschlicher Arbeitskraft wurde durch den ständig steigenden Nachschub aus dem profitträchtigen transatlantischen Sklavenhandel und die ungebrochene Zuckerkonjunktur weiter angeheizt. Im überwiegenden Teil der Karibik herrschte das ökonomische Prinzip der externen Versorgung vor, das die Kosten der Aufzucht den afrikanischen Gesellschaften aufbürdete und zu einem enormen Anstieg des transatlantischen Sklavenhandels führte, der mindestens 15 Millionen Afrikaner erfasste, von denen ca. 11 Millionen lebend in Amerika ankamen (Eltis/Richardson 2008 und Tab. 3).

Der Sklavenhandel zwischen Afrika und Amerika

Wissenschaftlich betrachtet, ist der transatlantische Sklavenhandel eines der am besten erforschten Themen der internationalen Geschichtswissenschaft. Über die quantitativen Ausmaße wissen wir außerordentlich gut Bescheid und verfügen über sehr präzise Zahlenangaben. Andererseits wissen wir nur ganz wenig von den und über die Betroffenen selbst, schon gar nicht aus ihren eigenen Angaben, sondern meist nur über Dritte, wie Schiffs-Kapitäne, Offiziere, manchmal auch einfache Seeleute (Linebaugh/Rediker 2008; Rediker 2007; Walvin 2007).

Nur ganz wenig erfahren wir aus dem Munde oder der Feder von versklavten Afrikanern, die die sogenannten *middle passage* – die mittlere Strecke im sogenannten Dreieckshandel zwischen Europa, Afrika und Amerika, auf der sie nach Amerika gebracht wurden, selbst miterlebt hatten. Eines der wenigen Beispiele werde ich im Folgenden vorstellen. Doch zunächst zu dem, was an gesicherten empirischen – statistischen – Daten zur Verfügung steht.

Die erste verlässliche empirische Untersuchung hat Philip D. Curtin mit seinem bahnbrechenden Buch *The Atlantic Slave Trade – a Census* im Jahre 1969 vorgelegt. Damit beginnt eine der wohl intensivsten und folgenreichsten Debatten der internationalen Geschichtswissenschaft, die man in den einschlägigen, aber fast ausschließlich englischsprachigen Zeitschriften nachlesen kann (v. a. im *Journal of African History*, zusammenfassend Lovejoy 1982). Den größten Widerspruch löste zunächst seine errechnete Gesamtzahl lebend nach Amerika transportierter Sklaven aus Afrika aus: 9.566.100. Obwohl Curtin von Anfang an eine weite Fehlermarge zwischen 8 und 10,5 Millionen konzedierte und seine Studie nur als »point of departure« (Curtin 1969:xviii) für weitere Forschungen ansah, war es gerade seine Gesamtzahl, die am längsten Bestand hatte.

Die Hauptkontroverse spielte sich zwischen Curtin und dem nigerianischen Historiker Joseph Inikori ab. Die Debatte zwischen den beiden, die man im *Journal of African History* ausführlich verfolgen kann, ist vor allem wegen der politischen Implikationen von Bedeutung, die zwar von beiden Kontrahenten explizit verneint werden, aber dennoch die gesamte Diskussion latent beherrschen. Dabei geht es natürlich um Schuld und Moral des »Weißen Mannes« und um längerfristige Auswirkungen dieser »forced migration« auf die wirtschaftliche Entwicklung beziehungsweise Unterentwicklung Afrikas.

In den 1970er Jahren entstand eine Reihe von detaillierten Forschungsarbeiten zu Einzelaspekten des Sklavenhandels, zu ausgewählten Perioden, zu den verschiedenen Sklavenhandel treibenden Nationen und Unternehmen, Herkunfts- und Zielgebieten, zu den Faktoren, die die Sterblichkeitsrate auf der Überfahrt beeinflussten usw. Viele dieser Einzeluntersuchungen kamen zu höheren Zahlen, als die, die Curtin in seiner Arbeit zugrunde gelegt hatte. Es kann daher nicht verwundern, dass auch Inikori eine höhere Gesamtzahl von 15.400.000 aus Afrika verschleppter Menschen reklamierte (Inikori 1981:20f).

Lovejoy wies ihm jedoch eine Reihe von Überlappungen und Doppelzählungen nach und lag in der Gesamtzahl von 9.778.500 nur unwesentlich über Curtins Ursprungszahl, obwohl auch er viele Korrekturen an Curtins Einzelergebnissen vornahm (Lovejoy 1982).

Eine neue Dimension erreichte die quantitative Forschung einer Wissenschaftlergruppe im Rahmen des DuBois Institutes der Harvard University um D. Eltis, H. Klein, H. S. Richardson und S. D. Behrendt, The Transatlantic Slave Trade (TSTD1), die 1999 als Datenbank auf CD-Rom zur Verfügung gestellt wurde und in einer wesentlich erweiterten Version seit 2008 als »enhanced and online database« (TSTD2) (www.slavevoyages.org) angeboten und periodisch mit neuen Daten ergänzt wird (Eltis/Klein/Richardson/Behrendt 1999; Eltis/Richardson 2008).

Die neue Version bricht erstmals deutlich mit der Gesamtschätzung von Curtin und setzt die neue quantitative Marge auf 12.521.000 aus Afrika exportierter und 10.703.000 lebend in Amerika angekommener Sklaven: eine Erhöhung um 13 % bzw. 11 % (Eltis/Richardson 2008:45). Dazu haben vor allem die neueren Forschungen zum portugiesisch/brasilianischen und spanischen Sklavenhandel beigetragen, aber auch Ergänzungen und Korrekturen in anderen Bereichen (Eltis/Richardson 2008:38).

Während die erste Datenbank schon immerhin ca. zwei Drittel aller vermuteten Sklavenfahrten inkorporierte, ist die Datensicherheit insgesamt auf mehr als 77 % (34.808 Sklavenfahrten) (Eltis/Richardson 2008:43) gestiegen und erfasst für die besonders relevanten Zeiträume sogar über 90 % solcher Unternehmungen, von denen erstaunlich viele Einzelheiten bekannt sind:

Tabelle 1:

Anzahl von Seereisen in der Datenbank	34.808
Seereisen mit nachgewiesenem Schiffsnamen	33.207
Seereisen mit nachgewiesenem Namen des Kapitäns	30.755
Seereisen mit Namen von mind. einem Schiffseigentümer	20.978
Anzahl von Afrikanern, denen zugeschrieben wird, auf Sklavenschiffen eingeschifft worden zu sein	10.125.456
Anzahl von Afrikanern, denen zugeschrieben wird, von Sklavenschiffen von Bord gegangen zu sein	8.733.592
Größe der auf einem oder mehr Beinen der Reise zur Verfügung gestellten Mannschaft	13.253
Seereisen, die die Ladungsfähigkeit des Schiffes aufzeigen	17.592
Seereisen mit nachgewiesenem Abreiseort in Europa oder den Amerikas	28.505
Datum der Schiffabreise in Europa oder den Amerikas	25.265
Seereisen mit nachgewiesenen Orten der Verladung an der afrikanischen Küste	26.939
Seereisen mit nachgewiesenen spezifischen Zahlen von verladenen Afrikanern	8.547
Seereisen mit nachgewiesenen Orten der Entladung	28.985
Ankunftsdaten an Orten der Entladung	23.478
Seereisen mit nachgewiesenen Zahlen von entladenen Afrikanern	18.473
Seereisen mit nachgewiesenen Zahlen von Afrikanern, die an Bord verstorben sind	6.382
Seereisen mit nachgewiesenem Alter und Geschlecht von entladenen Afrikanern	3.570
Ergebnis von angegebenen Seereisen	31.077
Nachweis von Sklavenaufständen oder Angriffen durch Afrikaner von Land aus	530

Die neuesten Daten über Herkunfts- und Zielgebiete sowie die Beteiligung der verschiedenen Nationen am Sklavenhandel werden in den folgenden Tabellen 2 und 3 zusammengefasst.

Relativ leicht zu merken ist die Gesamtzahl der fast 11 Millionen lebend in Amerika angekommenen afrikanischen Sklaven. Bei den Sklavenjagden in Afrika sind mindestens 2 Millionen Menschen umgekommen, bevor sie an die Sklavendepots der europäischen Händler an der afrikanischen Küste gelangten. Das sind etwa genauso viele, wie dem Transport auf der sogenannten *middle passage* zwischen Afrika und Amerika zum Opfer gefallen sind.

Die betroffenen Gebiete Afrikas verteilen sich zu etwa gleichen Teilen auf Westafrika und Zentralafrika bis Angola, »nur« etwas mehr als eine halbe Million Sklaven wurden in Südostafrika geraubt, hauptsächlich nach dem englischen Verbot des Sklavenhandels nach 1807.

Von den Angaben zu den Herkunftsgebieten, dem Engagement der einzelnen Kolonialmächte und zu den Zielgebieten des Sklavenhandels, die im Einzelnen in den Tabellen aufgeschlüsselt sind, möchte ich hier nur die folgenden hervorheben.

Portugal-Brasilien mit fast 50 % als die bei weitem größte Sklavenhandelsnation aufgrund der langen Dauer ihrer Aktivitäten und auch der bei weitem größte Abnehmer von afrikanischen Sklaven. England ist der größte Lieferant und Abnehmer während der intensivsten Periode des Sklavenhandels im 18. Jahrhundert. Überschätzt wurde von der älteren Literatur offensichtlich die Rolle der Holländer, sowohl als Sklavenhändler

Tabelle 2: Herkunftsgebiete der Sklaven aus den Hauptregionen in Afrika (Eltis/Richardson:41)

Jahrzehnte	Sene-gambia	Sierra Leone	Wind-ward-Küste	Gold-küste	Bucht von Benin	Bucht von Biafra	Zentral West-afrika	Südost-afrika	Alle Regionen zusammen
1501–1510	1.900	0	0	0	0	0	0	0	1.900
1511–1520	8.807	0	0	0	0	0	637	0	9.444
1521–1530	10.990	0	0	0	0	0	0	0	10.990
1531–1540	12.229	0	0	0	0	719	1.453	0	14.402
1541–1550	23.257	0	0	0	0	1.361	2.771	0	27.390
1551–1560	4.796	0	0	0	0	282	664	0	5.742
1561–1570	32.277	1.168	0	0	0	1.867	5.412	0	40.725
1571–1580	22.206	0	0	0	0	1.883	5.367	0	29.456
1581–1590	25.448	237	0	0	0	0	31.206	0	56.891
1591–1600	5.370	0	2.482	0	0	2.346	70.368	0	80.566
1601–1610	9.991	0	0	0	0	0	81.936	0	91.926
1611–1620	8.541	0	0	68	1.873	1.142	137.308	0	148.932
1621–1630	6.652	0	0	0	1.655	2.247	172.595	345	183.494
1631–1640	4.562	0	0	0	1.988	1.630	112.020	0	120.199
1641–1650	24.476	1.372	0	2.429	4.092	31.442	59.530	0	123.342
1651–1660	17.723	752	351	1.437	12.163	24.791	95.382	3.088	155.687
1661–1670	6.407	154	0	19.193	29.926	37.668	126.758	9.432	229.539
1671–1680	13.267	0	0	28.835	29.813	34.394	108.966	7.116	222.391
1681–1690	21.927	1.894	0	16.274	79.890	21.709	109.373	9.497	260.564
1691–1700	22.558	2.671	999	40.443	108.412	31.299	130.939	2.237	339.557
1701–1710	16.344	1.217	3.059	81.144	136.943	21.979	133.434	120	394.241
1711–1720	22.669	3.114	4.365	97.287	149.463	34.615	131.867	10.029	453.408
1721–1730	34.933	9.419	4.532	113.877	194.430	41.830	145.437	3.934	548.392
1731–1740	44.816	1.468	9.392	106.723	145.805	56.583	231.989	1.226	598.003
1741–1750	24.210	8.004	25.202	61.626	108.220	93.891	245.436	0	566.589
1751–1760	50.555	17.419	44.083	88.174	122.566	93.294	223.830	3.036	642.958
1761–1770	52.405	42.296	76.521	108.658	110.383	146.542	280.240	1.916	818.960
1771–1780	51.267	36.551	65.186	112.562	109.887	109.997	267.293	2.924	755.667
1781–1790	37.944	31.378	36.067	135.036	113.692	151.242	333.888	28.746	867.993
1791–1800	28.043	51.119	21.176	109.441	93.197	154.642	371.789	19.000	848.407
1801–1810	53.702	42.627	25.241	75.746	95.428	140.385	339.975	50.450	823.554
1811–1820	29.166	22.624	7.190	1.712	74.093	65.870	407.491	77.697	685.843
1821–1830	13.073	43.543	7.867	5.362	59.250	163.525	441.968	121.158	855.747
1831–1840	4.626	43.926	3.155	3.293	73.081	97.829	343.464	116.910	686.284
1841–1850	8.375	21.023	0	0	108.943	27.554	387.008	43.640	596.542
1851–1860	0	4.795	0	0	22.528	2	113.927	30.167	171.418
1861–1867	0	0	0	0	11.339	0	42.852	0	54.191
1501–1867	755.512	388.771	336.868	1.209.320	1.999.060	1.594.560	5.694.573	542.668	12.521.334

Tabelle 3: Ankunftsgebiete in den atlantischen Hauptumschlagplätzen (Eltis/Richardson 2008:46ff)

Jahrzehnte	Europa	Nördl. Amerika	Chesapeake	Carolinas/ Georgia	Mississippi/ Alabama/ Florida	Guadeloupe	Martinique	St. Domingue	Französisch-Guayana	Niederländische Karibik	Niederländisch-Guayana
1501–1510	0	0	0	0	0	0	0	0	0	0	0
1511–1520	452	0	0	0	0	0	0	0	0	0	0
1521–1530	0	0	0	0	0	0	0	0	0	0	0
1531–1540	0	0	0	0	0	0	0	0	0	0	0
1541–1550	0	0	0	0	0	0	0	0	0	0	0
1551–1560	0	0	0	0	0	0	0	0	0	0	0
1561–1570	0	0	0	0	0	0	0	0	0	0	0
1571–1580	0	0	0	0	0	0	0	0	0	0	0
1581–1590	0	0	0	0	0	0	0	0	0	0	0
1591–1600	188	0	0	0	0	0	0	0	0	0	0
1601–1610	0	0	0	0	0	0	0	0	0	0	0
1611–1620	85	0	0	0	0	0	0	0	0	0	0
1621–1630	0	0	100	0	0	0	0	0	0	0	0
1631–1640	0	0	0	0	0	0	0	0	0	0	0
1641–1650	0	0	0	0	0	545	0	0	0	0	0
1651–1660	0	434	630	0	0	632	1.222	0	0	4.083	4.578
1661–1670	916	682	1.607	0	0	1.560	5.422	0	853	18.429	5.879
1671–1680	1.503	56	2.399	0	0	890	2.556	491	268	28.258	6.162
1681–1690	0	193	2.228	0	0	268	4.427	2.855	563	20.964	12.568
1691–1700	477	1.461	5.223	0	0	0	4.367	1.578	862	12.295	10.942
1701–1710	0	96	12.808	227	0	215	8.130	2.154	440	13.601	11.234
1711–1720	0	823	9.025	2.223	607	1.008	13.788	26.207	625	7.473	8.886
1721–1730	1.081	709	21.588	7.851	6.386	563	24.871	28.724	1.796	12.544	12.947
1731–1740	2.640	5.725	28.374	27.860	0	104	20.717	61.066	151	5.148	20.795
1741–1750	405	5.521	12.094	2.982	222	218	32.692	65.782	854	3.365	30.471
1751–1760	1.090	5.140	14.589	22.856	362	11.557	21.752	64.144	913	4.857	31.373
1761–1770	0	5.367	12.953	28.044	327	16.532	7.245	104.712	2.320	6.283	47.883
1771–1780	0	149	3.874	24.905	2.256	1.573	5.378	137.258	2.248	9.199	33.503
1781–1790	23	0	106	13.363	829	2.461	3.472	236.848	886	2.382	12.999
1791–1800	0	260	0	13.085	672	9.552	22.253	40.916	3.430	1.194	19.077
1801–1810	0	338	68	66.682	5.733	8.054	6.942	0	2.076	0	21.012
1811–1820	0	0	0	95	4.190	8.243	7.932	808	2.300	0	812
1821–1830	0	0	0	0	91	9.109	22.760	0	10.014	0	3.532
1831–1840	0	0	0	0	0	333	441	0	0	0	0
1841–1850	0	0	0	0	0	0	0	0	0	0	0
1851–1860	0	0	0	303	110	0	0	0	0	0	0
1861–1867	0	0	0	0	0	0	0	0	0	0	0
1501–1867	8.860	26.954	127.666	210.476	21.785	72.872	216.912	773.543	30.599	150.075	294.653

Fortsetzung Tabelle 3

Jahrzehnte	Rio de la Plata	Spanisch-karibisches Festland	Puerto Rico	Kuba	Amazonien	Pernambuco	Bahia	Südost-Brasilien	Dänisch Westindien	Afrika	Mittel- und Südamerika
1501–1510	0	0	0	0	0	0	0	0	0	0	1.340
1511–1520	0	0	0	0	0	0	0	0	0	0	6.170
1521–1530	0	0	0	0	0	0	0	0	0	0	7.693
1531–1540	0	655	0	0	0	0	0	0	0	0	9.428
1541–1550	0	1.249	0	0	0	0	0	0	0	0	17.922
1551–1560	0	324	0	0	0	0	0	0	0	0	3.697
1561–1570	0	2.610	0	0	0	1.365	0	0	0	0	24.770
1571–1580	0	1.240	0	0	0	2.612	100	70	0	0	17.070
1581–1590	0	9.719	0	0	0	5.005	1.652	1.157	0	0	23.619
1591–1600	0	34.313	0	0	0	9.589	3.895	3.543	0	0	7.838
1601–1610	0	32.091	0	0	0	18.658	9.189	6.432	0	0	3.369
1611–1620	0	39.250	0	0	0	35.202	21.659	15.163	0	0	5.675
1621–1630	0	45.827	0	0	0	42.494	30.860	21.600	0	0	5.056
1631–1640	0	32.118	0	0	0	6.721	30.860	21.600	0	0	3.337
1641–1650	699	9.311	0	0	0	18.964	22.949	15.917	0	172	4.597
1651–1660	2.560	15.042	305	0	0	11.392	36.530	25.571	0	1.970	5.396
1661–1670	2.929	3.685	0	0	0	19.992	42.433	31.118	0	206	6.052
1671–1680	192	3.969	0	336	250	22.379	32.693	23.273	196	281	3.651
1681–1690	0	3.868	0	0	0	25.000	29.975	20.981	2.152	0	4.046
1691–1700	0	6.703	0	0	846	45.721	56.325	39.428	15.798	493	1.350
1701–1710	3.885	10.863	0	623	1.072	52.861	60.798	41.609	4.061	0	4.341
1711–1720	6.838	7.029	0	538	1.041	40.000	81.357	55.360	1.941	0	2.979
1721–1730	8.878	1.571	0	1.559	600	38.714	91.074	51.207	2.887	259	5.611
1731–1740	5.541	510	147	350	669	23.176	91.494	64.017	1.013	166	2.266
1741–1750	2.758	2.234	236	338	799	29.427	91.322	69.268	2.672	90	3.651
1751–1760	940	193	0	0	5.559	30.207	74.749	81.391	7.921	308	6.091
1761–1770	0	357	9.757	8.386	12.144	28.166	66.645	84.673	7.180	92	10.687
1771–1780	0	236	0	0	13.547	21.799	78.639	79.410	6.513	29	9.330
1781–1790	2.180	1.154	0	14.516	17.540	27.256	82.622	109.660	12.301	281	17.879
1791–1800	4.522	741	477	41.723	18.767	37.730	97.204	119.965	22.118	1.093	16.041
1801–1810	21.521	285	544	54.167	31.938	53.869	101.933	140.860	14.185	6.254	26.952
1811–1820	0	353	1.238	115.188	21.229	81.460	115.337	223.161	0	13.809	15.483
1821–1830	2.142	0	3.925	136.381	11.776	69.092	97.926	337.888	7.782	38.216	12.513
1831–1840	1.659	0	9.310	186.179	2.285	35.158	34.133	265.909	277	32.054	5.744
1841–1850	0	0	943	54.309	2.169	19.475	65.022	308.114	0	41.800	5.429
1851–1860	0	0	0	126.823	0	350	981	5.568	0	8.987	0
1861–1867	0	0	0	37.124	0	0	0	0	0	9.011	0
1501–1867	67.244	267.500	26.882	778.540	142.231	853.834	1.550.356	2.263.913	108.997	155.571	307.073

Fortsetzung Tabelle 3

Jahrzehnte	Barbados	St. Kitts	Montserrat/ Nevis	Antigua	Jamaika	Dominica	Grenada	St. Vincent	Trinidad/ Tobago
1501–1510	0	0	0	0	0	0	0	0	0
1511–1520	0	0	0	0	0	0	0	0	0
1521–1530	0	0	0	0	0	0	0	0	0
1531–1540	0	0	0	0	0	0	0	0	0
1541–1550	0	0	0	0	0	0	0	0	0
1551–1560	0	0	0	0	0	0	0	0	0
1561–1570	0	0	0	0	0	0	0	0	0
1571–1580	0	0	0	0	0	0	0	0	0
1581–1590	0	0	0	0	0	0	0	0	0
1591–1600	0	0	0	0	0	0	0	0	0
1601–1610	0	0	0	0	97	0	0	0	470
1611–1620	0	0	0	0	0	0	0	0	0
1621–1630	0	0	0	0	0	0	0	0	0
1631–1640	0	0	0	0	0	0	0	0	0
1641–1650	25.877	762	0	0	0	0	0	0	0
1651–1660	16.212	0	0	0	94	0	0	0	391
1661–1670	32.496	984	214	0	12.139	0	230	0	1.083
1671–1680	29.831	270	7.111	1.234	14.491	0	0	0	0
1681–1690	40.296	1.463	10.704	1.826	28.659	0	0	0	0
1691–1700	36.877	0	3.950	2.924	35.623	0	0	0	0
1701–1710	34.366	166	5.061	11.956	53.947	0	233	0	0
1711–1720	48.169	2.286	4.491	8.901	51.442	0	0	0	0
1721–1730	34.233	13.211	5.401	16.268	75.467	0	217	0	0
1731–1740	27.817	21.770	3.820	14.735	72.365	0	462	0	0
1741–1750	24.536	18.088	1.076	10.908	69.977	0	0	0	0
1751–1760	37.666	17.639	3.009	21.232	84.857	0	1.100	0	0
1761–1770	49.837	27.082	359	26.389	81.290	17.658	30.629	3.826	0
1771–1780	22.558	19.727	1.046	6.488	106.047	30.804	27.888	10.754	4.682
1781–1790	4.711	5.129	0	8.324	97.184	40.735	30.791	14.612	7.579
1791–1800	20.434	2.892	151	2.034	164.626	12.276	31.443	21.279	8.395
1801–1810	6.813	2.678	450	1.755	68.901	8.573	4.596	8.436	20.128
1811–1820	0	0	0	3.063	0	0	0	0	0
1821–1830	0	0	0	0	0	0	0	0	1.078
1831–1840	433	0	0	0	2.390	0	1.100	0	196
1841–1850	0	0	0	0	0	0	0	0	0
1851–1860	0	0	0	0	0	0	0	0	0
1861–1867	0	0	0	0	0	0	0	0	0
1501–1867	493.162	134.147	46.843	138.037	1.019.596	110.046	128.689	58.907	44.002

als auch als Sklavenhalter. Recht genau erforscht ist nun auch der Beitrag der kleinen nordeuropäischen Regionen, wie etwa der norddeutschen Sklavenhändler mit jeweils 66 Sklavenfahrten und 25.000 Sklavenexporten (Weindl 2008:265).

Erstaunlich ist die Tatsache, dass selbst nach dem englischen Verbot des Sklavenhandels 1807 und seiner militärischen Durchsetzung durch die britische Marine immer noch mehr als 3 Millionen afrikanische Sklaven nach Amerika transportiert wurden, bis schließlich auch der Sklavenhandel mit den spanischen und portugiesischen Gebieten Amerikas unterbunden wurde. Hervorzuheben sind auch die relativ geringen Importe nach Nordamerika (weniger als 4 %) und die vergleichsweise hohen natürlichen Reproduktionsraten, die bis zum Beginn des Bürgerkriegs mit 4 Millionen eine der größten Sklavenbevölkerungen Amerikas hervorgebracht haben.

Das bedarf einer kurzen Erklärung: Zum einen waren die nordamerikanischen Pflanzer die armen Brüder der karibischen Zuckerpflanzer und konnten sich weder einen vergleichbaren zahlenmäßigen Import leisten, noch konnten sie, wie diese, regelmäßigen Ersatz für die in kurzer Zeit zu Tode geschundenen Arbeitskräfte schaffen. Deshalb sorgten die nordamerikanischen Pflanzer auf ihren kleineren Plantagen für Verhältnisse, die eine natürliche Reproduktion der Bevölkerung erlaubten (Fogel/Engerman 1974). Neuere demographsche Forschungen haben nachgewiesen, dass die unterschiedlichen Reproduktionsraten stark vom jeweiligen Anbauprodukt abhängig waren. Der Anbau von Zucker auf den Großplantagen der Karibik und im Übrigen auch in den wenigen Anbaugebieten in den USA (Louisiana) war offensichtlich so brutal organisiert, dass sich auch nach Abschaffung des transatlantischen Sklavenhandels keine natürliche Bevölkerungsvermehrung einstellen wollte, also ein schleichender Genozid stattfand (Engerman/Higman 1997; Tadman 2000).

Sklavenhandel war rein geschäftlich betrachtet ein riskantes Spekulationsunternehmen, gekennzeichnet durch enorme Gewinnspannen bei geglückten Fahrten, die ein Vermögen einbringen konnten, aber auch durch Bankrott und totales Desaster, das im Schuldturm enden konnte. Auf die Dauer gesehen erwiesen sich Großunternehmen und Aktiengesellschaften, die mit einer genügend großen Kapitaldecke ausgestattet waren, um Gewinn und Verlust über einen längeren Zeitraum ausbalancieren zu können, am gewinnträchtigsten. Ein solches Beispiel ist das Handelshaus Davenport aus Liverpool, dessen überlieferte Akten einen Zeitraum von fast 30 Jahren während der Spitzenzeiten des Sklavenhandels überblicken lassen. Ihre Auswertung ergab eine durchschnittliche Profitrate von circa 10 %, eine günstige, wenngleich nicht außergewöhnlich hohe Gewinnspanne, die auch in anderen Branchen zu erzielen war (Richardson 1976). Andere Berechnungen der Profitabilität des Sklavenhandels kommen zu ähnlichen Ergebnissen. Damit werden Spekulationen über riesige Vermögen aus dem Sklavenhandel, die aus der Verallgemeinerung von Einzelbeispielen mit enormen Gewinnen entstanden waren, zurückgewiesen, ebenso aber auch Thesen, die eine Konkurrenz unter den Sklavenhändlern wie beim Hochseefischen unterstellen und von einer gegen null gehenden Profitmarge sprechen (Thomas/Bean 1974). Die wissenschaftliche Diskussion hat sich auch der weitergehenden Frage angenommen, inwieweit das mit Sklavenhandel und Sklavenarbeit auf den Plantagen Amerikas erwirtschaftete Kapital zur ökonomischen Entwicklung Europas beigetragen hat. Auch hier haben sich die weit auseinanderliegenden Schätzungen, die die ältere Literatur kennzeichneten, auf niedrigem Niveau eingependelt.

Der ökonomische Beitrag der Peripherie zur Entfaltung der europäischen Wirtschaft gilt zwar quantitativ gesehen als gering, strukturelle Wachstumsimpulse werden allerdings in einzelnen Branchen zu entscheidenden Zeiten nicht ausgeschlossen (Solow/Engerman 1987; Findley/O'Rourke 2007).

Um das ganze Geschehen des Sklavenhandels etwas plastischer und nachvollziehbarer zu machen, habe ich zwei überlieferte Berichte herausgesucht, die eine Sklavenfahrt aus der Perspektive eines jungen französischen Schiffsoffiziers und eines afrikanischen Jungen dokumentieren, der von dem elterlichen Hof aus einem nigerianischen Dorf von afrikanischen Sklavenjägern geraubt und nach vielen Stationen an den britischen Kapitän eines Sklavenschiffes verkauft wurde. Wir kennen Olaudah Equianos Geschichte aus seiner eigenen Feder (Equiano 1990), weil er sich schließlich freikaufen konnte und zu einem Aktivisten in der englischen Abolitionsbewegung wurde, die maßgeblich an der Abschaffung des Sklavenhandels und der Sklaverei beteiligt war. Doch zunächst zur Fahrt der »Diligent«, die in einem kleinen französischen Hafen in der Nähe von Nantes, dem Ausgangspunkt vieler französischer Sklavenfahrten (80 %) von einem Getreidefrachter zu einem Sklavenschiff umgebaut worden war.

Robert Harms (2004), der Autor von *Das Sklavenschiff*, gibt eine derart plastische und multiperspektivische Schilderung einer Sklavenfahrt, dass man beinahe das Gefühl bekommt, selbst als teilnehmender Beobachter an Bord des Schiffes, in den europäischen Forts und Sklavendepots der westafrikanischen Küste oder auf Exkursion zu den Höfen afrikanischer Könige von Wydah oder Dahomey zu sein.

Die »Diligent« nahm in Nantes die Waren an Bord, mit denen die Sklaven gekauft werden sollten, weil in den Kontoren von Nantes bekannt war, welche Tauschobjekte an den wichtigsten Handelsstationen in Afrika gerade aktuell nachgefragt wurden. War man in dieser Frage nicht auf dem neuesten Stand, konnte das die Attraktivität als Handelspartner herabsetzen und zu erheblichen Fehlkalkulationen bzw. Einbußen führen. Die Investoren der Sklavenfahrt kauften eine bunte Mischung ziviler und militärischer Güter, die auf ihr Schiff verladen wurden. Sie gaben dafür insgesamt 37.782 Livres aus. Das war ungefähr doppelt so viel, wie das Schiff selbst gekostet hatte. Fast ein Drittel des Wertes entfiel auf Stoffe der verschiedensten Art aus ganz Europa und sogar aus Indien. Wichtig war es, die Farben und Muster zu treffen, die gerade an der westafrikanischen Küste in Mode waren. Der Rest wurde in Branntwein, Waffen und Munition sowie in Tonpfeifen aus Holland und 99 Barren schweres Eisen aus Schweden investiert. Wie man sieht, waren in den Handel mit menschlicher Arbeitskraft aus Afrika verschiedenste Weltregionen involviert.

Am 1. Juni 1731 stach die »Diligent« in See und nahm südlichen Kurs auf. Ende Juli, also zwei Monate nach ihrer Abfahrt in Frankreich, traf sie auf die westafrikanische Küste und fuhr vorbei an den alten europäischen Forts und Handelsstationen: Fort Axim, Fort Brandenburg, Elmina, Cape Coast Castle usw. Die Portugiesen, Brandenburger, Schweden und Franzosen hatten ihre Stellungen bereits wieder geräumt. Im Juli 1731 unterhielten nur noch drei europäische Mächte Forts an der Gold- und Sklavenküste: Holland (15), England (9) und Dänemark (1). Die 25 Festungsanlagen verteilten sich auf einer Küstenlinie von nur 450 Kilometer in einer Dichte, die nirgendwo sonst in Afrika anzutreffen war. Dahinter breiteten sich verschiedene kleine afrikanische Staaten aus, die während des 18. Jahrhunderts zunehmend unter den Einfluss afrikanischer Großreiche (Asante, Dahomey) gerieten.

Bisher hatte die »Diligent« trotz einiger Angebote noch keine Sklaven an Bord genommen, weil der Kapitän glaubte, die beste Angebotslage in Wydah, dem großen Sklavenhandelsstützpunkt im Delta des Popo-Flusses, zu finden. Wydah und das ganze Hinterland befand sich jedoch damals in permanentem Kriegszustand, was eine regelmäßige und überschaubare Versorgung mit Sklaven beeinträchtigte. Auch die Preise waren dadurch nach oben gegangen, es mussten erhebliche Abgaben an die lokalen und regionalen Herrscher geleistet werden, bevor man überhaupt zum Handel zugelassen wurde. Das Königreich Wydah, eigentlich ein Zwergstaat von geringer Größe aber enormer Bevölkerungsdichte, war zum Inbegriff des transatlantischen Sklavenhandels geworden. Natürlich stammten die wenigsten der Verschleppten aus Wydah selbst, sondern wurden von afrikanischen Mittelsmännern aus Gebieten weit im Inneren an die Küste gebracht. Alle europäischen Nationen, die am Sklavenhandel beteiligt waren, hatten Forts in Whydah angelegt und unterhielten Handelsvertretungen am Hofe des Königs. Empfänge der afrikanischen Herrscher konnten sich in Prunk und Reichtum mit jedem europäischen Königshaus messen.

Nun war die »Diligent« schon zwei Monate vor der Küste Westafrikas gesegelt und man hatte noch keinen einzigen Sklaven erworben. Die nächste Gelegenheit, die sich bot, war der Küstenort Jakin, auf den alle Sklavenschiffe, die eigentlich Wydah ansteuern wollten, umgeschwenkt waren. Wegen der unklaren Situation in Wydah waren die meisten Sklavenkarawanen ebenfalls nach Jakin umgelenkt worden. Wenn sie nicht schon auf der Strecke geblieben waren, kamen viele Gefangene verletzt, mit zerrissener Kleidung und halbverhungert dort an. Dies dürfte der Situation entsprechen, die einer der wenigen Betroffenen dieses Menschenraubes mit eigener Feder aufgezeichnet hat.

Equiano

Olaudah Equiano (1990; Rediker 2007; Walvin 2007) wurde als Sohn eines *Chiefs* aus der Volksgruppe der Igbo in einem kleinen Dorf im Landesinneren des heutigen Nigeria geboren und lebte dort seinen eigenen Angaben nach eine idyllische Kindheit. Zum Haushalt seines Vaters gehörten Sklaven, die bei einer militärischen Auseinandersetzung mit einem rivalisierenden *Chiefdom* gefangen genommen worden waren. Die idyllische Kindheit erlebte ein jähes Ende, als Sklavenjäger das Dorf in Abwesenheit der erwachsenen Bewohner, die sich auf den Feldern befanden, überfielen. Olaudah und seine Schwester wurden aus dem umbauten Anwesen seiner Familie geraubt und landeten nach mehreren Zwischenstationen auf einem langen Weg schließlich an der Küste, wo Olaudah circa sechs Monate nach seiner Gefangennahme von einem Händler, der die Sklavenschiffe versorgte, für 172 Cowrie-Muscheln verkauft wurde. Damit hatte er bereits den gefährlichsten Teil der Reise überstanden, denn es wird geschätzt, dass bis zur Hälfte der im Landesinneren geraubten Sklaven diesen Todesmarsch nicht überlebten. Doch davon wusste Olaudah zu diesem Zeitpunkt genauso wenig wie von seinem weiteren Schicksal an Bord des Sklavenschiffes, das ihn über den Atlantik tragen sollte.

Von Olaudah Equiano stammt einer der ganz wenigen Augenzeugenberichte – immer vorausgesetzt sein Bericht ist authentisch (Zweifel äußert: Caretta 2005) – über die sogenannte *middle passage* des Dreieckshandels, also die Atlantiküberquerung von Afrika nach Amerika. Wie viele andere Schicksalsgenossen nimmt er an, von den fremdartigen weißen Männern mit ihren großen Schiffen getötet und verspeist zu werden. Er fühlt sich völlig in der Hand böser Geister, fällt in Ohnmacht und kommt erst wieder an Bord des Schiffes zu sich, umgeben von Afrikanern, die ihm Schnaps einflößen, um ihn zu reanimieren. In bewegenden Worten schildert er die unglaubliche Enge, das Geschrei, den Schmutz und den durchdringenden Gestank von Schweiß, Urin und Exkrementen auf dem Schiff. Er berichtet von sterbenden Mitgefangenen, die über Bord geworfen wurden, von geglückten und gescheiterten Selbstmorden. Er selbst wurde heftig ausgepeitscht, als er die Nahrungsaufnahme verweigerte. Allmählich gewöhnte er sich an die Situation an Bord und gab die Selbstmordgedanken auf. Schließlich erreichte das Sklavenschiff seinen Bestimmungsort Barbados, wo er mit anderen schwer verkäuflichen Mitgefangenen an einen Zwischenhändler verkauft wurde.

Hier möchte ich die Zusammenfassung der Autobiographie des Olaudah Equiano beenden. Sein Leben nimmt noch eine Reihe erstaunlicher Wendungen, auf die aber an dieser Stelle nicht weiter eingegangen werden kann.

Nach diesem Exkurs geht es zurück zur »Diligent«, auf der nun die Vorbereitungen für die *middle passage* beginnen. Die in langwierigen und zähen Verkaufsverhandlungen in Jakin erworbenen Sklaven wurden sofort mit einem Brandzeichen versehen und in ein angemietetes Lagerhaus gebracht, wo sie unter entwürdigenden Bedingungen gefangen gehalten wurden, bis die Zustände durch Überfüllung untragbar wurden. Inzwischen hatten auch die Umbauarbeiten des Schiffes für die Aufnahme der Sklaven und die Atlantiküberquerung begonnen. Das Schiff wurde durch Holzwände in zwei Sektionen aufgeteilt: die größere entsprechend ihrer Anzahl für Männer, die kleinere für die Frauen. Die männlichen Sklaven wurden jeweils zu zweit in die Fußfesseln gelegt, die in Nantes speziell angefertigt worden waren. Die Frauen konnten sich frei bewegen, weil von ihnen keine physischen Attacken erwartet wurden. Alle wurden unter Deck gepfercht, in verschiedenen platzsparenden Stellungen, von denen die Löffelstellung *(spooning)*, die beliebteste war.

Theoretisch gab es Kübel für die Notdurft, aber praktisch waren diese für die aneinandergeketteten und häufig unter Durchfallerkrankungen leidenden Menschen besonders nachts nur schwer zu erreichen. Am Tage gab es Ausgang an Deck, während die Schlafstätten gesäubert und mit Essigwasser ›desinfiziert‹ wurden. Da musste sogar zu Akkordeonmusik getanzt werden, um der Schwermut entgegenzuwirken, von der viele Afrikanerinnen und Afrikaner befallen wurden, als die Anker gelichtet waren und die Reise ins Unbekannte begann.

Die Mannschaft war zu diesem Zeitpunkt in höchster Alarmbereitschaft, wusste sie doch aus Erfahrung, dass viele Sklaven, solange die Küste Afrikas noch zu sehen war, Verzweiflungstaten unternahmen, von Bord zu springen versuchten oder spontane Rebellionen starteten. Aus anderen Quellen wissen wir, dass es immer wieder Aufstände an Bord von Sklavenschiffen gegeben hat, die in aller Regel brutal niedergeschlagen wurden. Erst nach längerer Zeit auf See schlug diese aggressive Stimmung in Resignation um, nun lag die Gefahr suizidaler Aktionen näher. Deshalb die zwanghaften Aufheiterungstänze auf Deck. Das Frauendeck und die entsprechenden Laderäume für ihre Unterbringung waren nicht nur von den männlichen Sklaven getrennt, sondern auch von der Mannschaft des Schiffes. Freien Zugang hatten allerdings die Offiziere, deren Quartiere in unmittelbarer Nähe lagen. Trotz offiziellem Verbot ist davon auszugehen, dass sie diese Situation zur Befriedigung ihrer sexuellen Wünsche ausnutzten (Harms 2004:394ff).

Im statistischen Durchschnitt lag die Mortalitätsrate auf der Überfahrt im ersten Viertel des 18. Jahrhunderts noch bei ca. 16 %. Daran gemessen war die Fahrt der »Diligent« ein großer Erfolg, denn seit ihrer Abfahrt aus Jakin waren ›nur‹ neun Sklaven gestorben. Das entsprach 4 % der gesamten menschlichen Fracht (Harms 2004:400f).

Nach 66 Tagen war es so weit. Am 13. März 1732 meldete der Mann im Ausguck Land in Sicht, die bergigen Umrisse von Martinique zeichneten sich am Horizont ab. Die »Diligent« landete am nächsten Tag im Hafen von St. Pierre, dem wirtschaftlichen Zentrum der Insel.

Der Verkauf der Sklaven in Martinique gestaltete sich ebenso kompliziert wie ihr Ankauf in Westafrika. Offensichtlich war der Kapitän mit der aktuellen Lage in Martinique wenig vertraut, ein Erdbeben hatte die Insel kurz vor ihrer Ankunft heimgesucht, daher hatten die Pflanzer andere Prioritäten als Sklaven nachzukaufen. Alles in allem schloss die Reise mit einem leichten Verlust für die Schiffseigner, die daraufhin wieder zum Getreidehandel zurückkehrten.

Dasselbe lässt sich leider von anderen Sklavenhändlern nicht sagen. Das Geschäft mit der ›menschlichen Fracht‹ verlagerte sich in der Folgezeit stark auf kapitalkräftige Aktiengesellschaften, die das risikobehaftete Geschäft auf eine ganze Flotte von Sklavenschiffen verteilen konnten.

Plantagensklaverei in den Amerikas

Seit dem 18. Jahrhundert wurde die Produktion landwirtschaftlicher Güter auf den karibischen Inseln immer stärker auf großen Plantagen betrieben, auf denen eine große Zahl von Arbeitern unter ständiger Aufsicht tätig war. Zucker war nicht das einzige Anbauprodukt, es gab auch andere Exportprodukte wie Indigo und Kaffee sowie Nahrungsmittel für den lokalen Bedarf, aber mit Zucker und seinen Beiprodukten Melasse und Rum waren sicherlich die größten Profite zu erzielen. Das setzte allerdings zusätzlich neben dem Land und den Arbeitskräften weitere Investitionen in fabrikähnliche Anlagen voraus.

»Die Pflanzer der Karibik waren für ihre Zeit ohne Zweifel Großunternehmer: ›ein kombinierter Farmer-Fabrikant‹, der circa 100 Arbeitskräfte aufzubieten hatte, konnte Zuckerrohrfelder von 80 Morgen Land bestellen und auf 80 Tonnen Zucker nach der Ernte rechnen. Um den Zucker herzustellen, brauchte er eine oder zwei Mühlen, eine Siederei, um den Saft zu klären und einzudicken, eine Trockenkammer, um die Melasse zu dehydrieren und die Zuckertüten trocken werden zu lassen, eine Brennerei, um Rum zu brennen, und ein Lagerhaus, um den Rohzucker bis zur Verladung bzw. Verschiffung aufzubewahren – insgesamt eine Investition von vielen Tausenden von Pfund Sterling.« (Dunn 1972:189-195 in der Zusammenfassung von Mintz 1987:8).

Die Zuckerplantage war in Bezug auf Kapitalinvestition, Produktionsmenge und Zahl der Arbeitskräfte schon im 17. Jahrhundert industrieller als Verlagsproduktion und Manufakturwesen in Europa. Allerdings gab es einen entscheidenden Unterschied: Die

Arbeitskräfte waren zum größten Teil versklavte Afrikaner, die durch brutale Gewalt zur Arbeit gezwungen wurden.

In der englischen Karibik wurden die Sklaven generell als Eigentum der Pflanzer behandelt, sie gehörten der rechtlichen Definition nach als bewegliche Habe *(chattel)* zum Inventar, wie Pferde oder Zugochsen. Entsprechend konnten sie unter freien Menschen als Ware gehandelt, verschenkt oder vererbt werden. Sie wurden als persönliches Eigentum definiert, gehörten also nicht zum Land, das sie bearbeiteten (wie z. B. bei der *encomienda* in Lateinamerika), konnten aber auch mit der Plantage verkauft werden. Letzteres war eher vorteilhaft für die Sklavengemeinde, weil dadurch Familienangehörige und etablierte Haushalte zusammenbleiben konnten. Schlimmer ging es denjenigen, die einzeln an neue Besitzer verkauft wurden und von Plantage zu Plantage wechseln mussten, ja manchmal auch auf andere Inseln versetzt wurden, weil ihr Marktwert nach dem englischen Verbot des Sklavenhandels in den neuen Produktionsgebieten (Trinidad, Guyana) extrem gestiegen war.

Die Bedingungen der Plantagensklaverei waren abhängig von den direkten Erfordernissen des Arbeitsprozesses und den spezifischen Gewalt- und Ausbeutungsverhältnissen, die ihrerseits mit dem jeweiligen Anbauprodukt zusammenhingen. Zucker stellte die größten Anforderungen und war von allen Kolonialwaren, die unter Bedingungen der Sklaverei produziert wurden, mit dem brutalsten Arbeitsregime verbunden. Die Arbeit in kleineren Einheiten war in aller Regel weniger kräfteraubend, aber nicht typisch für die Arbeitsverhältnisse im karibischen Raum. Dominierend und charakteristisch für das System der Plantagensklaverei waren die Lebens- und Arbeitsverhältnisse auf den großen Zuckerplantagen mit über 1.000 acre Fläche und mehreren 100 Sklaven. Meistens wurden diese agro-industriellen Komplexe nicht (mehr) von ihren Besitzern geleitet, die sich so schnell wie möglich nach England absentierten, sondern von Verwaltern, die sich um die je nach Saison verschiedenen tagtäglichen Arbeitsgänge kümmerten. Dazu gab es eine feste Hierarchie von weiteren Aufsehern, weißen und schwarzen, Freien und Sklaven, denen die Organisation und Kontrolle der Arbeit oblag. Die grundlegende Arbeitseinheit waren die *gangs*, eine Gruppe von 10-20 Sklaven, von deren reibungsloser Funktion die Effektivität und Produktivität der Plantage ganz wesentlich abhing. Diese *gangs* sollten möglichst homogen zusammengesetzt werden, d. h. von ihrer Körperkraft, ihrem Alter und ihrer Erfahrung her zusammenpassen. Sie waren untereinander noch einmal hierarchisch gegliedert – *first gang*, *second gang*, etc. –, jede von ihnen hatte einen oder zwei Antreiber *(driver)*, ebenfalls Sklaven, der/die mit einer Peitsche ausgestattet war(en) und für eiserne Arbeitsdisziplin sorgen und ein Maximum an Arbeitsleistung aus der *gang* herausholen sollte(n). Das der *gang* zugrunde liegende Prinzip bestand darin, einen messbaren Arbeitsrhythmus zu erzwingen, der den einzelnen zum Teil einer Maschine reduzierte. Es lag dem Besitzer bzw. Verwalter der Plantage daran, möglichst alle Sklaven in den Arbeitsprozess mit einzubeziehen, um einen größtmöglichen Ausbeutungsgrad seiner teuren Sklaven zu gewährleisten. So gab es auch »Kinder- oder Grasgangs« unter Leitung einer »Antreiberin«, die Viehfutter besorgten, und auch alte Sklaven wurden noch als Nachtwächter oder für andere leichte Arbeiten eingesetzt. Die Arbeitsorganisation in Form von *gangs* setzte sich überall in der Karibik und Nordamerika durch, wo Arbeit mit außerökonomischem Zwang durchgesetzt werden konnte. Obwohl im transatlantischen Sklavenhandel Männer bevorzugt wurden, machte man bei der Arbeit auf den Plantagen wenig Unterschiede zwischen den Geschlechtern. Gerade bei der Feldarbeit wurden viele Frauen in den leistungsstärksten *gangs* eingesetzt. Allerdings blieben ihnen alle Tätigkeiten verwehrt, die mit einer Ausbildung verbunden waren. Damit schieden alle Qualifikationsberufe im Verarbeitungskomplex der Zuckerplantage, von denen es viele gab, für Frauen aus, Tätigkeiten wie Böttcher, Destilleure, Zuckerkocher, etc., die eine handwerkliche Lehre voraussetzten und einen Aufstieg in die Sklavenelite versprachen, waren Männern vorbehalten. Deshalb waren so viele Frauen bei der schweren Feldarbeit eingesetzt. Anders verhielt es sich bei der Hautfarbe. Farbige Sklaven mit einem Anteil weißer Vorfahren wurden in den meisten Fällen für privilegierte Arbeiten vorgesehen, die Männer für die Lehrberufe, die Frauen als Hausklaven. Die damit verbundene größere Nähe zur Herrschaft war zumindest ambivalent und kein Garant für eine Position in der Sklavenelite. Voraussetzung war in jedem Fall die Bereitschaft, den Forderungen und Ansprüchen der Pflanzer zu entsprechen, was nicht zuletzt, die eigene Herkunft zeigte es, sexuelle Ausbeutung bedeutete. Zur Arbeit aufs Feld geschickt zu werden, bedeutete für diese farbigen Sklaven eine harte Strafe und Demütigung.

Der Arbeitstag der Sklaven war lang, dauerte normalerweise von Sonnenaufgang bis -untergang; während der Ernte wurde zusätzlich noch nachts in der Fabrik gearbeitet. Barry Higman rechnet als durchschnittliche Jahresarbeitszeit für Barbados 3.200 Stunden, für Jamaika 4.000 Stunden, für Sklaven in Nordamerika waren es im Vergleich 3.000 Stunden, während ein moderner Fabrikarbeiter auf 1.500 Stunden kommt (Higman 2002:16).

Die Arbeit auf dem Feld war hart, sei es mit einer Hacke den Boden bearbeiten, das Rohr mit einer Machete schneiden und trimmen, das sperrige Rohr aufheben und verladen. Bei jeder Verschnaufpause drohte die Peitsche des Antreibers. Bei der Ernte kam es darauf an, dass die Menge des geschlagenen Rohrs möglichst genau auf die Kapazität der Mühle(n) abgestimmt wurde, denn geschlagenes Rohr musste innerhalb von 48 Stunden verarbeitet werden, weil die Sucrose (Süßstoff) danach verdirbt.

Wenn der Aufseher das Zuckerrohr für erntefähig hielt, wurden die Maschinerie der Fabrik in Gang gesetzt und die Rohrschneider von morgens bis abends ins Feld geschickt. Die einzelnen *gangs* nahmen nun ihren Arbeitsrhythmus auf: die einen schnitten das Zuckerrohr nahe am Boden und entfernten die losen Blätter, danach kam die Gruppe der *tyer*, die das Rohr aufnahmen und bündelten und es anderen Sklaven oder Maultieren auf den Rücken banden, die es sodann zum nächsten Weg brachten, von wo es mit größeren Karren auf den Fabrikhof transportiert wurde.

Während der Erntezeit war die Fabrik alles andere als ein privilegierter Arbeitsplatz, die Mühle lief Tag und Nacht, es herrschte eine unerträgliche Hitze und ein durchdringender Gestank von Zuckerrohrsaft und Schweiß machte sich breit. Zusätzlich zu der Stammbelegschaft der Fabrik wurde während der Ernte auch ein Teil der Feldsklaven eingesetzt, und dies nach einem langen Tag des Zuckerrohrschneidens.

Wie beschrieben, diktierten die schnelle Verfallszeit des Zuckerrohrs und der maschinelle Verarbeitungsprozess einen quasi industriellen Arbeitsrhythmus, der von Sidney Mintz in seinem großartigen Buch *Die süße Macht*, in der er sein wissenschaftliches Werk, das eigentlich immer um die Menschen kreiste, die vom Zucker abhängig waren, noch einmal zusammengefasst hat (Mintz 1987:80f).

Das Bild von der Sklavenarbeit willenloser Objekte, die von morgens bis abends unter der Knute brutaler Aufseher auf den Zuckerrohrfeldern der Plantage arbeiten, hält die neuere Forschung mittlerweile für zu einseitig. Betont werden dagegen die Komplexität und Vielschichtigkeit des Arbeitsprozesses und die unterschätzten ökonomischen Eigenarten und kulturellen Eigenständigkeiten der Sklavengemeinde. Ich will mich hier auf die wirtschaftlichen Aktivitäten konzentrieren, die aus den unter unmittelbarem physischem Zwang arbeitenden recht- und besitzlosen Sklaven Landarbeiter bzw. Bauern werden ließen, die für sich selbst oder einen lokalen Markt produzierten. Dies geschah nicht erst nach Aufhebung der Sklaverei, sondern war bereits in ihrem Schoße angelegt, durchaus im Interesse und zum komplementären Nutzen von Pflanzer und Sklave. Der Plantagenbesitzer konnte den teuren Import von Nahrungsmitteln zumindest partiell einsparen. Den Sklaven gelang es nicht nur ihren Lebensstandard zu heben, sondern sie schufen sich auf diese Weise einen weitgehend autonomen Wirtschaftsbereich, der ihnen nicht ohne weiteres wieder genommen werden konnte. Bereits Orlando Patterson weist in seinem Buch *Sociology of Slavery* (Patterson 1967) auf die in Jamaika weit verbreiteten wirtschaftlichen Tätigkeiten der Sklaven in ihrer freien Zeit hin und betont, dass diese Aktivitäten als Freiräume zu verstehen sind, die die Sklaven im Widerstand gegen das Plantagenregime erkämpft hatten und die den Status von Gewohnheitsrecht erhielten, das nicht ohne beträchtliche Gegenwehr der *slave community* rückgängig gemacht werden konnte. Die entscheidenden Termini, die bereits auf eine eigenständige Wirtschaftstätigkeit der Sklaven neben der Plantagen- und Fabrikarbeit hinweisen, lauten: *kitchen-garden*, *provision grounds* und *sunday markets*.

Die Zuteilung von kleinen Landflächen zur Nahrungsmittelproduktion vor und hinter den Sklavenhütten *(kitchen-gardens)*, aber auch von größeren Ländereien, z. T. weit entfernt von den Unterkünften, in den weitläufigen und nichtkultivierten Randbereichen der Plantage *(provision grounds)*, lässt sich bereits sehr früh nachweisen. Ebenso gehören die regelmäßigen Sonntagsmärkte, auf denen handfeste Geschäfte gemacht, aber auch soziale Kontakte gepflegt wurden, zur gesicherten Überlieferung des 18. Jahrhunderts. Mintz und Hall haben nachgewiesen, dass die Entstehung eines internen Marktsystems und auch die Ausbreitung der lokalen Währung ohne diese eigenständigen Wirtschaftstätigkeiten der Sklaven nicht erklärbar wären (Mintz/Hall 1970).

Es besteht kaum ein Zweifel darüber, dass auch die Pflanzer, abgesehen von der sozialen Befriedungsfunktion, das Maß für Plantagenarbeit und Nahrungsmittelproduktion der Sklaven genau kalkulierten und von Zeit zu Zeit versuchten, die Balance zu verschieben. Auf den kleinen Inseln, wo der Boden für die Plantagenproduktion begrenzter war als auf den Großen Antillen, bestand wenig Bereitschaft, größere Flächen für die Nahrungsmittelproduktion bereitzustellen; dort blieb es dann im Wesentlichen bei der Eigenbewirtschaftung der *kitchen-gardens*. Wenn die Weltmarktkonjunktur gut war, bestand wenig Neigung, den Sklaven freie Tage zur Arbeit auf den eigenen Feldern zu konzedieren – schon gar nicht zur Erntezeit –, während eine Ausdehnung der Nahrungsmittelproduktion in Krisenzeiten durchaus wünschenswert war. Keinesfalls konnten die Vereinbarungen hierüber willkürlich aufgekündigt werden, ohne die prekäre Stabilität der Sklavengesellschaft zu gefährden. Die zeitgenössischen Quellen belegen, dass im 18. Jahrhundert durchschnittlich 100 Tage im Jahr, also zwei Tage pro Woche, für die Nahrungsmittelproduktion zur Verfügung standen (Mintz 1978:92f). Die Sonntagsmärkte gab es in jeder Region. Sie erreichten zum Teil enorme Größenordnungen. In St. Domingue wurden die lokalen Märkte von 15.000 Handel treibenden Sklaven besucht (Mintz 1978:95). Mintz betont zu Recht, dass die autonomen Subsistenzaktivitäten den Charakter von Sklavenarbeit erheblich modifizierten: Sklaven waren in der Lage, ohne Aufsicht und außerökonomischen Zwang in selbst gewählten Gruppen, meistens als Angehörige eines Haushalts, zu arbeiten; sie beherrschten die Fähigkeit, eigenständige wirtschaftliche Kalkulationen anzustellen; und für jeden, der sehen wollte, entwickelte sich aus diesen Aktivitäten eine eigenständige Kultur, die alle rassistischen Unterstellungen, versklavte Afrikaner seien keine zivilisationsfähigen Menschen, ad absurdum führte.

Das formale Rechtsverhältnis zwischen Sklaven und Sklavenhalter allein ist also kein überzeugendes Argument, die moderne Sklaverei als vorkapitalistische Produktionsweise zu definieren. Eine rigide marxistische Definitionsallmacht, nach der Sklaven als Eigentum eines Unternehmers keine selbstständige Verfügungsgewalt über ihre Arbeitskraft besitzen, diese also auch nicht verkaufen können wie freie Lohnarbeiter, muss in Frage gestellt werden. Denn dieses formale Diktum sagt uns wenig, angesichts einer empirischen Praxis, die es Sklaven gestattete, Nahrung für sich selbst und ihre Familie zu produzieren, Überschüsse auf dem lokalen Markt zu verkaufen, mit dem verdienten Geld andere Waren einzukaufen und die so ein internes Marktsystem entstehen ließ, von dem auch die Pflanzer abhängig waren.

So weit die emanzipatorische Funktion dieser wirtschaftlichen, sozialen und kulturellen Nischen, die das Bild von der Plantage als totaler Institution etwas konterkarieren. Diese aus soziologischer und kulturanthropologischer Sicht geprägte Differenzierung der Plantagenwirtschaft und -gesellschaft brachte keinesfalls Vorteile für alle Mitglieder der Sklavengemeinde. Sie setzte auch einen sozialen Stratifizierungsprozess in Gang, der die materielle Versorgung der Mehrheit nicht unbedingt verbessern musste, ja für Viele eine zusätzliche körperliche Belastung darstellte, die zusätzlich zur Arbeit auf den Zuckerrohrfeldern zu erbringen war, um eine rudimentäre Ernährung sicherzustellen. Auf diese Doppelbelastung hat Barry Higman hingewiesen, indem er nachweisen konnte, dass das *provision-ground*-System besonders in den Regionen verbreitet war, wo auch die Ausbeutungsquote auf den Plantagen am größten war, etwa in Jamaika und St. Domingue. Auf den kleinen Inseln stand weniger Land für solche Aktivitäten zur Verfügung und auch in Nordamerika wurde die Verpflegung von der Plantagenleitung organisiert und ausgegeben. Ein Vergleich zeigt, dass die Sklaven in den Systemen mit zentraler Versorgung durch die Pflanzer besser ernährt waren als in den Gebieten, wo die Selbstversorgung vorherrschte. Es gibt sogar einen klaren Zusammenhang zwischen Körpergröße und Ernährungsqualität. In den Regionen, wo in Eigenregie bebaute *provision grounds* verbreitet waren, blieben die Menschen kleiner als beispielsweise auf dem nordamerikanischen Festland (Higman 2002:16f).

Das Tagebuch des Thomas Thistlewood

Die Großplantage in der Karibik mit einer »totalen Institution«, einer geschlossenen Anstalt, zu vergleichen, mag vielleicht unangemessen sein, ein weitgehend autonomer Mikrokosmos war sie in jedem Fall. Die menschlichen Beziehungen innerhalb der frühen Plantagengesellschaft entwickelten sich wie in einem sozio-kulturellen Laboratorium. Die Rahmenbedingungen wurden von den jeweiligen Produktionsverhältnissen und dem individuellen Regime der Plantagenleitung vorgegeben. Innerhalb dieser Grenzen entfaltete sich ein sozialer Interaktionsprozess, der auf verschiedenen Ebenen stattfand, die aber nicht unbedingt streng voneinander getrennt sein mussten. Einen authentischen, wenngleich nicht in allem repräsentativen Einblick gewähren die Tagebuchaufzeichnungen von Thomas Thistlewood, eines Plantagenverwalters in Jamaika während der zweiten Hälfte des 18. Jahrhunderts, die von Douglas Hall nur vorsichtig und zurückhaltend ediert wurden (Hall 1989; Burnard 2003). Sie umfassen ca. 10.000 eng beschriebene Seiten und waren allem Anschein nach nicht für eine wie auch immer beschaffene Öffentlichkeit gedacht. Thistlewood war 29, als er nach Jamaika kam, und 65, als er dort 1786 starb.

Auffällig an seinen Eintragungen sind die Auswahl der Themen und die Art der Präsentation. Er erwähnt wenig, fast gar nichts, über die tägliche Arbeit, sondern konzentriert sich auf die sozialen Interaktionsprozesse mit »seinen« Sklaven, mit Vertretern der freien weißen Gesellschaft und der freien schwarzen Gesellschaft, den sogenannten Maroons, entlaufene Sklaven, die sich in einem lange währenden militärischen Kampf mit der Kolonialmacht einen Autonomiestatus erkämpft hatten, allerdings unter der Bedingung, weitere entlaufene Sklaven an die Besitzer auszuliefern. Begegnungen mit freien Farbigen werden äußerst selten berichtet. Der Stil der Aufzeichnungen ist ereignisorientiert, er notiert nur, was stattgefunden hat, gibt selten Erklärungen, Interpretationen oder Bewertungen ab. Er interessiert sich für Literatur, besitzt und kauft etliche Bücher, ist neuen wissenschaftlichen Erkenntnissen gegenüber aufgeschlossen, besitzt insgesamt ein überdurchschnittliches Bildungsniveau. Obwohl er selbst einer der Hauptakteure auf der Plantage ist, wirken seine Aufzeichnungen wie die eines teilnehmenden anthropologischen Beobachters, der rein positivistisch ganz ohne moralische Bewertungen festhält, was passiert. Hauptthema der von Douglas Hall ausgewählten Textstellen sind Begegnungen mit Menschen, vor allem mit den knapp 50 ihm unterstellten Sklavinnen und Sklaven auf der Plantage »Egypt« im Südwesten Jamaikas, die er verwaltet. Später bringt er es zu eigenem Land und eigenen Sklaven.

Jeder Besuch auf der Plantage wird erwähnt, sei es der Eigentümer, der in geringer Entfernung eine weitere Plantage besitzt und dort mit seiner Frau residiert, durchreisende Bekannte oder die schon erwähnten Maroons auf der Jagd nach entlaufenen Sklaven. Natürlich sind auch die seltenen Ausritte auf benachbarte Plantagen oder in die nächstgelegene Stadt erwähnenswert. Seine Bewertungsskala von wichtig und unwichtig bemisst sich weniger nach objektiven Kriterien als nach der Bedeutung des Ereignisses für sein Lebensgefühl.

Deshalb werden seine sexuellen Aktivitäten regelmäßig und im Detail vermerkt. Richard Dunn hat Sexualbeziehungen zu 9 von 15 Sklavinnen neben einer festen Beziehung mit einer Frau, mit der er fast jede Nacht schlief, auf seiner ersten Arbeitsstelle ausgezählt (Dunn 1984:174). Es wird der Name vermerkt und beim ersten Mal meist auch eine ethnische Einordnung der Sklavin vorgenommen. Die genauen Umstände und die Qualität des jeweiligen Sexualakts werden in lateinischen Kürzeln festgehalten: Sup. Lect. (auf dem Bett), Sup. Terr. (auf dem Boden), in Silva (im Wald), manchmal auch sed non bene (aber nicht gut) (Hall 1989:23 Anm. 1). Diese Form der sozialen Interaktion war immer mit kleinen, manchmal auch großen Geschenken verbunden. In vielen Fällen muss von Vergewaltigungen ausgegangen werden, besonders dann, wenn sich der Eigentümer der Plantage allein oder mit Freunden über Nacht anmeldete und bestimmte Sklavinnen zugeführt haben wollte. Das ging auch Thistlewood oft gegen den Strich, weil diese Besuche in wilde Saufgelage ausarteten und auch seine Sexualpartnerinnen betroffen waren. Exklusive bzw. monogame Beziehungen waren jedoch sowohl unter den Weißen als auch unter den Sklaven die große Ausnahme. Entsprechend verbreitet waren Geschlechtskrankheiten, die ebenfalls regelmäßig thematisiert wurden. Zwar gab es festere bzw. längere Beziehungen zu einer Frau, diese bezogen sich aber vor allem auf eine gemeinsame Haushaltsführung oder andere materielle Abkommen auf Gegenseitigkeit. Das konnte insbesondere für farbige Nachkommen aus Beziehungen zwischen weißen Männern und Sklavinnen von Bedeutung sein. Da für das Kind der Status der Mutter entscheidend war, blieben die Kinder Sklaven, konnten aber wie die Mutter mit wirtschaftlicher und sozialer Besserstellung rechnen, bis hin zu einer Erziehung in England, oder gar auf Freilassung zu einem späteren Zeitpunkt; meist jedoch wurden Mutter und Kind erst im Testament des Verblichenen entsprechend bedacht. Auch Thistlewood ging eine solche Langzeitbeziehung mit einer Sklavin ein, die ebenso wie ein Sohn aus einer anderen Liaison nach seinem Tod freigelassen wurden (Hall 1989, Appendix 1). Es ist anzunehmen, dass diese Beziehung sein Verhältnis zu den ihm untergebenen Sklaven insgesamt und nachhaltig verbesserte. Jedenfalls nahmen die grausamen Bestrafungen, von denen aus den ersten Jahren zu berichten ist, deutlich ab.

Thistlewood wurde von »seinen« Sklaven auch mit der Flora und Fauna Jamaikas vertraut gemacht sowie auch in die kreolische Kultur, die vielen ungeschriebenen Übereinkünfte zwischen Herren und Sklaven, eingeführt. Er war die meiste Zeit der einzige Weiße, der fast 50 Sklaven zu beherrschen hatte – ein Zahlenverhältnis, das noch mehrfach über dem schon als bedrohlich empfundenen Durchschnitt in Jamaika von 1:10 lag. Deshalb musste Stärke demonstriert werden, wie er es von seinen ersten Vorgesetzten gelernt und in den ersten Jahren seiner Tätigkeit als Verwalter einer Plantage in exzessiver, sadistischer Brutalität praktiziert hatte. Einem Initiationsritual gleich bekam er vorgeführt, wie man mit unbotmäßigen Sklaven zu verfahren hatte. Sein erster Arbeitgeber ließ den schwarzen Vorarbeiter »Mulatto Dick« an einem Baum gefesselt mit nahezu 300 Peitschenhieben »für seine vielen Verbrechen und Nachlässigkeiten« bestrafen. Es dauerte neun Tage, bis er wieder zur Arbeit verwendbar war. Thistlewood lernte schnell. Richard Dunn (1984) hat nicht nur die Zahl von Thistlewoods Sexualpartnerinnen ausgezählt, sondern auch die Peitschenhiebe, die er während des ersten Jahres verabreichen ließ: 35 Sklaven wurden insgesamt 52 Mal ausgepeitscht, zwischen 50 und 150 Schläge pro Auspeitschung. Dunn wundert sich, wie die Sklaven eine solch gewalttätige Herrschaft erdulden konnten, warum sie gegen sein Terrorregime nicht stärker aufbegehrt haben. In der Tat griff er nicht nur zur Peitsche, sondern ließ sich auch andere unmenschliche und widerliche Grausamkeiten einfallen, die für nichtige Verstöße gegen die Vorschriften Anwendung fanden: Immer wieder wurden Sklaven dabei erwischt, dass sie Zuckerrohr aßen, weil sie Hunger hatten. »[Derby]beim Zuckerrohr essen erwischt. habe ihn gut auspeitschen und mit Essig und Salz (pickled) einschmieren lassen. Dann habe ich Hektor gezwungen ihm in den Mund zu scheißen.« »Port Royal«, ein anderer Sklave, war weggelaufen und wieder eingefangen worden: »Gab ihm eine ordentliche Auspeitschung, ließ ihn gut mit Essig und salz einschmieren, zwang Hektor ihm in den Mund zu scheißen, ließ ihn für 4 oder 5 Stunden knebeln, während sein Mund voll war.« (Hall 1989:72)

Am 30. Juli 1756 wurden wieder zwei entlaufene Sklaven aufgegriffen: »Gut ausgepeitscht und mit Salz und Essig, Zitronensaft und Vogelpfeffer eingerieben, New Negro Joe gezwungen in seine Augen und Mund zu pissen etc.« Am 1. August wurde einer gefasst, der schon im April abgehauen war: »habe ihm Fußfesseln angelegt; geknebelt; beide Hände zusammengebunden; mit Melasse eingerieben und den ganzen Tag nackt den Fliegen und die Nacht den Mücken ausgesetzt, ohne Feuer.« (Hall 1989:73) Diese abscheulichen und entwürdigenden Quälereien ließen sich seitenweise fortsetzen; sie lassen erst nach Jahren der Eingewöhnung nach und wurden abgelöst von einer weniger gewalttätigen Mischung aus Zuckerbrot und Peitsche. Trotzdem wurde er nie ernsthaft bedroht, sondern berichtet stattdessen von längeren Jagd- und Angelausflügen mit den gleichen Sklaven, die er hatte auspeitschen lassen und deren Frauen er vergewaltigte.

Als er seinen zweiten Arbeitsplatz verlässt, ist es nicht das zerrüttete Verhältnis mit den Untergebenen, sondern die schlechte Bezahlung durch den Eigentümer, die ihn gehen lässt. Im Gegenteil, der Abschied von der Plantage und »seinen« Sklaven, insbesondere von seiner Mistress, Phibbah, fällt ihm sehr schwer. Zum Abschied überhäuft er sie mit Geschenken. Thistlewood hatte darum gebeten, sie ihm zu verkaufen oder zu vermieten, aber die Frau des Eigentümers stellte sich stur und verweigerte beides. Phibbah, eine kreolische Schwarze, war eine der fähigsten Haussklavinnen. Wahrscheinlich spielte dabei auch die Sexualkumpanei ihres Mannes eine Rolle, der regelmäßig, manchmal sogar mit Gästen, zu Thistlewood kam, um die Nacht mit Sklavinnen zu verbringen.

Ein halbes Jahr später kehrt er wieder zurück nach Egypt: »… ging zu Phibbah's Haus spät in der Nacht, wo ich zu Abend aß und schlief, da Herr und Frau Cope längst zu Bett gegangen waren.« »Nun gibt es keinen Zweifel mehr, er wusste, dass er sie brauchte«, kommentiert Douglas Hall kurz und trocken (Hall 1989:82). Tatsächlich hielt die Beziehung bis zu Thistlewoods Tod im Jahre 1786. Das heißt nicht, dass sich Thistlewoods Sexualgewohnheiten änderten, aber sie avancierte zu seiner inoffiziellen Frau, mit der er ab 1767 auf eigenem Land lebte. Phibbahs Eigentümer, die Familie Cope, hatte schließlich eingewilligt, sie an Thistlewood zu vermieten. Sie führte ihm den Haushalt und empfing Gäste, die, wie die Copes, zur Zuckeraristokratie der Insel gehörten. Ihr gemeinsamer Sohn »Mulatto John« wurde bereits 1762, zwei Jahre nach seiner Geburt, freigelassen. Phibbah selbst besaß schon vor der Liaison mit Thistlewood Vermögen und verfügte sogar über eine eigene Sklavin mit Kind, die sie 1765 von einer Mrs. Bennett geschenkt bekommen hatte. (Sie konnte offiziell nicht die Besitzerin sein, wohl aber ihr 1762 freigelassener Sohn John. Da er noch minderjährig war, gehörte sie formal Thistlewood.) Phibbah war für die Familie Cope so wertvoll, dass sie erst nach dem Tode von Thistlewood und trotz ihres fortgeschrittenen Alters für 80 Pfund aus seinem Nachlass freigekauft wurde. Nach ihrer Freilassung wurde sie Thistlewoods Haupterbin. Sie erhielt 100 Pfund und eine jährliche Apanage von 15 Pfund bis an ihr Lebensende aus dem Verkaufserlös von Thistlewoods eigener Plantage. Mit den 100 Pfund sollte ein Stück Land gekauft und ein Haus gebaut werden. Der Rest seines Vermögens sollte an Thistlewoods Familie in England gehen (Hall 1989, Appendix I).

Über andere Sklaven erfahren wir nicht so viel wie über Phibbah. Dennoch ist es erstaunlich, wie viele Details Douglas Hall zumindest über die Sklavinnen und Sklaven, die Thistlewood für seinen eigenen Landsitz erworben hat, aus dem Manuskript zusammengetragen hat. Viele von ihnen hatten nur eine geringe Lebenszeit und verstarben früh. Die Kindersterblichkeit war enorm hoch. Immer wieder berichtet er über Krankheiten, vor allem Geschlechtskrankheiten (Gonorrhö und Syphilis) und Jaw/Hookworm, deren Erscheinungsform man kannte, aber für deren Heilung kein probates Mittel zur Verfügung stand. Auch einige individuelle Verhaltensweisen, meistens Unbotmäßigkeiten, werden regelmäßig festgehalten, es gibt Hinweise auf temporäre Paarbildungen bzw. Haushaltseinheiten unter den Sklaven, die aber nie von langer Dauer waren, und natürlich wird man genauestens über die Sexualfrequenz des Herrn mit seinen bevorzugten Sklavinnen informiert (Hall 1989:172-214).

Statt weitere Details auszubreiten, sollen die im Tagebuch aufgezeichneten Konturen des Alltagslebens in einer Plantagengesellschaft an dieser Stelle systematisch hinterfragt werden. Dabei geht es um die Repräsentativität des vorgestellten Fallbeispiels und um die von Richard Dunn zu Beginn aufgeworfene Frage, wie die Sklaven ein solches Terrorregime ertragen konnten. Etwas allgemeiner ausgedrückt: Wie war die soziale Struktur der Plantagengesellschaft beschaffen und wie war die kleine Minderheit der weißen Herren in der Lage, die soziale Kontrolle über die große Mehrheit der schwarzen Sklaven auszuüben?

Gad Heuman unterscheidet drei nach rassischen Kriterien festgelegte Kasten, die in sich sozial stratifiziert waren: Sklaven, freie Farbige und Weiße. Eigentlich war die zweite Gruppe gar nicht vorgesehen, sondern entstand erst »in operandi« v. a. durch die sexuelle Ausbeutung von Sklavinnen durch ihre Herren, wie gerade am Beispiel Thistlewood gezeigt.

Im Gegensatz zu landläufigen Vorstellungen war auch die Sklavengemeinde alles andere als sozial homogen. Wie wir gesehen haben, gab es nicht nur die Unterschiede beim Arbeitseinsatz und im Sozialstatus, ablesbar an der Nähe zur Herrschaft sowie abhängig von Ausbildung und handwerklichen Fähigkeiten. Eigene wirtschaftliche Tätigkeiten und der Erwerb von Geld- wie Sachmitteln spielte eine weitaus größere Rolle unter den Sklaven als gemeinhin angenommen. Nicht nur der Zugang zu *provision grounds* sondern auch die handwerkliche Arbeit auf eigene Rechnung oder die monetäre Entlohnung zusätzlicher Tätigkeiten durch den Herren (die »Liebesdienste« wurden immer mit kleinen Geldbeträgen entlohnt) haben einen internen Markt entstehen lassen, der ganz wesentlich von den Sklaven geschaffen und in Gang gehalten wurde (Hall/Mintz 1970). Natürlich gab es auch diejenigen, die von dieser informellen Ökonomie ausgeschlossen oder an ihr nur rudimentär beteiligt waren. Die vielen Fälle von Mundraub und Diebstahl trotz drakonischer Strafen deuten auf Verzweiflungstaten aus Hunger und elementarer Not hin. Wie bereits konstatiert, ging ja paradoxerweise gerade das Selbstversorgungssystem der *provision grounds* mit schlechter Ernährung einher; d. h., die Verantwortung der Pflanzer für eine angemessene Versorgung wurde teilweise an die Sklaven delegiert, die der inneren sozialen Differenzierung folgend keineswegs egalitär geregelt war. Die Überschüsse des in Eigenregie bebauten Landes wurden nicht gleichmäßig verteilt, sondern auf den Märkten der Insel verkauft und dienten somit der individuellen Vorteilsnahme. Dieser verbreitete Handel mit lokal produzierten

Nahrungsmitteln war arbeitsteilig organisiert und beteiligte ganze Netzwerke. Wer an irgendeiner Stelle dieses verzweigten Systems – beim Anbau oder im Handel – partizipieren konnte, profitierte davon, wer ausgeschlossen war, musste sich andere Quellen erschließen, um die notwendige Ernährungsgrundlage sicherzustellen. Offensichtlich gelang das nur wenigen, die Mehrheit der Feldsklaven blieb tendenziell unterernährt. Als Folge waren sie anfällig für Krankheiten, hohe Kindersterblichkeit, geringe Lebenserwartung und ihre durchschnittliche Körpergröße war deutlich geringer als die der nordamerikanischen Sklavenbevölkerung.

Auf der anderen Seite gab es außergewöhnlich reiche Sklaven – Phibbah war ein gutes Beispiel –, die zwar ihren rechtlichen Status als Sklaven nicht ändern, aber ein komfortables Leben führen konnten, allerdings immer abhängig vom Wohlwollen der Herrschaft, die ihre Protektion jederzeit verweigern konnte. Das ist der entscheidende Unterschied zur zweiten Gruppe, die es geschafft hatte, von der Sklaverei in die persönliche Freiheit zu wechseln oder schon als freier Nicht-Weißer geboren zu werden. Wenn sie sich nicht selbst freigekauft hatten, verdankten sie ihre Freilassung der Gunst ihrer Eigentümer. Deshalb waren selten männliche Afrikaner unter ihnen anzutreffen, sondern mehrheitlich farbige Frauen (Heuman 1997:144). Ihr Anteil an der Bevölkerung variierte in den verschiedenen Kolonialgebieten. Am extremsten waren die Unterschiede zwischen den spanischen und englischen Regionen der Karibik. Während am Ende des 18. Jahrhunderts in Kuba 41 % der nicht-weißen Bevölkerung frei waren (das entspricht 20 % der Gesamtbevölkerung), waren in Jamaika gerade mal 2 % und in Barbados gar nur 1 % der Bevölkerung freie Farbige. Ihr rechtlicher, politischer und wirtschaftlicher Status unterschied sich von dem der weißen Bevölkerung, auch das variierte von Kolonie zu Kolonie. In der Regel unterstanden sie in rechtlichen Angelegenheiten dem Gericht, das auch für Sklaven zuständig war, sie hatten kein politisches Mitspracherecht und auch ihrem wirtschaftlichen Aufstieg waren Grenzen gesetzt. Da viele von ihnen weiße Väter hatten, begrenzte die jamaikanische Gesetzgebung die Höhe der Erbschaft für freie Farbige auf einen Wert von 1.200 Pfund. Es gab aber auch Abweichungen. In Antigua besaßen freie Farbige mit einem entsprechenden Vermögen das Wahlrecht, in Barbados konnten sie in Vorgesetztenstellungen tätig sein, und in St. Kitts und Grenada konnten sie vor dem weißen Gericht als Zeugen auftreten. Im Allgemeinen orientierten sich die reicheren unter ihnen am Lebensstil der weißen Oberschicht, während die überwiegende Mehrheit kein großes Vermögen besaß und der Kultur der Sklaven verhaftet blieb (Heuman 1997:145ff).

Über die dritte gesellschaftliche Kaste der Weißen haben wir bereits mehrfach berichtet. Die Zusammensetzung der Pflanzerklasse und die Auswanderung englischer und französischer Landarbeiter ist angesprochen worden, auch dass dieser Emigrationsstrom versiegte bzw. sich auf andere Regionen Amerikas richtete. Dennoch blieb sowohl auf den englischen als auch den französischen Inseln eine kleine Schicht armer Weißer zurück. Die *red legs* auf Barbados und die *petits blancs* in St. Domingue waren Überreste dieser armen Einwanderer, die weder wirtschaftlichen Erfolg hatten noch weitergezogen waren. Sie verdingten sich als Aufseher und Vorarbeiter auf den Plantagen oder führten als Kleinbauern mit ein oder zwei Sklaven ein bescheidenes Leben (Heuman 1997:154).

Bleibt die Frage nach den Methoden der sozialen Kontrolle, mit denen die Sklaven in Schach gehalten wurden. Thomas Thistlewood hat uns bereits einige davon demonstriert: viel Peitsche, wenig Zuckerbrot. War dies die Regel oder gab es Unterschiede, welche Faktoren beeinflussten die Herrschaftsausübung?

In allen Kolonialgebieten gab es einen rechtlichen Rahmen, sogenannte Sklavengesetze, die unterschiedliche Rechtsnormen begründeten und ideologische Rechtfertigungen lieferten. Von den *siete partidas* der Spanier, dem *code noir* der Franzosen und den englischen *slave laws* waren die in römischer Tradition stehenden ersten beiden nicht nur zum Schutz des Eigentums, sondern zur Achtung des Lebens und der sozialen Identität der Untergebenen erlassen worden, dagegen ließen Letztere jede »philosophische Artikulation einer humanistischen Schutzideologie« vermissen (Beckles 1997:201).

In allen Kolonialgebieten hatte die gewohnheitsrechtliche Praxis jedoch wenig mit dieser formalen Rechtssetzung zu tun. Für die Vermeidung bzw. Unterdrückung von Sklavenaufständen waren die Plantagenbesitzer als Kollektiv verantwortlich und wurden darin vom stationierten Militär unterstützt. Die soziale Kontrolle auf der Plantage hatte jeder Pflanzer selbst zu organisieren. Seine Herrschaft wurde darin eigentlich durch keine staatliche Autorität begrenzt. Die Tötung eines Sklaven während einer Züchtigungsmaßnahme blieb straffrei. Eine absichtsvolle Tötung, also Mord, war verboten, die Strafe betrug in den englischen Kolonien 15 Pfund. Der abschreckende Einsatz physischer Gewalt nahm mit steigenden Sklavenzahlen zu. In Barbados und den Leeward Islands, wo das Zahlenverhältnis von schwarzer und weißer Bevölkerung bei 4:1 lag und viele Pflanzer noch persönlich anwesend waren, tendierte die Herrschaft eher ins Patriarchalische, während in Jamaika mit seinen vielen abwesenden Pflanzern und einer Bevölkerungsrelation von 10:1 ein anonymer Terror vorherrschte, wie er uns von Thistlewood exemplarisch vorgeführt worden war. Wir müssen wohl von der Vorstellung Abschied nehmen, bei ihm habe es sich um ein außergewöhnlich brutales Regime gehandelt. Abschreckender Terror gepaart mit Privilegierung Einzelner, die ihre Loyalität durch die Beteiligung an der Unterdrückung der Mehrheit unter Beweis stellten, waren die Stützen des Herrschaftssystems. Erst gegen Ende der Sklaverei in den englischen Kolonien machte die nackte Gewalt dem ökonomischen Anreiz Platz. Der Zugang zu Privilegien wurde für alle ein Stück weit geöffnet. Nach der Abschaffung des transatlantischen Sklavenhandels ging es um die Erhaltung der Sklaverei durch die natürliche Reproduktion der Sklavenbevölkerung. Diese sollte durch eine Verbesserung der Arbeits- und Lebensverhältnisse *(amelioration)* erreicht werden. Dazu gehörte die Realisierung dessen, was in einigen Sklavengesetzgebungen bereits angelegt war: größere kulturelle Autonomie, Zugang zu Schulen und religiöser Unterrichtung, mehr wirtschaftliche Freiheit und berufliche Mobilität, sich selbst freikaufen, als Zeugen gegen Weiße aussagen, Eigentum besitzen, heiraten und rechtlich anerkannte Familienbeziehungen pflegen zu können – mehr Anerkennung als menschliches Wesen, dessen Existenzrecht nicht straflos in Frage gestellt werden konnte. Dazu gehörte auch eine stärkere Gleichberechtigung von Weißen und freien Farbigen, von denen viele selbst Sklaven hielten, um eine gemeinsame Allianz für die Beibehaltung der Sklaverei zu schmieden (Beckles 1997:210f).

All diese Maßnahmen, die seit dem Ende des 18. Jahrhunderts vor allem in den englischen und holländischen Kolonien eingeführt wurden, sollten dem Drängen der Abolitionisten entgegengesetzt werden, die schlimmsten Übel beseitigen, aber die Sklaverei selbst nicht antasten. Der Hauptzweck all dieser Reformen – eine sich selbst reproduzierende Sklavenbevölkerung – wurde allerdings nicht erreicht.

Widerstand, Abolition und Emanzipation

Die neuere Forschung hat viel zur Erhellung der Spielräume beigetragen, die den Sklaven selbst unter den Bedingungen harter Plantagenarbeit zur Verfügung standen und von ihnen zur Erhaltung beziehungsweise Verbreitung einer eigenständigen Kultur genutzt wurden. Kultur verstehe ich hier im anthropologischen Sinne als sehr weiten Begriff, der von der Bewahrung afrikanischer Sitten und Gebräuche bis hin zum aktiven Widerstand und der Gründung eigener Gesellschaften entlaufener Sklaven, der sogenannten *maroon societies,* reicht. Widerstand gegen die Sklaverei, Aufstände und Rebellionen der Betroffenen gegen ihre Degradierung zum lebendigen Inventar gab es zu allen Zeiten und in allen Regionen. Er reichte von spontanen Reaktionen auf die brutalen Ausbeutungsmethoden und exzessiven Strafmaßnahmen bis zu sorgfältig geplanten und getarnten Morden an ihren Unterdrückern. Aber auch Selbstmorde, die für die Sklaven oft die einzige Möglichkeit darstellten, sich von der Sklaverei zu befreien und zumindest ihre Seele mit Hilfe naturreligiöser Vorstellungen wieder nach Afrika zurückkehren zu lassen, sind als Widerstand zu werten. Es gab aber auch lang andauernde Befreiungskriege. Die Maroons von Jamaika, entlaufene Sklaven, die sich in die unzugänglichen Bergregionen der Insel zurückgezogen hatten und dort seit der Eroberung durch England 1655 in eigenständigen Gemeinden lebten, lieferten den englischen Kolonialtruppen zwei lang andauernde Kriege, die als »Maroon Wars« in die Geschichtsschreibung eingegangen sind. Ihre Anführer zählen heute zu den »National Heroes« des unabhängigen Jamaika (Craton 1982).

Eine erfolgreiche Selbstbefreiung von der Sklaverei hat es im französischen und dänischen Teil der Karibik gegeben. Die erste schwarze Republik Amerikas wurde am 1. Januar 1804 in Haiti, oder wie es früher hieß: Saint Domingue, im Westteil der Insel Hispaniola ausgerufen. Vorausgegangen waren mehrjährige Kämpfe mit wechselnden Fronten und Verbündeten, die sowohl die revolutionären Vorgänge im Mutterland wie die besonderen Verhältnisse in der Kolonie reflektierten. Vielfach unbekannt ist die totale Niederlage eines napoleonischen Heeres, das 1802 die Erneuerung der Sklaverei durchsetzen sollte. Ihr fiel nicht nur der Schwager Napoleons, General Leclerc, sondern mehrere 10.000 Soldaten zum Opfer – eine Dimension, die nur Napoleons Katastrophe im Russlandfeldzug vergleichbar ist.

Dänemark hat als erste europäische Nation bereits 1802 den Sklavenhandel abgeschafft, in der Hoffnung, das würde auch der Sklaverei langfristig ein Ende bereiten oder doch zumindest den Sklaven ein besseres Los bescheren. Trotz aller Bemühungen die Sklaverei zu reformieren, ließ sich die Sklavenemanzipation auch in Dänisch Westindien nicht aufhalten. 1848 wollten die versklavten Afrikaner keine weiteren zwölf Jahre auf die Freiheit vorbereitet werden, wie es eine königliche Resolution verkündet hatte. Ein großer Aufstand auf St. Croix, der Hauptinsel, vollendete weitgehend unblutig eine immer wieder von der Regierung hinausgezögerte Abolition, die im angesprochenen Dekret zwar die neugeborenen Kinder in Freiheit setzte, aber die Erwachsenen weitere zwölf Jahre den Pflanzern zur vollständigen Verfügung stellen wollte, um auf diese Weise die Kompensationszahlungen für ihr Eigentum sparen zu können.

Von weitaus größerer Bedeutung war jedoch die Abolition des Sklavenhandels und schließlich auch der Sklaverei durch Großbritannien. So radikal, wie sich die Briten bis

1807 an diesem profitträchtigen Gewerbe beteiligt hatten, versuchten sie nun, den Sklavenhandel zu unterbinden. Der anhaltende Widerstand der Plantagenbesitzer und ihrer Lobby im Parlament machte deutlich, dass man die Sklaverei erst abschaffen konnte, wenn auch der Handel durch andere Nationen unterdrückt würde. So wurde die englische Flotte dazu benutzt, Sklavenschiffe fremder Nationen aufzubringen und die Sklaven zu befreien. Sie wurden zum größten Teil in Sierra Leone wieder an Land gebracht. Aus den Archiven der britischen Marine weiß man auch, dass die meisten aufgebrachten Schiffe portugiesischer, brasilianischer und spanischer Nationalität waren. Trotz dieser Gegenmaßnahmen wurden zwischen 1807 und 1867, als auch diese Nationen dem Sklavenhandel ein Ende machten, mehr als 3 Millionen Afrikaner verschleppt (Tab. 2 u. 3).

Die Neigung des englischen Parlaments, auch die Sklaverei aufzuheben, fand auf der anderen Seite des Atlantiks bei den westindischen Pflanzern wenig Gegenliebe. Sie befürchteten, dass die von den abolitionistisch eingestellten evangelischen Missionskirchen betriebene Propaganda unter den Sklaven neue Nahrung und Bestätigung erfahren und es zu einem großen Aufstand kommen würde. Diese nicht unberechtigte, seit den Ereignissen von Haiti grassierende Angst vor ihren Sklaven veranlasste die Pflanzerschicht allerdings nicht zu einem freiwilligen Verzicht auf ihr Eigentum (Turner 1998).

Warum mussten die Pflanzer also zu ihrem angeblichen Glück gezwungen werden? War die Sklavenarbeit trotz aller rationalen Vorzüge von freier Lohnarbeit, wie sie Adam Smith u. a. verkündet hatten, durchaus profitabel?

Seymour Drescher behauptet sogar, die britischen Kolonialgebiete der Karibik hätten sich keinesfalls im Niedergang befunden, sie seien durchaus noch konkurrenzfähig mit den französischen und spanischen Nachbarinseln gewesen, und erst die Freilassung der Sklaven hätte den englischen Plantagenkolonien den ökonomischen Todesstoß versetzt. Deshalb, so Drescher, müssten auch die Motive und Antriebsmomente für die Abschaffung der Sklaverei außerhalb ökonomischer Logik gesucht werden. Neben dem schon erwähnten Widerstand der Sklaven, der zur Selbst-Emanzipation beitrug, hält Drescher den Beitrag der Abolitionisten für wesentlich. Dabei geht es ihm nicht um die individuelle Heldenverehrung einzelner prominenter Vorkämpfer, sondern um die Initiierung einer breiten demokratischen Massenbewegung in England, die eine ideologische Kehrtwende einleitete, in der die Forderungen des sich formierenden Industrieproletariats ebenso eine Rolle spielten wie der Freihandelskapitalismus oder eine Neudefinition der Funktion Afrikas im Weltsystem des 19. Jahrhunderts (Drescher 1977, 1986).

Auch wenn man die Zuspitzung auf rein politisch-ideologische Gründe für die Abschaffung der Sklaverei nicht teilt, ist die polit-ökonomische Erklärung, für die stellvertretend meistens Eric Williams' *Capitalism and Slavery* (1944) genannt wird, dadurch notwendig erweitert worden. Die alte These vom wirtschaftlichen Niedergang, die auf Lowell Ragatz (1928) zurückgeht, lässt sich zwar nicht mehr monokausal und schematisch anwenden, muss aber nicht völlig aufgegeben werden, denn die Profitraten der englischen Pflanzer in den alten Kolonien waren seit der Jahrhundertwende unzweifelhaft und deutlich gesunken und damit die Bereitschaft gestiegen, sich die humanitäre Geste der Sklavenbefreiung durch finanzielle Kompensation des Kapitaleinsatzes versüßen zu lassen. Als das Mutterland eine Kompensation von 20 Mio. Pfund Sterling = 25 Pfund Sterling pro Sklaven anbot und eine Übergangszeit von sechs Jahren in Aussicht stellte, gaben die westindischen Sklavenhalter ihren Widerstand auf.

1848 folgten Frankreich und Dänemark, 1863 Holland und 1865 nach Beendigung des Bürgerkriegs die USA. Die spanisch kolonisierten Länder Amerikas veranlassten nach Erlangung ihrer Unabhängigkeit eine graduelle Aufhebung der Sklaverei, Spanien und seine Kolonien entließen die noch verbliebenen Sklaven zwischen 1868 und 1886 in die Freiheit. Brasilien, das als Erstes mit der massenhaften Einfuhr von afrikanischen Sklaven begonnen hatte, hielt auch am längsten an der Sklaverei fest. Erst 1888 war das Halten von Sklaven auf dem gesamten amerikanischen Kontinent verboten (Blackburn 1988).

Literatur

Beckles, Hilary Mc.D. (1982): The Economic Origins of Black Slavery in the British West Indies. In: Journal of Caribbean History 16: 36-56

Beckles, Hilary Mc.D. (1997): Social and Political Control in the Slave Society. In: Knight, F. Hg., The slave Societies of the Caribbean. General History of the Caribbean Vol. III. London/Basingstoke. UNESCO Publishing/MacMillan

Blackburn, Robin (1988): The Overthrow of Colonial Slavery 1776–1848. London: Verso

Bley, Helmut, Hg. (1991): Sklaverei in Afrika. Pfaffenhofen: Centaurus

Burnard, Trevor (2003): Mastery, Tyranny, and Desire: Thomas Thistlewood and His Slaves in the Anglo-Jamaican World. Chapel Hill: University of North Carolina Press

Caretta, Vincent (2005): Equiano. The African biography of a self-made man. Athens: University of Georgia Press

Craton, Michael (1982): Testing the Chains: Resistance to Slavery in the British West Indies. Ithaca: Cornell University Press

Curtin, Philipp D. (1969): The Atlantic Slave Trade – A Census. Madison

Curtin, Philipp D. (1990): The Rise and Fall of the Plantation Complex. Cambridge u. a.: Cambridge University Press

Drescher, Seymour (1977): Econocide: British Slavery in the Era of Abolition. Pittsburgh: University of Pittsburgh Press

Drescher, Seymour (1986): The Decline Thesis of British Slavery Since Econocide. In: Slavery and Abolition 7/17: 3-23

Dunn, Richard S. (1972): Sugar and Slaves. Chapel Hill: University of North Carolina Press

Dunn, Richard S. (1984): Servants and Slaves: The Recruitment and Employment of Labor, In: Greene, Jack P./J.R. Pole: Colonial British America: Essays in the New History of the Early Modern Era. Baltimore: 157-194

Eltis, David (2001): The Volume and Structure of the Transatlantic Slave Trade: A Reassessment. In: The William and Mary Quarterly 58/1: 17-46

Eltis, David/Behrend, Stephen/Richardson, David/Klein, Herbert S. (1999): The Atlantic Slave Trade; A Database on CD-ROM. Cambridge: Cambridge University Press

Eltis, David/Richardson, D. (2008): A New Assessment of the Transatlantic Slave Trade In: Eltis, David/Richardson, David, Hg.: Extending the Frontiers. Essays on the New Transatlantic Slave Trade Database. New Haven: Yale University Press: 1-62

Engerman, Stanley L./Higman, Barry W. (1997): The Demographic Structure of the Caribbean Slave Societies in the Eighteenth and Nineteenth Centuries. In: Knight, Franklin W., Hg.: General History of the Caribbean, Vol. III, The Slave Societies of the Caribbean. London: Palgrave Macmillan: 47- 57

Equiano, Olaudah (1990): Merkwürdige Lebensgeschichte des Sklaven Olaudah Equiano. Frankfurt am Main: Insel-Verlag
Findley, Ronald/O'Rourke, KevinH. (2007): Power and Plenty. Trade, War, and the World Economy in the Second Millenium. Princeton, NJ.
Fogel, Richard/ Engerman, Stanley (1974): Time on the Cross: the Economics of American Negro Slavery. Boston: Little, Brown
Hall, Douglas (1989): In Miserable Slavery. London/Basingstoke: MacMillan Publishers
Hall, Douglas/Mintz, Sydney (1970): The Origins of the Jamaican Internal Marketing System. In: Mintz, Sydney, Hg.: Papers in Caribbean Anthropology. New Haven: Dep. of Anthropology, Yale University: 3-26.
Harms, Richard (2004): Das Sklavenschiff. München: Bertelsmann
Heuman, Gad (1997): The Social Structure of the Slave Societies in the Caribbean. In: Knight, Franklin, Hg.: The Slave Societies of the Caribbean. General History of the Caribbean Vol. III. London/Basingstoke: Palgrave Macmillan
Higman, Barry (2000): The sugar revolution. In: Economic History Review LIII/ 2: 231-236
Higman, Barry (2002): Plantagensklaverei in Nord-Amerika und der Karibik. In: Zeitschrift für Weltgeschichte 3: 9-23
Iliffe, John (2000): Geschichte Afrikas. München: Beck
Inikori, Joseph. E. (1981): Introduction. In: Inikori, Joseph, Hg.: Forced Migration: The Impact of the Export Slave Trade on African Societies. London: Hutchinson
Klein, Herbert (2002): The Atlantic Slave Trade: Recent Research & Findings. In: Pietschmann, Horst: Atlantic History. History of the Atlantic System 1580–1830. Göttingen 2002: Vandenhoek & Ruprecht
Las Casas, Bartolome (1957): Historia de Indias. In: Obras de Fray Bartolome de las Casas. Madrid
Lovejoy, Paul (1982): The Volume of the Atlantic Slave Trade. A Synthesis. In: Journal of African History 23: 473-501
Linebaugh, Peter/Rediker, Markus (2008): Die vielköpfige Hydra. Berlin/Hamburg: Assoziation
Meissner, Jochen/Mücke, Ulrich/Weber, Klaus (2008): Schwarzes Amerika. München: Beck
Manning, Patrick (1990): Slavery and African Life: Occidental, Oriental, and African Slave Trades. Cambridge: Cambridge University Press
Mintz, Sydney (1978): Was the Plantation Slave a Proletarian? In: Review 2/1: 81-98
Mintz, Sydney (1987): Die süße Macht. Kulturgeschichte des Zuckers. New York/Frankfurt am Main: Campus
Patterson, Orlando (1967): The Sociology of Slavery. London: MacGibbon & Kee
Ragatz, Lowell J. (1928): The Fall of the Planter Class in the British Caribbean 1763–1833. London: Octagon Books
Rediker, Marcus (2007): The Slave Ship. London: John Murray
Richardson, David (1976): Profits in the Liverpool slave trade: the accounts of William Davenport 1757–1784. In: Anstey, Roger/Hair, P. E. H., Hg.: Liverpool, the African Slave Trade and Abolition. Bristol: Hist. Soc. of Lancashire and Cheshire: 60-90
Shepherd, Verene/Beckles, Hilary, Hg. (1993): Caribbean Freedom. Economy and Society from Emancipation to the Present, A Student Reader. Kingston/London: Randle
Solow, Barbara/Engerman, Stanley (1987): British Capitalism and Caribbean Slavery: The legacy of Eric Williams. Cambridge: Cambridge University Press
Tadman, Michael (2000): The Demographic Costs of Sugar. In: American Historical Review 105: 1534-1575
Thomas, Robert P./Bean, Richard N. (1974): The Fishers of Men: The Profits of the Slave Trade. In: Journal of Economic History 34: 885-914

Turner, Mary (1998): Slaves and Missionaries. The Disintegration of Jamaican Slave Society, 1787–1834, Kingston: University of the West Indies Press

Walvin, James (2007): The Trader, the Owner, the Slave, London: Jonathan Cape

Weindl, Andrea (2008): The Slave Trade of Northern Germany from the Seventeenth to the Nineteenth Century. In: Eltis, David/Richardson, David, Hg.: Extending the Frontiers, Essays on the New Transatlantic Slave Trade Database. New Haven: Yale University Press: 250-274

Williams, Eric (1944): Capitalism and Slavery. Chapel Hill: University of North Carolina Press

Zeuske, Michael (2006): Sklaven und Sklaverei in den Welten des Atlantiks 1400–1940. Umrisse, Anfänge, Akteure, Vergleichsfelder und Bibliographie. Münster Lit.

Ulrike Schmieder

Der Lusoatlantik
Perspektiven und Debatten

Einführung

Im Mittelpunkt dieses Beitrags steht jener Raum, der durch die transatlantischen Verflechtungen und Interaktionen, die Bewegungen von Menschen, Waren und Ideen infolge der portugiesischen Expansion nach Südamerika und Afrika entstanden ist, der Lusoatlantik. Der Begriff »Expansion« legt einen einseitigen Transfer nahe, aber um einen solchen handelte es sich nicht. In Brasilien und in den portugiesischen Stützpunkten und Kolonien in Afrika entstanden Gesellschaften, die sozial, kulturell und ethnisch von einheimischen und importierten Einflüssen geprägt waren. Portugal selbst wurde durch das Geschehen in diesem Raum nachhaltig verändert. Es entwickelten sich zudem Süd-Süd-Beziehungen zwischen Brasilien, Nordwestafrika, Zentralafrika und dem südlichen Ostafrika, die nicht auf Portugal bezogen waren.

Die Historiographie zum Lusoatlantik gehört ganz unterschiedlichen sprachlichen, kulturellen und akademischen Traditionen an (Barreto Xavier 2000). In Portugal wurde der lusoatlantische Raum lange aus nationalistischer Perspektive betrachtet (nach dem Motto »unsere großen Helden und Entdecker«). Typisch dafür waren Cortesãos (1931–1934) und Bensaudes (1943) Arbeiten. Der Besitz der afrikanischen Kolonien wurde bis in die zweite Hälfte des 20. Jahrhunderts mit der Theorie des »Lusotropikalismus« gerechtfertigt, nach dem die Portugiesen eine Nation von Seefahrern und Kolonisatoren gewesen seien, die sich durch höhere Anpassungsfähigkeit besser als andere europäische Nationen für die Zivilisierungsmission in tropischen Regionen eigneten (Birmingham 2006:78-79). Magalhães Godinho (1962) blieb mit seiner kritischen Position gegenüber den Protagonisten der Entdeckungsfahrten und der Betonung ihrer ökonomischen Interessen lange ein Einzelkämpfer. Wenige deutschsprachige Arbeiten befassen sich mit portugiesischer (Bernecker/Pietschmann 2001), brasilianischer (Bernecker/Pietschmann/Zoller 2000; Hentschke 1994; Hofbauer 1995) und lusoafrikanischer Geschichte (Strickrodt 2004, 2008).

Seit den 1990er Jahren wurde in Portugal von der »Kulturbegegnung« mit Indianern und Afrikanern gesprochen (Albuquerque 1991) und festgestellt, dass die europäischen Eroberer und ihre Nachfahren auch vom Wissen und von den Erfahrungen der Eroberten profitierten. Leider waren Indianer und Afrikaner nach diesem Kontakten oftmals tot, in

Kriegen getötet, als Sklaven zu Tode gearbeitet oder gestorben an Krankheiten, gegen die sie nicht immun waren, sodass es problematisch ist, diese »Kulturbegegnung« zu feiern. Bis heute wird das Recht Portugals, sich Territorien auf drei fremden Kontinenten anzueignen, in Portugal selten hinterfragt, am ehesten von postkolonialistisch inspirierten Wissenschaftler/innen (siehe meinen forschungsgeschichtlichen Beitrag in diesem Band). Ebenso fehlt ein Bewusstsein dafür, dass Portugal über Jahrhunderte die Sklavenhandelsnation par excellence darstellte und nicht nur die eigenen Kolonien in Amerika, sondern auch die anderer Kolonialmächte mit afrikanischen Sklav/innen versorgte. 2006 wurde in Berlin im Deutschen Historischen Museum in Zusammenarbeit mit dem Instituto Camões in Lissabon und der portugiesischen Botschaft eine Ausstellung unter dem Titel »Novos Mundos – Neue Welten. Portugal und das Zeitalter der Entdeckungen« gezeigt, die gänzlich unkritisch gegenüber dem portugiesischen Kolonialismus war und den transatlantischen Sklavenhandel und die Jahrhunderte überdauernde Sklaverei in Brasilien nur ganz am Rande erwähnte, ohne dass das Thema einen eigenen Platz in der Ausstellung oder im Begleitband erhalten hätte (Kraus/Ottomeyer 2007).

Zu den internationalen Historiker/innen des Lusoatlantik, zunächst noch mit dem Schwerpunkt »Studium der portugiesischen Expansion«, gehören Boxer (1969), Mauro (1989), Verger (1976), Russell (1960), und die kolonialkritischen Historiker Diffie und Winius (1977) sowie Newitt (1986, 2005). Russell-Wood (1998), Alencastro (2000), Costa e Silva (2003) und Curto/Lovejoy (2004) betonen die atlantischen und globalen Verflechtungen zwischen den Kontinenten und die Herausbildung eines lusophonen südatlantischen Raumes durch Handel, Migrationen und Kulturtransfer zwischen Brasilien und Afrika und die zentrale Rolle des Sklavenhandels in diesem Beziehungsnetz.

Brasiliens Universitäten produzieren, vor allem seit 1988, dem 100. Jahrestag der Abolition, zahlreiche fundierte Studien zur Sklaverei- und Nachsklavereigeschichte, auch zur Frauen- und Geschlechtergeschichte in der brasilianischen Sklavereigesellschaft (Historiographie: Klein 2009; Schmieder 2008). Der Lusoatlantik wird auch aus der brasilianischen Perspektive konstruiert und die direkten Beziehungen zwischen Brasilien und Afrika in den Blick genommen (Carneiro da Cunha 1985). Die afrikanische Seite des Lusoatlantik wurde von europäischen, amerikanischen und afrikanischen Historikern wie Hammond (1966), Clarence-Smith (1985), Barry (1998), Law (2004, I), Castro Henriques (2004), Birmingham (2006) und Lingna Nafafé (2007) untersucht.

Der Ausgangspunkt des Lusoatlantik: Portugal an der Schwelle zur Neuzeit

Portugal ist aus der *reconquista*, der »Rückeroberung«, von Gebieten entstanden, die im 8. Jahrhundert von arabischen Muslimen erobert worden waren. Der Begriff der *reconquista* ist problematisch, hatte es die Königreiche, die von den muslimischen Herrschern »zurückeroberten« Gebiete, zur Zeit der muslimischen Eroberung doch gar nicht gegeben. Welche Folgen hätte es wohl, wenn heute ein europäischer Staat auf die Idee käme, Gebiete »zurückzuerobern«, die er vor 500 Jahren verloren hat?

Seit 1179 war Portugal ein eigenständiges Königreich unter einer burgundischen Dynastie, 1250 wurden die »Mauren« aus Portugal vertrieben. Im 13. und 14. Jahrhundert kam es trotz Kriegen mit Kastilien, Bürgerkriegen und der Pest zu einem Aufschwung des Handels und der Städte und zum gesellschaftlichen Aufstieg der Kaufleute sowie zur Ansiedlung vieler ausländischer Handelstreibender, vor allem Genuesen. Mit der frühen Stadtentwicklung verfügte Portugal über eine Stärke, die eine Voraussetzung für die koloniale Expansion war. Das Streben der Kaufleute, Zugang zu den Märkten Asiens und zum Handel mit Gewürzen und asiatischen Luxuswaren zu erlangen, war ein wesentliches Motiv der Entdeckungsfahrten wie auch die Suche nach Edelmetallen, da Portugal nichts produzierte, womit es die begehrten Güter aus Indien, China und Japan hätte bezahlen können.

Viele Adlige verarmten im 13. und 14. Jahrhundert, weil für die Bearbeitung ihres Landes die Arbeitskräfte fehlten. Verarmte Adlige und jüngere Söhne adliger Familien stellten eine wesentliche Triebkraft der kolonialen Eroberungen in Übersee dar, sie wollten Land und Menschen erobern und beherrschen, um ihren gesellschaftlichen Status zu erhalten. Das Problem des Arbeitskräftemangels versuchte man durch die Einfuhr afrikanischer Sklav/innen zu lösen, die man zunächst von arabischen Händlern, dann direkt in Afrika erwarb. 1551 lebten in Lissabon 100.000 Menschen, davon waren 9.950 afrikanische Sklav/innen, also knapp 10 %, auch in der Algarve stellten afrikanische Sklav/innen ca. 10 % der Bevölkerung (Romero Magalhães 1997:145).

1386 unterzeichnete João I aus dem Haus Avis den Vertrag von Windsor, durch den das Bündnis Portugals mit England begründet wurde, das mit Unterbrechungen Jahrhunderte überdauerte. König Manoel I gab Ende 1496 im Zusammenhang mit seiner Heirat mit Isabella, der Tochter der katholischen Könige, die bis dahin übliche Politik der religiösen Toleranz im Austausch gegen Sondersteuern in der portugiesischen Monarchie auf. Er ordnete die Vertreibung der kastilischen, nach Portugal geflohenen Juden und der *conversos*, zum Christentum konvertierte Juden, an und stellte die einheimischen Juden und Muslime vor die Wahl zu konvertieren oder auszuwandern. Nachdem sich herausstellte, dass die Juden die Ausreise der Zwangskonversion vorzogen, wurde die Ausweisung gestoppt und die Juden mit massiver Gewalt gezwungen, zum Christentum überzutreten. Danach waren die Neuchristen Opfer von Pogromen und wurden von der 1536 etablierten Inquisition verfolgt. Flucht, Vertreibung und Ermordung von Juden, Muslimen und Neuchristen bedeuteten einen gravierenden Verlust für Portugal, der über die quantitative Reduzierung des kleinen portugiesischen Volkes weit hinausging, da mit ihnen der intellektuell fortgeschrittenste und wirtschaftlich aktivste Teil der Bevölkerung das Land verließ oder umkam (Soyer 2007).

Nach dem Aussterben der Dynastie Avis wurde Portugal 1580–1640 in Personalunion mit Spanien regiert, zunächst von Spaniens König Philipp II, einem Enkel Manoels I. Ab 1640 war Portugal wieder eine eigenständige Monarchie unter der von England unterstützten Dynastie Bragança. 1668–1777 war die Regierungsform Portugals die absolute Monarchie. Unter José I (1750–1777) bzw. dessen Erstem Minister, Sebastião Carvalho e Melo, Marquês de Pombal, wurden Reformen des aufgeklärten Absolutismus beidseits des Atlantik durchgeführt. Dazu gehörten eine Bildungsreform, die Zentralisierung der Verwaltung, merkantilistische Wirtschaftsreformen, die Umwandlung der Inquisition in ein staatliches Gericht, die Gleichstellung von Alt- und Neuchristen und die Abschaffung der Sklaverei in Portugal (1761). Die Reformpolitik Pombals wurde durch die gnadenlose Verfolgung innenpolitischer Gegner im Adel und der 1759 vertriebenen Jesuiten durchgesetzt.

Entstehung und Strukturen des portugiesischen Kolonialreichs

Portugal entwickelte sich im 15. Jahrhundert zu einer bedeutenden Seefahrtsnation. João I und sein Sohn Enrique/Heinrich (genannt O Navegador/Der Seefahrer), Großmeister des Christusordens, sowie ihre Nachfahren versuchten, die Unabhängigkeit ihres Landes gegenüber Kastilien und ihre eigene monarchische Stellung durch Einkommen aus dem Überseehandel zu sichern und schickten Schiffsexpeditionen aus, die an Afrikas Küste immer weiter in den Süden gelangten und schließlich den Seeweg nach Indien fanden.

Bei den Forschungskontroversen der 1970er Jahre über dieses Thema ging es um die Frage, in welchem Verhältnis bei den portugiesischen Überseefahrten »moderner« Entdeckergeist und »frühkapitalistisches« Gewinnstreben zu »mittelalterlichen« Kreuzzugs- und Missionierungsgedanken standen. Schon seit den 1960er Jahren hat die Forschung das idealisierte Bild Heinrich des Seefahrers, der nie über Marokko hinaus gesegelt ist und auch keine wissenschaftliche Seefahrtsschule in Sagres betrieben hat, entmystifiziert (Russell 1960). Im 19. und frühen 20. Jahrhundert und ganz besonders unter dem faschistischen Regime Antonio de Oliveira Salazars (1932–1968) galt Heinrich nach Gomes Eannes de Azurara (1453/1996) als der die Größe Portugals begründende Nationalheld zwischen Heiden bekehrendem christlichem Ritter und wissenschaftlich gebildetem Renaissance-Helden (Cortesão III/1931; Bensaude 1943). Kolonialkritische Historiker betonten dagegen seine kommerziellen Interessen (Newitt 1986:9-35; Magalhães-Godinho 1962:93-97, 188-189, 204). Heinrich kontrollierte die Besiedlung von und den Handel mit Madeira und den Azoren, deren Eigentümer und Gerichtsherr er war. Ebenso hatte er seit 1443 das Monopol für den gesamten Handel mit Westafrika einschließlich des Sklavenhandels inne (Newitt 2005:22-26). Umstritten bleibt jedoch, inwieweit das Streben nach Heldentaten gegen die Heiden nur als Apologie der Suche nach Gold und Sklav/innen diente oder ob die Beteiligten die Missions- und Kreuzzugsidee doch verinnerlicht hatten (Russell 1960:29). Newitt sieht Heinrich als »powerful medieval baron«, dem es vorrangig um die Ansammlung von Titeln, Privilegien und Einkünften für seine Gefolgschaft gegangen sei, und folgt Diffie in der Annahme, dass Heinrich weder über astronomisch-mathematische Kenntnisse noch nautische Fähigkeiten verfügt habe (Newitt 2005:28-30; Diffiee/Winius 1977:114-115). Sie betont zu Recht, dass bei der Definition des Charakters der portugiesischen Kolonialpolitik die Chronologie berücksichtigt werden muss: Bis 1469 hätten eher die mittelalterliche Ideologie der fortgesetzten *reconquista* und Einzelfahrten portugiesischer Adliger und genuesischer Kaufleute das Geschehen geprägt, während ab 1620 eine systematische, von der Krone gesteuerte, vom Papst abgesegnete Expansionspolitik mit einer organisierten Handelsflotte betrieben worden und ein bürokratischer maritimer Staat gebildet worden sei (Newitt 2005:252-254).

Im Verlauf des 15. Jahrhunderts drangen die Portugiesen entlang der westafrikanischen Küste immer weiter nach Süden vor (Daten: Loth 1982:27-37; Russell-Wood 1998:222-223): 1415 eroberten sie die marokkanische Hafenstadt Ceuta, damals ein Umschlagplatz für den Handel mit Gold, Elfenbein, Straußenfedern, Ebenholz und Gewürzen. 1419 brachten sie die Insel Madeira unter ihre Herrschaft, von der tropische Hölzer importiert wurden, auf der man Wein für den Export nach England anbaute und Zuckerrohrplantagen mit afrikanischen Sklav/innen betrieb. 1427 entdeckten die Portugiesen die Azoren wieder, die später als Zwischenstopp auf dem Weg nach Amerika dienten. 1434 umschiffte Gil Eannes Kap Bojador, das nach mittelalterlichen Vorstellungen das »Ende der Welt« dargestellt hatte, jenseits dessen alles in der Hitze schmelzen würde, eine These, die aber wohl schon von Seefahrern des 14. Jahrhunderts widerlegt worden war (Newitt 1986:20-21).

1452 verlieh der Papst Portugal das Recht auf unbeschränkte Eroberungen in den Ländern der »Feinde Christi« (Bulle »Dum Diverses«) und drei Jahre später erhielt Portugal von Papst Nikolaus V. das ausschließliche Recht auf die Eroberung aller entdeckten und noch zu entdeckenden Gebiete; jenseits des Kap Bojador durften andere Mächte nicht zur See fahren (Bulle »Romanus Pontifex«). 1456 wurde diese Bestimmung von Calixtus III. bestätigt und dem Christusorden die religiöse Organisation der entdeckten Länder aufgetragen (Bulle »Inter Coetera«, Zeuske 1992:17-18). 1444 erreichten die Portugiesen den Senegalfluss, von wo sie Sklav/innen, Gold, Elfenbein und Gewürze mitbrachten. 1471/72 wurden Sao Thomé, Principé und Fernando Pó entdeckt. In den folgenden Jahren wurden die Kongomündung und die Küste Angolas erkundet. Die Portugiesen gaben den erkundeten Ländern Namen wie Sklavenküste, Elfenbeinküste und Goldküste, die sehr deutlich ihre Ambitionen verdeutlichten.

Der Vertrag von Alcáçovas 1479 zur Anerkennung der Thronfolge für Isabella und Ferdinand in Kastilien und Aragón sicherte Portugal den Besitz Guineas, Madeiras, der Azoren, der Kapverden, und Spanien den Besitz der Kanaren. 1487/88 umschiffte Bartolomeu Dias das Kap der Guten Hoffnung. 1498 erreichte Vasco da Gama Kalikat an der Malabarküste in Südwestindien, womit Portugal den Weg nach Indien um Afrika herum gefunden hatte, während man in Spanien allmählich begriff, dass Kolumbus 1492 einen neuen Kontinent entdeckt und nicht Asien auf dem Weg nach Westen erreicht hatte. Im Vertrag von Tordesillas unter der Schirmherrschaft von Papst Alexander VI. wurden 1494 die überseeischen Eroberungen zwischen Spanien und Portugal aufgeteilt. Es wurde eine Nord-Süd-Linie 370 Seemeilen westlich der Kapverden gezogen, die Gebiete östlich davon wurden Portugal, die westlich davon Spanien zugewiesen. Dadurch konzentrierte sich die portugiesische Expansion zunächst auf den afroasiatischen Raum, den östlichen Atlantik und Indischen Ozean, die spanische Expansion auf den westlichen Atlantik, die Amerikas und auf ihrer »Rückseite« dann auch auf den Pazifik.

Portugiesisch-Afrika bestand u.a. aus den Handelsstützpunkten Arguim, Ceuta (1661 an Spanien verloren), Tanger (1661 an England verloren), Portugiesisch-Guinea mit den Häfen Bissau und Cacheu, dem Fort El Mina an der Goldküste/Ghana (1637 an die Niederlande verloren), den Kapverden und den Inseln São Thomé und Principe vor der Nordwestküste Afrikas. Weiter im Süden an der westafrikanischen Küste zählten dazu Loango, Cabinda an der Kongo-Mündung, Luanda und Benguela in Angola; an der Ostküste Afrikas Moçambique, die Städte Kilwa, Sansibar, Mombasa, Malindi und Mogadischu, die am Ende des 17. Jahrhunderts an muslimische Herrscher aus Maskat-Oman verloren gingen.

In Nordwestafrika waren die einheimischen Staaten vom 15. bis zum 18. Jahrhundert zu stark, als dass man dort Siedlungskolonien hätte errichten können. Die portugiesischen Kaufleute (oft Neuchristen und sephardische Juden) waren auf ihre einheimischen Lebensgefährtinnen und Kauffrauen (*signares*) und afroeuropäische Vermittler (*lançados* und *tangomaos*) angewiesen (siehe Beitrag von C. Cwik in diesem Band). Die afrikanischen Herrscher bestimmten die Spielregeln des Handels, in dem die Portugiesen zunächst oft nur als Zwischenhändler im Küstenhandel mit Sklaven und Gold agierten. Da die Portugiesen sich auf dem Festland kaum festsetzen konnten, waren bestimmte Inseln von großer Bedeutung. Auf Sao Thomé wurde mit Sklav/innen aus Benin und dem Kongo Zuckerrohr angebaut. In gewisser Weise wurde hier die auf Massensklaverei beruhende atlantische Plantagenwirtschaft erfunden. Die Insel diente wie die Kapverden als Drehscheibe für den frühen transatlantischen Sklavenhandel (Zeuske 2006:215-239).

In Angola kamen die Portugiesen im 16. und 17. Jahrhundert nicht über einige Küstengebiete hinaus, was vor allem dem anhaltenden Widerstand der Angolaner unter Königin Nzinga Mbande (1582–1663) zu verdanken war (Loth 1982:116-121). Im Kongo gelang es den Portugiesen am Ende des 15. Jahrhunderts, König João Nzinga a Nkuwu zum Christentum zu bekehren. Unter dessen Nachfolger Afonso I (Nzinga Mbemba, Regierungszeit 1506–1543) wurden diplomatische Beziehungen zu Portugal aufgenommen, das Land für portugiesische Kaufleute und Missionare geöffnet und der Katholizismus zur Staatsreligion erklärt, Afonsos Sohn Henrique wurde der erste afrikanische Bischof der katholischen Kirche. Schon bald kamen jedoch Spannungen zwischen Portugal und den christlichen Königen des Kongo auf, weil Portugal immer stärkeren Druck auf die kongolesischen Herrscher ausübte, Waren und Dienstleistungen mit Sklav/innen zu bezahlen. 1665 schlugen die Portugiesen eine große Armee unter König Antonio I, der sich der portugiesischen Herrschaft widersetzte (Gondola 2002:31-35). Jedoch gelang es Portugal nicht, das Kongo-Reich ganz unter seine Kontrolle zu bringen. Am Anfang des 18. Jahrhunderts versuchte Beatrix Kimpa Vita, eine kongolesische Adlige, die eine christlich-afrikanische Religionsauffassung vertrat und sich als Verkörperung des Heiligen Antonius sah, ihr Volk gegen die Fremden zu einigen und wurde dafür 1706 auf dem Scheiterhaufen verbrannt (Iliffe 1997:190; Sweet 2003:205; Gondola 2002:35).

In den Küstengebieten West- und Zentralafrikas, wo sich portugiesische Soldaten, Kaufleute und Beamte ansiedelten, heirateten diese oft einheimische Frauen, sodass vor Ort eine lusoafrikanische Elite entstand, die ein synkretistisches katholisches Christentum pflegte (Brooks 2003). Größere portugiesische Siedlungskolonien wurden in Afrika erst nach der Eroberung des Landesinneren gegen Ende des 19. Jahrhunderts errichtet. 1885 wurde Portugal auf der Berliner Kongokonferenz die Herrschaft über Angola und Moçambique und die Enklave Cabinda an der Kongomündung garantiert. Portugals weiterreichende Ansprüche auf den Kongo und die Gebiete zwischen Angola und Moçambique waren jedoch gegen englische, französische und belgische Forderungen nicht durchsetzbar (Clarence-Smith 1985:83-84). Mit der Zunahme der portugiesischen Einwanderung und systematischen Kolonialisierung wurden die schwarzen und farbigen Mitglieder der kreolischen Elite von militärischen, kaufmännischen und administrativen Posten verdrängt, die rassistische Exklusion nahm zu, zunächst allerdings nicht im gleichen Ausmaß wie in den britischen Kolonien oder Belgisch-Kongo (Birmingham 2006:77).

In Asien hatten die Portugiesen im 16. und 17. Jahrhundert den *Estado da India* errichtet, mit den befestigten Stützpunkten Diu und Goa an der westindischen Küste, Colombo auf Ceylon, Ormuz und Maskat am Persischen Golf, Macao in China, Malakka und den Molukken. Dies war keine geschlossene Herrschaft über Festlandterritorien, sondern eine zeitweilige militärische und handelspolitische Vorherrschaft über Teile des Indischen Ozeans. In diesen beiden Jahrhunderten war der *Estado da India* das Zentrum des portugiesischen Kolonialsystems. Die portugiesische Krone verlor jedoch vom 17. bis zum 19. Jahrhundert viele eroberte Städte, Häfen und Stützpunkte in Indien, China und Afrika an europäische Konkurrenten, einheimische oder arabische Herrscher (Loth 1982:49, 234-236), wodurch der Atlantische Raum im portugiesischen Kolonialreich wieder an Bedeutung gewann.

Auf Dauer verfügte das kleine Land weder über die wirtschaftlichen Ressourcen noch über eine hinreichend große Bevölkerung, um ein riesiges Kolonialreich zu beherrschen. Portugal hatte 1527–32 1,5 Millionen Einwohner, 1640 2 Millionen, 1758 2,5 Millionen. Nach dem Bevölkerungswachstum im frühen 16. Jahrhundert, das die Auswanderung in die Kolonien möglich machte, kam es in den ersten beiden Dekaden des 17. Jahrhunderts nach einer Serie von Epidemien und Hungersnöten zu einer demographischen Krise (Russell-Wood 1998:60; Newitt 2005:217-218).

Nach dem erwähnten Vertrag von Tordesillas hatte Portugal Anspruch auf die von Pedro Álvares Cabral 1500 »entdeckte« Küste im Osten Südamerikas. Portugal versuchte, seine neue Kolonie, die außer dem Färbholz »Brasil«, das ihr den Namen gab, nicht viel zu bieten schien, zunächst durch ein System von Handelsstützpunkten auszubeuten. Um 1530 wurde entschieden, eine Siedlungskolonie zu schaffen, weil anders französische Versuche, sich an der brasilianischen Küste festzusetzen, nicht zu unterbinden waren. Die portugiesische Krone wollte ihre amerikanische Kolonie durch Landschenkung von 15 *capitanias*, erblichen Lehen, an 12 sogenannte *donatários* erschließen. Die *donatários* sollten Siedlungen gründen, hatten die oberste exekutive, legislative und judikative Gewalt in ihrem Gebiet inne und konnten ein Zehntel aller Steuern für sich beanspruchen. Die Hoheitsrechte der *donatários* nahm die Krone schon 1548/49 teilweise zurück. Die Einrichtung zentraler Behörden für die bürokratische Verwaltung der Kolonie (Conselho da India 1604, Conselho Ultramarino 1642) zog sich länger hin als in Hispanoamerika. Der Nordosten Brasiliens wurde von 1625 von Niederländern besetzt, die 1654 vertrieben wurden. Unter Pombal wurde die Hauptstadt von Salvador da Bahia nach Rio de Janeiro verlegt, um der wachsenden ökonomischen Bedeutung der südlichen Provinzen Rechnung zu tragen. Die *capitanias* verloren ihre Vererbbarkeit und wurden von ihren Inhabern losgekauft. Die Jesuiten wurden aus Brasilien vertrieben, um die staatliche Suprematie über die Kirche zu stärken und die eigenständige Indianerpolitik des Ordens zu beenden. Die militärischen Befestigungen wurden verstärkt und zusätzlich zu den Linientruppen einheimische Milizen gebildet, um territoriale Herrschaftsansprüche gegenüber Spanien auf dem Gebiet des heutigen Uruguay durchzusetzen. Die endgültige Grenzfestlegung zwischen den iberischen Kolonialmächten (Verzicht Portugals auf den Zugang zum Río de La Plata, Anerkennung der portugiesischen Westexpansion weit über die Tordesillas-Linie hinaus durch Spanien) erfolgte 1777 im Vertrag von San Ildefonso.

Die Überseebesitzungen in Afrika, Asien und Brasilien ermöglichten der portugiesischen Krone absolutistisch zu regieren, da sie durch die Einnahmen aus den Kolonien nicht auf die Steuerbewilligung durch die Cortes (Ständeversammlung) angewiesen war. Allerdings entstand kein moderner zentralisierter Staat und statt eines effektiven Beamten- und Militärapparates entwickelte sich eine korrupte »Kleptokratie«, private Interessen setzten sich gegenüber staatlichen durch (Newitt 2005:269).

Transatlantische Handelsbeziehungen und Migrationen zwischen Portugal, Afrika und Brasilien

Seit dem 15. Jahrhundert führte Portugal Gold aus den Bergwerken der Goldküste (heute Ghana) ein, allerdings nicht in den Mengen, auf die man bei den Entdeckungsfahrten gehofft hatte. Aus West- und Zentralafrika und später auch Ostafrika wurden Sklav/innen zunächst nach Portugal ausgeführt (neben dem Handel mit Sklav/innen zwischen afrikanischen Staaten, in dem Portugiesen als Zwischenhändler fungierten), ab dem 16. Jahrhundert vor allem in die Amerikas. Außerdem wurden Elfenbein, Pfeffer und andere Gewürze aus Afrika importiert. All diese Waren wurden bei privat finanzierten Schiffsexpeditionen erworben, jedoch von dem königlichen Handelshaus »Casa da Guinea e Mina« registriert und vermarktet. Man sollte das königliche Handelsmonopol aber nicht überschätzen, es wurden viele Waren »privatkapitalistisch« geschmuggelt.

Die Portugiesen bezahlten die Sklav/innen und übrige Waren vom 15. bis zur Mitte des 19. Jahrhunderts mit Eisen, Waffen, Textilien, Pferden, Werkzeugen, Haushaltsgegenständen, Alkohol und Tabak. Die Erzeugnisse kamen aus England, den Niederlanden, Frankreich, deutschen Regionen und Skandinavien (im Detail: Eisen- und Kupferstäbe, Kupfer- und Messingarmreifen, Leinen, Wolle, Betttücher, metallene Gefäße und Töpfe, Messer, Macheten, Werkzeuge, Schusswaffen und Munition, Schmuck aus Glasperlen und Korallen, Kaurimuscheln als Währung, Spiegel, Töpferware, Möbel, Schirme, Brandy, Wein). Aus Asien stammten Textilien, Baumwoll- und Seidenstoffe sowie fertige Kleidungsstücke und Accessoires mehrheitlich z. B. aus Indien, Seide z. T. auch aus China. Aus den Amerikas kamen Gold, Rum, Tabak, Schokolade, Hängematten und Sarsaparilla (eine in Zentralamerika heimische Pflanze, die als Medikament gegen Syphilis verwendet wurde). Die afrikanischen Käufer/innen nahmen nur teure Waren hoher Qualität entsprechend zeitüblicher Präferenz ab, mit der die europäischen Händler gut vertraut sein mussten (Alpern 1995; Klein 1990:145-146).

Nachdem die Portugiesen am Ende des 19. Jahrhunderts die afrikanischen Herrscher ausgeschaltet hatten, erhielten sie direkten Zugriff auf Bodenschätze und Arbeitskräfte ihrer Kolonien. Im 19. und 20. Jahrhundert produzierten sie auf São Thomé Kakao und Kaffee und die mit englischem und französischem Kapital gegründete Companhia de Moçambique ließ Reis, Baumwolle, Zuckerrohr und Kaffee anbauen und Salz, Diamanten, Gold und Kautschuk gewinnen. In der ersten Hälfte des 20. Jahrhunderts wurden in Angola Diamanten abgebaut, später auch Erdöl, und in Moçambique Kohle produziert. Investiert wurde belgisches, französisches, britisches und portugiesisches Kapital (Clarence-Smith 1985:129-131, 174). Bergbau und Landwirtschaft wurden mit gering entlohnten afrikanischen Zwangsarbeiter/innen betrieben. Der Bereicherung portugiesischer und internationaler Handelsgesellschaften, Beamter, Militärs und Siedler in den portugiesischen Kolonien Afrikas und deren Rolle als Absatzmarkt für portugiesische Waren standen allerdings hohe Ausgaben des portugiesischen Staates zum Erhalt des

Kolonialreiches entgegen. Der ökonomische Wert der afrikanischen Kolonien ist deshalb umstritten (Clarence Smith 1985 versus Hammond 1966).

Die Wirtschaft Brasiliens war von Anfang an auf den Weltmarkt ausgerichtet und beruhte in der frühen Kolonialzeit auf dem Anbau von Zuckerrohr und Tabak sowie der Nutzung von Brasilholz und extensiver Viehhaltung im Sertão. Eine brasilianische Aristokratie entstand schon in der zweiten Hälfte des 16. Jahrhunderts im Gebiet der Zuckerpflanzungen in Bahia und Pernambuco im Nordosten Brasiliens. Die Ausbeutung der am Ende des 17. Jahrhunderts entdeckten Gold- und Diamantenvorkommen im Landesinnern (vor allem in Minas Gerais und São Paulo) wurde zu einem weiteren wichtigen Wirtschaftszweig und für die portugiesische Krone, die ein Fünftel des Ertrages als Steuer kassierte, trotz Verlusten durch Schmuggel zu einer lukrativen Einkommensquelle, durch welche Brasilien im Gesamtzusammenhang der portugiesischen Kolonien stark an Bedeutung gewann. Weitere Einkommensquellen waren die Monopole auf Tabak, Salz und den Walfischfang sowie der Zehnt, der theoretisch zum Unterhalt der Kirche diente, aber praktisch durch das Patronat dem König zustand, der zugleich Großmeister des Christusordens war.

Die Gewinne aus dem Handel mit Sklav/innen aus Afrika, mit Zucker, Tabak und Gold aus Brasilien und die Steuern aus den Kolonien landeten in Asien im Tausch dort hergestellter Luxusgüter und in den Niederlanden, Großbritannien und Frankreich, den Zentren der europäischen Weltwirtschaft, die die tropischen Güter auf dem Weltmarkt handelten und Massenfertigwaren (Werkzeuge, Waffen, Kleidung, Haushaltwaren) nach Portugal und in dessen Kolonien exportierten. Die Einnahmen aus den Kolonien haben so die wirtschaftliche Entwicklung des Mutterlandes eher behindert als gefördert, weil sie ermöglichten, diese Importwaren zu kaufen und der Anreiz fehlte, das einheimische Gewerbe zu entwickeln (Newitt 2005:270-271; Wallerstein 1998 II:194, 213-223). Im Handelsvertrag von Methuen (1703) zwischen Portugal und England wurde diese Abhängigkeit deutlich: Portugal lieferte an England Wein und Olivenöl, England Textilien, Manufakturwaren und Weizen an Portugal und seine Kolonien. Der Kern des Vertrages bestand darin, dass Portugal die Zölle für englische Textilien und England die Zölle für portugiesischen Wein reduzierte, was nicht zum gegenseitigen Vorteil war, da England dadurch große Märkte in Übersee gewann, während die Produktionskapazitäten Portugals kaum expansionsfähig waren. Die Handelsbilanz war für Portugal negativ, sodass es das Defizit mit Gold und Diamanten aus Brasilien ausgleichen musste (Stein 1970:4; Mauro 1987:59-61). Während die ältere lusophone Historiographie in dem Vertrag von Methuen den Grundstein für die Unterentwicklung Portugals sah, betrachtet ihn die jüngere als Ausdruck längst bestehender ungleicher Handelsbeziehungen (Pedreira 2003).

Im 18. Jahrhundert wurden neue Städte in Brasilien gegründet und die Einwanderung von den Azoren gefördert. Eine *Junta de Comercio* kontrollierte Handel und Passagierverkehr mit Brasilien, mehrere Monopolgesellschaften förderten den Handel mit Randzonen der brasilianischen Kolonie. Der Handel von Salvador und Rio dagegen wurde freigegeben. Im Ergebnis wurden bisher unerschlossene oder stagnierende Regionen in den Weltmarkthandel – durch Sklaveneinfuhr und Ausfuhr von Zucker, Baumwolle, Kakao, Häuten, Reis, Indigo, Cochenille, Heilpflanzen – einbezogen. Dadurch konnten Verluste aus dem zurückgehenden Goldexport (wegen Erschöpfung von Minen und Schmuggel) teilweise kompensiert werden. Brasilien hatte im 18. Jahrhundert die indischen Besitzungen in ihrer Bedeutung für die portugiesische Wirtschaft überholt und sein Verlust 1822 traf Portugal schwer (Schwartz 2007).

Fortschritte in der wirtschaftlichen und demographischen Entwicklung des Mutterlandes und Brasiliens durch die Reformen des 18. Jahrhunderts änderten allerdings nichts daran, dass Portugal im Wesentlichen nur ein Zwischenhändler war, der in seine Kolonien Manufakturwaren anderer Länder importierte und Kolonialwaren aus den Kolonien an dritte Länder weiterverkaufte. Die Gewinne aus dem Handel mit Sklaven und Rohstoffen wurden für höfischen Luxus und die – militärische und administrative – Erhaltung eines Weltreichs ausgegeben und nicht für Investitionen in die einheimische Warenproduktion. In Portugal profitierten nur der Hof, die großen Adelsfamilien und eine schmale Schicht von reichen Kaufleuten vom Reichtum Brasiliens (Newitt 2005:270-271).

Die größte Bevölkerungsbewegung im lusoatlantischen Raum stellte die Verschleppung von Afrikanern in die Amerikas dar, wobei Portugal die führende Sklavenhandelsnation war (siehe unten). Portugiesen ihrerseits verließen ihre Heimat, um zeitweise oder für immer in den portugiesischen Überseekolonien zu leben. In den Handelsstützpunkten in Afrika waren immer nur wenige Portugiesen anwesend, Kaufleute, Soldaten, Seeleute, Beamte und einige wenige Kleriker, fast ausschließlich Männer, die sich befristet zu einem bestimmten Zweck in den Kolonien aufhielten. Außerdem wurden portugiesische und brasilianische Straftäter – die angesichts der Willkür frühneuzeitlicher Justiz nur teilweise Kriminelle waren – in die afrikanischen Kolonien verbannt. Es wurden auch ethnisch-religiös verfolgte Juden, Neuchristen und Roma deportiert (Russell-Wood 1998:106).

Die zunächst wenigen portugiesischen Siedler in Brasilien waren Abenteurer und Flüchtlinge, Kaufleute, Geistliche, verarmte Adlige, später auch Bauern und Fischer, vor allem aus Nordportugal, dazu Verbannte und Waisenmädchen. Neuchristen suchten in Brasilien Zuflucht, weil die Verfolgung durch die Inquisition dort nicht ganz so harsch war, und stiegen in die oben erwähnte Pflanzeraristokratie auf. Ihr Exodus nach dem Ende der niederländischen Besetzung, während derer viele Neuchristen zum jüdischen Glauben zurückgekehrt waren, schadete Brasilien und nützte den Kolonien anderer Mächte in Westindien, denn dorthin brachten die geflohenen Juden/Neuchristen das Know-how des Zuckeranbaus (siehe auch den Beitrag von C. Cwik in diesem Band).

Insgesamt konnte das kleine, dünn besiedelte Mutterland mit Kolonien in Afrika und Indien nur wenige Siedler nach Brasilien schicken. 1585 lebten ca. 29.000 Europäer in Brasilien (Johnson 1987:31). In der weißen Bevölkerung gab es einen deutlichen Männerüberhang, der durch sporadische Entsendung von Waisenmädchen oder bekehrten Prostituierten aus Portugal als potenzielle Ehefrauen der Kolonisten kaum gemildert wurde. Dieser Männerüberhang begünstigte meist ungleiche und nicht-eheliche Paarbeziehungen von Portugiesen mit Indianerinnen und Afrikanerinnen, wobei rechtliche Benachteiligungen für Nachkommen aus Ehen von Weißen mit Indianerinnen 1755 aufgehoben wurden.

Der Sklavenhandel nach Brasilien und die Besonderheiten der Sklaverei in Brasilien

Zu Beginn der portugiesischen Präsenz kam es zu friedlichem Tauschhandel von Färbholz gegen europäische Werkzeuge mit den sich sprachlich und kulturell stark voneinander unterscheidenden indigenen Gesellschaften und zu Allianzen zwischen portugiesischen Siedlern und einzelnen indianischen Völkern. Die portugiesische Eroberung führte längerfristig aber dazu, dass ein großer Teil der brasilianischen Indianer ausgerottet wurde – durch Krieg, Krankheiten, Kulturschock und Überarbeitung, die die Reproduktion verhinderte (Thomas 1994:602).

Die meisten überlebenden Indianer wurden sesshaft gemacht und ihre Kultur im Namen der Christianisierung zerstört. Ihre Missionierung lag in den Händen meist spanischer Jesuiten, die die Indianer in Dörfern konzentrierten, wo sie unter Aufsicht arbeiten sollten. Die Mission wurde nach der Vertreibung der Jesuiten Weltgeistlichen anvertraut. Während die Jesuiten die Indianer zwar unterworfen und bevormundet, aber auch beschützt hatten, machten die weltlichen »Direktoren« indianischer Dörfer oft mit den Siedlern gemeinsame Sache, die sich indianisches Land aneignen wollten und billige Arbeitskräfte brauchten. Viele Indianer wurden versklavt, um sie auf Plantagen und in Bergwerken arbeiten zu lassen. Zwar verbot ein Gesetz von 1570, Indianer zu versklaven, jedoch blieb die Versklavung von Indianern in einem »gerechten Krieg« und als Vorbeugung gegen »Kannibalismus« erlaubt. Die Indianersklaverei war eine dauerhafte Institution in der Kolonie (Ribeiro da Silva 1998:15-28), konnte aber schon seit dem 16. Jahrhundert den Arbeitskräftebedarf nicht mehr decken.

Daher wurden bereits bis 1700 813.732 Sklav/innen aus Afrika nach Brasilien importiert, insgesamt bis 1850 4.864.374. (http://www.slavevoyages.org/tast/assessment/estimates.faces). Damit wurden 45,45 % aller in die Amerikas verschleppten afrikanischen Sklav/innen nach Brasilien gebracht, ein mehr als hinreichender Grund, Portugiesisch-Amerika in der vergleichenden Sklavereigeschichte nicht zu vernachlässigen. Von 1550–1595 war der Sklavenhandel frei. Während der spanischen Herrschaft wurden vertraglich gesicherte Monopole für den Sklavenhandel vergeben. Die Kaufleute, die ein solches Privileg gegen Zahlung einer gewaltigen Gebühr an die Krone erhielten, vergaben ihrerseits Lizenzen an Schiffskapitäne. Portugiesische Händler versorgten aber nicht nur Brasilien mit afrikanischen Sklav/innen, sondern auch spanisch-amerikanische Kolonien, offiziell über den *asiento*, einen Monopolvertrag über Sklaventransporte, oder per Schmuggel. Sie brachten auch Sklav/innen in die Kolonien anderer europäischer Mächte: 46,7 % des gesamten transatlantischen Sklavenhandels von Afrika in die Amerikas wurden von den Portugiesen abgewickelt (Eltis/ Richardson 2008:40-41).

Der Sklavenhandel von Angola und Nordwestafrika aus wurde dagegen nach 1650 z. T. auf brasilianischen Schiffen im Besitz brasilianischer Kaufleute unter Umgehung Lissabons durchgeführt, die Sklav/innen wurden im Allgemeinen gegen brasilianischen Tabak, Zuckerrohrschnaps oder geschmuggeltes Gold getauscht (Verger 1976:11-138; Curto 2004:89-129). Der Sklavenhandel nach Brasilien erfolgte zum großen Teil jenseits des klassischen Modells des Dreieckhandels, nach dem in Afrika europäische Konsumgüter und Waffen gegen Sklaven getauscht wurden, die in die Amerikas verkauft wurden und dort die tropischen Landwirtschaftsprodukte anbauten, die dann wieder in Europa verkauft wurden.

Obwohl nach einem Vertrag mit Großbritannien von 1826 der transatlantische Sklavenhandel nach 1830 enden sollte, wurden Afrikaner/innen bis 1850 nach Brasilien verschleppt. Die Sklaverei wurde in Brasilien erst 1888 aufgehoben; damit war Brasilien das letzte Land in Amerika, das die Sklaverei abschaffte. Nach Bahia kamen die Sklav/innen vor allem aus dem westlichen Zentralafrika (Kongo, Angola, dominierend im 18. Jahrhundert), der Bucht von Benin (Dahomey, besonders im 19. Jahrhundert) und von der Goldküste (Ghana), nach Pernambuco aus dem westlichen Zentralafrika und Senegambien, nach Südostbrasilien (unter anderem Rio de Janeiro und São Paulo) aus dem westlichen Zentralafrika und aus Südostafrika (Moçambique) (Eltis u. a. 1999). Die Kulturen der Bantu, Yoruba/nagô, Ewe/gegê und muslimische Haussa und Mandingo haben Brasilien kulturell und religiös am nachhaltigsten geprägt.

Es ist schwierig, verallgemeinerbare Aussagen über die Lage der Sklav/innen in Brasilien zu machen. Auf dem Land bestimmten die Größe der Plantage, ihre geographische Lage, die Anbauprodukte und der Besitzer, wie hart die Lebensbedingungen waren und welche persönlichen Handlungsspielräume dem einzelnen Sklaven und der einzelnen Sklavin blieben. Besonders hart war die Arbeit auf Zuckerrohrpflanzungen und auf im Aufbau befindlichen Plantagen, wo noch Rodungsarbeiten anfielen. Sklaven und Sklavinnen in den Städten übten teilweise selbstständig diverse Gewerbe aus und gaben ihren Herrschaften einen Teil ihres Verdienstes ab. Letzteres brachte für die Sklav/innen einen größeren Freiraum mit sich.

Die Forschungen seit den 1980er Jahren (Conrad 1984; Hunold Lara 1988; Schwartz 1992) widersprechen der These von der Milde der Sklaverei in Brasilien gegenüber der angelsächsischen (Tannenbaum 1947). Freikauf und Freilassungen ließen zwar eine freie farbige Bevölkerung in weit größerem Umfang zu als in anderen Kolonien, aber die demographischen Daten widerlegen die Behauptung, dass es den Sklav/innen in Brasilien besser gegangen sei als z.B. in den USA: die Reproduktion der brasilianischen Sklavenbevölkerung gelang im Gegensatz zur afroamerikanischen zu keinem Zeitpunkt, die Sterberate lag immer über der Geburtenrate, was permanenten Nachschub aus Afrika notwendig machte (Bergad 2007:96-131). Ursachen für die hohe Todesrate waren neben Krankheiten die permanente körperliche Schwerstarbeit bei Unter- und Fehlernährung und barbarische Körperstrafen. Auf den Pflanzungen gab es einen hohen Männerüberhang, da zwei Drittel der importierten Sklav/innen Männer waren und die Frauen überproportional in die Städte verkauft wurden. Von den wenigen Kindern, die unter diesen Umständen geboren wurden, starb die Hälfte im ersten Lebensjahr. Die allgemeine Lebenserwartung der Sklav/innen lag am Ende des 18. Jahrhunderts in Bahia bei 25 Jahren (Schwartz 1992:40).

Die theoretisch vorhandenen Sklavenschutzgesetze (Hunold Lara 2000), die die Tötung eines Sklaven verboten oder die im Falle der Misshandlung dem Sklaven das Recht einräumten, sich einen neuen Herrn zu suchen, waren kaum wirksam. Ein *senhor de engenho* war viel zu mächtig, als dass lokale Richter oder Staatsbeamte gegen ihn vorgegangen wären. Außerdem waren staatliche Behörden für Sklav/innen in abgelegenen Gebieten gar nicht zu erreichen, verließen sie den Besitz ihres Herrn, wurden sie als Flüchtlinge gejagt. Das Recht der Sklav/innen auf Eheschließung und regelmäßiges Zusammenkommen mit dem Ehemann/der Ehefrau war in der Praxis wegen der Eingriffe der Sklavenhalter/innen in das Privatleben der Sklav/innen oft nicht durchzusetzen, abgesehen davon, dass die deutliche Überzahl der Männer in der ländlichen Sklavenbevölkerung keine Familiengründung für alle Sklaven zuließ (Schmieder 2008:79-82). 1871 erklärte das Gesetz des Ministers Rio Branco (*lei do ventre livre*) die Kinder von Sklavinnen, die ab diesem Zeitpunkt geboren wurden, für frei (sie verblieben bis zum Alter von acht oder 21 Jahren in der Verfügungsgewalt des Besitzers der Mutter, je nachdem ob dieser sich für eine finanzielle Entschädigung oder die Nutzung der Arbeitskraft der Kinder entschied) und verbot eine Trennung von Müttern und Kindern unter 12 Jahren gegen den Willen der Mutter (Brandão Vasconcelos 1996:121-127).

Die Geschichte der afrikanischen Sklaverei in Brasilien ist auch eine Geschichte des Widerstandes gegen diese Form der Ausbeutung, der Flucht in die sogenannten *quilombos*, Siedlungen geflohener Sklav/innen im unzugänglichen Hinterland (Santos Gomes 2005). Die bekannteste und größte von ihnen war der *quilombo* von Palmares mit seinem legendären Anführer Zumbí, der von 1605–1694 in Pernambuco bestand (Anderson 1996). Neben individuellen Racheakten an Besitzern und Aufsehern gab es auch zahlreiche Sklavenaufstände, darunter 1835 den Versuch muslimischer Sklav/innen aus Nordwestafrika, in Salvador da Bahia einen Jihad gegen ihre weißen Besitzer zu führen. Der Aufstand wurde in einem großen Blutbad erstickt (Reis 1993). Im Zusammenhang mit der Geschichte der *quilombos* und Sklavenaufstände wurde in der Forschung diskutiert, wie stark die afrikanischen Herkunftskulturen der Sklav/innen einerseits und Kreolisierungsprozesse andererseits die sozialen und politischen Strukturen der *quilombos* und die Ziele des Sklavenwiderstands sowie seinen Charakter als »Klassenkampf« oder »ethnisch-kulturellen Konflikt« geprägt haben (Reis 1988 und Anderson 1996 vs. Kent 1965). Die neuere Sklavereiforschung widmet sich immer stärker dem (west- oder zentral-)afrikanischen Herkunftskontext der Sklav/innen und betont, dass dieser die brasilianische Sklavereigesellschaft massiv geprägt hat (Thornton 1992; Lovejoy 1994; Alencastro 2000; Sweet 2003).

Neben dem offenen gewaltsamen Widerstand gab es Widerständigkeit und Widersetzlichkeit im Alltag. Dazu gehörte auch die Solidarität unter Familienangehörigen, Wahlverwandten durch Patenschaften, Mitgliedern religiöser Bruderschaften, ehemaligen Schiffskameraden (der *middle passage*) und Angehörigen derselben ethnischen Gruppe sowie das fortgesetzte Praktizieren afrikanischer Religionen oder des Islam als Gegenkultur in der katholischen Sklavenhaltergesellschaft (Sweet 2003:31-58, 119-188).

Rückkehrer nach Afrika

Die Verschleppung nach Brasilien aus Afrika war für die meisten Sklav/innen eine erzwungene Reise ohne Wiederkehr. Afrikaner/innen bewegten sich auf dem Atlantik aber nicht nur von Ost nach West. Es gab auch ehemalige Sklav/innen, ca. 8.000 im Laufe des 19. Jahrhunderts, die, nachdem sie sich freigekauft hatten oder freigelassen worden waren, nach Afrika zurückkehrten. Dabei konnten oder wollten sie nicht immer ihre ursprüngliche Heimat erreichen, weil sie dort keine Bezugspersonen mehr hatten oder die Wiederversklavung drohte. Viele brasilianische Exsklav/innen siedelten sich in Lagos (Nigeria) an. 1888 lebten ca. 3.000 Afrobrasilianer/innen in Lagos, das seit 1861 in britischer Hand war und wegen des Verbots des Sklavenhandels durch Großbritannien Schutz vor erneuter Versklavung bot. Andere Ex-Sklav/innen ließen sich in Porto Seguro, Agoué, Ajuda/Whydah, Cotonu, Porto Novo, Badagri und Lagos an der gesamten Bucht von Benin nieder. Die Christen unter den Rückwanderern blieben oft der katholischen Religion treu, bauten Häuser und Kirchen im Stil der portugiesisch-brasilianischen Architektur, schickten ihre Kinder zur Erziehung nach Brasilien und pflegten brasilianische Alltagskultur (Carneiro da Cunha 1985; Strickrodt 2008). Neben afrobrasilianischen Christen gab es in Lagos und anderen westafrikanischen Städten auch afrobrasilianische Muslime, die aus dem Nordosten Brasiliens zurückgekehrt waren (Strickrodt 2004:230-234). Neben den freiwilligen Rückkehrern wurden auch freie schwarze und farbige Brasilianer wegen Beteiligung an Aufständen nach Afrika verbannt, vor allem Muslime nach dem Aufstand in Bahia 1835 (Law 2004b:179).

Diese Rückkehrer, die, wie eben erläutert, auf den Kontinent ihrer Verfahren, aber nicht unbedingt in deren eigentliche Heimat zurückkehrten, brachten Ausdrucksformen der brasilianischen Kultur und des Katholizismus, wie er in Brasilien gelebt wurde, nach Westafrika, wenn auch der brasilianische Stadtteil in Whydah vom weißen Bahianer Francisco Felix de Souza gegründet wurde. De Souza hatte sich in hohem Maße der afrikanischen Kultur und Lebensweise angepasst und spielte durch seine guten Beziehungen zu König Gezo über zwei Jahrzehnte eine zentrale Rolle im Sklavenhandel aus Dahomey (heute Law 2004a). Es gab auch Afrobrasilianer, die nach ihrer Rückkehr nach Westafrika erfolgreiche Sklavenhändler wurden. Zu diesen gehörte Joaquim d'Almeida, der als Kind von Dahomeianern in die Sklaverei verschleppt, nach Brasilien verkauft, dort freigekommen, nach Afrika zurückgekehrt war und sich 1845 in Agoué an der *Slave Coast* (heute Togo und Teile von Benin und Westnigeria) angesiedelt hatte (Strickrodt 2004:221-222). Dies bedeutet aber nicht, dass die Rückkehrer überwiegend im Sklavenhandel tätig waren, Afrobrasilianer arbeiteten auch als Agenten europäischer Handelshäuser, in der Kolonialverwaltung oder in Handwerksberufen oder handelten mit Palmöl. Manche schickten ihre Kinder nach Salvador de Bahia in die Schule oder zum Studium nach Europa (Strickrodt 2008:63; Costa e Silva 2003:100, 160-161).

Die Auflösung des portugiesischen Kolonialreichs

Der portugiesische Hof floh 1807 vor dem Vormarsch napoleonischer Truppen auf der Iberischen Halbinsel nach Brasilien. 1820 kam es in Portugal zu einer liberalen Revolution und zur Errichtung einer konstitutionellen Monarchie. Die Cortes erarbeiteten eine Verfassung, die 1821 von dem aus Brasilien zurückkehrenden König João akzeptiert wurde. Gegen diese Verfassung, die Brasilien wieder der Kontrolle durch Portugal unterstellen sollte, erklärte der Sohn Joãos, Pedro, 1822 die Unabhängigkeit Brasiliens und sich selbst zum Kaiser Pedro I in einer eingeschränkt konstitutionellen Monarchie. 1831 musste Pedro I zugunsten einer Regentschaft im Namen seines minderjährigen Sohnes Pedro II abdanken. Das brasilianische Kaiserreich bestand bis 1889, danach wurde eine Republik etabliert.

Trotz der engen Grenzen der gesellschaftlichen Transformationen durch die brasilianische Unabhängigkeitsrevolution muss man die Beendigung der Kolonialherrschaft, die Etablierung einer konstitutionellen Monarchie und die Gewährung bürgerlicher Freiheiten in Brasilien als Teil eines Prozesses revolutionärer Veränderungen im Atlantischen Raum in der ersten Hälfte des 19. Jahrhunderts betrachten, der u. a. die Nordamerikanische Unabhängigkeitsrevolution 1776–1783, die Französischen Revolutionen von 1789–1795, 1830 und 1848, die Haitianische Revolution 1791–1804, die liberalen Revolutionen/ Bewegungen in Spanien von 1808–1812, 1820–1823, 1834–1843, in Portugal 1820–1823, 1836–1838, 1851, die lateinamerikanischen Unabhängigkeitsrevolutionen von 1810 bis 1826, die Abolitionen der Sklaverei und die liberalen Reformen in mehreren spanisch-amerikanischen Staaten in den späten 1840er und 1850er Jahren (Kolumbien, Ekuador, Argentinien, Peru, Venezuela) umfasste. Diese Verflechtungen der politisch-sozialen Geschichte Brasiliens mit dem angloamerikanischen, spanischamerikanischen und frankoamerikanischen Raum würden den Rahmen eines Beitrags zum Lusoatlantik sprengen, zeigen aber, dass hier nur ein sehr spezifischer Ausschnitt des Themas »Brasilien und der Atlantische Raum« behandelt werden kann.

Bis zum Ende des Sklavenhandels zwischen Portugiesisch-Afrika und Brasilien gab es in Angola und Moçambique Bestrebungen der dort ansässigen Sklavenhändler, sich dem unabhängigen Brasilien anzuschließen (Capela 2005). Daran werden wiederum die direkten Beziehungen zwischen Brasilien und Portugiesischafrika, die ohne Vermittlung durch das »Mutterland« funktionierten, deutlich und auch, dass alternative Staatsbildungsprozesse im Verhältnis zu denen, die sich letztlich durchgesetzt haben, möglich gewesen wären.

Die afrikanischen Kolonien Portugals erlangten erst nach militärischen Auseinandersetzungen seit Beginn der 1960er Jahre und dem Sturz der faschistischen Diktatur Salazars in der Nelkenrevolution vom 25.04.1974 ihre Unabhängigkeit; so 1974 Guinea-Bissau, 1975 Angola, Moçambique, die Kapverden, São Tomé und Principe (Costa Pinto 2003). Angola litt langfristig darunter, dass unter dem Regime Salazars selbst die einfachsten Arbeitsstellen in Büros und Kontoren nur eingewanderten Weißen vorbehalten waren (die Angolaner wurden dagegen innerhalb eines besonders repressiven Zwangsarbeitssystems in die Diamantenminen oder auf Plantagen abkommandiert) und es an ausgebildetem Personal für die neue Verwaltung fehlte (Birmingham 2006:78, 83-85).

In Angola und Moçambique waren die ersten beiden Jahrzehnte nach der Unabhängigkeit von Bürgerkriegen, Stellvertreterkriegen im Kalten Krieg, geprägt: In Angola standen sich 1975–1991 die sozialistische MPLA, unterstützt von der Sowjetunion und Kuba und die von den USA und Südafrika unterstützte FNLA und UNITA, die ursprünglich unter dem Einfluss Chinas gestanden war, gegenüber (1975–1991) (Birmingham 2006:121), in Moçambique die sozialistische FRELIMO und die von Südafrika unterstützte RENAMO. Die UNITA führte zudem 1992–1994 und 1998–2002 Bürgerkriege gegen die regierende MPLA in Angola (McQueen 1997; Birmingham 2006:169-171).

Afrobrasilien im 20. Jahrhundert

Durch Freikäufe und Freilassungen sowie eine hohe Reproduktionsrate der freien farbigen Bevölkerung wuchs die Zahl der freien Farbigen in Brasilien schon zu Zeiten der Sklaverei von ca. 15 % 1817 auf ca. 43 % 1872 (Röhrig Assunção/Zeuske 1998:405). Freie Schwarze und Sklav/innen schlossen sich in religiösen Bruderschaften zusammen u.a. unter der Schutzpatronin der schwarzen Madonna *Nossa Senhora do Rosário* und in *cantos*, die Angehörige eines Berufs vereinten. Beide organisierten sich nach *nações* (Ethnien) und in beiden hatten Männer wie Frauen Führungspositionen inne (Kiddy 2005; Reis 2005).

Die Aufhebung der Sklaverei – Ergebnis einer Bewegung, in der afrobrasilianische Abolitionisten wie Luis Gama, José do Patrocínio, André und Antonio Rebouças eine zentrale Rolle spielten (Larkin Nascimento 2003:121) – bedeutete für die ehemaligen Sklaven und Sklavinnen keine gleichberechtigte Integration in die brasilianische Gesellschaft (Butler 1998:45-46). Zwar gab es keine offizielle Rassentrennung oder Rassengesetze und Afrobrasilianer/innen wurden selten zu Zwangsarbeit verpflichtet, wie das z.B. in Französisch-Westindien nach der Sklaverei geschah. Das Arbeitskräfteproblem in der Landwirtschaft (vor allem im Kaffeeanbau) und der seit ca. 1890 entstehenden Industrie wurde durch Einwanderung aus Europa gelöst (Lamounier 1995). Durch eben diese Einwanderung sahen sich jedoch Afrobrasilianer/innen, die in der Kolonialzeit und im Kaiserreich in den qualifizierten Handwerksberufen gearbeitet hatten, damit konfrontiert, dass die weißen Einwanderer überall auf dem Arbeitsmarkt bevorzugt wurden. Afrobrasilianer/innen wurden oft in die schlecht bezahlten und verhassten Dienstbotenberufe abgedrängt. Die massive Konzentration des Landbesitzes in Brasilien machte es schwer, ein Stück Land zu finden, auf dem sie als Kleinbäuer/innen leben konnten.

Zu Beginn des 20. Jahrhunderts begeisterte sich die weiße Oberschicht Brasiliens für rassistische und sozialdarwinistische Ideen und strebte ein *branqueamento*, eine »Einweißung« des Landes, an. Außerdem wurde die Ausübung von Religionen afrikanischer Herkunft wie des *candomblé* (eine Religion, die auf die Yoruba/nâgo-Kultur zurückgeht) und des afrikanisches Kampftanzes, der *capoeira*, bis weit ins 20. Jahrhundert verfolgt. Deshalb entwickelten sich synkretistische Formen der Religionsausübung, wie die Zuordnung (nicht Gleichsetzung mit) der orixás des *candomblé* zu christlichen Heiligen (Merrell 2005:293) und die brasilienweite Verehrung der Heiligen Anastácia im populären Katholizismus und in der *umbanda*-Religion. Anastácia wird in religiösen Schreinen als Sklavin mit einer Eisenmaske im Gesicht dargestellt, wie sie zur Zeit der Sklaverei viele Afrikaner/innen zur Bestrafung tragen mussten (Burdick 1998).

Der Mythos einer in Brasilien existierenden »Rassendemokratie«, den der frühe Sozialhistoriker Gilberto Freyre, durchaus von einer antirassistischen Position aus, verbreitet hatte, wurde in den 1970er und 1980er Jahren von den Soziologen Fernandes, Bastide, Cardoso und Ianni, der sogenannten *Escola Paulista*, widerlegt (Freyre 1965; Schelsky 1994:270-272, 280-281). In Brasilien gibt es allerdings im Unterschied zu den USA, wo jeder, der eine afrikanische Urgroßmutter hat, als schwarz betrachtet wird, eine soziale Wahrnehmung von »Hautfarbe«. Ein farbiger Arzt gilt als weiß, ein farbiger Slumbewohner gilt als schwarz, Bildung und sozialer Erfolg können einen dunklen Phänotyp bis zu einem gewissen Grad ausgleichen. Das führt dazu, dass viele Afrobrasilianer/innen lieber eine private Einweißungs- und Aufstiegspolitik in der Familie betreiben, als sich Organisationen anzuschließen, die für die Gleichstellung der Afrobrasilianer/innen kämpfen.

Trotzdem gab es erfolgreiche politische afrobrasilianische Organisationen, z.B. 1931–1937 die *Frente Negra Brasileira*. Die *Asociação dos Negros Brasileiros*, das *Comité Democrático Afrobrasileiro*, die *Convenção Nacional de Negros Brasileiros*, die *Frente Negra Trabalhista* und das *Teatro Experimental Negro* sowie zahlreiche weitere Vereinigungen verfolgten neben politischen und gewerkschaftlichen Forderungen auch Bildungsziele und wollten afrobrasilianische Kultur und Bewusstsein fördern (Butler 1998:115-128; Larkin Nascimento 2003:128-133, 138-148). Seit Beginn des 20. Jahrhunderts wehrte sich die politische afrobrasilianische Presse gegen die Rassendiskriminierung und berichtete vom Kampf gegen den Rassismus in anderen Ländern, vor allem in den USA. Durch ein Gesetz von 1951 (*Lei Afonso Arinos*) wurden bestimmte, sehr eng definierte Formen von Rassendiskriminierung verboten (Larkin Nascimento 2003:124-133, 1148-150). Während der Militärdiktatur (1964–1986) war eine politische Interessenvertretung der afrobrasilianischen Bevölkerung zunächst nicht möglich. Im Zuge des Wiedererstarkens sozialer Bewegungen und der allmählichen demokratischen Öffnung in den letzten Jahren des Militärregimes wurde 1978 der *Movimento Negro Unificado contra a Discriminação Racial (MNU)* gegründet, der erreichte, dass in der Verfassung von 1988 die Rassendiskriminierung verboten wurde.

Der 100. Jahrestag der Abolition 1988 wurde zum Kristallisationspunkt kritischer Erinnerung an die Sklaverei und die akademische Forschung über Sklaverei und Postemanzipation hat seitdem enorm zugenommen. Der Sklaverei und des Widerstandes dagegen wird heute am 13. Mai, dem Tag, an dem 1888 die *Lei Aurea*, das Gesetz zur Abschaffung der Sklaverei, in Kraft trat und der zum Aktionstag gegen Rassismus wurde, sowie am 20.11., dem Todestag von Zumbí, dem Anführer des *quilombo* von Palmares, gedacht. Dieser Tag wurde zum »Tag des schwarzen Bewusstseins« erklärt (Maggie 1994:303-304). Es gibt offizielle Monumente für Zumbí in Rio de Janeiro, Recife de Pernambuco und Salvador da Bahia und zahlreiche Museen zur afrobrasilianischen Kultur. Das Thema Sklaverei hat längst die *telenovelas*, Fernsehserien, erreicht, wobei zunächst europäisierte, unterwürfige Sklav/innen und heldenhafte weiße Sklavereigegner (»A escrava Isaura«, 1977) gezeigt wurden, seit den 1980er Jahren aber auch widerständische, auf ihr Erbe aus verschiedenen afrikanischen Kulturen stolze Sklav/innen dargestellt werden (»Sinha Moça«, 1986, »Pacto do Sangue«, 1989, spielt in einem *quilombo*) (Araújo 2000:202-223). Im Jahr 2000 hat die brasilianische Regierung Maßnahmen der *affirmative action* zum Ausgleich der Benachteiligung der Afrobrasilianer/innen beschlossen (Almaro García 2000), u. a. wurden in den folgenden Jahren Quotenregelungen für die Zulassung zur Universität erlassen, um den Anteil nicht-weißer Studierender zu erhöhen. Problematisch dabei ist, dass sich die Betroffenen als schwarz definieren müssen, was die Verfestigung der Kategorie »Rasse« impliziert. Außerdem führt der Zugang zu (zudem qualitativ oft nicht ausreichender) Bildung nicht unbedingt zu besseren Chancen auf dem Arbeitsmarkt, weil es nicht genug qualifizierte Jobs gibt (Sansone 2003:32-37). Benachteiligungen bleiben bestehen. AfrobrasilianerInnen verdienen für die gleiche Arbeit weniger. Eine Bank schreibt eine Stelle eben nicht für einen oder eine Weiße aus, sondern für eine Person de »boa aparência«, von »guter Erscheinung« und gemeint ist dasselbe (Caldwell 2007:66-68). In der Werbung kommen Schwarze kaum vor – oder rassistisch stereotypisiert –, und in der Politik sind sie noch immer unterrepräsentiert. Empirische soziologische Untersuchungen zeigen, dass viele Afrobrasilianer/innen rassistische Diskriminierung erlebt haben. Gegen die besondere Diskriminierung schwarzer Frauen durch die Überlagerung von geschlechtlicher und rassistischer Benachteiligung ist eine afrofeministische Bewegung entstanden (Caldwell 2007:65-106, 157-169).

Was es nicht mehr gibt, ist die pauschale Ablehnung des afrikanischen Kulturerbes. Als »wahre« afro-brasilianische Kultur gilt allerdings das Erbe der »hoch entwickelten« Yoruba-Kultur, die Bantu-Kultur wird weniger geschätzt (Sansone 2003:65-66). Heute sind Karneval mit den *Blocos Afros*, *Samba* und *Capoeira* Bestandteile der brasilianischen Nationalkultur und des Tourismusgewerbes geworden und immer mehr Weiße beten zu den afrikanischen *orixás*. Afrobrasilianische Jugendliche suchen ihre Identität oft nicht mehr in diesen traditionellen kulturellen Formen, sondern im afroamerikanischen *hiphop* oder *funk* (Sansone 2003:111-140), sodass es auch Verbindungen zwischen Nordamerika und Brasilien in der Kultur des *Black Atlantic* gibt.

Schlussbemerkung

Die Migrationen im lusoatlantischen Raum haben dazu geführt, dass 186 Millionen Menschen Portugiesisch als ihre Muttersprache sprechen (Russell-Wood 1998:191). Die Kulturbegegnungen der letzten 500 Jahre in diesem Raum haben in der Architektur, in der Religion, in der Musik, in der Alltags- und Festkultur überall in Portugal, in den Teilen Afrikas, die (zeitweilig) von Portugal beherrscht wurden, und in Brasilien zahlreiche Spuren hinterlassen und zu spannenden Transkulturationsprozessen geführt, für die man sich leicht begeistern kann, wenn man sie studiert. Dabei hat die Geschichte des Lusoatlantik auch eine düstere Seite. Die toten Afrikaner/innen auf dem Grund des Atlantiks, die Sklav/innen, die sich auf den Plantagen Brasiliens und der Amerikas zu Tode geschuftet haben, die indigenen Völker, die ausgerottet wurden, haben die portugiesische Expansion nicht überlebt und von der Herausbildung eines kulturellen Lusoatlantiks nie einen Nutzen gehabt. Welche zentrale Rolle Portugal und Brasilien im transatlantischen Sklavenhandel gespielt haben und dass man beim Thema neuzeitliche Sklaverei zuerst an Bahia und Pernambuco und nicht an Georgia und Alabama denken sollte, dringt aus der akademischen Welt erst allmählich in das Bewusstsein einer breiteren Öffentlichkeit. Vielleicht leistet dieser Text einen kleinen Beitrag dazu.

Literatur

Albuquerque, Luís de u. a. (1991): O Confronto do Olhar. O encontro dos povos na época das Navegações portuguesas. Séculos XV e XVI. Lissabon: Caminho

Alencastro, Luiz Felipe (2000): O trato dos viventes: formação do Brasil no Atlântico Sul, séculos XVI e XVII. São Paulo: Companhia das Letras

Almario García, Oscar (2008): De la memoria de la esclavitud al cuestionamiento de la exclusión social y racismo. www.observatorioetnico.org/cms, 14.8.2008

Alpern, Stanley B. (1995): What Africans Got for Their Slaves: A Master List of European Trade Goods. In: History in Africa 22: 5-43
Anderson, Robert Nelson (1996): The Quilombo de Palnares: a new overview of a maroon state in seventeenth-century Brazil. In: Journal of Latin American Studies 28/3: 545-566
Araújo, Joel Zito (2000): A negação do Brasil: o negro na telenovela brasileira, São Paulo: Ed. SENAC
Barreto Xavier, Ángela (2000): Tendências na historiografia da expansão portuguesa. Reflexões sobre os destinos da história social. In: Penélope 22: 141-179
Barry, Boubacar (1998): Senegambia and the Atlantic Slave Trade. Cambridge: Cambridge University Press
Bensaude, Joaquim (1943): A cruzada do Infante D. Henrique. Lissabon: Agência-Geral das Colonias
Bergad, Laird W. (2007): The Comparative Histories of Slavery in Brazil, Cuba, and the United States. Cambridge: Cambridge University Press
Bernecker, Walther L./Pietschmann, Horst (2001): Geschichte Portugals vom Spätmittelalter bis zur Gegenwart. München: C.H.Beck
Bernecker, Walther L./Pietschmann, Horst/Zoller, Rüdiger (2000): Eine kleine Geschichte Brasiliens. Frankfurt am Main: Suhrkamp
Birmingham, David (2006): Empire in Africa: Angola and its neighbours. Athens: Ohio Univ. Press
Boxer, Charles (1969): The Portuguese Seaborne Empire, 1415–1825. London: Hutchinson
Brandão de Vasconcelos, Silvana M. (1996): Ventre livre, mãe escrava. A Reforma social de 1871 em Pernambuco. Recife: Editora Universitaria UFPE
Brooks, George E. (2003): Eurafricans in Western Africa. Commerce, Social Status, Gender and Religious Observance from the Sixteenth to the Eighteenth Century. Athens: Ohio University Press
Burdick, John (1998): Blessed Anastácia, Women, Race, and Popular Christianity in Brazil. New York/London: Routledge
Butler, Kim D. (1998): Freedoms Given, Freedoms Won: Afro-Brazilians in Post-Abolition, São Paulo and Salvador. New Brunswick u.a.: Rutgers University Press
Caldwell, Kia Lilly (2007): Negras in Brazil. Re-envisioning Black Women, Citizenship and the Politics of Identity. New Brunswick/New Jersey/London: Rutgers University Press
Capela, José (2005): Mozambique and Brazil: Cultural and Political Interference through the Slave Trade. In: Curto, José C./Soulodre-LaFrance, Rénée, Hg.: Africa and the Americas: interconnections during the Slave Trade. Trenton/Asmara: Africa World Press: 243-258
Carneiro da Cunha, Manuela Ligeti (1985): Negros, estrangeiros, os escravos libertos e sua volta à Africa. São Paulo: Brasiliense
Castro-Henriques, Isabel (2004): Os pilares da diferença. Relações Portugal-África séculos XV–XX. Casal de Cambra: Caleidoscópio
Clarence-Smith, Gervase (1985): The Third Portuguese Empire, 1825–1975, A Study in Economic Imperialism. Manchester: University Press
Conrad, Robert E. (1984): Children of God's Fire. A Documentary History of Black Slavery in Brazil. Princeton: Princeton Univ. Press
Cortesão, Jaime (1931–1943): História de Portugal, Oporto: Imprensa Nacional-Casa da Moeda
Costa Pinto, António (2003): The Transition to Democracy and Portugal's Decolonization. In: Lloyd-Jones, Stewart/Costa Pinto António, Hg.: The Last Empire. Thirty Years of Portuguese Decolonization. Bristol/Portland: intellect
Costa e Silva, Alberto da (2003): Um Rio chamado Atlântico, a África no Brasil e o Brasil na África. Rio de Janeiro: Ed. Nova Fronteira
Curto, Jose C. (2004): Enslaving spirits: the Portuguese-Brazilian alcohol trade at Luanda and its Hinterland, c. 1550–1830. Leiden: Brill

Curto, José C./Lovejoy, Paul E., Hg. (2004): Enslaving Connections: Western Africa and Brazil during the Era of the Slavery. Amherst/New York: Humanity Book
Diffie, Bayley W./Winius, George (1977): Foundations of the Portuguese Empire 1415–1580. Oxford: Oxford University Press
Eltis, David/Behrend, Stephen D./Richardson, David/Klein, Herbert S., Hg. (1999): The Atlantic Slave Trade; A Database on CD-ROM. Cambridge: Cambridge University Press
Eltis, David/Richardson, David (2008): A New Assessment of the Transatlantic Slave Trade. In: Eltis, David/Richardson, David: Extending the Frontiers. Essays on the New Transatlantic Slave Trade Database. New Haven: Yale University Press/The Transatlantic Slave Trade Database: http://www.slavevoyages.org, Zugriff 1.03.2010.
Freyre, Gilberto (1965): Herrenhaus und Sklavenhütte, Ein Bild der brasilianischen Gesellschaft. Köln/Berlin: Kiepenheuer & Witsch
Gomes Eannes de Azurara (1896, 1899): The Chronicle of the Discovery and Conquest of Guinea 2 Bde. (Original vermutlich 1453)
Gondola, Ch. Didier (2002): The History of the Congo, Westport. London: Greenwood Press
Hammond, R. J. (1966): Portugal and Africa 1815–1890. A Study in Uneconomic Imperialism. Stanford: Stanford University Press
Hofbauer, Andreas (1995): Afrobrasilien. Vom weißen Konzept zur schwarzen Realität. Historische, politische und antthropologische Gesichtspunkte. Wien: Promedia
Hentschke, Jens, (1994): Sklavenfrage und Staatsfrage im Brasilien des 19. Jahrhunderts. In: Zoller, Rüdiger, Hg.: Amerikaner wider Willen, Beiträge zur Sklaverei und ihren Folgen. Frankfurt am Main: Vervuert: 231-260
Hunold Lara, Sara (1988): Campos da violência. Escravos e senhores na Capitania do Rio de Janeiro, 1750–1808. Rio de Janeiro: Paz e Terra
Hunold Lara, Silvia (2000): Legislação sobre escravos africanos na América portuguesa, auf CD Rom. In: José Andrés-Gallego: Tres grandes cuestiones de la historia de Iberoamérica: Ensayos y monografías. Madrid: Fundación Ignacio Larramendi
Iliffe, John (1997): Geschichte Afrikas. München: Beck
Johnson, H.B. (1987): Portuguese Settlement, 1500–1580. In: Bethell, Leslie Hg.: Colonial Brazil. Cambridge: Cambridge University Press: 1-38
Kent, R.K. (1965): Palmares: An African State in Brazil. In: Journal of African History 6: 161-175
Kiddy, Elizabeth W. (2005): Kings, Queens, and Judges: Hierarchy in Lay Religious Brotherhoods of Blacks, 1750–1850. In: Curto, José C./Soulodre-LaFrance, Rénée, Hg.: Africa and the Americas: interconnections during the Slave Trade. Trenton/Asmara: Africa World Press: 95-124
Klein, Herbert S. (2009): American Slavery in Recent Brazilian Scholarship, with Emphasis on Quantitative Socio-economic Studies. In: Slavery & Abolition 30/1: 111-133
Klein, Herbert S. (1990): Neuere Interpretationen des atlantischen Sklavenhandels. In: Geschichte und Gesellschaft 16/2: 141-160
Kraus, Michael/Ottomeyer, Hans, Hg. (2007): Novos Mundos – Neue Welten. Portugal und das Zeitalter der Entdeckungen, Eine Ausstellung des Deutschen Historischen Museums Berlin in Zusammenarbeit mit dem Instituto Camões, Lissabon, und der Botschaft von Portugal in Berlin. Dresden: Sandstein Verlag
Lamounier, Maria Lucia (1995): Between Slavery & Free Labour. Early Experiments with Free Labour & Patterns of Slave Emancipation in Brazil & Cuba. In: Mary Turner, Hg.: From Chattel Slaves to Wage Slaves. The Dynamics of Labor Bargaining in the Americas, Kingston: Ian Randle: 185-200
Larkin Nascimento, Elisa (2003): The Sorcery of Color. Identity, Race, Gender in Brazil. Philadelphia: Temple University Press

Law, Robin (2004a): Francisco Felix de Souza in West Africa, 1820–1849. In: Curto, José C./Lovejoy, Paul E., Hg.: Enslaving Connections: Western Africa and Brazil during the Era of the Slavery. Amherst/New York: 187-212

Law, Robin (2004b): Ouidah. The Social History of a West African Slaving ›Port‹, 1727–1892. Athens: Ohio University Press / Oxford: James Currey

Loth, Heinrich (1982): Das portugiesische Kolonialreich. Berlin: Deutscher Verlag d. Wiss.

Lovejoy, Paul (1994): Backround to Rebellion: The Origin of the Muslim Slaves in Bahia. In: Lovejoy, Paul E./Rogers, Nicholas, Hg.: Unfree Labour in the Development of the Atlantic World. Ilford/Portland: Frank Cass: 71-101

MacQueen, Norrie (1997): The decolonization of Portuguese Africa: metropolitan revolution and dissolution of empire. London u.a.: Longman

Magalhães Godinho, Vitorino (1962): A Economia dos Descobrimentos Henriquinos. Lissabon: Sá da Costa

Maggie, Yvonne (1994): Die Illusion des Konkreten. Zum System rassischer Klassifikation in Brasilien. In: Zoller, Rüdiger, Hg.: Amerikaner wider Willen, Beiträge zur Sklaverei und ihren Folgen. Frankfurt am Main: Vervuert: 175-202

Mauro, Frédéric (1987): Political and economic structures of Empire, 1580–1750. In: Bethell, Leslie, Hg.: Colonial Brazil. Cambridge: Cambridge University Press

Mauro, Fréderic (1989): Portugal, o Brasil e o Atlántico, 1570–1670, 2 Bde. Lissabon: Ed Estampia

Merrell, Floyd (2005): Capoeira and Candomblé. Conformity and Resistance through Afro-Brazilian Experience. Princeton: Markus Wiener Publishers

Nafafé, José Lingna (2007): Colonial encounters: issues of culture, hybridity and creolisation; Portuguese mercantile settlers in West Africa. Frankfurt am Main: Lang

Newitt, Malyn (2005): A History of Portuguese Overseas Expansion, 1400–1668. London/New York: Routledge

Newitt, Malyn (1986): Prince Henry and the Origins of Portuguese Expansion. In: Newitt, Malyn, Hg.: The First Portuguese Empire. Exeter: University of Exeter Press

Pedreira, Jorge M. (2003): Diplomacia, manufacturas e desenvolvimento económico. En torno do mito de Methuen. In: Cardoso, José Luis u. a., Hg.: O Tratado de Methuen. Diplomacia, Guerra, Política e Economia. Lissabon: Libros Horizinte: 131-156

Reis, João José (1988): Slave Resistance in Brazil: Bahia, 1807–1835. In: Luso-Brazilian Review 25/1: 111-144

Reis, João José (1993): Slave Rebellion in Brazil: The Muslim Uprising of 1835 in Bahia, Baltimore: Baltimore: Johns Hopkins University Press

Reis, João (2005): Street Labour in Bahia on the Eve of Abolition. In: Curto, José C./Soulodre-LaFrance, Renée, Hg.: Africa and the Americas: interconnections during the Slave Trade. Trenton/Asmara: Africa World Press 141-172

Ribeiro da Silva, F. (1998): A legislação seiscentista portuguesa e os índios do Brasil. In: Nizza da Silva/Maria Beatriz: História da família colonial. Rio de Janeiro: Nova Fronteira: 15-28

Röhrig Assunção, M./Zeuske, M. (1998): »Race«, Ethnicity and Social Structure in 19th Century Brazil and Cuba. In: Iberoamerikanisches Archiv 24/3-4: 420-421

Romero Magalhães, Joaquim (1997): Africans, Indians, and Slavery in Portugal. In: Portuguese Studies, 13: 143-151

Russell, Peter (1960): Prince Henry the Navigator. In: Diamante 11. London 1960: 3-30, 21. Nachgedruckt in: Russell, Peter (1995): Portugal, Spain, and the African Atlantic, 1343–1490: chivalry and crusade from John the Gaunt to Henry the Navigator. Aldershot/Hampshire: Variorum, XI

Russell, Peter (1984): Prince Henry the Navigator, the Rise and the Fall of a cultural Hero. In: Taylorian Special Lecture 10. Oxford: 3-30, nachgedruckt in: Russell, Peter (1995): Portugal, Spain, and the African Atlantic, 1343–1490: chivalry and crusade from John the Gaunt to Henry the Navigator. Aldershot/Hampshire: Variorum, XV

Russell-Wood, A. J. R. (1998): The Portuguese Empire 1415–1808. A world on the move. Baltimore/London: Johns Hopkins University Press
Sansone, Livio (2003): Blackness without Ethnicity. Constructing Race in Brazil. New York: Palgrave Macmillian
Santos Gomes, Flávio dos (2005): A hydra e os pântanos. Mocambos, quilombos y comunidades de fugitivos no Brasil (séculos XVII–XIX). São Paulo: Editora UNESP
Schelsky, Detlev (1994): Die »questão racial« in Brasilien. Einige Anmerkungen. In: Zoller, Rüdiger, Hg.: Amerikaner wider Willen, Beiträge zur Sklaverei und ihren Folgen. Frankfurt am Main: Vervuert: 269-287
Schmieder, Ulrike (2008): Geschlechterrollen, Ethnizität und Klasse in Sklavereigesellschaften: Brasilien und Kuba im 19. Jahrhundert. In: Jahrbuch für Europäische Überseegeschichte 8: 57-90
Schwartz, Stuart B. (2007): The Economy of the Portuguese Empire. In: Bethencourt, Francisco/Curto, Diogo Ramada, Hg.: Portuguese Oceanic Expansion 1400–1800. Cambridge: Cambridge: Univ. Press: 19-48
Schwartz, Stuart B. (1992): Slaves, peasants, and rebels: reconsidering Brazilian slavery. Urbana: University of Illinois Press
Soyer, Françoise (2007): The Persecution of the Jews and Muslims of Portugal, King Manoel I and the End of Religious Tolerance (1496–1497). Leiden/Boston: Brill
Stein, Stanley J./Stein, Barbara (1970): The Colonial Heritage of Latin America. Essays on Economic Dependence in Perspective. New York: Oxford University Press
Strickrodt, Silke (2004): »Afro-Brazilians« of the Western Slave Coast in the Nineteenth Century. In: Curto, José C./Lovejoy, Paul E., Hg.: Enslaving Connections: Western Africa and Brazil during the Era of Slavery. Amherst/New York: Humanity Books: 213-244
Strickrodt, Silke (2008): The Brazilian Diaspora in West Africa in the Nineteenth Century. In: AfricAmericas: 36-88
Sweet, James Hoke (2003): Recreating Africa: culture, kinship, and religion in the African-Portuguese world 1441–1770. Chapel Hill: Univ. of North Carolina Press
Tannenbaum, Frank (1947): Slave and Citizen, The Negro in the Americas. New York: Knopf
Thomas, George (1994): Das portugiesische Amerika (1549–1695). In: Handbuch der Geschichte Lateinamerikas, Band 1, Mittel- und Südamerika und die Karibik bis 1760. Stuttgart: Klett-Cotta: 597-659
Thornton, John (1992): Africa and Africans in the Making of the Atlantic World, 1400–1800. Cambridge: Cambridge University Press
Verger, Pierre (1976): Trade relations between the bight of Benin and Bahia from the 17th to the 19th century. Ibadan: Ibadan University Press
Wallerstein, Immanuel (1998): Das moderne Weltsystem, II – Der Merkantilismus. Wien: Promedia
Zeuske, Max (1992): Die Conquista. Leipzig: Ed. Leipzig
Zeuske, Michael (2006): Sklaven und Sklaverei in den Welten des Atlantiks 1400–1940: Umrisse, Anfänge, Akteure, Vergleichsfelder und Bibliographien. Münster: Lit

Kirsten Rüther

Christentum im Spannungsfeld atlantischer Bezüge
Versuche der Annäherung

Einleitung

Als Menschen, Objekte, Ideen und Waren atlantisch zu zirkulieren begannen, wurde auch das Christentum atlantisch mobilisiert. Darüber hinaus veränderten Christentum und die Religionen, denen es begegnete, sich lokal und regional in ihren sogenannten »angestammten« Räumen, denn atlantische Dynamiken wirkten jeweils spezifisch sowohl auf bereits verankerte wie auch auf sich gerade etablierende Religionen ein und zurück. In einer facettenreichen Literatur zu atlantisch mobilisiertem Christentum und seinen Akteuren, ebenso wie zu regional und lokal determinierten Auseinandersetzungen von Herrschern, religiösen Funktionsträgern und Religionsangehörigen mit den atlantischen Dimensionen sozialen, politischen und ökonomischen Handelns figuriert Afrika allerdings selten als Ausgangspunkt der Betrachtung. Das heißt nicht, dass Afrika als Feld und Folie nicht eingebunden würde in atlantisch perspektivierte Darstellungen religiösen Wandels durch Varianten des Christentums. Seltener dagegen werden religiöse Veränderungen in Afrika zum Ausgangspunkt genommen, um über die atlantisch bewirkten Modifikationen des Christentums nachzudenken. Ziel dieses Beitrags soll sein, anhand ausgewählter Aspekte afrikanischer und christlicher Religionsentwicklung Fenster zu diversen Debatten über die Veränderung von Religion(en) zu öffnen.

Forschungsstände zur atlantischen Religionsentwicklung, innerhalb derer sich Christentum veränderte und sich für das Christentum neuer Wirkungsraum ergab, bieten unterschiedliche Ergebnisse. Zahlreiche Untersuchungen nehmen im Kontext atlantischer Religionsentwicklung für die frühe Neuzeit den Transfer von Christentum über den Atlantik und, für die Phase ab dem 19. Jahrhundert, die Ausbreitung von Christentum auf den afrikanischen Kontinent in den Blick. Oft vollziehen diese Darstellungen europäische Expansions- und Auswanderungsbewegungen nach, die in Teilräumen des Atlantiks erfolgten. Dieser Logik zufolge werden zum Beispiel katholische Missionen im spanischen Atlantik dargestellt, die Erfolge und Misserfolge britischer Missionen und kirchlicher Auswandererbetreuung im anglo-amerikanischen Atlantik thematisiert. Das Verhältnis Afrikas zum Atlantik strukturieren die transatlantische Zwangsmigration, Sklavenemanzipation und Postemanzipation (Zeuske 2006:173-264; Morgan 2009; Füllberg-Stolberg in diesem Band; Schmieder/Füllberg-Stolberg/Zeuske 2010). Religiöse, für das Christentum relevante Veränderung wird allerdings meist innerhalb der Bezüge katholischer Kolonialreiche gedacht, deren Einflussbereich sich auf Südamerika und die Karibik erstreckte. Für die protestantisch geprägten Kolonialreiche, die ebenfalls in der Karibik, aber auch in Nordamerika (außer Kanada) ihren Einfluss geltend machten, wird christliche Religionsentwicklung an das Great Awakening und den entstehenden Rassismus in Nordamerika gekoppelt (z. B. Noll u. a. 1994). Erst für die sogenannte Moderne propagieren Kulturwissenschaftler das Konzept des »Schwarzen Atlantik«, das die diasporischen, mobilen und kulturellen, von Nationalstaatlichkeit weitgehend losgelösten Dimensionen gemeinsamer Identität eruiert (Gilroy 1993). Der nationale oder imperiale Referenzrahmen, der für die Auslotung europäischer Bezüge im Atlantik häufig so zentral ist, wird hier durch eine Kategorie ersetzt, die kulturelle, ethnische und rassische Differenz, aber auch die Bedeutung von Eliten und allgemein herausgehobenen Personen betont. Als Religionsveränderungen gelangen im Rahmen dieses Konzeptes spezifisch afro-amerikanische Ausdrucksformen von Religion in den Blick, die sich im Atlantischen Raum manifestieren, immer aber auch Ausdruck einer globalen Positionierung ihrer Akteure sind (Matory 2005). Zu den das Christentum verändernden Dynamiken wird in dieser Forschung zunächst kein unmittelbarer Bezug hergestellt.

In der Tat steht besonders die Zeit zwischen dem 15. und 18. Jahrhundert im Mittelpunkt diverser Forschungen zum Atlantik, während für die Zeit ab dem 18. Jahrhundert der globale Rahmen einen meist sinnvolleren Zugangsrahmen bildet. Am französischen Engagement im Atlantik und in Afrika lässt sich das exemplarisch erläutern. Der französische Kolonialismus durchlief bis zum ausgehenden 18. Jahrhundert eine atlantische Phase, in der seit der Etablierung französischer Handelsforts entlang der westafrikanischen Küste und bis zur Haitianischen Revolution Afrikas Rolle im französischen Atlantik bestimmt wurde. Mit der französischen Eroberung Algeriens nach 1830 erfolgte eine Reorientierung des französischen Kolonialreiches nach Afrika und Asien. Afrikanisches Handeln kann seit diesem Zeitpunkt analytisch viel angemessener im globalen Kontext verortet werden. Die atlantische Komponente französisch-afrikanischer Beziehungen lief allmählich aus, auch wenn sie noch lange nachwirkte (Dubois 2009).

Als weiterführend hinsichtlich der Reflexion eines atlantisch konfigurierten Christentums erweisen sich auch einige im Sinne einer Regionalwissenschaft konzipierte Arbeiten, die zum Beispiel atlantische Religionsentwicklung mikrohistorisch von Amerika aus betrachten. Solche Studien, die etwa das Entstehen eines afro-herrnhutischen Christentums in North Carolina untersuchen, dezentralisieren den Blick auf die atlantische Entwicklung des Christentums, setzen die Entwicklung lokalspezifischer religiöser Ausdrucksformen in den breiteren thematischen Nexus atlantischer Themen und problematisieren ein älteres Verständnis von atlantisch konfigurierter Gemeinschaft einer universalen Religion (Sensbach 1998). Da allerdings die mittels christlicher Taufpraxis erfolgende Gemeinschaftsbildung bezogen auf die Sklaven und Konvertiten in Herrnhuter Gemeinschaften unter die Lupe genommen wird, dahingegen sich verändernde Formen der Gemeinschaftsbildung unter den Herrnhuter Sklavenbesitzern, Missionaren und Siedlern aber nicht mit denselben Methoden hinterfragt und rekonstruiert werden, werden Fragen der unmittelbaren Rückwirkungen religiöser Veränderungsszenarien nur am Rande gestreift. Dabei gibt es speziell zu diesem Themenkomplex nicht religionsspezifische Literatur, die zwar ihrerseits nicht atlantisch perspektiviert ist, aber im Bereich der Organisation der gesundheitlichen Grundversorgung auf parallel ablaufende Adoptionsdynamiken zwischen Cherokee und Herrnhuter Frauen hinweist (Smith 2007). Hier lässt sich vermuten, dass über die Konstruktion fiktiver Verwandtschaftsverhältnisse religiöse Gemeinschaft sich zumindest teilweise neu konfigurierte. Außerdem wird deutlich, wie aufschlussreich es sein kann, atlantische Bezüge über das Atlantische hinaus in lokale Verankerungsszenarien zu denken (und zu lesen). Daneben existieren anregende Versuche, den Atlantik als Referenzrahmen zu nehmen, um Vertreter verschiedener an den Atlantik gebundener Regionalexpertisen themenspezifisch miteinander ins Gespräch zu bringen. Untersuchungen zu Geschlecht und Religion haben hier fruchtbare Impulse gesetzt, konfessions- und religionsübergreifend ebenso zu denken wie über die Regionen hinweg (Kostroun/Vollendorf 2009).

Einige Konzeptionen von Atlantik binden deshalb über die atlantischen Küstenregionen hinausreichende räumliche Bezüge ein. Für die frühe Neuzeit wird deshalb ein katholischer Atlantik konzeptualisiert, der sich unter anderem dadurch auszeichnet, dass er, von der Iberischen Halbinsel und Frankreich aus gedacht, eine koloniale und überseeische Dimension mit einer kontinentalen verbindet. Denn die imperialen katholischen Ambitionen der Konfessionsausbreitung zwischen Frankreich und Kanada oder zwischen Spanien und Hispanoamerika waren an binnenländische, gar an eine binneneuropäische Parallelanstrengung gekoppelt, Bauern und wenig privilegierte Bevölkerungsgruppen von populären Frömmigkeitspraktiken zu entwöhnen. Um dieses Ziel zu erreichen, habe die Kirche auf das Engste mit den neu entstehenden katholischen Territorialstaaten kooperiert (Greer/Mills 2007). Auch Atlantikversionen, die auf Afrika und die afrikanische Diaspora bezogen konzipiert werden, koppeln in der jüngeren Forschung Untersuchungen zur Bewegung von Menschen, Objekten und Ideen mit Untersuchungen zu Umbruchs- und Verortungsszenarien im afrikanischen Hinterland bzw. auf dem süd- und nordamerikanischen Festland (Ogundiran/Falola 2007).

Die hier folgende Annäherung ist getragen von der Grundannahme, dass Christentum zirkuliert, sich darüber hinaus aber auch verankert und dass gegebenenfalls verankerte und auf ihre Weise dynamische Religion in afrikanischen Gesellschaften herausgefordert wurde, sich zu positionieren. Damit wird Religion als ein Produkt betrachtet, das in räumlicher Interaktion entsteht und sich unablässig wandelt, das aber auch die Beschaffenheit atlantischer Wechselbeziehung selbst zu problematisieren vermag. Deshalb bleibt die Untersuchung der Forschungslage verbunden mit der Frage, ob vor dem Hintergrund existierender regionalwissenschaftlicher und atlantischer Expertise die neuzeitliche Geschichte von Christentum in atlantischer Perspektive möglicherweise auch in einer anderen Version oder Nuancierung als bisher erzählt werden kann. Für dieses Anliegen von Afrika auszugehen und Anknüpfungsmomente zu einschlägigen Debatten herzustellen, scheint besonders sinnvoll, da sich Afrika als Ausgangspunkt religiöser Interaktion der atlantischen Perspektive zunächst einmal sperrt und somit die Verbindung zwischen den Narrativen geradezu voraussetzt, ebenso das Bemühen, mögliche Paradigmenwechsel für die Erzählung ausfindig zu machen und in Ansätzen eventuell sogar auszuloten.

Afrika und der Atlantik waren in einer Kernzeit vom 15. Jahrhundert bis an den Beginn des 19. Jahrhunderts aufeinander bezogen. Manche auf Afrika spezialisierte Autoren unterteilen diese lange Periode in eine Phase des frühen Atlantiks, die von ca. 1450 bis 1640 andauerte, und eine daran anschließende Phase, die durch atlantischen Sklavenhandel gekennzeichnet war und bis um 1800 reichte (Ehret 2002). Andere ebenfalls auf Afrika spezialisierte Autoren argumentieren, dass Afrika zwischen dem 15. und 19. Jahrhundert in eine von Europa dominierte Weltwirtschaft einbezogen wurde und in dieser Phase atlantischer Sklavenhandel jenen Teil dieser Weltwirtschaft bestimmt habe, der Afrikas Voraussetzungen für die Teilhabe am System determiniert habe. Im 19. Jahrhundert hätten sich dann die Beziehungen zwischen Europa und Afrika intensiviert, indem Europa den Kontinent kolonial überwältigt habe. Gleichzeitig jedoch habe mit der demographischen Entwicklung eine regionale Diversifizierung eingesetzt. Auch solche Erklärungsansätze halten mit dem frühen 19. Jahrhundert die atlantische Phase Afrikas für erst einmal beendet (Iliffe 1995:195). Schließlich gibt es Atlantiker, die ebenfalls betonen, dass es eine Kernzeit der Einbindung in den Atlantik vom 15. Jahrhundert bis nach 1800 gegeben habe, der Sklavenhandel aber bekannterweise bis weit in die zweite Hälfte des 19. Jahrhunderts angedauert habe. Auch wenn Afrika seit Beginn des 19. Jahrhunderts grundsätzlich in globalisierte Phänomene gesellschaftlicher Entwicklung eingebunden sei, so könne ein spezifisch atlantischer Analyserahmen in Einzelfragen sinnvoll sein (Morgan 2009). Ob das für religiöse Entwicklung der Fall ist, wird als Thema nicht spezifisch aufgegriffen. Auch in diesem Beitrag wird der Schwerpunkt auf die Zeit zwischen dem 15. und dem frühen 19. Jahrhundert gelegt, um die atlantische Reorientierung afrikanischer Götter und Prozesse der Herrschaftskonsolidierung mit den Mitteln religiöser Interaktion angemessen zu thematisieren. Gleichzeitig sollen globalisierte Religionsveränderungen dargestellt werden, die im späten 18. Jahrhundert einsetzten und religiöse Veränderung initiierten, die sich von früheren Paradigmen religiöser Modifikation unterschieden (Porter 2004). Spezifisch global-atlantische Veränderungen und Interaktion von Christentum und anderen Religionen werden nur am Rande gestreift.

Atlantische Rekonfiguration afrikanischer Götter

Eine Darlegung der Geschichte des Christentums in atlantischer Perspektive profitiert davon, mit der Neuordnung von Vorstellungen in Bezug auf afrikanische Götter einzusetzen, denn es zwingt, über die Möglichkeiten der Erzählung dieser Geschichte neu nachzudenken. Ausgangspunkt bleibt selbstverständlich die Feststellung, dass, während kulturelle und ökonomische Austauschprozesse zwischen Westafrika, über den Atlantik und Europa seit dem 15. Jahrhundert in Gang gesetzt wurden, das Christentum in dieser Hinsicht kaum Wirkung entfaltete (Northrup 2002). Seit circa 1640 wurden Aspekte innerafrikanischer Sklaverei transatlantisch gewendet, sodass die Dynamiken dieses neuen und weitverzweigten Handels die Geschichte der Region und das Leben sowie die Erfahrung derjenigen maßgeblich mitbestimmten, die in ihren Alltags- und Handlungsräumen mit ihren lokalen Gottheiten und Geistwesen umgingen. Es gab keine großräumig organisierte »Afrikanische Religion« im Sinne unserer Wortauffassung von Religion. Vielmehr existierten viele vernetze, sich teilweise überlagernde Systeme, die mittels verschiedener Techniken und ritueller Expertisen Welterklärung ermöglichten, die Voraussage und Berechnung von wahrscheinlich eintretenden Dingen gewährleisteten und die sowohl gesellschaftliche als auch gemeinschaftliche oder interpersonale Beziehungen und Entwicklungen zu kontrollieren versprachen. Religiöse und rituelle Experten gab es zahlreiche, die wiederum auf sehr unterschiedliche Weise in ihre Funktion kommen konnten.

Aufgrund der räumlich umgestalteten Handelsnetze profitierten nicht nur einige Reiche und Königtümer, wie zum Beispiel Asante, während andere, wie zum Beispiel Oyo, zugrunde gingen. Machtzentren verlagerten sich auch tendenziell an die Küste. Um 1800 deutete sich in der Region praktisch eine Zäsur an, bei der infolge des britischen Sklavenhandelsverbots der sogenannte »legitime Handel« eingeführt wurde (Law 1995). Das Aufkommen dieses »legitimen Handels« mit Agrarprodukten, wie zum Beispiel Palmöl, erfolgte vor dem Hintergrund eines Denkens, das der Disziplinierung durch Arbeit großen Vorrang einräumte. Auch weil er den Kolonialgedanken förderte, gilt der Handel als Zäsur in der Region. Ebenfalls im frühen 19. Jahrhundert entstanden zudem aufgrund verschiedener Reformbewegungen neue Staaten, die muslimische Führer auf die höchsten Ideale ihrer Religion neu verpflichteten (Loimeier 2000). Eines der vielleicht bekanntesten Beispiele für einen solchen Staat ist Sokoto. In verschiedenen, meist bruderschaftlichen Varianten wurde damit die Religion des Islam vitalisiert, lokalspezifisch ausgeformt und regional verankert. Die Entwicklungen des Islam, die den atlantisch gebundenen Teil Afrikas berührten, stellten aber bis dahin keine spezifisch atlantische, sondern vielmehr eine transsaharische Religionsentwicklung dar.

Vertreter des katholischen Christentums hingegen, das diese, zwischen dem 15. und 18. Jahrhundert aus einzelnen europäischen Ländern und später aus dem Vatikan über das Meer kommend, in die Region zu bringen versuchten, bemühten sich auf der Ebene von Religion, Gesellschaften entlang der sogenannten Sklavenküste stärker in atlantische Bezüge einzubinden, in die sie selbst gerade eingebunden wurden. Ob ihre Aktivitäten tatsächlich dazu beitrugen, unter den Eliten Westafrikas, unter Händlern oder Versklavten Vorstellungen von einer Welt jenseits des Meeres zu mobilisieren, bleibt schwer zu eruieren. Folgt man den Missionsberichten jener Zeit, vermittelten die Begegnungen mit europäischen Händlern und Missionaren Menschen in Westafrika immerhin eine Idee von guten und bösen Kräften, über die die Ankömmlinge an ihren Herkunftsorten jenseits des Meeres oder auf dem Meer offensichtlich verfügten. Die Teilhabe an ausgewählten christlichen Ritualen versprach gerade Herrschern einen Zugriff auf diese Kräfte, die sie aber permanent zu kontrollieren beabsichtigten. Dies geschah entweder durch eigene oder durch die aus Europa angereisten rituellen Experten und Vermittler göttlicher Geheimnisse, die nicht nur ihrer Religion, sondern immer auch den lokalen Herrschern und ihren Familien verpflichtet wurden (Law 1991; Ryder 1961). Dauerhaft gelang es selbst interessierten Herrschern nicht, den Zugang zu den neuen Machtressourcen zu erlangen, da sie von Räten kontrolliert wurden oder da konkurrierende, selbst nicht missionierende protestantische Handelsmächte im Ernstfall sogar katholische Gebäude in Brand setzten, um ihrerseits ein Zeichen zu setzen (Law 1991:49-54) Deutlicher hingegen kristallisierte sich heraus, dass Christentum intensiv weder mit dem Islam noch mit lokalen afrikanischen Religionen und Kulten in Berührung bzw. Interaktionsprozesse trat. Stattdessen setzten sich die Menschen mit ihren afrikanischen Göttern auseinander, die sie, wie weiter unten noch darzulegen sein wird, im Zuge der atlantischen Erweiterung ihrer Handlungsbezüge grundlegend rekonzeptualisierten.

Tatsächlich erwiesen sich afrikanische Gottheiten als besonders zäh und hoch anpassungsfähig. So belegt geradezu exemplarisch die Rekonstruktion einiger Gottesnarrative der Yoruba und Oyo, wie dehnbar, wandelbar und auf den Atlantik beziehbar sich afrikanische Gottesvorstellungen vor dem Hintergrund tief greifenden ökonomischen und politischen Wandels in der Region erwiesen (Ogundiran 2002). Aufgrund der Inkorporation ihrer Gesellschaften in die atlantische Matrix rekonzeptualisierten Oyo und Yoruba seit dem Zusammenbruch des Oyo-Reiches und dem damit verbundenen Aufstieg der Yoruba ihre göttlichen Wesen grundlegend. Insbesondere kritisierten sie Herrschaft und reinterpretierten vor dem Hintergrund dramatisch veränderter Machtverhältnisse auch die Rolle ihrer religiösen und rituellen Experten. Unter Menschen, die bislang davon ausgegangen waren, dass Götter und Herrscher im Tandem mit den jeweiligen rituellen Experten die Prosperität einer Gesellschaft schützten, kam allmählich Argwohn gegen eine nicht länger feststellbare Machtbalance zwischen dem Herrscher auf dem Land und dem Herrscher auf dem Meer auf, die zuvor durch rituelle Experten, wie zum Beispiel einen Palmweinzapfer, hatten austariert werden können. Plötzlich kannten sie ein Wesen auf dem Meer, das Menschen und Knochen unabhängig davon verschlang, ob der Herrscher auf dem Land solchem Tun zustimmte oder nicht. Die in dieser Periode zentrale Versklavungserfahrung lässt sich in diese Umdeutung hineinlesen.

Parallelüberlieferungen betonten im 18. Jahrhundert immer stärker die bereits in früheren Narrativen angelegte Erfahrung des Tausches von Menschenkörpern gegen Geld. Es hieß, dass Kauris aus dem Meer gefischt würden mit Hilfe von Sklavenkörpern, die gewissermaßen als Köder dienten. Damit wurden zum einen atlantisch orientierte Austauschbeziehungen narrativ abgebildet, die für den Wohlstandszuwachs derjenigen sorgten, die die Menschenköder ins Meer warfen und darüber in den Besitz der neuen Prestige-Währung der Kauris gelangten, die ihrerseits die verbreitetere Währung der Perlen abwertete. Latent wurde auch der Ressourcenabfluss in der Region thematisiert, für den bezeichnenderweise allerdings nicht die Götter verantwortlich gehalten wurden, sondern die Herrscher, die menschliche Körper als Köder für ihren Wohlstandszuwachs ins Meer warfen.

Weiter im Landesinnern, aber immer noch dort, wo der Islam nicht präsent war, wurden andere Götter ebenfalls in Verbindung mit Geld und Kaurimuscheln gebracht, die gemäß der neuen Überlieferung ein Geier an mächtige Händler auf dem Markt übergab und damit die Händlerinnen ausschaltete, die dort zuvor verdient hatten. Die Vermutung, dass mit einer solchen Erzählung in dieser dem direkten atlantischen Einfluss nicht unterstehenden Region indirekt wirkende atlantische Bezüge abgebildet wurden, ist zu einem gewissen Grad hypothetisch. Es lässt sich aber argumentieren, dass sich in dieser Umdeutung der Götter der Aufstieg mächtiger Sklavenhändler spiegelte, die Menschen mit oder ohne Wissen der Bevölkerung in das atlantische System verkauften und lokale Gesellschaften ihrer Ressourcen, insbesondere der menschlicher Arbeitskraft, beraubten, zudem durch die Einführung neuer Währungen eine ökonomische Schieflage in der Region verursachten und Umverteilungsmechanismen unterbrachen (Ogundiran 2002). In diesem Bild zeigt sich allerdings nicht nur eine Krise, sondern vor allem, wie lokale Gesellschaften auf eine Bedrängnis mit der Neuattribuierung ihrer eigenen Götter reagierten. Erklärung, Vorhersage und Kontrolle der Welt verblieben dabei bei den alten Experten und den gewandelten Göttern. Darauf, dass Versklavte und in den transatlantischen Handel mit Sklaven eingespeiste Männer und Frauen ihre Gottesvorstellungen wahrscheinlich eher zu ändern bereit waren, wird an späterer Stelle noch einzugehen sein.

Während sich jedoch die Vorstellung von einem Gott auf dem Meer bis weit ins 19. Jahrhundert durch zahlreiche afrikanische Gottesnarrative auch jenseits des westafrikanischen Raumes zieht, übertrug sich diese Gotteserzählung offensichtlich nicht auf gesellschaftliche und religiöse Zusammenhänge jenseits des Atlantiks. Die Forschung zu afro-amerikanischen Ausdrucksformen von Religion hat hinsichtlich eines Gottes des Meeres zumindest keine besonderen Beobachtungen gemacht. Fast scheint es, als wäre die Reichweite atlantisch reorientierter Götter zwar erstaunlich dehnbar, aber nicht unendlich gewesen. Bis über das Meer reichten atlantisch rekonfigurierte Götter aus Westafrika offensichtlich nicht.

Im Sinne einer atlantisch perspektivierten Erzählung der Entwicklung von Religion und insbesondere Christentums bleibt ein zweiter Punkt zu betonen. Das so vielfach von Europa aus betrachtete, sich transatlantisch aufspannende Christentum tat dies entgegen den Ambitionen seiner Protagonisten nur partiell, denn den von Europa durchaus angestrengten atlantischen Weg an die Herrscherhöfe Westafrikas fanden christliche Vorstellungen zwischen dem 16. und 18. Jahrhundert nicht (Rüther 2009). Für eine atlantisch perspektivierte Darstellung von Religions- und Christentumsentwicklung stellt dies einen zentralen Befund dar. Gerade die großräumig angelegten und perspektivierenden Erzählungen der Geschichte des Christentums tendieren dazu, Verbindungen und vorgeblich »erfolgreiche« Ausbreitungsszenarien zu betonen, während die fehlgeschlagenen Verbindungen aus der Narration ausgespart werden und unreflektiert bleiben. Afrika zum Ausgangspunkt einer atlantisch ausgerichteten Religionserzählung zu wählen, sollte jedoch, wie eingangs erwähnt, im Idealfall damit einhergehen, auch über mögliche Paradigmenwechsel in großräumig perspektivierten Religionsdarstellungen nachzudenken und die Erzählung der christlichen Ausbreitung mit der Feststellung einer substanziellen Leerstelle beginnen.

Dennoch gehört eine solche Leerstelle konstitutiv in eine »verbundenen Geschichte« (Subrahmanyam 1997) des sich atlantisch konfigurierenden Christentums. Gemäß dem mit Bezug auf einen entstehenden eurasischen Raum vorgebrachten Konzept der verbundenen Geschichte werden gerade solche Verknüpfungen thematisiert, die weder permanenter Natur sind noch ein Verhältnis bzw. die Erfahrung von Überwältigung darstellen, auch wenn sie machtgeleitet stattfanden. Mit dieser Konzeption von räumlich verbindender bzw. Raum herstellender historischer Erfahrung soll zum einen die Vorstellung von Moderne von einer europäischen Entstehungsgeschichte entkoppelt werden. Darüber hinaus soll das Konzept im Sinne einer Dezentralisierungsperspektive verdeutlichen, dass die Genese des Modernen eine mehr oder weniger globale Transformation darstelle, die auf viele verschiedene Quellen und Wurzeln zurückzuführen sei. Auf Eurasien bezogen lässt sich so beispielsweise zeigen, dass Begegnungen, die im 16. Jahrhundert zwischen herrschaftssensiblen Protagonisten eines expandierenden Europa und verschiedenen endzeitsensiblen muslimischen Herrschern stattfanden, die Grundlage für eine aufeinander bezogene Auseinandersetzung um Herrschaft und Religion bildeten. In Westafrika bestand diese Grundlage für eine aufeinander bezogene Auseinandersetzung um Herrschaft und Herrschaftserfahrung in den spezifischen Handelsstrukturen, die aber die Vertreter verschiedener Religionen nur begrenzt miteinander in Dialog oder Kontroverse brachten. Vielmehr redeten in Westafrika die Menschen über ihre eigenen Götter und fanden in den christlichen Göttern und Heiligen nur punktuell und temporär ein Gesprächsgegenüber, wenn es zum Beispiel um ausgewählte Rituale ging.

Herrschaftskonsolidierung, Versklavung und Verschleppung: *Middle Passage* von Christentum

Im westzentralafrikanischen Königreich Kongo gestaltete sich aufgrund der atlantischen Erweiterung der Handlungsbezüge die Interaktion zwischen Christentum und lokaler Religion anders. Hier integrierten seit der zeitlich beschränkten Konversion des ersten Königs des Kongo 1491, dauerhaft aber seit der Konversion Afonsos I 1506 aufstiegsorientierte Herrschaftslinien der Bakongo katholisches Christentum in Prozesse der Herrschaftszentralisierung. Christentum, das den Kult der Ahnen jener Elite stärkte, die Herrschaftsansprüche formulierte und Herrschaftspraxis zentralisierte, erhielt einen dauerhaften, wenn auch großem Wandel unterworfenen Ort im politischen Narrativ der Region. In einer ersten Phase religiöser Interaktion wurde Christentum mit der Größe des Reiches Kongo assoziiert, während sich in einer zweiten Phase, die nach dem Niedergang Kongos im 17. Jahrhundert einsetzte, dieselben Attribute in eine Reflexion auf vergangene Macht wandelten. Diese nutzten religiös argumentierende und auf Restauration hinwirkende Traditionalisten, um bestehende Herrschaftsstrategien zu kritisieren und direkt einen Rückbezug auf das Alte zu inspirieren (Thornton 1983; Hilton 1985).

Auch entlang der westzentralafrikanischen Küste wurden Gesellschaften über Handel mit Waren und Menschen in den atlantischen Nexus einbezogen. Jenseits des zentralisierten Königreiches wurden zwischen dem 15. und 19. Jahrhundert zahlreiche Bewohner des Savannah-Waldgürtels, des Hochlands und des semi-ariden Südwestens als Händler und Sklavenhändler in die sogenannte Atlantische Zone einbezogen. Salzvorkommen avancierten zu strategischen Zentren, von Clans genutzt wurden, um ihre Herrschaftsansprüche zu konsolidieren. Der Konsum von Salz wurde mit hohem symbolischen Gehalt aufgeladen und zu einem Aspekt ritueller Kultur, der in der atlantischen Religionsentwicklung besonders gedeutet werden sollte. Gehandelt wurde auch mit Tuch und Sklaven, ohne dass portugiesische Händler, Soldaten und Beamte im Landesinnern je sichtbar geworden wären. Intern bestimmte nicht die Auseinandersetzung mit Europäern, sondern Knappheit das Handeln der Menschen, die sich dafür interessierten, aus den neu eröffneten Interaktionsmöglichkeiten Vorteile für regionalen Handel und Politik zu ziehen. In der Mitte des 17. Jahrhunderts veränderten sich die Strukturen und Ausdehnungen innerkontinentaler Handelsnetzwerke abermals, als die nördlichen Reiche, wie unter anderem Loango, ihre inneren Handelsnetzwerke für atlantische Bezüge öffneten. In dieser turbulenten Phase des Wandels spezialisierten sich einige Herkunftslinien auf das Regenmachen und in der Kriegführung. Rituale, bei denen Salz verabreicht wurde, versprachen in diesem Zusammenhang besonderen Schutz und stellten Zugewinn an Macht und Wohlstand in Aussicht. Die Gesellschaft im Kongo differenzierte sich zunehmend aus und steuerte nach einem Bürgerkrieg und der Zerstörung der Hauptstadt Mbanza Kongo 1665 auf den Kollaps des einst großen Reiches zu (Miller 1983).

Christentum und lokale Religionsüberlieferung traten in der Region zueinander in Beziehung und wirkten über die Dynamiken der Versklavung und Verschleppung einerseits in den vorstrukturierten Atlantischen Raum, gleichzeitig aber auch in ein sich differenzierendes Binnenland. Darüber hinaus stellte das Königreich Kongo einen Ort dar, von dem aus das Christentum von Afrika aus als kulturelle Ressource und sich verselbstständigende Idee in transatlantische Umläufe eingebracht wurde. Nach innen kontrollierten bis ins 17. Jahrhundert Herrscher und ihre Berater, wie das Christentum und seine Symbole in lokale kulturelle Idiome gefügt wurden. Der Übersetzungsprozess lief, anders als dies in der späteren Moderne der Fall werden sollte, von den europäischen Varianten des Christentums ins Kikongo. Es gelang der neuen Kongo-Elite, sich in katholische Institutionen einzuschleusen, die der ferne Papst als Möglichkeit der Machtverknüpfung vor Ort errichtete. Ein nach Europa gesandter Emissär, Afonsos I Sohn Henrique, kam 1518 als Bischof zurück. Nach seinem Tod jedoch und infolge der Installierung eines neuen Episkopats auf São Tomé, 1531–1534, verloren die Bakongo-Königslinien ihren direkten Zugriff auf dieses katholische Amt und damit tendenziell auch die Kontrolle über die Wirkmächtigkeit des Christentums. Missionare blieben aber auf die Interessen des Königshofs verpflichtet. Auch nach der Wiedereinrichtung Kongos als eigenständiges Bistum, dessen Bischof ab 1596 wieder in São Salvador residierte, besetzte die Kongo-Elite nicht länger das Amt (Thornton 1984). Für diese wurde es immer schwieriger, die Auswirkungen des anwachsenden Sklavenhandels zu kontrollieren, der insbesondere auch die nördlich gelegenen Königtümer bereicherte. Die Elite im Königreich Kongo versuchte, die Idee von göttlicher Macht jenseits des Meeres so weit wie möglich von dem mit Sklaven handelnden portugiesischen Reich zu entkoppeln. Sie nahm Kontakt zu Vertretern des Christentums auf, die weniger einflussreich als die mit der portugiesischen Kolonialmacht verbundenen Jesuiten waren.

Die 1645 ins Land kommenden italienischen Mönche der Kapuziner und päpstlichen Missionare der Propaganda Fide erfüllten zunächst diese Voraussetzungen, waren aber ebenfalls um die Erweiterung ihrer Einflusssphäre und der des Papstes bemüht. Sie taten dies, indem sie Menschen auch außerhalb royaler Zirkel die Option eröffneten, zum Christentum zu konvertieren. Diese neue Generation von Konvertiten popularisierte den »Gräberkult«, als der sich der Katholizismus etabliert hatte. Viel stärker und flächendeckender als in der Phase zuvor übersetzten Christen der Bakongo die von den Missionaren gepredigte und in Symbolen dargestellte Religion (Guattini/Carli [1668] 2006). Bei der Taufe aßen die Menschen Salz. Die Trennlinien zwischen den »verschiedenen« religiösen Kulturen, ihrem jeweiligen lokalen religiösen Ausdruck und ihren Riten verschwammen, konsolidierten sich in bestimmten symbolischen und inhaltlichen Interpretationen, gerieten aber auch in Konflikt miteinander, sodass Streit darüber entstand, wer Katholizismus »richtig« zu deuten und politisch einzusetzen wusste (Thornton 1998b). Gerade aufgrund des Zusammenbruchs des alten Kongo-Reiches und der Rivalität zwischen verschiedenen herrschaftsambitionierten Königslinien wurden Konversion und Christentum in verschiedene sozialpolitische Kontexte übersetzt, innerhalb derer Anhänger unterschiedliche Ziele verfolgten.

Atlantisch wirkten die so entstehenden Religionsszenarien nur begrenzt. So entstand beispielsweise eine neue Kunst bzw. ein neues Handwerk, das Kongokruzifixe herstellte, die lokalen und katholischen religiösen Ausdruck miteinander verschmolzen. Sie blieben aber Teil der Kunst auf dem afrikanischen Kontinent und wurden nicht über den Atlantik transportiert. Andererseits wurden sie in der späteren Kunstwissenschaft auch nicht länger als »authentischer« künstlerischer Ausdruck der Region anerkannt. Als weiteres atlantisch zirkulierendes Objekt entstanden Texte, die für die Christianisierung transatlantisch verschleppter Sklaven relevant wurden. Insbesondere der zweisprachige Katechismus vom Portugiesischen ins Kikongo, 1624 in Lissabon gedruckt und dahingehend aussagekräftig, wie zentrale christliche Ideen quasi transkulturiert in Kikongo-Denkmustern ausgedrückt wurden, diente als Grundlage der katholischen Missionsinstruktion jenseits des Atlantiks (Bontinck/Nsasi 1978:17-23). Denn Missionare aus Lissabon verteilten Exemplare des für Lehrzwecke in Kongo konzipierten Textes auch in Brasilien, wo mit dem Text auch jene Sklaven mit dem Christentum vertraut gemacht wurden, die nicht aus der Region um Kongo kamen. Schon 1629 wurde eine spanische Ausgabe des in Kongo entstandenen Katechismus in Lima gedruckt. Damit verknüpfte dieses Textobjekt einzelne, voneinander unabhängige Missionsbemühungen und legte die Basis für ein auf Kongo-Kosmologie basierendes Christentumsverständnis, das in den karibischen und südamerikanischen Missionsszenarien durch Konvertiten und Mitglieder der *cabildos* und *cofradías* natürlich weiter transkulturiert wurde. Keines der in westafrikanischen Szenarien entstehenden Übersetzungswerke nahm einen solchen Weg. Die verschiedenen dort entstandenen Katechismen beendeten ihren Weg vielmehr in Europa, wo sie allerdings in der Wissenschaft ebenso herangezogen wurden, um afrikanische religiöse Kosmologien zu rekonstruieren (Rüther 2009:258-260).

Erforscher der afrikanischen Diaspora betonen die vermuteten Kongo-Ursprünge von Konversionen, die in den Amerikas stattfanden. Untersuchungen zu Religion und Widerstand der Sklaven rekonstruieren mit Blick auf die Herkunftsregion bzw. den Herkunftskontinent ihrer Akteure religiösen Wandel und die permanente Weiterübertragung von Konversionsritualen zwischen sowohl schwarzen wie afrikanisch-inspirierten Christentümern, die bis heute ihre Wurzeln widerwillig und leidenschaftlich zugleich in Afrika suchten und suchen. Der Wandel von Salz- in Wasserrituale, einst charakteristisch für die Verschmelzung von katholischem Tauf-, Schutz- und Stärkungsritual in Kongo, soll sich über den Atlantik verfestigt haben und die Wasserrituale sollen dann sogar in die schwarzen Protestantismen eingegangen sein (z. B. Young 2007:42-104). In diesen Erzählungen fungiert Kongo als idealer Referenzrahmen, um für kulturspezifisch erhalten gebliebene Konversionspraktiken zu argumentieren, die als besonders authentisch oder widerständig interpretiert werden (Frey 2008). Die Geschichte afrikanischer Konversion und der Veränderung bzw. Rekonfiguration von Christentum wird hier zu einer Ressource des diasporischen Sichverwurzelns und Sichweiterbewegens. Doch wählt diese Forschung als ihren Referenzrahmen im Grunde jene Orte, an denen sich neue Varianten des Christentums nur im Kontext kolonialer Machtverhältnisse etablieren konnten und an denen zumal häufig eine erfolgreiche Verankerung verhindert wurde. In Afrika hingegen sieht diese Forschung eine Folie, auf die Vorstellungen projiziert werden können bzw. die als Ressource konzipiert ist, der nur bruchstückhaft rekonstruierbare und großteils imaginierte Urformen religiösen Ausdruckes entnommen wurden. Zwar lassen sich im Falle der modernen Yoruba-Bewegung auch »Besuche« auf dem afrikanischen Kontinent rekonstruieren, die in Nigeria im 20. Jahrhundert Vorstellungen von

Yoruba-Religion inspirieren (Palmié 1991). Doch bleibt die Betrachtung direkt rekonstruierbarer Verflechtungen selten (siehe allerdings Campbell 1995).

Globalisierte Religionsveränderung um 1800: Zivilisierung, Belehrung, Fleiß und Fortschritt

Bereits im späten 18. Jahrhundert setzte eine zähere »Moderne« atlantischer Religionsentwicklungen ein, die sich von einer früheren Phase seit dem 16. Jahrhundert deutlich absetzte. Seit dieser Zeit nämlich fanden Akteure des religiösen Wandels den Weg von jenseits des Atlantiks nach Europa und in afrikanische Gesellschaften. Dies geschah meist im Kontext protestantischer Missionsaktivitäten, die bis dahin in das Geschehen atlantisch geprägter und auf Afrika bezogener religiöser Veränderung kaum eingegriffen hatten. Obwohl ein nachhaltiger Missionseffekt lange ausblieb und Konversionen in großer Zahl sich erst seit dem späteren 19. Jahrhundert, wenn nicht erst im 20. Jahrhundert, abzeichneten, setzte das protestantische Engagement neue und nachhaltige Impulse. Es betonte jeweils unterschiedliche Ideen von sogenannter Bildung, von so genanntem Fleiß und Fortschritt und veränderte religiöse Entwicklung im atlantischen Kontext anders als frühere Transformationsszenarien, die Religions- und Politikdiskurse stärker aneinander gekoppelt hatten. Zwar mischten sich auch protestantische Akteure religiöser Veränderung in die Rekonfiguration politischer Machtbalancen ein, immer verbanden sie damit aber auch den Anspruch, jeden Einzelnen in der Gesellschaft von den durch sie vertretenen Grundwerten zu überzeugen. Bevor Menschen konvertieren durften, mussten sie große Hürden überwinden, und nachdem Konvertiten die Voraussetzungen für den Zugang zur protestantischen Religion erfüllt hatten, erwarteten sie ausgeklügelte und sich über Generationen hinweg erstreckende Kontrollmechanismen. Sowohl im Eigenverständnis wie in der Wahrnehmung der sie empfangenden Gesellschaften traten gerade protestantische Missionare nicht primär als Vermittler religiösen Geheimnisses oder als Repräsentanten ritueller Expertise auf, sondern als Lehrer und Vermittler des Wortes, die historisch, heilend, philosophierend und technisch erneuernd Impulse für Neues zu setzen proklamierten. Dass es dabei Überlappungen zu den Aktivitäten früherer Handlungssubjekte gab, versteht sich von selbst.

Schwarze Menschen aus London, Nordamerika, Nova Scotia und Jamaika gerieten seit 1787 zunächst im Zuge eines kommerziell-philanthropischen Kolonisationsprojektes, das der evangelikale Reformer Granville Sharp und eine kleine schwarze Elite in Großbritannien initiierten, als Siedler und Missionare nach Sierra Leone. Die Mitglieder dieser Gruppe waren christlich gesinnt und setzten sich für die Abschaffung der Sklaverei und gleichzeitig gegen die Armut der schwarzen Bevölkerung in der Hauptstadt ein (West 1970; Gerzina 1995; Brown 1999). Das Kolonisationsprojekt erwies sich als hoch explosiv, da die nach Sierra Leone Siedelnden in Konflikt mit der Sierra Leone Company gerieten, ihre materiellen Überlebenschancen vor Ort schwierig waren und Konflikte mit der angesessenen Bevölkerung gewaltförmig ausbrachen (Fyfe 1991). Hinzu kam, dass die unterschiedliche Herkunft der Siedler bei diesen unterschiedliche Vorstellungen von und Hoffnung auf Freiheit und Ordnung geweckt hatte, die sie in Sierra Leone umzusetzen bestrebt waren. Allein ein christliches Bewusstsein, das sich wiederum in höchst verschiedenen protestantischen Kirchen- und Missionszugehörigkeiten abbildete, vermittelte zwischen den Siedlern, trug zur Ethnogenese bei (Northrup 2006) und vereinte sie in dem Ziel, sich von der lokalen, nicht-christlichen Bevölkerung in oft überheblicher Manier abzugrenzen.

Als nach dem britischen Verbot des Sklavenhandels britische Patrouillen dazu übergingen, Versklavte von Sklavenschiffen anderer Nationen zu ergreifen und sie als *recaptives* in Sierra Leone an Land zu setzen, gewann ein institutionell und konfessionell diversifiziertes protestantisches Christentum weitere Relevanz, da es über Schulen ein Bildungsangebot bereitstellte, das Christen mit der kolonisierenden Metropole in Europa verband. Übersetzungsprozesse verliefen hier jedoch in anderer Richtung, als dies im Fall frühneuzeitlichen Engagements der Katholiken zu beobachten war. Protestanten verschriftlichten lokale Sprachen, um die Bibel und andere zentrale religiöse Texte in diese Sprachen zu übersetzen. Vermittelt werden sollten aber britische, deutsche oder andere europäische Wertesysteme. Getragen war dieser religiöse Veränderungsprozess von zahlreichen, eigens ausgebildeten Individuen, die teils aus London oder Amsterdam, zum großen Teil aus der Karibik und in erheblichem Maße auch aus dem afrikanischen Hinterland an der westafrikanischen Küste kamen und sich bewusst für das Christentum und dessen Verbreitung entschieden (Hastings 1996:173-221; Sensbach 2005; Spitzer 1989:40-72). In ihren Biographien und sozialen Ambitionen kamen immer deutlicher die Bedingungen moderner kolonialer Herrschaftsverhältnisse zum Tragen, denn diese transatlantisch mobilen Menschen galten als Christen mit Vorbildcharakter, deren Frömmigkeitsstile im Sinne konversionistischer Grundauffassungen ganz den Mustern der aus der Metropole agierenden Missionsgesellschaften glichen. Gleichzeitig, und im Verlauf des 19. Jahrhunderts immer stärker, galten sie aber als schwarz und daher als kulturell prädestiniert, in Afrika oder unter »ihresgleichen« zu arbeiten, einer Kategorie, unter der andere schwarze Menschen unabhängig von ihrem Aufenthaltsort und ihrer regionalen Sozialisation verstanden wurden (Killingray 2003).

Die Verbreitung des Christentums erfolgte in Westafrika aber auch unter Bezugnahme auf islamische Konzeptionen von Gott, um nur ein Beispiel religiöser Grundideen aufzugreifen. Samuel Ajayi Crowther, einer der bekanntesten Nigermissionare im ersten Drittel des 19. Jahrhunderts, entschied sich dafür, den Begriff für den christlichen Gott im Sinne eines Hochgottes aus der islamischen Terminologie abzuleiten. Damit machte er die Idee von Hochgott in der Region verständlich, bezog sich dabei auf lokal verankerte Hochgottkonzeptionen, denn hinter der islamischen Hochgottkonzeption ihrerseits verbargen sich aus früheren religiösen Interaktionen Auseinandersetzungen zwischen Gottesvorstellungen im Islam und den lokalen afrikanischen Religionen (Peel 2003:187-247). Auf die fast hochgottähnlichen Wesen der Oyo und Yoruba griff Crowther aber nicht zurück. Mit den Verbindungsstellen, die sich im Laufe der Aktivitäten solcher Missionare mit dem Islam ergaben, wurde die einerseits atlantische Entwicklung des Christentums unmittelbar an islamische Religionsentwicklung angekoppelt, sodass auch hier regionenspezifische Religions- und Christentumsentwicklung erstmals globalisiert in Gang gesetzt wurde. Die genaue Interaktion zwischen diesen Weltreligionen in dieser Weltregion zu untersuchen, setzt jedoch eine Expertise voraus, die eine Person allein für sich kaum in Anspruch nehmen kann.

Indem sich ehemalige Sklaven auf den afrikanischen Kontinent begaben, transferierten sie dorthin originär amerikanische Erfahrung des Sklavendaseins. Hier war die Geschichte der Sklaverei historisch anders erlebt worden als in den Amerikas. Die Geschichte besaß aber verbindendes Potenzial. In einem Prozess der Loslösung eigneten sich unter anderem in den neu entstehenden Gemeinden der African Methodist Episcopal Church in Südafrika Christen amerikanische Erfahrung der Versklavung an, die in ihrer eigenen regionalen Geschichte historisch nicht verankert war, nun aber gewissermaßen diskursiv an afrikanische Gesellschaften herangetragen wurde (Campbell 1995). Eine übertragbare Erfahrung aus den historischen Bezügen des Atlantiks wurde hier globalisiert und jenen als Bezugsfeld verfügbar gemacht, die andere Formen der Unfreiheit und kolonialen Herrschaft durchlitten hatten. Spätere afro-amerikanische Missionsinitiativen, wie sie beispielsweise im Kongo stattfanden, entfalteten sich unmittelbar in einem globalen Gepräge, auch wenn sie geographisch als transatlantisch sichtbar wurden (Füllberg-Stolberg 2003). Die atlantisch-globale Perspektivierung von Christentum ließe sich bis in die jüngste Zeit fortsetzen, soll im Rahmen dieses Beirags aber nicht weiter verfolgt werden. Damit traten anstelle der im Verknüpfungsmodell Sanjay Subrahmanyams konzeptualisierten vorübergehenden Verbindungen Verflechtungen, die eher den fester gezurrten Modularbeziehungen entsprechen, die Ann Laura Stoler und Frederick Cooper modellhaft erörtert haben und in Bezug auf die sie betonen, dass Elemente kolonialer Herrschaftspraxis und -erfahrung auch zeitversetzt und entsprechend bedeutungsverschoben zueinander in Beziehung gesetzt werden können (Stoler/Cooper 1997). Gleichzeitig wird gerade in einer Untersuchung, wie der oben in Bezug auf die African Methodist Episcopal Church genannten, deutlich, wie absolut notwendig es ist, Zirkulations- und Modularszenarien mit Herkunfts- und Aufbruchsszenarien bzw. Verankerungsdynamiken zu verbinden. Das Atlantische allein reicht für eine historisch vertiefende Analyse nämlich nicht (mehr) aus, sondern ist zentral verwiesen auf nordamerikanische und südafrikanische Kontexte sowie die Darstellung der in diesen Kontexten darzulegenden Eigendynamiken religiöser Entwicklung (Campbell 1995).

Deshalb wird gerade am Übergang vom späten 18. zur ersten Hälfte des 19. Jahrhunderts auch der Übergang von einer atlantisch konfigurierten Veränderung innerhalb des Christentums zu einer stärker global fassbaren besonders sichtbar. So wurde auch eine der nachhaltig rezipierten Theorien zu afrikanischem Religionswandel, an dem auch das Christentum seinen Anteil hatte, gerade mit empirischem Bezug auf eine an den Atlantik angrenzende Region formuliert. Die Theorie nimmt den Ausgangspunkt ihrer Betrachtung vornehmlich in den religiösen Separatismen, die in Teilen Nigerias zwischen den 1920er und 1960er Jahren zu beobachten waren. In ihr wird ein Zusammenhang zwischen Konversion, größerem religiösen Wandel und politischer und ökonomischer Transformation zugrunde gelegt (Horton 1971). Ihr gemäß trugen infolge der (gewaltsamen) atlantischen Öffnung Afrikas sowohl Christentum wie Islam zur Reformulierung afrikanischer religiöser Kosmologien bei, innerhalb derer Menschen in der Region die Wichtigkeit des Höchsten Wesens neu betonten, das in afrikanischen Kosmologien zwar verankert war, aber keine zentrale Funktion in Alltagsbewältigung und Machterhalt ausübte. Mit der Betonung eines Hochgottes ließ sich die im Zuge kolonialer Erfahrungen größer gewordene Welt neu interpretieren. Ob Konversionen von Hochgottvorstellungen abhingen, wurde anschließend höchst kontrovers debattiert. Doch soll diese Kontroverse, auf die Horton in einer konsolidierenden späteren Publikation auch ausführlich Stellung bezieht (Horton 1993), hier nicht im Mittelpunkt stehen. Vielmehr möchte ich hier einige historisierende Bemerkungen machen. Für die Zeit vor 1800, in der Konversion zum Katholizismus infrage gekommen wäre, scheint vielmehr die Zentralität politischer Machtzuwächse ausschlaggebend gewesen zu sein, eine Situation der Rivalität, in der Katholizismus im Wettbewerb gegen Afrikanische Religion(en) und deren Götter das Nachsehen hatte (Greene 1996). So zeigt die Hochgottdebatte um moderne afrikanische Konversion eigentlich nur, dass bis zu einem gewissen Grad auch afrikanische Götter mit Hochgottattributen versehen werden konnten, nach 1800 solche Gottesvorstellungen aber weder in Westafrika noch in anderen historischen Räumen des afrikanischen Kontinents völlig in Hochgottkonzeptionen übergeleitet wurden. Die Art und Intensität der Einbindung in atlantische Bezüge veränderte sich zwischen dem 15. und 19. Jahrhundert. Deshalb bleibt Hortons Modell der religiösen Transformation ein auf die Moderne anwendbares, das aber die Kernzeit der atlantischen Integration Afrikas nicht unmittelbar berührt.

Schluss

Zu den bestehenden Narrativen über die Geschichte von Christentum in atlantischer Perspektive lohnt es, eine Version zu gesellen, die die atlantische Rekonfiguration von Christentum von Afrika aus in den Blick nimmt. Eine solche Version deckt Leerstellen in einem sonst weitgehend durchgängigen Narrativ ab und eröffnet aus spezifischafrikanischen historischen Kontexten konzeptuelle Überlegungen, die in bisherigen Darstellungen atlantischer Veränderungen von Christentum wenig oder gar nicht beachtet wurden. Gleichzeitig profitieren spezifisch afrikahistorische Debatten um Religionsentwicklung und um die atlantische Öffnung von Gesellschaften davon, nicht auf die kontinentale Geschichte allein bezogen zu werden. Dennoch bleibt es eine Herausforderung, atlantische Komplexitäten von Christentum und religiöser Veränderung abzubilden.

Literatur

Bontinck, François/Nsasi, Ndembe D., Hg. (1978): Le catéchisme de 1624: Réédition critique, Bruxelles: Koninklijke Acad. voor Overzeese Wetenschappen [enthält: Doutrina Christãa. Composta pelo P. Marcos Jorge da Companhia de Jesu Doutor em Teologia. De nouo traduzida na lingua de Congo, por ordem do P. Mattheus Cardoso Teologo, da Companhia de Jesu, Lisboa 1624.]
Brown, Wallace (1999): The Black Loyalists in Sierra Leone. In: Pulis, J. W., Hg.: Moving On. Black Loyalists in the Afro-Atlantic World. New York: Garland Publ.: 103-134
Campbell, James T. (1995): Songs of Zion. The African Methodist Episcopal Church in the United States and South Africa. Chapel Hill/London: University of North Carolina Press
Dubois, Laurent (2009): The French Atlantic. In: Greene, Jack/Morgan, Philip D., Hg.: Atlantic History. A Critical Appraisal. Oxford: Oxford University Press: 137-162
Ehret, Christopher (2002): The Civilizations of Africa. A History to 1800. Charlottesville: University Press of Virginia

Frey, Sylvia R. (2008): The Visible Church. Historiography of African American Religion since Raboteau. In: Slavery and Abolition 29/1: 83-110
Füllberg-Stolberg, Katja (2003): Amerika in Afrika. Die Rolle der Afroamerikaner in den Beziehungen zwischen den USA und Afrika, 1880–1910. Berlin: Klaus Schwarz Verlag
Fyfe, Christopher (1991): Our Children Free and Happy: Letters From Black Settlers in Africa in the 1790s. Edinburgh: Edinburgh University Press
Gilroy, Paul (1993): The Black Atlantic: Modernity and Double Consciousness. Cambridge, Mass.: Harvard University Press
Gerzina, Gretchen (1995): Black England: Life before Emancipation. London: Alison & Busby
Greene, Jack P./Morgan, Philip D., Hg. (2009): Atlantic History. A Critical Appraisal. Oxford: Oxford University Press
Greene, Sandra E. (1996): Religion, History and the Supreme Gods of Africa. A Contribution to the Debate. In: Journal of Religion in Africa 26/2: 122-138
Greer, Allan/Mills, Kenneth (2007): A Catholic Atlantic. In: Canizares-Esguerra, Jorge/Seemann, Erik R., Hg.: The Atlantic in Global History, 1500–1800. Upper Saddle River, NH: Pearson Prentice Hall: 3-20
Guattini, Michelangelo/Carli, Dionigi [1668] (2006): La Mission au Kongo des pères Michelangelo Guattini et Dionigi Carly. Préface de John Thornton. Traduction d'Alix du Cheyron d'Abzac. Paris: Chandeigne
Hastings, Adrian (1996): The Church in Africa 1450–1950. Oxford: Clarendon Press
Hilton, Anne (1985): The Kingdom of Kongo. Oxford: Clarendon Press
Horton, Robin (1971): ›African Conversion‹. In: Africa 41/2: 85-108
Horton, Robin (1993): Patterns of Thought in Africa and the West. Essays on Magic, Religion and Science. Cambridge: Cambridge University Press
Iliffe, John (1995): Africans. The History of a Continent. Cambridge: Cambridge University Press
Killingray, David (2003): The Black Atlantic Missionary Movement and Africa, 1780s–1920s. In: Journal of Religion in Africa 33/1: 3-31
Kostroun, Daniella/Vollendorf, Lisa, Hg. (2009): Women, Religion, and the Atlantic World (1600–1800). Toronto: University of Toronto Press
Law, Robin (1991): Religion, Trade and Politics on the »Slave Coast«. Roman Catholic Missions in Allada and Whydah in the Seventeenth Century. In: Journal of Religion in Africa 21/1: 42-77
Law, Robin, Hg. (1995): From Slave Trade to Legitimate Commerce: The Commercial Transition in Nineteenth Century West Africa. Cambridge: Cambridge Univ. Press
Lehmann, Hartmut, Hg. (2006): Transatlantische Religionsgeschichte, 18. bis 20. Jahrhundert. Göttingen: Wallstein
Loimeier, Roman (2000): Die islamischen Revolutionen in Westafrika. In: Grau Inge/Mährdel, Christian/Schicho, Walter, Hg.: Afrika: Geschichte und Gesellschaft im 19. und 20. Jahrhundert. Wien: Promedia: 53-73
Matory, James Lorand (2005): Black Atlantic Religion. Tradition, Transnationalism, and Matriarchy in the Afro-Brazilian Candomblé. Princeton and Oxford: Princeton University Press
Miller, Joseph C. (1983): The Paradoxes of Impoverishment in the Atlantic Zone. In: Birmingham, David/Martin, Ph., Hg.: History of Central Africa I. London/New York: Longman: 118-159
Morgan, Philip D. (2009): Africa and the Atlantic, c. 1450–1820. In: Greene, Jack P./Morgan, Philip D., Hg.: Atlantic History. A Critical Appraisal. Oxford: Oxford University Press: 223-248
Noll, Mark A./Bebbington, David W./Rawlyk, George A., Hg. (1994): Evangelicalism: Comparative Studies of Popular Protestantism in North America, the British Isles, and Beyond, 1700–1990. New York: Oxford University Press
Northrup, David (2002): Africa's Discovery of Europe 1450–1850. New York/Oxford: Oxford University Press

Northrup, David (2006): Becoming African: Identity Formation among Liberated Slaves in Nineteenth-Century Sierra Leone. In: Slavery and Abolition 27: 1-21
Ogundiran, Akinwumi (2002): Of Small Things Remembered. Beads, Cowries, and Cultural Translations of the Atlantic Experience in Yorubaland. In: International Journal of African Historical Studies 35/2-3: 427-457
Ogundiran, Akinwumi/Falola, Toyin (2007): Pathways in the Archaeology of Transatlantic Africa. In: Ogundiran Akinwumi/Falola, Toyin, Hg.: Archaeology of Atlantic Africa and the African Diaspora. Bloomington: Indiana University Press: 3-45
Palmié, Stephan (1991): Das Exil der Götter. Geschichte und Vorstellungswelt einer afrokubanischen Religion. Frankfurt am Main: Peter Lang Verlag
Peel, J. D. Y. (2003): Religious Encounter and the Making of the Yoruba. Bloomington/Indianapolis: Indiana University Press
Porter, Andrew (2004): Religion Versus Empire? British Protestant Missionaries and Overseas Expansion, 1700–1914. Manchester/New York: Manchester University Press
Rüther, Kirsten (2009): Conversion to Christianity in African History before Colonial Modernity. Power, Intermediaries and Texts. In: Medieval History Journal 12/2: 249-273
Ryder, A. F. C. (1961): The Benin Missions. In: Journal of the Historical Society of Nigeria: 231-259
Schmieder, Ulrike/Füllberg-Stolberg, Katja/Zeuske, Michael, Hg. (2010): The End of Slavery in Africa and the Americas, A Comparative Approach. Berlin: LIT
Sensbach, Jon F. (1998): A Separate Canaan. The Making of an Afro-Moravian World in North Carolina, 1763–1840. Chapel Hill: University of North Carolina Press
Sensbach, Jon F. (2005): Rebecca's Revival. Creating Black Christianity in the Atlantic World. Cambridge, Mass.: Harvard University Press
Smith, Anna (2007): Unlikely Sisters. Cherokee and Moravian Women in the Early Nineteenth Century. In: Gillespie, Michele/Beachy, Robert, Hg.: Pious Pursuits. German Moravians in the Atlantic World. New York: Berghahn Books: 191-206
Spitzer, Leo (1989): Lives In Between. Assimilation and Marginality in Austria, Brazil, and West Africa, 1780–1945. Cambridge: Cambridge University Press
Stoler, Ann Laura/Cooper, Frederick (1997): Between Metropole and Colony. Rethinking a Research Agenda. In: Cooper, Frederick/Stoler, Ann Laura, Hg.: Tensions of Empire: Colonial Cultures in a Bourgeois World. Berkeley: University of California Press: 1-51
Subrahmanyam, Sanjay (1997): Connected Histories. Notes Towards a Reconfiguration of Early Modern Eurasia. In: Modern Asian Studies 31/3: 735-762
Thornton, John K. (1983): The Kingdom of Kongo. Civil War and Transition 1641–1718. Madison: University of Wisconsin Press
Thornton, John K. (1984): The Development of an African Catholic Church in the Kingdom of Kongo, 1491–1750. In: Journal of African History 25: 147-167
Thornton, John K. (1998a): Africa and Africans in the Making of the Atlantic World, 1400–1800. Cambridge: Cambridge University Press
Thornton, John K. (1998b): The Kongolese Saint Anthony. Dona Beatriz Kimpa Vita and the Antonian Movement, 1684–1706. Cambridge: Cambridge University Press
West, R. (1970): Back to Africa: A History of Sierra Leone and Liberia. London: Cape
Young, Jason R. (2007): Rituals of Resistance. African Atlantic Religion in Kongo and the Lowcountry South in the Era of Slavery. Baton Rouge: Louisiana State University Press
Zeuske, Michael (2006): Sklaven und Sklaverei in den Welten des Atlantiks 1400–1900, Umrisse, Anfänge, Akteure, Vergleichsfelder und Bibliographien. Berlin: LIT

Karl H. Schneider

Migration im nordatlantischen Raum, 18. und 19. Jahrhundert

Jürgen Osterhammels umfangreiches Werk über das 19. Jahrhundert heißt »Verwandlung der Welt« (Osterhammel 2009). Bei dieser »Verwandlung« spielte die Migration eine zentrale Rolle. Zahlreiche, dieses Jahrhundert prägende Prozesse wie Urbanisierung, Industrialisierung, Verkehrsrevolution, Globalisierung waren ohne Migrationsprozesse nicht denkbar (neben Osterhammel 2009: Manning 2005; Bade/Eiji 2008).

Unter Migration verstehen wir ein komplexes Geschehen. Noch vor einigen Jahrzehnten ging man bei der Verwendung dieses Begriffs davon aus, dass es sich um ein einmaliges Wanderungsgeschehen handelte, bei dem sich Einzelpersonen und Gruppen dauerhaft von einem Ort an einen anderen, idealtypisch weit entlegenen Ort bewegten. Heute wissen wir, dass Migration ein essenzieller Bestandteil menschlicher Geschichte ist (einführend: Harzig/Hoerder/Gabaccia 2009, umfassend Hoerder 2002 und Manning 2005). Sie spielt bei allen historischen Prozessen eine wichtige, oft entscheidende Rolle. Migration kann vielfältige Formen annehmen, es kann sich um die Wanderung von Einzelpersonen, von Familien oder von Gruppen handeln. Sie kann nur kleine Kohorten betreffen, meist aber findet sie in größeren Gruppen statt und kann sich zu einer förmlichen Massenauswanderung auswachsen. Wanderung kann zudem unterschiedliche Formen umfassen: kurzfristige, saisonale und dauerhafte. Wanderung kann in weit entfernte Regionen erfolgen, aber auch in nahe liegende Gebiete und Territorien. Migration kann eng mit Handelskontakten verknüpft sein, wie im Falle der nordamerikanischen Kolonien.

Historisch lassen sich größere Wanderungsregionen nachweisen. Es kann sich um großräumige Systeme von saisonal befristeter Arbeitsmigration handeln, wie etwa im Nordseesystem, oder um großräumige Regionen wie zwischen Asien und Afrika oder zwischen Europa und den Amerikas. Wanderung konnte und kann zwangsweise erfolgen, freiwillig oder auf halbfreiwilliger Basis, der spezielle Arbeitskontrakte zugrunde lagen. Wanderung kann erwünscht oder unerwünscht gewesen sein. Migration von Händlern wurde anders bewertet als die von Unterschichten (Vaganten).

Migrationsprozesse haben bei der Entstehung neuer ökonomischer Systeme eine große Rolle gespielt, sie haben teilweise erst neue Gesellschaften wie etwa die USA ermöglicht, sie haben weitreichende kulturelle und alltagsgeschichtliche Entwicklungen ausgelöst oder zumindest stark beeinflusst. Migration ist keinesfalls ein europäisches

Phänomen, sondern lässt sich weltweit nachweisen. Bei aller Vielfalt ist sie in der jeweiligen Erscheinungsform an bestimmte Bedingungen gebunden und hat beschreib- und analysierbare Formen, wenngleich einzelne Formen auch über längere Zeiträume immer wieder nachweisbar sind, wie etwa die saisonale Arbeitswanderung. Die Gründe, weshalb Menschen wandern, sind ebenfalls von großer Unterschiedlichkeit geprägt. Wenn es sich um zwangsweise Wanderung handelt, dann haben sie keine Wahl, sondern sie sind oft am falschen Ort zur falschen Zeit. In den anderen Fällen spielen ökonomische Gründe eine entscheidende Rolle, wobei einerseits die Verhältnisse im Herkunftsland, andererseits die im Zielland bedeutsam sind. Die frühere Forschung sprach deshalb gern von Push- und Pullfaktoren, also solchen, die die Menschen aus der Heimat »schoben« und solchen, die sie in die neue »zogen». Diese Faktoren waren in komplexer Weise miteinander verbunden und sind nicht klar voneinander zu trennen. Das Bindeglied waren die Migranten selbst, die ihre Entscheidungen zur Auswanderung sowohl von den Bedingungen in der aktuellen Heimat wie von den Erwartungen der Lebensverhältnisse in der neuen Heimat abhängig machten.

Gesellschaftlich und historisch relevante Auswanderung ist immer eine Wanderung einer größeren Zahl von Menschen, die einerseits logistische Bedingungen voraussetzte, gleichzeitig neue Kommunikationsformen und Verkehrssysteme förderte. Migration setzt Wissen, Erfahrungen und soziale wie ökonomische Strukturen voraus. Migration fand deshalb in der hier zu untersuchenden Form immer in konkreten Räumen mit etablierten Kommunikationsnetzwerken statt.

Diese allgemeinen Überlegungen sollten bei der folgenden Übersicht beachtet werden. Einerseits werden wir ihnen in konkreter Form erneut begegnen, andererseits betrifft die Darstellung nur einzelne Formen von Migration, während andere, teilweise zur selben Zeit bestehende, hier nur angedeutet werden können oder sogar ausgeblendet bleiben.

Die im Folgenden zu betrachtende transatlantische Migration des 18. und 19. Jahrhunderts bildete eine spezielle Form der Migration (Hoerder 2002). Gleichwohl hat sie, speziell die des 19. Jahrhunderts, unser heutiges Bild von historischer Migration entscheidend geprägt.

Die frühe Phase (17. bis frühes 19. Jahrhundert)

Migrationsprozesse waren ein zentrales Element globaler und damit auch europäischer Geschichte der Frühen Neuzeit. Mit der im frühen 17. Jahrhundert einsetzenden Auswanderung nach Nordamerika wurden nicht nur neue Kolonialreiche geschaffen, die in moderne Nationalstaaten mündeten. Die ersten beiden Jahrhunderte nordamerikanischer Migrationsgeschichte waren geprägt durch das Nebeneinander freier, halbfreier und unfreier Wanderung, wobei letztere zahlenmäßig den größten Anteil an der Migration hatte. Mit der Entdeckung Amerikas, speziell der Besiedlung des nordamerikanischen Kontinents, setzte seit dem 17. Jahrhundert ein intensiver Prozess von weiträumigen Wanderungsbewegungen und kulturellen wie ökonomischen Austauschbeziehungen ein (Schnurmann 1998). Dieser Prozess war äußerst vielgestaltig. Er bestand u.a. aus der zeitweisen oder dauerhaften Auswanderung von Europäern in beide Amerikas, zunächst Südamerika, dann ab dem 17. Jahrhundert vornehmlich Nordamerika. Ausgeblendet bleibt hier die unter Zwang erfolgte Wanderung von Afrikanern, die rein zahlenmäßig die europäische Auswanderung bis zum Beginn des 19. Jahrhunderts deutlich übertraf. Im 18. Jahrhundert übertraf im Übrigen die Auswanderung aus Mitteleuropa in Richtung Südosteuropa die transatlantische Migration deutlich (Beer/Dahlmann 1999:427).

Die Einwanderer stammten aus vielen europäischen Regionen, im 17. und 18. Jahrhundert speziell England, Frankreich, Deutschland, den Niederlanden, den skandinavischen Ländern (umfassend: Grabbe 2001). Die Gründe der Auswanderung, die Auswanderergruppen selbst, die Motive der Individuen und der Gruppen waren ebenso unterschiedlich wie deren Existenz in Amerika. Die Einwanderung zu Beginn des 17. Jahrhunderts ging von England aus und war zunächst gewissermaßen mit einem Missverständnis verbunden, der Erwartung einer kleinen vermögenden Gruppe, ohne große Anstrengung und besondere Kenntnisse schnellen Reichtum zu erwerben. Dies führte fast zum Scheitern der frühen Siedlungen. Nur die Hilfe indianischer Nachbarn und eine Neuausrichtung auf Landwirtschaft bzw. Plantagenanbau von Tabak sicherten das Überleben dieser Kolonien (Wellenreuther 2000). Erst nach dieser Übergangsphase gelang es, eine angemessene ökonomische Existenz aufzubauen und gezielt neue Migranten anzuwerben, die oft den Unterschichten entstammten und deshalb über geringe finanzielle Mittel verfügten (Wellenreuther 2001). Die Kosten einer Überfahrt entsprachen 1650 etwa dem fünfmonatigen Verdienst eines Landarbeiters – eine Summe, die nur wenige aufbringen konnten (Hatton/Williamson 2005:9). So blieb die freiwillige Auswanderung nur einem kleinen Personenkreis vorbehalten. Auswanderung größerer Gruppen war nur dadurch möglich, dass die Menschen in einer speziellen Form der halbfreien Auswanderung angeworben und nach Amerika verschifft wurden. Die *indentured servants* gehörten den europäischen Unterschichten an. Sie verpflichteten sich, gegen die Übernahme der Fahrtkosten für eine bestimmte Anzahl von Jahren kontraktlich gebundene Arbeit fest zu übernehmen. Erst nach Ende der Kontraktarbeitszeit wurden sie aus dem Dienstverhältnis entlassen und konnten sich als freie Menschen niederlassen. Nur einem kleinen Teil von ihnen gelang tatsächlich der ökonomische Aufstieg. Eine abgewandelte Form bildete das Redemptioner-System (Bade 2002:122-124). Schätzungen gehen davon aus, dass zwischen 1630 und 1776 die Hälfte bis zwei Drittel aller weißen Immigranten in die britischen Kolonien als *indentured servants* kam. Diese kontraktlich gebundenen Arbeiter befanden sich oft kaum in einer besseren Situation als Sklaven. Die Kolonien waren also nicht frei von sozialer Ungleichheit, sozialer Aufstieg war keineswegs einfach, aber er war im Vergleich zum »alten Europa« grundsätzlich möglich.

Einen Sonderfall bildete die Ausreise von Angehörigen der Unterschichten, die in der zeitgenössischen Wahrnehmung als kriminell oder arbeitsscheu galten (Hoerder 2002:231). In England war die zwangsweise Ausweisung nach Amerika die zweitschärfste Strafe – nach der Todesstrafe. Zwischen 1718 und 1775 mussten aus diesem Grund ca. 30.000 Menschen ihr Mutterland in Richtung Nordamerika verlassen (Ekirch 1992:23).

Die Auswanderung der englischen Unterschichten war eng mit den gesellschaftlichen Veränderungen im Heimatland verbunden. Dort hatten seit dem späten Mittelalter die so genannten Einhegungen (*enclosures*, Individualisierung der Feldmark durch Aufhebung genossenschaftlicher Nutzungsformen) viele Existenznischen der unterbäuerlichen ländlichen Schichten zerstört, sodass viele ihre Dörfer verließen, in die Hafenstädte gingen und dann nach Übersee auswanderten. Zusammen mit anderen gesellschaftlichen

Entwicklungen ermöglichte die Individualisierung der Landwirtschaft einen hohen Urbanisierungsgrad des Landes, der wiederum Mobilität gleichermaßen voraussetzte wie förderte (Morgan 2001:136f).

Verfolgte oder benachteiligte religiöse Gruppen des vormodernen Europa fanden – teilweise nach einer Odyssee auf dem alten Kontinent – in Nordamerika die lange gesuchten Voraussetzungen für ein selbstbestimmtes religiöses Leben, wie die Mennoniten. Pfälzer Auswanderer (Palatinates) hatten sowohl religiöse als auch ökonomische Gründe, etwa nach der Hungersnot von 1709 (Brinck 1993).

Der neue Kontinent bot nicht nur Möglichkeiten der freien Religionsausübung, sondern des wirtschaftlichen Erfolgs. Zwar waren die Lebensbedingungen in der Neuen Welt teilweise hart, speziell für die *indentured servants* (siehe oben). Da aber viele der sozialen und rechtlichen Schranken des alten Europa fehlten, und hier Land fast unbegrenzt zur Verfügung stand, gelang vergleichsweise vielen Einwanderern der zweiten Hälfte des 17. und des frühen 18. Jahrhunderts der soziale Aufstieg (Grabbe 2001:153ff).

Beispiele religiöser Minderheiten und der englischen Unterschicht belegen, wie sehr Wanderung über den Atlantik verbunden war mit den sozialen, politischen und ökonomischen Verhältnissen in der europäischen Welt und zugleich des nordamerikanischen Kontinents. Zwar wurde zunächst in den englischen Kolonien versucht, Verhältnisse der alten Welt zu rekonstruieren, doch scheiterten diese Ansätze letztlich und es entwickelten sich neue gesellschaftliche Strukturen.

Entwickelten sich in den von England kontrollierten Kolonien an der Ostküste des Kontinents zunächst multiethnische Siedlerkolonien, in denen eine relativ ausgeprägte politische und religiöse Toleranz herrschte, so stellten die von Frankreich kontrollierten Gebiete teilweise ein genaues Gegenbild dazu dar. Hier dominierte der französische Absolutismus, und der Katholizismus bildete die Grundlage der konfessionellen Verhältnisse. Da zudem die französische Gesellschaft nicht in vergleichbarem Umfang von Mobilitätsprozessen gekennzeichnet war wie die englische, blieben die französischen Kolonien deutlich kleiner, obwohl die räumliche Ausdehnung um ein Vielfaches größer war. Das französische Nordamerika hatte um 1760 etwa 70.000, die englischen Kolonien dagegen ca. 2,5 Mio. Einwohner (Wellenreuther 2001). Die Bindung an das Mutterland war eng, die Landwirtschaft spielte eine untergeordnete Rolle, der Handel dominierte. Ein hohes natürliches Bevölkerungswachstum konnte die sehr geringe Zuwanderung nicht ausgleichen. Statt einer Siedlerkolonie blieb es eher bei einer Händlerkolonie, deren ökonomische Basis speziell der Handel mit Fellen war.

Die Reisebedingungen auf den Seglern waren bis in das 19. Jahrhundert teuer und gefährlich, verhinderten aber nicht enge kulturelle Beziehungen zwischen den Herkunftsländern und den Kolonisten (Schnurmann 1998). So war das französische Kanada ohne regelmäßige Unterstützung aus dem Mutterland kaum existenzfähig. Speziell die englischen und britischen Auswanderer fühlten sich bis weit in das 18. Jahrhundert als Untertanen der englischen Krone. Sie lebten, real und virtuell, sowohl in Amerika als auch in England. Die Verbindungen zwischen beiden Kontinenten blieben ausgeprägt und intensiv. Regelmäßige Reisen über den Atlantik konnte sich nur eine kleine Oberschicht leisten, diese sah die koloniale Gesellschaft jedoch als integrativen Bestandteil des Britischen Reiches. Nichtsdestoweniger entwickelten sich in der gesellschaftlichen Praxis zunehmend Strukturen und Verhaltensweisen, die sich immer deutlicher von der englischen Situation unterschieden. Bis zum Siebenjährigen Krieg (in Nordamerika dem »French and Indian War», der von 1754–1763 dauerte) blieb die politische Kontrolle durch das Mutterland, erst danach setzte ein stärkeres politisches Engagement der Krone ein, das dann den Prozess der Unabhängigkeit mit einleitete (Wellenreuther 2001).

Galten die engen sozialen, persönlichen und kulturellen Gemeinsamkeiten vielleicht speziell für eine Oberschicht, die über die finanziellen Ressourcen verfügte, um wiederholte Überfahrten über den Atlantik realisieren zu können, so galten für die Angehörigen der Mittel- und Unterschichten andere Bedingungen. Wer die Überfahrt einmal finanziert hatte, konnte in der Regel nicht an eine Rückkehr denken. Zudem waren die Kommunikationskanäle der frühen Neuzeit noch nicht so ausgebaut, dass eine intensive Verständigung mit der alten Heimat möglich war. Für die einfachen Leute war die Auswanderung damit ein nicht mehr rückgängig zu machender Prozess. Die Passage des Atlantiks war oft Teil eines längeren Wanderungsprozesses, der schon vor der Abfahrt nach Amerika begonnen hatte. Dies galt speziell für religiöse Gruppen wie die Mennoniten, die schon in Europa nicht sesshaft werden konnten, sondern hier eigene, oft bittere Wanderungs- und Ausgrenzungserfahrungen machen mussten. Erfahrungen der Entwurzelung und Entfremdung gehörten auch für andere Gruppen zu den konstituierenden Elementen des Migrationsprozesses. Schon in dieser Phase bedeutete Einwanderung in die Kolonien nicht das Ende von Wanderungsprozessen. Angestrebter gesellschaftlicher Aufstieg setzte weiterhin räumliche Mobilität voraus. Mochten erste Siedlergenerationen auch als Farmer sesshaft geworden sein, so galt dies schon ab der zweiten Generation nicht mehr. Die Ausdehnung der britischen Kolonien in Richtung Westen setzte früh ein. Wie bedeutsam sie waren, zeigte sich nach dem Ende des »French and Indian War»: Der Versuch der Briten, den indigenen Volksstämmen gesicherte Siedlungsgebiete westlich der Appalachen zu garantieren, führte zu heftigen Protesten seitens der Siedler und förderte den Abspaltungsprozess vom Mutterland. Die Westwanderung, das zentrale Thema der nordamerikanischen Geschichte des 19. Jahrhunderts, hatte eine lange Vorgeschichte.

In einem Punkt unterscheidet sich die nordamerikanische Einwanderungsgeschichte deutlich von der Mittel- und Südamerikas. Im Gegensatz zu diesen beiden Regionen, wo der Anteil der afrikanischen Sklaven bei Weitem die weiße Einwanderung überwog (Eltis 2002), war die Zahl der Sklaven in Nordamerika geringer, wenngleich immer noch hoch. Zwischen 1451 und 1870 wird mit ca. 430.000 Sklaven gerechnet, die in das Gebiet der Vereinigten Staaten bzw. der 13 Kolonien kamen (Daniels 1991:61f).

Ein zweites, hier nur anzudeutendes Element bildete der Umgang mit der indigenen Bevölkerung in Nordamerika. War dieser am Anfang noch von Kooperation geprägt (die das Überleben der ersten englischen Siedlungen überhaupt ermöglichte), so traten in der Folgezeit zunehmend Verdrängung und Vernichtung an die Stelle, wenngleich indianische Stämme (Völker, Nationen) bis weit in das 18. Jahrhundert wichtige Bündnispartner insbesondere der beiden konkurrierenden Kolonialmächte Frankreich und England blieben. Dennoch war spätestens mit der Gründung der USA der Weg zu einer weiteren Verdrängung der indigenen Bevölkerung aus den östlichen Siedlungsgebieten geebnet.

19. und frühes 20. Jahrhundert

Die Auswanderung

Das 19. Jahrhundert bildet eine Phase der Menschheitsgeschichte, in der ein bis dahin unbekanntes Wanderungsgeschehen zu beobachten ist. Mehrere Hundert Millionen Menschen machten sich in diesem Jahrhundert auf den Weg, um zeitlich begrenzt oder dauerhaft ihren Wohn- und Arbeitsort zu wechseln. Von den großen Migrationsräumen des Jahrhunderts war der transatlantische, der Europa mit Nordamerika, speziell den USA, verband, der größte, aber nicht der Einzige. Ein zweiter großer Raum war der eurasisch-sibirische Kontinent, ein dritter der asiatische Raum (Hoerder 2002). Alle drei Migrationsräume erlebten Wanderungen von weit über 20 Millionen Menschen, insgesamt waren es über 100 Millionen. Aus Europa wanderten allein 50 bis 55 Millionen Menschen aus, davon 35 Millionen nach Nordamerika und 8 Millionen nach Südamerika. Immerhin ca. 7 Millionen kehrten zurück (Hoerder 2002:332).

Migration ist kein ausschließliches, jedoch ein zentrales Phänomen des 19. Jahrhunderts. Globale bzw. großräumige Wanderungsprozesse waren Bestandteil der Veränderung der Welt des 19. Jahrhunderts (Osterhammel 2009; Bayly 2008). Ab etwa 1820 erreichten sie nicht nur neue, bislang unvorstellbare Dimensionen, sondern zugleich rückte die nordatlantische Migration an die erste Stelle. Die ab 1807 einsetzende Sklavenbefreiung leitete das Ende des frühneuzeitlichen Sklavenhandels über den Atlantik ein. Die in Europa beginnende Befreiung der ländlichen Bevölkerung förderte deren Mobilität ebenso wie die etwa zeitgleich sich stark verbilligenden Reisekosten. Gesellschaftliche Prozesse in Europa und in den USA wirkten letztlich zusammen, um dieses bis dahin einmalige Wanderungsgeschehen zu ermöglichen.

Die folgenden Anmerkungen beziehen sich auf Wanderungen über den Nordatlantik, vornehmlich zwischen Europa und den USA, weniger zwischen Europa und Kanada, letztere erreichten eine nennenswerte Dimension erst gegen Ende des Jahrhunderts (Koch-Kraft in Hoerder/Knauf 1992).

Migrationsprozesse größeren Umfangs verweisen auf tief greifende gesellschaftliche Prozesse, die sie auslösen, fördern und die ihnen folgen. Wenn speziell europäische Gesellschaften und Regionen während des 19. Jahrhunderts, bzw. den Jahrzehnten zwischen den 1820er Jahren und dem Ersten Weltkrieg von ihnen erfasst wurden, so verweist dies auch auf die vielen, oft miteinander verknüpften Veränderungen dieses Jahrhunderts. Eine wichtige Rolle spielte die Bauernbefreiung, im Zuge derer durch Herstellung der weitgehenden persönlichen Freizügigkeit der Bauern aus unfreien Landbewohnern freie Menschen wurden. Einen Durchbruch für die Bauernbefreiung bedeutete die Französische Revolution, es folgten deutsche Staaten zwischen 1807 und 1848, in Russland schließlich wurden die Bauern 1861 frei. Die Emanzipation der Bauern ermöglichte diesen nicht nur eine bis dahin unbekannte Mobilität, sondern förderte, bedingt durch nun freie, ungehinderte Eheschließungen, ein schnelles Bevölkerungswachstum auf dem Land, wo allerdings entsprechende Arbeitsmöglichkeiten fehlten. Etwa zur selben Zeit setzte der Niedergang der Protoindustrie bzw. des ländlichen Heimgewerbes ein. Dieses hatte bis dahin nichtbäuerlicher Bevölkerung eine Existenz gesichert. Mit dem Verschwinden weiterer ländlicher Existenznischen, wie unterschiedliche Formen der Wanderarbeit (etwa Hollandgang aus Nordwestdeutschland) oder Mitnutzung der Gemeindeweiden (infolge der Gemeinheitsteilungen), in den Jahrzehnten zwischen 1830 und 1850, verschlechterte sich die Lage der ländlichen Unterschichten dramatisch (Pauperismus). Dazu kamen Missernten und Hungersnöte speziell in den Jahren 1816/17, 1830 und 1845. Besonders hart traf es Irland, wo der Kartoffelanbau eine schnell wachsende Bevölkerung ernährt hatte und 1846 bis 1847 durch die Kartoffelfäule praktisch die gesamte Ernte ausfiel (Schrier 1997; Gray 1995). Demzufolge brach eine unvergleichliche Hungersnot in Irland aus, der eine umfassende Auswanderungswelle folgte. Allein zwischen 1841 und 1851 ging die Einwohnerzahl von 8,2 auf 6,6 Mio. Menschen zurück, Anfang des 20. Jahrhunderts waren es nur noch ca. 4,5 Mio. Menschen. Irland bildete in der Auswanderungsgeschichte einen Sonderfall. Es gab kein anderes Herkunftsland, das eine derartige Abwanderung aufzuweisen hatte wie Irland. Kamen in Deutschland oder in Skandinavien, den beiden anderen großen Herkunftsregionen, auf eine auswandernde Person über 30, die im Lande blieben, so betrug in Irland die Relation 1 zu 5! (Schrier 1997:5). Jedoch gab es in Irland gleichzeitig andere, gegenläufige Wanderungsbewegungen, weshalb die Massenauswanderung nach Amerika nur einen Teilaspekt darstellt (Fitzgerald/Lambkin 2008:166ff).

Am Beispiel des nordwestdeutschen Kirchspiels Venne lassen sich die lokalen Dimensionen der Entwicklung verdeutlichen (Thörner 2008:10f). Zwischen dem Ende des 30-jährigen Krieges und dem Jahr 1848 verdreifachte sich die Bevölkerung nahezu (von 750 auf 2008 Menschen). Die Menschen lebten immer weniger von der Landwirtschaft, sondern von Wanderarbeit und nebengewerblichen Tätigkeiten. Alle Bemühungen reichten jedoch nicht aus, um eine lebenswerte Existenz zu ermöglichen. Es fehlte das Land für eine bäuerliche, die Heimarbeit für eine gewerbliche Existenz, die Menschen litten Hunger und hatten oft nicht einmal eine menschenwürdige Wohnung. Regionale Alternativen zum Landleben gab es erst ab den 1850er Jahren mit den ersten Industrierevieren und den Großstädten. Die Situation auf dem Lande war teilweise dramatisch, die Gemeinden befürchteten eine drastische Zunahme der Armut (und damit der Armenkosten), die »Kriminalität« nahm zu. In südwestdeutschen Regionen litten nicht so sehr kleine Bauern, sondern kleine Winzer unter der Not (Heerwart 2008). Im Gegensatz zum sesshaften Bauern konnten sich ländliche Unterschichten auch vor 1800 Sesshaftigkeit nur selten leisten, sondern mussten eine gewisse Mobilität aufweisen. Nun aber wurden sie zur Migration geradezu gezwungen (allgemein zu Nordwestdeutschland: Henkel 1996).

In dieser Situation bildeten die vielen Berichte über die Existenzmöglichkeiten in den USA nahezu die einzige Hoffnung. Die große Auswanderungswelle setzte nach 1816 ein, verstärkte sich in den 1830ern und erreichte, speziell nach den Missernten in den 1840er Jahren, zwischen 1850 und 1860 einen ersten Höhepunkt (Bade 2002:136-146). Die Voraussetzungen für die Auswanderung hatten sich seit den 1820er Jahren deutlich verbessert. Kommunikationsnetzwerke gaben den Auswandernden die Sicherheit, nach der Ankunft in den USA Ansprechpartner und Arbeit zu finden, also nicht isoliert in der neuen Welt zu stehen. In Europa gab es Auswandereragenturen, die die Vermittlung der Reise erleichterten; es war ein Immobilienmarkt entstanden, der den Verkauf der eigenen Habe sicherte, um das Geld für die Überfahrt zu erlangen; das schnell wachsende Eisenbahnnetz verbilligte die Reise zu den großen Häfen. In denen waren die Bedingungen für die Auswandernden, die auf ihre Schiffe warteten, zwar immer noch schlecht, besserten sich aber tendenziell (Schulz 2008). Die stetig ansteigende Auswanderung bildete die Grundlage dafür, dass die Reisekosten sanken und die Wanderung risikoloser wurde (Hatton/Williamson 2005:35). Die schlechte materielle Lage der Unterschichten in Europa, dazu das fatale politische und gesellschaftliche Signal der gescheiterten Revolution von 1848 ließen die Auswanderungswerte in den 1850er Jahren auf den bislang höchsten Stand ansteigen. Die Revolution hatte vermutlich nicht nur zur Auswanderung einiger politisch Aktiver geführt, sondern vielen Menschen gezeigt, dass die Hoffnung auf eine Besserung der Verhältnisse trügerisch war und damit den Entschluss zur Wanderung bestärkt.

Im schon erwähnten Kirchspiel Venne spiegeln sich die schnell ansteigenden Auswandererzahlen in einem deutlichen Bruch der Bevölkerungsentwicklung wider. Innerhalb von nur 10 Jahren nach 1848 nahm die Einwohnerzahl um über 200 Personen ab, stabilisierte sich dann, konnte aber bis zum Ende des Jahrhunderts die Werte von 1848 nicht mehr erreichen (Thörner 2008:10). Solche Entwicklungen lassen sich in vielen europäischen Dörfern finden: ein lang anhaltender Anstieg bis in die Mitte des 19. Jahrhunderts, dann ein scharfer Bruch und eine lang anhaltende Stagnation.

Der Amerikanische Bürgerkrieg ließ vorübergehend die Zahlen sinken. Als nach dem Krieg die Auswanderung erneut einsetzte und in den 1880er Jahren einen weiteren Höhepunkt erlebte, waren davon andere Bevölkerungsgruppen und Regionen betroffen (Bade 2002:136-146; Daniels 1991:Part II). Hatte die erste Auswanderungswelle der Jahre 1816 bis etwa 1840 vor allem südwestdeutsche Gebiete betroffen, die zweite Welle bis in die 1850er Jahre zusätzlich norddeutsche (und in Europa englische und irische), so verschob sich die Herkunft der Auswanderer zunehmend nach Osteuropa. Hier kamen die Menschen wiederum aus ländlichen Gebieten. Sie profitierten von den mittlerweile noch besser gewordenen Rahmenbedingungen wie die Einführung der Dampfschifffahrt (auch auf den Flüssen), günstige Eisenbahnverbindungen und professionell arbeitende Auswandererhäfen. Die Kosten sanken, mehr Menschen konnten verpflegt und versorgt werden. Massenauswanderung ist auch ein Massengeschäft, das in diesem Fall auch den Wandernden nutzte.

Im Verlauf des Jahrhunderts änderten sich also viele Aspekte der Wanderung. Dazu gehörte auch die Zusammensetzung der wandernden Menschengruppen. In den ersten Jahrzehnten wanderten vor allem Familien, die entweder als geschlossene Gruppe oder nacheinander gingen. Nachdem ein Familienmitglied eine Existenz aufgebaut hatte, folgten die anderen. Mehr noch: Ganze Familien aus einzelnen Dörfern siedelten sich speziell im Mittleren Westen der USA geschlossen an (Kamphoefner 2006). Nach und nach nahm allerdings die Zahl der Einzelwanderer zu, unter denen Frauen eine besondere Gruppe bildeten. Die osteuropäische Auswanderung wiederum war erneut eine verstärkte Familienauswanderung. Das 19. Jahrhundert bedeutete das Ende der alten Auswanderungsformen der *indentured servants* und der *redemptioner* (Bade 2002:133). Die Tatsache, dass viele Migranten den ländlichen Unterschichten entstammten, hat die Frage aufgeworfen, wie die Reise finanziert wurde. Offenbar gelang es vielen, ausreichende Mittel zu akquirieren. Einige Zeit gab es weiterhin die schon im 18. Jahrhundert praktizierte erzwungene Auswanderung von Armen oder Kriminellen, wobei der Staat oder die Armenkassen die Kosten der Reise übernahmen (Heerwart 2008).

Die europäische Amerika-Auswanderung war nur ein Teil breiter Migrationsvorgänge. Dennoch bildeten die USA im 19. Jahrhundert das Hauptauswanderungsziel, während alternative Ziele vorübergehend an Bedeutung verloren. War noch im 18. Jahrhundert Südosteuropa ein wichtiges Auswanderungsziel gewesen, so verschoben sich nun die Ziele in den transatlantischen Raum, speziell die USA und danach mit weitem Abstand Kanada. Ab Mitte des Jahrhunderts zeigte die transatlantische Wanderung in einigen Regionen deutliche Rückgänge und wurde ersetzt durch intensive Binnenmigration in die industriellen und urbanen Zentren. In anderen Regionen dagegen nahm die Fernwanderung in die USA, aber auch nach Kanada oder in südamerikanische Länder erst in der zweiten Hälfte des 19. Jahrhunderts größere Ausmaße an.

Die Einwanderung

Eine frühere Forschung prägte ein einfaches, heute überholtes Bild: Auswanderung und Einwanderung galten als zwei verschiedene Prozesse (Daniels 1991:16-18). Die strukturellen Entwicklungen, die zur Auswanderung führten, waren zwar einerseits in den Herkunftsländern angelegt, wie Überbevölkerung, Erwerbs- oder Wohnungsmangel; für den Entschluss zur Auswanderung war aber mehr nötig. Neben dem Willen zur Verbesserung der eigenen Lebensverhältnisse gehörten dazu vor allem realistische Chancen in einem Zielland. Ohne strukturelle Verbindungen wie günstigere Reisemöglichkeiten und Informationsnetze sowie ohne Anreize wie z. B. eine Nachfrage nach Arbeitskräften, wäre der Prozess der Massenmigration nicht denkbar gewesen. Die Jahrzehnte zwischen 1820 und etwa 1880 bilden eine eigene Phase der Einwanderung: Gegenüber dem 18. Jahrhundert nahmen die Zahlen drastisch zu. So lag die durchschnittliche transatlantische englische Migration zwischen 1600 und 1776 bei jährlich 3.600 Personen, die gesamte irische Auswanderung zu allen Zielorten betrug sogar nur 1.650, ab 1820 vervielfachten sich diese Werte. In den 1820er Jahren waren es durchschnittlich fast 13.000 Personen im Jahr, in den 1840er Jahren dagegen 275.000 (Hatton/Williamson 2005:31).

Zu den strukturellen Voraussetzungen der amerikanischen Gesellschaft gehörte die Ausdehnung nach Westen (Heideking/Mauch 2006:123ff). Mit dem Louisiana Purchase erwarben die USA von Frankreich eine Fläche von 2,1 Mio. km² für bescheidene 15 Mio. US-Dollar und verdoppelten damit ihr Staatsgebiet. Damit war der Startschuss für die große Westwanderung über den Missouri/Mississippi hinaus gegeben, der später noch die Eroberung der Westküstenstaaten folgte (Nobles 1997). Die riesigen, neu erworbenen Gebiete mussten besiedelt werden, wozu verstärkt in Europa um Siedler geworben wurde. Nachdem in den 1860er Jahren nicht nur der Homestead-Act (1862) verabschiedet worden war, sondern auch die großen kontinentalen Eisenbahngesellschaften bei der Erschließung des Landes eine wichtige Rolle übernahmen, konnte eine große Zahl von neuen Siedlern angeworben werden (Brogan 2001:384). Die 1890 offiziell endende Westwanderung bildete eine die Identität der USA bis heute prägende Entwicklung. Die Frontier, d.h. die kontinuierliche Westausdehnung, sei es durch Kauf, Inbesitznahme oder Krieg, war ohne den dauernden Zustrom von Migranten nicht denkbar (Nobles 1997). Die Frontiergesellschaft war durch Bewegung, Ausnutzen vieler neuer Möglichkeiten und Abenteuerlust geprägt. Prozess und Habitus der Akteure waren aufeinander bezogen.

Die Westwanderung allein hätte aber nicht ausgereicht, um einen derartigen Wanderungsprozess dauerhaft zu sichern. Entscheidender war der schnelle Industrialisierungs- und Urbanisierungsprozess des Landes. Lebten 1790 erst 5 % der Amerikaner in (meist sehr kleinen) Städten, so war es um 1900 fast umgekehrt. 1790 hatte die größte Stadt, New York, 33.131 Einwohner, die zehntgrößte nur 5.661, 120 Jahre später lebten in New York 4.766.883 Menschen, in der zehntgrößten Stadt immer noch 423.715. Aus einer ländlichen war innerhalb eines Jahrhunderts eine urbane Gesellschaft geworden. Die Einwohnerzahl des Landes war dabei von 3,9 auf 92 Mio. angestiegen (U.S. Census Bureau 2010) Ohne die Zuwanderung wäre dieser Prozess nicht möglich gewesen. 36 Mio. waren es von 1820 bis 1924, wobei das Jahrzehnt 1901–1910 mit 8,8 Mio. Einwanderern den Höchstwert darstellte. Zwischen 1820 und 1830 waren 151.824 Menschen in die USA eingewandert, danach stiegen die Werte schnell an und erreichten in den 1850er bis 1870er Jahren zwischen 2,3 und 2,8 Mio. (jeweils je Jahrzehnt), in den 1880er Jahren kamen dann sogar 5,2 Mio. Menschen, in diesem Jahrzehnt betrug der Anteil der Immigranten 1 % der Gesamtbevölkerung (Daniels 1991:124). Bis 1860 stammte die überwiegende Masse aus Nordwesteuropa, insbesondere Deutschland, Irland, England und den skandinavischen Ländern. Danach, speziell ab 1880, ging deren Anteil deutlich zurück, während Migranten aus Südosteuropa immer zahlreicher wurden. Zwischen 1860 und 1900 erreichten sie einen Anteil von 22 % (aus Nordwesteuropa aber immer noch 68 %), zwischen 1900 und 1920 bildeten sie mit 44 % sogar die größte Gruppe (Nordwesteuropa 41 %). Einwanderer aus anderen Weltregionen spielten vor 1920 kaum eine Rolle (Daniels 1991; Hoerder 2002).

Im Verlauf des 19. Jahrhunderts wurden die urbanen und industriellen Zentren im Osten der USA zu den wichtigsten Zielgebieten der Migranten. Die Westausdehnung verlangsamte nicht den Modernisierungsprozess, sondern verstärkte ihn, speziell an der Ostküste bzw. in den östlichen Teilen des Landes. Ohne die Urbanisierung im Osten, d.h. die ständig steigende Nachfrage nach Lebensmitteln, wäre die Besiedlung des Mittleren Westens nicht denkbar gewesen. Verbindungsglied zwischen dem Farmland und den neuen urbanen Zentren war die Eisenbahn. Den Eisenbahngesellschaften war schon während des Bürgerkriegs Land als Gegenleistung für den Bahnbau überlassen worden, das sie nun an Siedler vergeben konnten. Damit erhielten sie wiederum neue Kunden für ihre Bahnstrecken. In den Jahrzehnten zwischen 1880 und 1914 entwickelten sich die USA zur führenden Wirtschaftsmacht noch vor England und Deutschland (Heideking/Mauch 2006:167ff). Die USA waren im 19. Jahrhundert also vieles: Farmland und Industrieriese, Land vieler neuer Chancen, Perspektiven und Erwerbsmöglichkeiten für Migranten.

Das standardisierte Bild des europäischen Siedlers, der aus einer ländlichen Gesellschaft stammt, dann nach Amerika geht, um sich dort als Farmer niederzulassen, trifft in Wirklichkeit nur auf begrenzte Gruppen zu. Zwar ließen sich Einwanderer aus einzelnen europäischen Staaten vornehmlich auf dem Lande nieder, wie etwa die Schweden. Aber der Blick auf die 50er Jahre des 19. Jahrhunderts ist nur eine Momentaufnahme. Zwar waren auch in der amerikanischen Selbstwahrnehmung ländliche Siedler zentrale Figuren (etwa in den Romanen der Willa Cather), jedoch verstärkte sich seit den 1880er Jahren der Übergang von einer ländlichen zu einer urbanen Gesellschaft. Gleichwohl wurden noch bis in die Jahre vor dem Ersten Weltkrieg immer wieder neue Siedlungsgebiete mit Farmern besiedelt.

Die große Bedeutung der Einwanderung spiegelt sich noch in einem weiteren Kriterium wider, dem Anteil der nicht in den USA geborenen Bevölkerung. Schon 1850 lag dieser Wert bei 9,7 %, er stieg schnell an auf 13,2 % im folgenden Jahrzehnt und blieb bis 1920 immer bei über 13 % (Daniels 1991: 125).

Von den schon erwähnten drei großen Immigrantengruppen waren die Iren zwar nicht die größte, aber die bemerkenswerteste Gruppe. Von den zwischen 1820 und 1920 auswandernden fünf Millionen Iren gingen allein 4,5 Millionen in die USA. Die Wechselbeziehung zwischen Entwicklungen in der Heimat und dem Zwang zur Auswanderung war hierbei besonders extrem (Fitzgerald/Lambkin 2008). Allerdings gab es schon vor der großen Hungersnot der 1840er Jahre, speziell nach dem Krieg von 1812 (zwischen den USA und Kanada/Großbritannien), eine hohe Auswanderung, die häufig über Kanada verlief, weil die Überfahrt dorthin deutlich billiger war als direkt in die USA. Damit stellten Iren schon vor der großen Hungersnot einen Großteil der Immigranten in die USA; in dem Jahrzehnt zwischen 1820 und 1831 waren es etwa 45 % von insgesamt 1,3 Mio., zwischen 1832 und 1846 41 %, bei steigenden absoluten Zahlen. Als dann aber 1846 die Kartoffelfäule fast die ganze Ernte vernichtete, setzte eine Auswanderungswelle ein, die alles übertraf, was in anderen Auswandererregionen zu beobachten war. Die Zahl der irischen Auswanderer nahm bald gewaltige Zahlen ein: Zwischen 1847 und 1854 waren 45 % aller Immigranten in die USA irischer Herkunft – bei über 330.000 Einwanderern jährlich. Danach gingen die Anteile und die absoluten Zahlen nach und nach zurück, blieben aber bis zum Ende des Jahrhunderts im zweistelligen Bereich.

Nur wenige irische Einwanderer ließen sich als Farmer nieder, dafür fehlten ihnen Geld und entsprechende Vorbildung, die meisten arbeiteten in den Städten. Familienwanderung war relativ selten, einzeln wandernde Männer und Frauen prägten das Bild, die meisten zwischen 20 und 30 Jahre alt. Frauen begannen ihre Existenz in den USA oft als Hausmädchen. Aufgrund ihrer Zahl und weil sie vornehmlich Katholiken waren, hatten sie teilweise mit massiven Vorurteilen der amerikanischen Gesellschaft zu kämpfen.

Die zweite große Immigrantengruppe bildeten die Deutschen. Vor 1830 kamen nur wenige (7.729 zwischen 1820 und 1830), dann wurden es binnen weniger Jahre immer mehr (Helbich 1988a:20). In den 1830er Jahren verdoppelte sich ihre Zahl, zwischen 1841 und 1850 waren es dann 434.000 Einwanderer, im folgenden Jahrzehnt fast 1 Mio., in den beiden nächsten Jahrzehnten 700.000 bis 800.000 und dann 1881-1890 sogar 1.452.000 Personen (Daniels 1991:146). In relativen Zahlen bedeutete dies, dass zwischen den späten 1840er und den frühen 1870er Jahren ziemlich genau jeder dritte Einwanderer aus Deutschland stammte, in den beiden Jahrzehnten danach immerhin noch jeder vierte (Cohn 2001).

Allerdings ist die Frage, welcher Personenkreis sich hinter »den Deutschen« verbarg, nicht ganz einfach zu beantworten. Vor 1871 gab es keinen deutschen Nationalstaat. Der Deutsche Bund war ein Bundesstaat, jede Abwanderung aus einem dieser Staaten schon in einen benachbarten Bundesstaat wurde als »Auswanderung« kategorisiert. Zudem gehörten zum Deutschen Bund viele Volksgruppen, die nicht als »deutsch« im engeren Sinn gezählt werden. Polen etwa, die in Preußen und ab 1871 im Deutschen Reich lebten, konnten sowohl als Deutsche wie als Polen bewertet werden. Zudem waren illegale Auswanderungen sehr häufig, sodass amtliche deutsche Auswanderungsdaten nur unzureichende Ergebnisse liefern. Gleichwohl bleibt festzuhalten, dass Migranten aus dem deutschen Sprachraum über viele Jahre die größte Einwanderungsgruppe in Nordamerika, speziell in den USA darstellte.

Sie kamen im Gegensatz zum 17. und 18. Jahrhundert nicht aus religiösen, sondern aus ökonomischen Gründen. Politisch Verfolgte, wie die »48er«, bildeten nur eine Minderheit. Deutsche zeigten zeitweise wie die Skandinavier eine Vorliebe für eine Ansiedlung als Farmer im Mittleren Westen. Gleichwohl siedelte der größere Teil von ihnen in Städten. Die große Zeit der ländlichen Ansiedlungen waren die 1850er Jahre und die ersten Jahre nach dem Bürgerkrieg mit dem Erlass des Homestead Act. Deutsche Einwanderer waren protestantischen wie katholischen Glaubens, wobei vor 1850 südwestdeutsche Katholiken dominierten, danach norddeutsche Protestanten. Deutsche und irische Katholiken stießen in der amerikanischen Gesellschaft auf teilweise starke Widerstände wegen konfessioneller und kultureller Unterschiede. Hierzu zählte insbesondere der starke Bierkonsum am Sonntag. Auf dem flachen Lande, den großen Farmregionen des Mittleren Westens, lebten viele Deutsche in ethnisch relativ homogenen Siedlungen. Zwischen den 1830er und den 1840er Jahren hatten sie sogar die Möglichkeit, ihre Kinder auf Deutsch zu unterrichten. Bei alledem waren die Unterschiede innerhalb der Deutschen groß. Norddeutsche und Süddeutsche unterschieden sich nicht nur in konfessionellen Fragen. Zwar lebte die Mehrheit vor 1880 in kleinen Städten oder auf dem Lande, jedoch war ihr Anteil an der Gesamtbevölkerung in einer Reihe von größeren Städten nicht unerheblich, wie in New York, Cincinnati, Saint Louis, Buffalo, Chicago oder Milwaukee. Daneben waren Bundesstaaten wie Pennsylvania, Illinois, Minnesota oder Nebraska stark von deutschen Farmern geprägt (Daniels 1991:145-164; Helbich 1988a).

Die Zuwanderung der Deutschen unterschied sich deutlich von der der Iren. Es dominierten über mehrere Jahrzehnte Familienwanderungen, die sich teilweise zu Kettenwanderungen verdichteten. So wanderten relativ geschlossene Gruppen aus einzelnen Dörfern bzw. ländlichen Regionen in die USA und ließen sich dort wieder in eigenen Siedlungsgebieten nieder (Kamphoefner 2006). Erst in der zweiten Jahrhunderthälfte verlor diese Kettenwanderung zugunsten von Einzelwanderern an Bedeutung, unter denen Frauen eine größere Gruppe bildeten.

Nicht alle Auswanderer kamen freiwillig ins Land. Es handelte sich zwar nur um kleine Gruppen, aber Arme und Kriminelle wurden teilweise bewusst von deutschen Behörden mit finanziellen Mitteln ausgestattet, um die Überreise finanzieren zu können, weil man damit rechnete, dass die dauerhafte Unterstützung von Armen teurer kam, als die einmaligen Reisekosten.

Deutsche nahmen in der amerikanischen Gesellschaft des 19. Jahrhunderts eine ambivalente Position ein. Nur Einzelne wie Carl Schurz wurden in der Öffentlichkeit bekannter. Sie fielen zwar aufgrund einiger kultureller Eigenheiten auf, waren als Handwerker und Farmer begehrt und geachtet, wirkten aber nur wenig in die amerikanische Gesellschaft hinein. Selbst als Farmer zeigten sie nur eine geringe Tendenz, ihr kulturelles Erbe aus Deutschland weiter zu pflegen. Abgesehen von der Sprache und einigen speziellen Gebräuchen adaptierten sie schnell die Techniken des Gastlandes. Eine Sonderrolle spielten deutsche Juden. Sie arbeiteten vor allem als Händler, gründeten später Kaufhäuser und zeigten eine deutlich geringere Neigung zur Rückkehr als die übrigen Deutschen.

Neben den Iren bildeten die skandinavischen Einwanderer eine Gruppe, die, bezogen auf die Bevölkerung ihres Heimatlandes, eine hohe Auswanderungsquote aufwiesen. Allerdings blieben sie quantitativ hinter den Deutschen und Iren zurück (Daniels 1991:164-183). Zwischen 1820 und 1920 wanderten 2,1 Mio. Skandinavier ein, die meisten nach dem Bürgerkrieg. Waren es zwischen 1820 und 1860 nur knapp über 40.000 skandinavische Einwanderer, so zwischen 1861 und 1870 schon 126.000, dann 1871–1880 243.000 und 1881–1890 650.000 Personen. Danach gingen die Zahlen langsam zurück (1901–1910 waren es noch einmal 500.000). Knapp die Hälfte waren Schweden, ein Drittel Norweger und ein Siebtel Dänen. Die Haupteinwanderungsjahrzehnte der Schweden lagen zwischen 1880 und 1910, als ca. 870.000 von ihnen in die USA einwanderten. Fast alle Schweden (97,7 %) und Norweger (95,6 %), die in diesen Jahrzehnten auswanderten, verließen ihre Heimat in Richtung USA; bei den Dänen war der Anteil etwas geringer (87,9 %), etwa die Hälfte der übrigen dänischen Auswanderer ging nach Kanada (Daniels 1991: 165). Ähnlich wie bei den deutschen Siedlern gab es auch bei den skandinavischen Einwanderern typische Entwicklungen. Am Anfang siedelten viele noch auf dem Land und gründeten Farmen. Sie hatten eigene landwirtschaftliche Erfahrungen und konnten sie jetzt umsetzen. Mit der sich entwickelnden Auswanderung nahm, ähnlich zu den Deutschen, die Kettenwanderung zu. In den 1870er und 1880er Jahren ging der Anteil der Zuwanderer mit agrarischem Hintergrund zurück und derjenige an städtischen Zuwanderern stieg an.

Viele der ersten Einwanderergenerationen siedelten im Wheat Belt des Mittleren Westens, also dort, wo auch viele Deutsche waren. Doch von Beginn an (Daniels 1991:169) war der Anteil derjenigen, die in den Städten blieben, hoch, sodass etwa Chicago 1900 die zweitgrößte schwedische Stadt war. Die schon von den älteren Einwanderergruppen nach 1860 zunehmend bevorzugten städtischen Lebensbereiche wurden mit der zweiten großen Einwanderungswelle nach 1880 immer wichtiger.

Die Phase ab 1880 gilt – nicht unumstritten – als die Zeit der neuen Einwanderung. Jetzt kamen zunehmend Migranten aus Osteuropa und Südeuropa. Gegen die Unterscheidung einer »alten« und einer »neuen« Immigration, d.h. vor 1880 (in erster Linie Briten, Deutsche, Iren und Skandinavier) und nach 1880 bis 1920 (vornehmlich Ost- und Südeuropäer) hatte sich schon Daniels vor 20 Jahren gewandt (Daniels 1991:184).

In der transatlantischen Migrationsgeschichte nimmt Kanada eine andere Rolle ein als die USA. Viele Einwanderer nutzten den günstigeren Seeweg von Europa nach Kanada, gingen dann aber weiter in die USA. Seit der Mitte des Jahrhunderts waren es vorwiegend Chinesen, die es als Zielland wählten; erst zwischen etwa 1870 und 1914 gab es eine nennenswerte europäische Migration, wobei zwar auch die Einwanderergruppen aus Mittel- und Nordeuropa vertreten waren, aber in einem geringeren Umfang. Vielmehr waren es besonders deutschstämmige Mennoniten aus Russland, Bewohner der Ukraine und Polens, die dies Land wählten (Koch-Kraft in Hoerder/Knauf 1992).

Geschlechterverhältnisse
Eine ältere Forschung fokussierte vorwiegend auf männliche Auswanderer, Frauen waren allenfalls Begleiterinnen oder Unterstützerinnen (Handlin 1990). Mittlerweile haben Studien nachweisen können, dass dieses männliche Bild der Auswanderung dem tatsächlichen Geschehen nicht entspricht (Blaschke/Harzig 1990). Schon in der zeitgenös-

sischen Literatur, wie bei der zeitweise in Nebraska lebenden und dann über dies Land schreibenden Willa Cather (1873–1947), wird ein anderes Frauenbild gezeichnet. Frauen bilden hier für die Existenz der Farmerfamilien eine wesentliche Stütze, sie agieren ökonomisch geschickt und entwickeln spezielle Aufstiegspläne. Die Forschung konnte dieses Bild bestätigen und vertiefen (Gabaccia in Hoerder/Moch 1996). Der Anteil der Frauen an den Einwanderern in den USA betrug im 19. Jahrhundert ca. $^1/_3$ mit leicht steigender Tendenz zwischen 1820 und 1900 von etwa 31 auf 34 %. Zwischen den verschiedenen Herkunftsländern gab es dabei beträchtliche Unterschiede: Hoch mit über 40 % war der Anteil der Frauen aus Schweden, Irland, England, Schottland, übertroffen wurde er bei irischen Einwanderern mit 48 %. Dagegen kamen aus Asien deutlich weniger Frauen, aber auch aus südosteuropäischen Ländern (nicht jedoch aus allen).

Frauen kamen zunächst oft tatsächlich in Familienverbänden in den USA an. Innerhalb der Familien spielten sie aber zentrale, gleichberechtigte Rollen. Ohne die weibliche Mitarbeit und Organisationstätigkeit wären vermutlich viele Existenzen nicht dauerhaft geblieben. War man zudem früher davon ausgegangen, dass Farmersfrauen sich hauptsächlich auf den »inneren Haushalt« konzentrierten und deshalb kaum Außenkontakte zur amerikanischen Gesellschaft aufnahmen, so zeigen neuere Studien, dass diese Annahme nicht stimmt. Der weibliche Anteil an der Auswanderung war zwar sehr unterschiedlich, jedoch immer bedeutsam. Im Verlauf des 19. Jahrhunderts nahm die weibliche (wie männliche) Einzelauswanderung deutlich zu. Da in der amerikanischen Gesellschaft Haushaltshilfen dringend gesucht wurden, boten sich hier nicht nur schnelle und vergleichsweise gute Beschäftigungsmöglichkeiten, sondern auch die Chance der Einheirat in eine alteingesessene amerikanische Familie. Viele junge europäische Frauen nutzten diese Chance deshalb schnell und intensiv. Es blieb aber nicht bei diesen relativ untergeordneten Tätigkeiten (die oft in eine Ehe mündeten). Mit der sich entwickelnden Industriearbeit ergaben sich völlig neue Tätigkeitsfelder, die eine eigenständige Existenz ermöglichten und teilweise gar die finanzielle Basis der gesamten Familie bilden konnten.

Verkehrswege
Die Massenauswanderung des 19. Jahrhunderts fand vor dem Hintergrund der Erweiterung des Verkehrssystems statt bzw. förderte wiederum dessen Ausbau. In den ersten Jahrzehnten wurden vorwiegend »alte« Verkehrsträger genutzt. Das waren auf dem Kontinent meist Kanäle und die großen schiffbaren Flüsse wie der Rhein oder die Weser, auf denen die Auswanderer von ihren Zielorten zu den Überseehäfen fuhren. Zunächst waren französische Häfen wie Le Havre und die englischen Seehäfen wichtige Auswandererhäfen, daneben aber gewann auch Bremen zunehmend an Bedeutung. Für viele Schiffe waren die Auswanderer eine Bei- oder Rückfracht, es wurden also keine speziellen Personenschiffe benutzt. Der noch geringe Organisationsgrad des gesamten Ausreiseprozesses und fehlende Infrastruktureinrichtungen führten zu hohen Belastungen für die Reisenden. Bei den Schiffen handelte es sich um Frachter, die auch für die Personenbeförderung genutzt wurden, die Verpflegung an Bord war meist knapp und schlecht, die Überfahrt lang und gefährlich. Risiken bestanden nicht nur durch Untergang oder Schiffbruch, sondern besonders durch Krankheiten, die während der Fahrt ausbrechen konnten (Schulz 2008).

In den USA wurden die großen Häfen an der Ostküste angelaufen, wo viele Auswanderer schon blieben und die zahlreichen Arbeitsmöglichkeiten nutzten. Wer dann weiter in das Landesinnere reisen wollte, nutzte hier wie in Europa die großen Flussschiffe, die zwar oft komfortabler waren als die europäischen Flussschiffe, was aber nicht bedeutete, dass die Reise weniger riskant war als über den Atlantik. So war der Mississippi ein gefährlicher Fluss, auf dem es viele Schiffsunglücke gab. Die Todesraten bei weißen Erwachsenen lagen im 18. Jahrhundert bei 4 %, dazu kamen noch ca. 4 %, die nur kurz die Reise überlebten. Bei Kindern waren die Todesraten noch höher (Bade 2002:128). Dramatische Schiffskatastrophen prägten aber noch mehr die Wahrnehmung der gefährlichen Überfahrt.

Seit der Mitte des 19. Jahrhunderts verbesserten sich die Bedingungen für die Reise erheblich (Bretting in Hoerder/Knauf 1992). Dank der neuen Eisenbahnen und der Einführung von Flussdampfern verliefen die Reisen von den Herkunftsregionen zu den Auswandererhäfen komfortabler und billiger. Die großen Hafenstädte richteten sich nach und nach auf die verstärkten Auswandererzahlen ein und boten bessere Unterkünfte, Verpflegung und ärztliche Versorgung für die Wartezeit im Hafen an. Die Tatsache, dass die Massenauswanderung sich auch zu einem Massengeschäft entwickelte, förderte diese Entwicklung zusätzlich, wobei allerdings teilweise nur die größten Missstände beseitigt werden konnten.

Die Atlantikschiffe hatten aus denselben Gründen mehr Komfort anzubieten, und seit den 1860er Jahren, besonders aber den 1880er Jahren, waren die jetzt eingesetzten Dampfschiffe nicht nur größer, sicherer und komfortabler, sondern auch erheblich schneller und sogar billiger als die alten Segler. Die organisatorische Weiterentwicklung der Auswanderung wurde u.a. von den großen Hafenstädten systematisch betrieben. So konnte sich in Deutschland zunächst Bremen mit Bremerhaven zu einem großen Hafen weiterentwickeln, ab den 1880er Jahren gelang es dann Hamburg, speziell osteuropäische Auswanderer zu erreichen. Viele kleine Faktoren sorgten deshalb im Verlauf von wenigen Jahrzehnten dafür, dass die Auswanderung billiger, sicherer und schneller wurde – was allerdings nichts daran änderte, dass sie von den Wandernden selbst als beschwerlich und teilweise auch beängstigend empfunden wurde.

In den USA bildete der Bürgerkrieg für die Auswanderung einen tiefen Einschnitt. Mit dem Homestead-Act und der Vergabe von Landflächen an die großen transkontinentalen Eisenbahngesellschaften wurde die Einwanderung massiv gefördert (Heideking/ Mauch 2006:133ff; Tindall/Shi 1992:734ff). Dennoch blieben über mehrere Jahrzehnte die großen Trails nach Westen durch die Präriegebiete des Mittleren Westens kennzeichnend für die interne Wanderung. Diese Trails waren gefährlich für die Reisenden; Krankheiten, Unfälle und Überfälle durch die einheimische Bevölkerung führten zu vielen Todesfällen, wie noch heute an den zahlreichen Friedhöfen entlang der Trails ablesbar ist. Mit der Entdeckung der Goldvorkommen in Kalifornien setzte ein regelrechter Run auf diese Gebiete ein. Vor dem Eisenbahnbau blieben nur zwei Routen zur Auswahl, beide waren lang, beschwerlich und gefährlich: Entweder gelangte man mit der Postkutsche oder dem Ochsenkarren über die beschriebenen Fluss- und Landwege durch die Prärie und über die Rocky Mountains, per Schiff über den langen Seeweg via Südamerika nach San Francisco oder über Nicaragua und Panama (Schiff-Maultierkolonne-Schiff).

Migration bedeutete demnach immer einen »langen Weg« und viele Stationen, kein einfaches Wechseln von einem Wohnort zu einem anderen. Die sich relativ schnell verbessernden Verkehrsverbindungen förderten nicht nur die Wanderung von Menschen aus bislang ungünstig gelegenen Regionen wie Osteuropa, sondern verbilligten die Reise und ermöglichten damit auch Rückwanderung. Die Reise über den Atlantik in beide Richtungen und nicht nur in eine wurde damit für immer mehr Menschen und nicht nur für eine kleine reiche Oberschicht finanzierbar.

Kommunikationsstrukturen
Verkehr und Kommunikation standen in enger Verbindung. Kommunikation war nicht linear angelegt, sondern in netzwerkartigen Strukturen (O'Reilly in Heerwart/Schnurmann 2007). Diese Netzwerke verbanden nicht Staaten, sondern Regionen und Menschen miteinander. Sie waren zunächst relativ lose bzw. weit geknüpft, weil allein die technischen Bedingungen schlecht waren. Zudem waren an ihnen vornehmlich Angehörige der Oberschichten beteiligt. Im Verlauf des 18. Jahrhunderts wurden diese Netzwerke dichter, jedoch fanden die entscheidenden Veränderungen im 19. Jahrhundert statt.

Die Forschung hat etwa mit der Analyse von Auswandererbriefen aufzeigen können, wie intensiv der Briefkontakt zeitweise war und welche Kommunikationsprozesse er auslöste (Helbich 1988b). Zwar gab es schon vor der großen transatlantischen Auswanderungswelle intensivere Kontakte über den Atlantik hinweg, aber sie betrafen nur ausgewählte Gruppen und Personen. Im 19. Jahrhundert änderte sich dies, weil zum einen die Zahl der Migranten deutlich anstieg, dann, weil das ökonomische Interesse an Informationen zunahm und schließlich, weil sich im Verlauf des Jahrhunderts die technischen Bedingungen deutlich verbesserten. Der erste Aspekt versteht sich fast von selbst, denn mit der Zunahme der Migranten nahmen nicht nur die Kommunikationsprozesse zu, sondern die Kommunikationsprozesse förderten wiederum die weitere Migration. Es lohnt sich immerhin, die Dimensionen der Briefkommunikation vor Augen zu führen: Allein zwischen Deutschland und den USA wurden ca. 300 Millionen Briefe gewechselt, davon ca. 100 Millionen private Briefe (Helbich 1988b:31f). Letztere hatten gegenüber offiziellen Publikationen den Vorteil der größeren Glaubwürdigkeit; sie dürften deshalb von höherer Bedeutung für weitere Migrationen gewesen sein als viele andere Broschüren, Bücher oder sonstige Publikationen.

Der zweite Aspekt wird verständlich, wenn man bedenkt, dass speziell seit der Jahrhundertmitte wichtige ökonomische Akteure wie die Eisenbahngesellschaften ein starkes Interesse daran hatten, neue Migrantengruppen für die Einwanderung in die USA zu werben. Die Gesellschaften griffen damit direkt in Kommunikationsprozesse ein, steuerten und beeinflussten sie. Sie waren zugleich Teil öffentlicher Diskurse über Massenwanderung, sowohl in den Auswanderungsregionen wie dem Einwanderungsland USA. Damit wurde der Migrationsprozess mehr als ein nur von Individuen oder kleineren Gruppen getragenes Ereignis, sondern war gleichermaßen eng verbunden mit den Auswanderungs- wie den Einwanderungsgesellschaften. Das war einerseits ein allgemeineres Phänomen, denn auch vorher hatten größere Wanderungsbewegungen, wie etwa die Hollandgänger aus Nordwestdeutschland, immer wieder für Debatten gesorgt, dennoch blieben diese Debatten vergleichsweise begrenzt. Im 19. Jahrhundert setzte dagegen ein dynamischer Prozess ein, der beide Seiten des Atlantiks erfasste. Die öffentliche Debatte in Europa flachte erst mit dem Abflauen der großen Wanderungswellen wieder ab.

Ein knappes Fazit

Massenmigrationsprozesse bislang ungekannten Ausmaßes veränderten die Welt des 19. Jahrhunderts. Das galt speziell für die transatlantische Migration zwischen Europa und Nordamerika. Die Westausdehnung der USA und deren Aufstieg zur größten Wirtschaftsmacht der Welt wären ohne die beschriebenen Migrationsvorgänge nicht denkbar gewesen. Teilweise dramatische Verarmungsprozesse in den europäischen Herkunftsregionen konnten durch die Massenabwanderung zumindest teilweise ausgeglichen bzw. abgemildert werden. Diese Verbesserungen wurden aber auch mit massiven Verdrängungsprozessen der indigen Bevölkerung »erkauft«, die speziell im 19. Jahrhundert dramatische Ausmaße annahmen, in der Migrationsforschung aber immer noch eine Randrolle spielen.

Literatur

Bade, Klaus J. (2002): Europa in Bewegung. Migration vom späten 18. Jahrhundert bis zur Gegenwart. München: Beck

Bade, Klaus Jürgen/Eijl, Corrie van, Hg. (2008): Enzyklopädie Migration in Europa (2. Aufl.). Paderborn [u.a.]: Schöningh

Bayly, Christopher Alan (2008): Die Geburt der modernen Welt. 1780–1914. Frankfurt am Main: campus

Beer, Mathias/Dahlmann, Dittmar, Hg. (1999): Migration nach Ost- und Südosteuropa vom 18. bis zum Beginn des 19. Jahrhunderts. Stuttgart: Thorbecke

Blaschke, Monika/Harzig, Christiane, Hg. (1990): Frauen wandern aus: Deutsche Migrantinnen im 19. und 20. Jahrhundert. Bremen: Labor Migration Project

Brinck, Andreas (1993): Die deutsche Auswanderungswelle in die britischen Kolonien Nordamerikas (=Studien zur modernen Geschichte, Bd. 45). Stuttgart: Steiner

Brogan, Hugh (2001): The Penguin history of the United States of America. London [u.a.]: Penguin Books

Cohn, Raymond C.(2001): Immigration to the United States. Verfügbar unter http://eh.net/encyclopedia/article/cohn.immigration.us (Zugriff 26.04.2010)

Daniels, Roger (1991): Coming to America. A History of Migration and Ethnicity in American Life. New York: HarperPerennial

Ekirch, A. Roger (1992): Bound for America: The transportation of British convicts to the colonies 1718–1775. Oxford: Clarendon Press

Eltis, David Hg. (2002): Coerced and free migration. Stanford: Stanford University Press

Fitzgerald, Patrick/Brian Lambkin (2008): Migration in Irish history, 1607–2007. Basingstoke, Hampshire [u.a.]: Palgrave

Grabbe, Hans-Jürgen (2001): Vor der großen Flut: Die europäische Migration in die Vereinigten Staaten. Stuttgart: Steiner

Gray, Peter (1995): The Irish Famine. New York: Harry N. Abrams

Handlin, Oscar (1973): The Uprooted. Boston [u.a.]: Little, Brown & Co.

Harzig, Christiane/Hoerder, Dirk/Gabaccia, Donna (2009): What is Migration History? Cambridge: Polity

Hatton, T.J./Williamson, Jeffrey G. (2005): Global migration and the world economy. Two Centuries of Policy and Performance. Cambridge, London: MIT Press

Heerwart, Sabine (2008): Verlassene Dörfer. Auswanderungsverläufe des 19. Jahrhunderts am Beispiel der deutschen Dörfer Ürzig und Wolfshagen (=Atlantic Cultural Studies, Bd. 5). Berlin: LIT

Heerwart, Sabine/Schnurmann, Claudia, Hg. (2007): Atlantic Migrations. Regions and Movements in Germany and North America/USA. Hamburg: LIT

Heideking, Jürgen/Mauch, Christof (2006): Geschichte der USA. 4. Auflage. Tübingen, Basel: Francke

Helbich, Wolfgang J. (1988a): »Alle Menschen sind dort gleich ...«: Die deutsche Amerika-Auswanderung im 19. und 20. Jahrhundert. Düsseldorf: Schwann

Helbich, Wolfgang J., Hg. (1988b): Briefe aus Amerika: Deutsche Auswanderer scheiben aus der Neuen Welt. München: Beck

Henkel, Ann-Katrin (1996): »Ein besseres Loos zu erringen, als das bisherige war«: Ursachen, Verlauf und Folgewirkungen der hannoverschen Auswanderungsbewegung im 18. und 19. Jahrhundert. Hameln: Niemeyer

Hoerder, Dirk (2002): Cultures in Contact. World Migration in the Second Millenium. Durham, London: Duke UP

Hoerder, Dirk/Diethelm Knauf, Hg. (1992): Aufbruch in die Fremde. Europäische Auswanderung nach Übersee. Bremen: Temmen

Hoerder, Dirk/Moch, Leslie Page Hg. (1996): European Migrants. Global and Local Perspectives. Boston: Northeastern Univ. Press

Kamphoefner, Walter D. (2006): Westfalen in der Neuen Welt: Eine Sozialgeschichte der Auswanderung im 19. Jahrhundert. Neuausgabe. Göttingen: V & R unipress

Manning, Patrick (2005): Migration in world history. New York: Routledge

Morgan, Kenneth O. (2001): The Oxford History of Britain. Oxford: Oxford Univ. Press

Nobles, Gregory H. (1997): American frontiers: Cultural encounters and continental conquest. New York: Hill and Wang

Osterhammel, Jürgen (2009): Die Verwandlung der Welt: Eine Geschichte des 19. Jahrhunderts. München: Beck

Schnurmann, Claudia (1998): Europa trifft Amerika. Atlantische Wirtschaft in der frühen Neuzeit 1492–1783. Frankfurt am Main: Fischer

Schrier, Arnold (1997): Ireland and the American Emigration 1850–1900. Chester Springs 1997 (=1958).

Schulz, Karin, Hg. (2008): Hoffnung Amerika. Europäische Auswanderung in die Neue Welt. Bremerhaven: NDW-Verlag

Thörner, Udo (2008): Venne in Amerika. Die Geschichte der USA-Auswanderung aus einem niedersächsischen Dorf im 19. Jahrhundert. Osnabrück: Arbeitskreis Familienforschung Osnabrück

Tindall, George Brown/Shi, David E. (1992): America: A narrative history. 3. Auflage. New York [u.a.]: Norton

U.S. Census Bureau (2010): Fast Facts http://www.census.gov/history/www/through_the_decades/fast_facts

Wellenreuther, Hermann (2000): Niedergang und Aufstieg: Geschichte Nordamerikas vom Beginn der Besiedlung bis zum Ausgang des 17. Jahrhunderts. Münster: LIT

Wellenreuther, Hermann (2001): Ausbildung und Neubildung – Die Geschichte Nordamerikas vom Ausgang des 17. Jahrhunderts bis zum Ausbruch der Amerikanischen Revolution 1775. Münster: LIT

Arno Sonderegger

Atlantische Wellen – Afrikanische Positionen
Zur panafrikanischen Idee bis 1945

In den Jahrhunderten, die den portugiesischen Erkundungsfahrten entlang der Westküste Afrikas und der Entdeckung einer neuen Welt folgten, entwickelten sich komplexe interkontinentale Verflechtungen im Atlantischen Raum. Unter anderem kam es zur größten Zwangsmigration der Geschichte. Der atlantische Sklavenhandel wurde seit 1450 in mehreren Teilen Westafrikas rege betrieben, ehe seit den späten 1520er Jahren der transatlantische einsetzte, der den Beziehungen im atlantischen Dreieck für die kommenden Jahrhunderte ein spezifisches Gepräge aufdrückte. Was die euro-afrikanischen Beziehungen angeht, blieb bis weit ins 19. Jahrhundert hinein das anfängliche Muster typisch: Bunte wechselseitige Beeinflussung, aber keine Hegemonie der europäischen Handelspartner – eher im Gegenteil. Den atlantischen und transatlantischen Menschenhandel zusammen hat Patrick Manning (1990:9ff) den »okzidentalen Sklavenhandel« genannt, um ihn einerseits vom »orientalischen« abzuheben, dessen Zielorte in Asien lagen, andererseits auch vom »afrikanischen«, der innerhalb der Kontinentalgrenzen verblieb. Verglichen mit dem Menschenhandel über den Atlantik vollzog sich der orientalische Sklavenhandel lange auf einem bescheideneren Niveau; noch mehr gilt dieser Befund für den innerafrikanischen Sklavenhandel. Zur Herausbildung einer »sklavenhalterischen Produktionsweise« (Lovejoy 1983), die mit der kolonialen Plantagensklaverei in Übersee vergleichbar ist, kam es in Afrika jedenfalls erst im Lauf des 19. Jahrhunderts – und dann als Reaktion auf die versiegende Nachfrage von außerhalb, die auf die gebündelte Aktivität von abolitionistischer Bewegung und imperialer Politik zurückzuführen ist (Wirz 2000).

Das spezifische Gepräge der sich herauskristallisierenden atlantischen Welt sah in Europa, in den Amerikas und in Afrika jeweils anders aus. Seine Auswirkungen auf die ansässigen Bevölkerungen konnten verschiedener kaum sein. In Süd- und Nordamerika sowie auf den karibischen Inseln kam es zu Eroberung und Unterwerfung, zu Unterdrückung, Verdrängung, Dezimierung und Auslöschung ganzer Völkerschaften und zu breiter Neuansiedlung – zum Teil durch aus Europa stammende Siedler, zu einem beträchtlichen Teil durch in die Sklaverei gezwungene Afrikaner und Afrikanerinnen: Die Schätzungen seit Philip Curtins (1969) bahnbrechendem Zensus bewegen sich im seither weitgehend akzeptierten Rahmen von mehr als 11 Millionen Menschen, die im Verlauf von vier Jahrhunderten okzidentalen Sklavenhandels die Neue Welt erreichten. Mit der extremen Entfaltung der Plantagenökonomie vor allem seit 1650 bildete sich unter den Bedingungen kolonialer Plantagensklaverei auch der moderne Rassismus aus (Curtin 1998), der dann im Zeitalter der Aufklärung in Form von Rassentheorien auf zweifelhafte Weise »geadelt« wurde (Hund 1999). Auch andere Entwicklungen in Westeuropa hingen, wie komplex im Einzelnen auch immer, mit der materiellen und kulturellen Bereicherung zusammen, die aus der kommerziellen europäischen Expansion nach Afrika und Asien sowie der kolonialen Expansion in die Neue Welt resultierte (Manning 1990:13f, 30f; Cooper 2001:28).

Ein atlantisch ausgerichtetes »Weltsystem«, das expansiv auf die Erschließung immer neuer Räume gerichtet war – sei es um Arbeitskraft zu rekrutieren, sei es um nachgefragte Güter zu lukrieren, sei es um überschüssige Bevölkerung auszusiedeln – bildete sich langsam aber stetig heraus (Wallerstein 1986–2004): Westeuropa stellte lange Zeit – bis zur US-Hegemonie im 20. Jahrhundert – sein Zentrum dar, manifestiert in den Imperien verschiedener westeuropäischer Staaten (zunächst Portugal und Spanien, später die Niederlande, Britannien und Frankreich). Asien, der nachgefragte Handelspartner, Amerika, der riesige Siedlungsraum, und Afrika, der schier unerschöpflich scheinende Lieferant menschlicher Arbeitskraft, wurden zu den integrierten Grenzräumen dieser neuen Welt. Das Interesse an Afrika blieb vergleichsweise gering, neben dem Handel in Menschen spielte lediglich der Goldhandel eine dauerhaft große Rolle.

Wallersteins bewusst europazentrierte Darstellung der Herausbildung des modernen Weltsystems, die mit einer elaborierten Eurozentrismuskritik einhergeht (Wallerstein 2006), ist sehr plausibel, sie bedarf jedoch der Ergänzung durch jene Verhältnisse und Perspektiven aus den »Peripherien«, die diesen asymmetrischen Integrationsprozess begleiteten und, mehr oder minder erfolgreich, herausforderten. Richtig ist daher Eric Wolfs (1997:21ff) Hinweis, dass eine Geschichte der Expansion des Kapitalismus unvollständig bleibt, solange sie nicht auch außereuropäische Produktionsweisen berücksichtigt und deren spezifische Interaktionen mit der ankommenden kapitalistischen zum Thema macht. Darüber hinaus erscheint es mir auch dringlich, die Erfahrungen und Reflexionen der historischen Akteure zu thematisieren, um die strukturellen Prozesse in ihrer erlebten Komplexität zu konkretisieren. Denn wiewohl die strukturelle Marginalisierung Afrikas im Lauf der letzten fünfeinhalb Jahrhunderte eine Tatsache darstellt, so war sie doch kein von afrikanischer Seite einfach passiv erlebter Prozess, sondern einer, der auf vielfältige Weise aktiv begleitet und herausgefordert wurde. Eine ansatzweise »transnationale Ideengeschichte« (Christopher Bayly) soll dies anhand der Genese und Entwicklung der panafrikanischen Idee auf den Folgeseiten beispielhaft illustrieren.

Außenansichten: »Afrika« und seine Bewohner

Wie geographische Bezeichnungen im Allgemeinen, so ist auch »Afrika« zunächst einmal eine Abstraktion, die, wiewohl sie sich mehr oder minder deutlich mit natürlichen Gegebenheiten in Beziehung setzen läßt, eine spezifisch imaginierte Realität generiert. Ohne kartographische Kenntnisse, aber auch ohne ein Wissen um die planetarische Struktur des Globus bleibt eine kontinentale Erfassung weitgehend sinnleer, wenn nicht gar undenkbar. Darüber hinaus bleibt sie, wie die anhaltenden Debatten um die Grenzen und Übergänge zwischen Kontinenten bzw. die Uneinigkeit über ihre Anzahl deutlich demonstrieren, eine notwendig umstrittene Angelegenheit (Osterhammel 2009:176ff). Als geographischer Beschreibungsbegriff ist »Afrika« sicherlich klarer zu umreißen als das hinsichtlich »Europas« und »Asiens« der Fall ist; doch selbst hier zeigt die Wissenschaftsgeschichte der vergangenen zwei Jahrhunderte, die – zum Teil bis heute – scharf zwischen einem europäisch-asiatischen Nordafrika und einem »eigentlichen« »Schwarzafrika« südlich der Sahara unterschied, dass geographische Unterscheidungen keine rein natürlichen Begriffsbildungen sind, sondern verwurzelt in einer spezifischen Kultur und somit unentwirrbar mit besonderen gesellschaftlichen und wirtschaftlichen Verhältnissen sowie ihren ideologischen Spiegelungen verbunden sind. Was »Afrika« bedeutet, ist daher ebensowenig eindeutig und nicht minder fixierbar wie die Konzepte »Europa« oder »Asien«, sogar schon auf einer scheinbar rein deskriptiven Ebene. Umso mehr gilt diese Vieldeutigkeit und Plastizität für das weite Feld der kulturellen Produktion von Identitätsvorstellungen, die sich um solche Termini gruppieren.

Schon in der griechischen Antike war eine Unterscheidung zwischen *Äthiopier*, »verbrannte Gesichter«, und *Libyer*, dessen Etymologie auf »Hitze« verweist, gebräuchlich geworden. Meinte *Libyer* die mediterrane Bevölkerung des nördlichen Afrika, so *Äthiopier* die südlich davon lebende Bevölkerung. In Europa blieb letzterer Begriff in solchem Gebrauch bis ins 18. Jahrhundert hinein durchaus lebendig. Das Wort Afrika, das etymologisch wahrscheinlich auf die berberischen *Afri* zurückzuführen ist, nach denen Rom seine nordafrikanische Kolonie benannte, bürgerte sich mit den maritimen Unternehmungen Portugals im 15. Jahrhundert langsam ein, um den gesamten Kontinent zu bezeichnen. Schon früher war es im Arabischen als *Ifriqia* aufgegriffen worden, wo es zunächst vom *bilad as-sudan*, dem »Land der Schwarzen«, unterschieden wurde, ehe es auch hier zur synonymen Verwendung kam (Parker/Rathbone 2007:5). Eine grobe Unterscheidung Afrikas nach Hautfarben war demnach sowohl der europäischen als auch der islamischen Zivilisation durchaus geläufig, doch nahm diese in der Neuzeit eine bis dahin unbekannte neue Qualität an: »Die Konstruktion von inferiorer ›Andersartigkeit‹«, von der Osterhammel (1995:113ff) schreibt, wurde nun im Lichte einer neuartigen taxonomischen Ordnung – Linnés *systema naturae* – und eines intensivierten imperialen Rassedenkens betrieben. Die politische Hegemonie und die zweckdienliche Effektivität der neuzeitlichen Wissenschaften sicherten beides, ihre Wirkung schien ihre Validität zu beweisen. Von Anfang an wurden Rassenklassifikationen hierarchisch aufgefasst und vorzugsweise anhand des Hautfarbenspektrums geschichtet. Afrikanern wurde immer die unterste Stellung zugewiesen.

Ideologisch markierte Afrika seit der zweiten Hälfte des 18. Jahrhunderts, als der nun seinen quantitativen Höhepunkt erlebende transatlantische Sklavenhandel erstmals mit massierter und organisierter Opposition konfrontiert wurde, die absolute Peripherie – das ganz Andere: »es ist nichts an das Menschliche Anklingende in diesem Charakter zu finden«, meinte etwa Hegel in den 1820er Jahren, als er ein stereotypes Bild des dunkelhäutigen Afrikaners referierte, das »den natürlichen Menschen in seiner ganzen Wildheit und Unbändigkeit dar[stellen]« würde (Hegel 1961:155). Nun war das nicht nur die Position derjenigen, welche die Versklavung afrikanischer Menschen befürworteten. Hegel war zwar »prinzipiell« ein erklärter Gegner von Sklaverei und Sklavenhandel, praktisch aber ein Fürsprecher der zeitlich begrenzten Sklaverei zum Zweck der

Zivilisierung – und im selben Sinn erweist er sich auch als reflexiver Apologet des nun bereits seit Jahren für illegal erklärten okzidentalen Sklavenhandels. Damit steht Hegel exemplarisch für ein Dilemma, das für die abolitionistische Bewegung im langen 19. Jahrhundert insgesamt typisch war: Ihre Anhänger stimmten mit den Fürsprechern von Sklavenhandel und Sklaverei zumeist in einer grundsätzlich negativen Beurteilung des afrikanischen Menschenschlags überein (Law 2001:31). Die Wirkung des negativen Image von Afrika, das im Zuge der Antisklavereidebatten forciert wurde, blieb allerdings nicht auf Europäer beschränkt, sondern wurde in zahlreichen Facetten selbst von afrikanischen Abolitionisten wie Olaudah Equiano (1745–1797) aufgegriffen und vertreten.

Anfänge der panafrikanischen Idee in der Diaspora und in Afrika

Widerstand gegen dieses negative Bild von Afrika, vor allem gegen die es strukturierenden rassistischen Unterstellungen, AfrikanerInnen und Menschen afrikanischer Herkunft wären von Natur aus zum Sklaventum geboren und besäßen nicht dieselben Anlagen und Fähigkeiten wie »Weiße«, regte sich zuerst dort, wo es manifest erfahren wurde: in der Diaspora, wo seit dem 16. Jahrhundert die koloniale Sklaverei herrschte – und selbst dort, wo wie etwa in den Vereinigten Staaten von Amerika nach 1776, in Brasilien nach 1822, und selbst in Haiti nach 1804, dem ersten unabhängigen »schwarzen« Staat in der Neuen Welt, unter gewissermaßen »postkolonialen« Bedingungen gewisse Formen von Sklaverei weitergeführt wurden (Wirz 1984:177ff; Reinhardt 2007:90ff). Hier liegen die Anfänge des panafrikanischen Denkens: »Panafrikanismus begann nicht in der ›Heimat‹, sondern in der Diaspora«, schrieb Colin Legum (²1965:14) bereits vor Jahrzehnten sehr richtig: »Panafrikanismus hatte seine [Ursprünge] in der Neuen Welt. Er entwickelte sich durch […] ›ein verwickeltes atlantisches Dreieck von Einflüssen‹ zwischen der Neuen Welt, Europa und Afrika.« Es entstand, so George Shepperson (1960:299), »ein Verkehr in Ideen und Politiken zwischen den Nachfahren der Sklaven in den West Indies und Nordamerika und dem Kontinent ihrer Ahnen.«

Die frühen widerständischen Aktionen wurden von Sklaven selbst getragen, die intellektuelle Reaktion hingegen, die mit spitzer Feder gegen die vorgebrachten Rechtfertigungen kolonialer Unterdrückung vorgingen, kam von freien Schwarzen, die als wahrhaft Entwurzelte nun damit begannen, »Afrika« zum Ort der verlorenen Heimat zu stilisieren – häufig ohne auf das geringste Wissen um die Herkunftsregion ihrer Vorfahren zurückgreifen zu können. »Der Kontinent der Vorfahren wurde damit immer mehr zu einem mythischen Land jenseits des Meeres […]« (Reinhardt 2007:42), das, in Übernahme der Gleichsetzung von Afrika und Schwarz, wie sie der europäische Rassismus vorgenommen hatte, zu einem identitätsstiftenden Faktor für die Sklaven und ihre Nachfahren in der Diaspora wurde. Die Reaktion auf Erfahrungen von Unterdrückung und Herabwürdigung äußerte sich daher von Anfang an in Begriffen des Antirassismus: als Zurückweisung behaupteter Minderwertigkeit. Daraus wurden in der Diaspora jedoch recht gegensätzliche Politiken abgeleitet: Auf der einen Seite des Meinungsspektrums standen Befürworter eines Assimilationskurses, der nach Gleichberechtigung der schwarzen Bevölkerung im Rahmen bestehender Verhältnisse strebte, die als prinzipiell durchaus erstrebenswert wahrgenommen wurden; auf der anderen Seite richteten sich

Verfechter eines separatistischen Kurses ein, die Schwarz und Weiß streng geschieden haben wollten, weil sie diese gesellschaftlichen Gruppen grundsätzlich für miteinander unvereinbar hielten. Beide Seiten bewegten sich freilich im geographischen Rahmen der Amerikas, der Bezug auf »Afrika« hatte nur symbolischen Referenzwert.

Dem emanzipatorischen Effekt solcher neugeformten Identität in der Diaspora entsprach allerdings die spiegelbildliche Orientierung an den in Europa verbreiteten Stereotypen hinsichtlich Afrikas. Stolz auf die »schwarze« Identität vermengte sich vielerorts in Amerika mit Arroganz und Dünkel gegenüber den Afrikanern Afrikas (Adeleke 1998; Appiah 1993). In dieser Hinsicht stimmten die meisten Schwarzen der Diaspora mit dem generellen europäischen Afrikadiskurs während des langen 19. Jahrhunderts überein. Die Bemühungen, Afroamerikaner zu einer Remigration nach Afrika zu bewegen, die seit dem ausgehenden 18. Jahrhunderts dokumentiert werden können, erwiesen sich daher im Großen und Ganzen – bis auf den heutigen Tag – als wenig wirkungsvoll. Paul Cuffee (1759–1817) etwa, der »einen Afrikaner zum Vater [hatte], eine Indianerin zur Mutter«, als Schiffskapitän wohlhabend und als Quäker politisch tätig geworden war (Geiss 1969:74), unternahm seit 1788 Versuche, »siedlungswillige Afroamerikaner« zu finden, um sie der 1787 von England aus gegründeten schwarzen Siedlungskolonie Sierra Leone zuzuführen. Er unterhielt auch Beziehungen zu jenen US-Kreisen, die 1816 die *American Colonization Society* gründeten, die in den folgenden Jahren die Besiedlung von Liberia organisierte. Die Rückkehrwilligkeit blieb gering: Man ziehe »die Ansiedlung im entferntesten Winkel unseres Geburtslandes (d.h. der USA) der Verbannung in ein fremdes Land« (d.h. Afrika) vor (Richmond-Versammlung 1817, zitiert nach Geiss 1969:75).

Zahlreiche afroamerikanische Abolitionisten wie Frederick Douglas (1818–1895) lehnten die Emigrationsaufrufe als nur schlecht verschleierte Versuche ab, die amerikanische soziale Frage – die »Rassenfrage« – durch Export ins Ungewisse zu lösen und die Emanzipation im eigenen Land zu verhindern. Doch innerhalb schwarzer Missionskirchen, insbesondere der *African Methodist Episcopal Church* (AMEC), fasste die *Back to Africa*-Bewegung nachhaltig Fuß. So etwa bei Martin Robison Delany (1812–1885), der 1859 eine Reise nach Liberia unternahm, die ihn auch nach Abeokuta im heutigen Nigeria führte: »Durch die Stärkung der Bindung mit Afrika beabsichtigte Delany, Schwarze sowohl von angloamerikanischer als auch angelsächsischer Herrschaft und Ausbeutung zu befreien. Afrika stellte die letzte Hoffnung dar – und tatsächlich die neue Frontier –, um eine schwarzamerikanische Nationalität zu begründen und zu erhärten.« (Adeleke 1998:50) Dasselbe Bedürfnis, Afrika zu kolonisieren und zu christianisieren, führte ein anderes Mitglied der AMEC, Alexander Crummell (1818–1898), 1853 nach Liberia, wo er für gut zwanzig Jahre als Pastor wirkte (Adeleke 1998:70ff).

Mit den enttäuschten Emanzipationshoffnungen nach dem amerikanischen Bürgerkrieg intensivierte sich diese Missionstätigkeit nachdrücklich. In den 1890er Jahren bereiste Bischof Henry McNeil Turner (1833–1915) von der AMEC zu diesem Zweck Südafrika und etablierte Beziehungen zu den dort entstandenen unabhängigen, äthiopianischen Kirchen. In der Folge eröffneten sich zahlreichen Südafrikanern Wege zum Studium in den USA, darunter die Mitbegründer des *South African Native National Congress* (1912), des späteren ANC: Solomon Tshekiso Plaatje (1877–1932) und Pixley ka Isaka Seme (1881–1951). Auch der später berühmte Slogan *Africa for the African* wurde in solchem südafrikanischen Missionsrahmen geprägt, pikanterweise von einem englischen Missionar, Joseph Booth (1851–1932), der 1897 ein gleichnamiges Buch veröffentlichte, das er folgendem Personenkreis widmete: »Gewidmet, erstens, *Victoria, Königin von Großbritannien*; zweitens, dem *britischen* und *amerikanischen Christenvolk*; drittens und besonders, dem *afroamerikanischen* Volk der Vereinigten Staaten von Amerika.« (Booth 1996:9) Amerikanische Missionskirchen wurden gegen Jahrhundertende auch im damaligen »Freistaat« Kongo aktiv, und Missionare wie William Henry Sheppard (1865–1927) waren unter den Ersten, welche die dort alltäglich begangenen Gräuel der Kolonialmacht kritisch thematisierten (Shepperson 1960:302ff). Über den Großteil des 19. Jahrhunderts gesehen konzentrieren sich die diasporischen Einflussbemühungen allerdings auf Westafrika.

Mit Sierra Leone, das nach dem 1807 erfolgten englischen Verbot des Sklavenhandels 1808 zu einer Kronkolonie und zum westafrikanischen Sitz der britischen Admiralität gemacht wurde, und mit Liberia, das – seit den 1820er Jahren kolonisiert – 1847 seine Unabhängigkeit erklärte, waren zwei zentrale Brückenköpfe für europäische und amerikanische Einflussnahme etabliert worden. Diese Gründungen waren eine Folge der effektiv gewordenen Antisklavereibemühungen – ein Resultat jenes »bedeutenden Angriffs auf den atlantischen Sklavenhandel, zu dessen wichtigsten Komponenten die Ersetzung heidnischer, in Sklaven handelnder Gesellschaften durch christianisierte Landwirte gehörte, die in Europa zunehmend nachgefragte landwirtschaftliche Güter produzieren sollten. Die Küstenstädte Freetown, Monrovia und Libreville wurden alle als Rehabilitationszentren für frühere Sklaven gegründet.« (July 1987:8) Wiewohl die Bemühungen – besonders in Sierra Leone – von Angehörigen der modernen afrikanischen Elite tatkräftig mitgetragen wurden, wandten sich die wenigsten Neuansiedler der produktiven Tätigkeit in der Landwirtschaft zu. Samuel Ajayi Crowther (1807–1891) etwa, der im Dienst der *Church Missionary Society* 1841 und 1854 Erkundungsfahrten am Niger und Nebenflüssen unternommen und bahnbrechende linguistische Studien betrieben hatte, verfolgte – seit 1864 als anglikanischer Bischof der weitläufigen westafrikanischen Diözese – sein »energisches Programm, das die Entwicklung einer prosperierenden kommerziellen Landwirtschaft betonte, die Baumwolle, Erdnüsse, Pfeilwurz, Indigo und andere Saaten für die europäischen Märkte exportierte, die von Gemeinschaften guter christlicher Bauern nach westlichen Mustern angebaut wurden.« (July 1987:10) Die Aktivitäten von Crowther legten auch die Grundlage für die Missions- und Kolonisationstätigkeit im Raum des heutigen Nigeria, wo sich entlang der seit den 1840er Jahren errichteten Missionsstationen zahlreiche Rücksiedler, sogenannte Sierra Leonians, niederließen und als Katalysatoren europäischen Einflusses wirkten. Die europäische Präsenz in Lagos seit 1851, das 1861 zur britischen Kronkolonie erklärt wurde, gründete in diesem Zusammenhang.

Im Senegal, am Gambia und an der Goldküste, wo seit Jahrhunderten enge euroafrikanische Beziehungen bestanden, blieb die Zahl der niedergelassenen »Fremden« gering. Sierra Leone und Liberia hingegen füllten sich in mehreren Einwanderungsschüben, zunächst durch die *repatriates* – Schwarze aus England, Nordamerika und Jamaika –, später vor allem durch die sogenannten *recaptives* – AfrikanerInnen aus verschiedenen Regionen Afrikas, die durch die britische Flotte von Sklavenschiffen herunter befreit wurden. Zur Gruppe der Repatriierten gehörte etwa Edward Wilmot Blyden (1832–1912), der, auf der westindischen Insel St. Thomas geboren und aufgewachsen, nach einem kurzen US-Aufenthalt 1851 dauerhaft nach Afrika emigrierte. Rasch wurde er liberianischer Staatsbürger und arbeitete während der folgenden Jahrzehnte erfolgreich als Pastor, Publizist, Lehrer und Politiker. Mehrere Jahre lebte er auch in Sierra Leone. Als Diplomat weilte er in Frankreich und England. Aus Interesse an den Anfängen des Christentums und des Islam bereiste er den Nahen Osten. Vortragsreisen, auf denen er die Rückwanderung nach Afrika bewarb, führten ihn wiederholt in die USA (Livingstone 1975). Vielgereist und weitverzweigt gereist wie kaum ein anderer, illustriert Blyden bestens die engen Verflechtungen, die schon früh zwischen den Polen des Atlantischen Raums bestanden (und darüber hinaus), aber sein Beispiel macht auch die Differenzen deutlich, die dort jenseits einer einfachen Schwarz-Weiß-Dichotomie herrschten.

Innerhalb der Gesellschaft Liberias – und ähnlich auch in Sierra Leone – gab es Konflikte zwischen der ihrerseits heterogenen autochthonen Bevölkerung und den schwarzen Siedlern, die durch die Administration systematisch bevorzugt wurden, darüber hinaus auch zwischen den Nachkommen der verschiedenen Einwanderergenerationen (July 1968, 1987). Seit der Jahrhundertmitte wurde der Diskurs über die soziale Schichtung, die sich entlang der Achsen Einheimische/Siedler und Erstsiedler/Späterkommende in der ersten Jahrhunderthälfte entwickelt hatte, zunehmend in ein rassisches Idiom übersetzt. Als einer der Ersten und am nachdrücklichsten gebrauchte es Edward Wilmot Blyden, der sich am popularisierten wissenschaftlichen Rassismus seiner Zeit ausrichtete. Auf einer seiner Vortragsreisen sprach er 1883 vor der *American Colonization Society* dessen Prämisse kurz und bündig aus: »Jede der Menschheitsrassen hat einen spezifischen Charakter und eine bestimmte Aufgabe. Die Wissenschaft der Soziologie ist die Wissenschaft der Rasse.« (Blyden 1967:94) Blyden machte sich auch den zeitgenössischen Wahn der »Rassenreinheit« zu eigen. Daraus leiteten sich nicht nur die berüchtigten Polemiken und Kontroversen ab, die ihn den Erfolg seiner Bewerbung um das Präsidentenamt Liberias kosteten und ihn ins Exil nach Sierra Leone zwangen, sondern auch seine Prägung des Begriffs der *African Personality*. In seiner essenzialistischen Fassung war das seit 1865 bei Blyden dokumentierbare Konzept eindeutig rassistisch gestimmt: Legion sind seine Bemerkungen von den »reinen Schwarzen«, den eigentlichen »Afrikanern«. Allerdings enthielt seine Konzeption vor allem eine psychologische Dimension, diente sie doch im Wesentlichen einer nationalistischen Affirmation von Eigenart und Besonderheit, von »humaner« Gleichheit bei gleichzeitiger »rassischer« Andersartigkeit: »Die Pflicht jeden Mannes ist es«, schrieb Blyden etwa 1893, »um seine Individualität zu ringen – sie zu erhalten und zu entfalten. [...] Ehre und liebe daher deine Rasse. Sei du selbst, wie Gott dein Sein beabsichtigte – sonst hätte er dich nicht so gemacht. Wenn du nicht du selbst bist, wenn du deine Persönlichkeit aufgibst, bleibt dir nichts, um der Welt zu geben. Du hast keine Freude, keinen Nutzen, nichts, was Menschen anziehen und erfreuen wird. Denn durch Verdrängung deiner Individualität verlierst du deinen distinkten Charakter.« (Blyden 1971/1893:201f)

Im Lauf des 19. Jahrhunderts hatte nicht nur die Wahrnehmung der Welt im Sinn eines »rassisch« gegliederten Raums um sich gegriffen (Dikötter 2008a), sondern auch die nationalistische Ideologie. Wie andernorts auch griffen afrikanische Denker – insbesondere westafrikanische aus den britischen Besitzungen entlang der Küste, Gambia, Sierra Leone, Goldküste und Nigeria, aber auch südafrikanische – auf Rassentheorien und nationalistische Theoreme zurück, um ihre eigene Situation im Verhältnis zur europäischen Expansion und deren immer globaler werdenden Hegemonie zu beleuchten (Mährdel 1994; Conrad/Hildermeier 2006; Dikötter 2008b). Nicht immer waren Rassismus und Nationalismus so eng aneinandergekoppelt wie im Fall Blydens. Bei seinem Zeitgenossen James Africanus Beale Horton (1835–1883) etwa, der als Sohn von *recaptives* in Sierra Leone geboren wurde, stellte sich dieser Zusammenhang ganz anders dar. Africanus Horton forderte vehement eine an europäischen Standards orientierte Ausbildung sowie die Selbstverwaltung der britischen Stützpunkte durch entsprechend ausgebildetes afrikanisches Personal, trat also – darin durchaus analog zu Blyden – für Modernisierung und Afrikanisierung ein. Auch er tat das im Zeichen einer »Afrikanischen Nationalität« (Horton ²1969/1868:63). Gleichzeitig wies er die Rassentheorien, die unterstellten, dass Menschen verschiedener Herkunft oder Aussehens naturgemäß differierende Entwicklungswege beschreiten müssten, als zugleich naturwissenschaftlich unbegründet und historisch unhaltbar zurück (Sonderegger 2009:66ff).

Durch sein vierjähriges Studium in London und Edinburgh avancierte Horton, der sich dort den Beinamen *Africanus* zulegte, zum Doktor der Medizin. Nach seiner Rückkehr 1859 trat er als Militärarzt der britischen Kolonialadministration bei und verrichtete bis 1880 Dienst an verschiedenen Küstenstützpunkten Westafrikas, von Gambia bis Lagos; außerdem nahm er 1863/64 am Feldzug gegen das Reich Asante im Hinterland der Goldküste teil (Fyfe 1972:52ff). Im Verlauf seiner Karriere erwarb sich Horton daher sehr gute Kenntnisse zweier Pole der atlantischen Welt, Englands und Westafrikas. Anders als Blyden, dessen Prägung im Rahmen einer von Kolonialsklaverei gezeichneten Gesellschaft vor sich gegangen war, von der er sich niemals restlos zu emanzipieren vermochte, band Horton das Schicksal Afrikas weder an das Kriterium der »Rasse« noch an das Element der Hautfarbe. Die durchgängige synonyme Setzung von »Africans« und »Negroes« bei Blyden sucht man bei Horton vergeblich.

Négritude, Garveyismus und afrikanischer Nationalismus

Eine Emanzipation vom Rassedenken, wie sie bei Horton angelegt ist, konnte erst während des 20. Jahrhunderts einen gewissen Einfluss auf das panafrikanische Denken gewinnen. Doch parallel dazu erfolgte die Tradierung eines rassisch bestimmten und daher rassistischen Grundtenors wie bei Blyden. Die Vorstellung einer natürlich gegebenen und andersartigen »Afrikanischen Persönlichkeit« spielte eine zentrale Rolle im Kontext der frankophonen *Négritude*, einer Ideologie, die seit den 1930er Jahren unter schwarzen Studenten in Paris entwickelt worden war und nach dem Zweiten Weltkrieg zu einer Mode wurde (Heerten 2008). »Négritude«, schrieb einer ihrer hervorragenden Vertreter, »bedeutet, sich selbst in sich zu verwurzeln, sie ist Selbstbestätigung: Bestätigung des eigenen *Seins*. Négritude ist nichts mehr oder weniger als [...] die *Afrikanische Persönlichkeit*. Sie unterscheidet sich nicht von der ›schwarzen Persönlichkeit‹ [...]. [...]. Sie ist [...] *die Summe der kulturellen Werte der schwarzen Welt*« (Senghor 1970:179f). Die Pioniere der *Négritude*, Aimé Césaire (1913–2008) aus Martinique und Léopold Sédar Senghor (1906–2001) aus dem Senegal, beides namhafte Dichter und erfolgreiche Politiker, formulierten die *Négritude* ursprünglich allerdings nicht unter direktem Bezug auf den englischsprachigen Blyden – und wahrscheinlich auch ohne sein Werk zu kennen.

Senghor bezog sich hingegen ausdrücklich auf afrikanistische und ethnologische Autoren (Senghor 1977:168, 173), die mit Blyden eine koloniale und paternalistische, gleichsam »orientalistische« Attitüde teilten, und in diesem Sinn führte Senghor deren »Erfindung Afrikas« weiter. Seine Grundkonzeption gleicht verblüffend den Afrika romantisierenden Schriften des deutschen Ethnologen Leo Frobenius, der von einer spezifischen schwarzafrikanischen, »äthiopischen Kultur« schrieb, die er sehr positiv beurteilte, und einem von außen nach Afrika hineingetragenen »hamitischen« Element, das er negativ zeichnete (Frobenius 1933:234ff, 238ff). Frobenius hatte damit die gängigen kolonialen Stereotypen aufgegriffen – insbesondere die Hamitentheorie, die jedwede Entwicklung auf afrikanischem Boden auf (prä-)historische Einwanderung hellhäutiger, »hamitischer« Menschen zurückführen wollte – und einfach ihre Wertigkeit verkehrt: Wo die vorherrschenden Hamitentheoretiker als Ergebnis ihrer hypothetischen Wanderungen Fortschritt zu erkennen wähnten, nahm Frobenius die Zerstörung und den Verlust einer reinen, archaischen Lebenswelt wahr – und bedauerte das. Senghor übernahm diese Dichotomie und beschrieb die Differenz zwischen Afrika und Europa mittels zahlreicher Gegensatzpaare, die er naturalisierte, nach dem Muster Emotion hier, Rationalität dort.

Blieben die Überlegungen von Sénghor auf den Bereich der elitären Kulturphilosophie begrenzt, so galt das nicht für einen anderen Repräsentanten des frankophonen Panafrikanismus. Der Senegalese Cheikh Anta Diop (1923–1986) war politisch ein scharfer Kritiker des kooperativen Kurses, den Senghor – erst im Rahmen des *Rassemblement Democratique Africaine* (RDA), nach der Unabhängigkeit dann als Staatspräsident – gegenüber Frankreich fuhr, doch seine Ideen hinsichtlich der Geschichte Afrikas gehören ganz und gar der Gedankenwelt der *Négritude* an (Eckert 1995:189ff; Füllberg-Stolberg 1997:266ff). So erklärte Diop seit den 1950er Jahren kontinuierlich Altägypten zu einer schwarzen Gesellschaft sowie zur Wiege aller zivilisatorischen Errungenschaften. Sein Credo war die grundsätzliche Einheit Afrikas in Kultur, Lebensweise und »Rasse«, die er in direkter Kontrastsetzung zu einem gleichermaßen eindimensional gezeichneten europäischen Wesen beschrieb (Sonderegger 2008:565ff). Die klare Abgrenzung gegenüber Europa und die Aufwertung Afrikas, wie sie hier zum Ausdruck kam, kann angesichts der Kolonialherrschaft und des kolonialen Rassismus, die nun schon Jahrzehnte dauerten, kaum verwundern. Gerade die modernen indigenen Eliten orientierten sich ja an den Werten der Kolonialmacht, ihre Bemühungen wurden aber durch koloniale und rassistische Diskriminierung beständig konterkariert. Sowohl als psychologische als auch politische Praxis war diese Umwertung zentrale Voraussetzung, um ein angeschlagenes Selbstwertgefühl zu heben und das Recht auf politische Freiheit zu formulieren.

In dieser Hinsicht gleicht die *Négritude* dem Garveyismus, der vor allem in der Diaspora auf Zuspruch stoßen konnte. Diese Geistesströmung wurde von Marcus Josiah Garvey Jr. (1887–1940) begründet, einem Jamaikaner, der 1914 im New Yorker Stadtteil Harlem die *Universal Negro Improvement Association* (UNIA) startete, die sich zur ersten organisierten schwarzen Massenbewegung entwickelte und erfolgreich »Rassestolz« propagierte. Garveys praktische Versuche in den 1920er Jahren, eine neue Repatriierungswelle nach Afrika zu organisieren, scheiterten allerdings, und seine »Parole »Vereinigte Staaten von Afrika« rief selbst bei im Prinzip nicht feindlich eingestellten afrikanischen Nationalisten den Verdacht hervor, die Garvey-Bewegung wünschte eine Art Kolonisierung Afrikas durch Afro-Amerikaner oder eine Hegemonialstellung in Afrika.« (Geiss 1969:211) In finanziellen Nöten und aufgrund von Schwierigkeiten mit dem Gesetz wurde er 1927 aus den USA ausgewiesen und kehrte zunächst nach Jamaika zurück, wo er sich politisch und journalistisch betätigte, ehe er 1935 nach London zog. Politisch verfocht Garvey zeitlebens einen strikten schwarzen Separatismus. In der Autobiographie Kwame Nkrumahs findet sich eine treffende Einschätzung dieses gleichermaßen schillernden wie problematischen Mannes: Garvey zu lesen habe »wie keine andere [Lektüre] meinen Enthusiasmus befeuert […]. Mit seiner Philosophie ›Afrika für die Afrikaner‹ und seiner ›Back to Africa‹ Bewegung trug Garvey viel dazu bei, die Schwarzen im Amerika der 1920er Jahre zu inspirieren.« (Nkrumah 1957:45) Allerdings: »Garveys Ideologie befasste sich mit *schwarzem* Nationalismus im Gegensatz zu *Afrikanischem* Nationalismus.« (Nkrumah 1957:53f)

Für diejenigen Afrikaner, die – wie Nkrumah – im Lauf der 1930er Jahre damit begannen, ihre Kolonialkritik zu einem grundsätzlichen und effektiven Antikolonialismus auszubauen, markierte dieser Gegensatz der Interessen zwischen Afrikanern aus der Diaspora und Afrikanern aus dem nach wie vor kolonialen Afrika eine essenzielle Scheidelinie. Dieselbe Konfliktlinie lässt sich auch in zahlreichen Artikeln der *Présence Africaine* erkennen, jener berühmten Zeitschrift, die, von Alioune Diop (1910–1980) im Jahr 1947 ins Leben gerufen, zum wichtigsten Publikationsorgan panafrikanischer Ideen in französischer Sprache wurde – besonders in den Nummern anlässlich des *Ersten* und *Zweiten Kongresses Schwarzer Schriftsteller und Künstler* in Paris 1956 und Rom 1959. Die dort geäußerte Meinung Aimé Césaires, »Wir sind geeint unter dieser kolonialistischen Unterdrückung, und wir sind geeint aufgrund unserer gemeinsamen Kultur, welche diese Unterdrückung zu zerstören versucht hat« (July 1987:25), stieß auf starken Widerspruch der afroamerikanischen Zuhörer, die sich nicht als kolonial unterdrückt ansahen und sich dagegen verwahrten, kulturell auf eine Stufe mit Afrika gestellt zu werden (July 1987:27ff). Angesichts der laufenden Dekolonisationsbemühungen kam Ende der 1950er Jahre nun auch in Frankreich eine zentrale Konfliktlinie offen zur Sprache, die seit Jahrzehnten existiert hatte, nun allerdings nicht länger ausgeblendet werden konnte.

Panafrikanische Kongressbewegung, Komintern und afrikanischer Nationalismus

Direkt an Blyden schloss zu Anfang des 20. Jahrhunderts etwa Joseph Ephraim Casely-Hayford (1866–1930) an. Er wirkte als Rechtsanwalt und Journalist an der Goldküste und war als Gründer des *West African National Congress* (1919), einem Instrument zur Forderung nach Mitbestimmung der westlich gebildeten indigenen Elite in der Kolonialverwaltung, eine der zentralen Führungsfiguren eines westafrikanischen Nationalismus vor und nach dem Ersten Weltkrieg. Sein literarisch gewandter Großessay *Ethiopia Unbound* (1911) – in vielerlei Hinsicht an Nietzsches Zarathustra gemahnend – klagte mit Verve den europäischen Rassismus an, und Casely Hayford (1969:161ff) strukturierte seine Argumentation für Gleichheit, die er mitunter zur Behauptung afrikanischer Höherwertigkeit steigerte, entlang Blydens Ideen über naturgegebene rassische Verschiedenheiten. Begründete Blyden seine Hoffnung auf eine prächtige Zukunft Afrikas häufig mit Bibelworten zum Zeitenende, das er als Zeitenwende auffasste, griff Casely

Hayford auf ein antikes Vorbild zurück, das er auf spannende Weise afrikanisierte: Bei ihm versammeln sich die Götter im Atlasgebirge und beratschlagen über das Geschick der Welt; zur Lösung der herrschenden Probleme entsenden sie einen der ihren in die Menschenwelt, um predigend den rechten Weg zu weisen (Casely Hayford 1969:160). Er spielte mit diesem Gleichnis jedoch nicht auf seine Person allein an, sondern auf eine kleine Gruppe von im nationalistischen Geist entflammter Westafrikaner. Dadurch, dass er die bis dahin verwaschene Unterscheidung zwischen Afrikanern der Diaspora einerseits und Afrikanern Afrikas andererseits klar formulierte und die verschiedenen historischen Erfahrungen dieser beiden Gruppen als entscheidende Differenz erkannte, kam er dahin, den Wert afrikanischer Gesellschaftsordnungen und kultureller Vorstellungen zu unterstreichen: »Der durchschnittliche afroamerikanische Bürger der Vereinigten Staaten hat seinen reinen Bezug zur Vergangenheit seiner Rasse verloren. […] Schauen wir die Sache genau an, so werden wir nicht so sehr *Afroamerikaner* wollen als vielmehr *Afrikaner, Äthiopier* […].« (Casely Hayford 1969:172f, vgl. 163ff, 180ff). Damit stellte er erstmals unmissverständlich den Führungsanspruch afrikanischer Denker vor solchen aus der Diaspora fest, wenn es um kontinentale, »afrikanische« Angelegenheiten ging.

Diese Meinungsführerschaft lag zu Anfang des 20. Jahrhunderts fast ausschließlich in diasporischen Händen. 1897 schrieb der afroamerikanische Harvard-Historiker William Edward Burghardt Du Bois (1868–1963), der in den 1880er Jahren auch an der Berliner Universität Geschichte studiert hatte, zum ersten Mal von »Pan-Negroism«. Zwischen diesem Datum und der 1900 in London stattfindenden *Ersten Panafrikanischen Konferenz*, die auf die Initiative von Henry Sylvester Williams (1869–1911) aus Trinidad zurückging, war ein einigendes Label für durchaus vielfältige Ideen gefunden worden: Panafrikanismus. Nur vier der 32 Teilnehmer an dieser Konferenz waren Afrikaner aus Afrika (Geiss 1969:139, 143f). In der von Du Bois formulierten Konferenzresolution *To the Nations of the World* hieß es wegweisend: »Das Problem des 20. Jahrhunderts ist das Problem der *color-line*, die Frage also, inwieweit Rasseverschiedenheiten – die sich hauptsächlich in der Hautfarbe und Haartextur zeigen – von jetzt an noch dazu dienen werden, mehr als der Hälfte der Weltbevölkerung das Recht zu bestreiten, an den Möglichkeiten und Vorzügen der modernen Zivilisation […] Teil zu haben.« (DuBois 1963:20f)

Einschätzungen wie diese führten zunächst zur Ausrichtung des *Universal Races Congress* in London im Jahr 1911, organisiert von der internationalen Friedensbewegung, an dem auch Vertreter des Panafrikanismus teilnahmen (Biddis 1971:37, 41); dezidiert panafrikanische Treffen kamen hingegen erst wieder nach Ende des Ersten Weltkriegs zustande. Beherrschendes Thema blieb die »Rassenfrage«, aber nun wurde auch die Kritik an kolonialer Herrschaft konkretisiert. Schon anlässlich der ersten Konferenz von 1900 waren die europäische »Sorglosigkeit, Vorurteile, Habsucht und Ungerechtigkeit« angeklagt worden, aufgrund derer »die schwarze Welt ausgebeutet, ausgeplündert und erniedrigt« würde (Du Bois 1963/1900:21). Die Resolution zum *Ersten Panafrikanischen Kongress*, der – zeitgleich mit den Friedensvertragsverhandlungen – im Februar 1919 in Paris tagte, forderte nun eine »Gesetzgebung zum internationalen Schutz der Indigenen Afrikas« sowie »die Bildung eines permanenten Amtes mit der besonderen Aufgabe, die Anwendung dieser Gesetze zum politischen, sozialen und ökonomischen Wohle der Einheimischen zu überwachen.« (Resolution 1919:151) Letzteres sollte im

Rahmen des in Gründung begriffenen Völkerbunds stattfinden und für eine Verbesserung der Lebensumstände Sorge tragen: durch Abschaffung von Sklaverei, Prügelstrafe und Zwangsarbeit; durch allgemeinen Zugang zu moderner Bildung; durch Schutz vor Landenteignung und wirtschaftlicher Ausbeutung; durch politische Partizipation an der Regierung »nach dem Prinzip, dass die Regierung für die Einheimischen da ist und nicht die Einheimischen für die Regierung [...], und mit dem Ziel, dass mit der Zeit Afrika durch den Konsens der Afrikaner regiert wird« (Resolution 1919:151f).

Dem folgten von August bis September 1921 ein *Zweiter Panafrikanischer Kongress*, der nacheinander in London, Brüssel und Paris zusammentraf, 1923 ein in London und Lissabon gehaltener *Dritter* und 1927 ein in New York stattfindender *Vierter Panafrikanischer Kongress*. Sie waren von zunehmenden internen Zwistigkeiten gezeichnet. Die Bruchlinien verliefen einerseits zwischen prokolonialen Teilnehmern wie dem senegalesischen Abgeordneten zur französischen Nationalversammlung, Blaise Diagne (1872–1934), und den kolonialkritischen Fürsprechern einer grundsätzlichen Kolonialreform wie W.E.B. Du Bois (July 1968:405ff), andererseits zwischen den gemäßigt auftretenden und elitär verankerten Kongressorganisatoren und der populären schwarzen Massenbewegung um Marcus Garvey, die nicht direkt vertreten war (Geiss 1969:188ff, 205ff). Vertrat der Garveyismus einen strikten rassischen Separatismus und schwarze Sonderentwicklung, so ging es der Kongressbewegung um Du Bois darum, einen Ausgleich innerhalb der herrschenden Verhältnisse zu erzielen. Unter afrikanischen Eliten fand Du Bois' Programm deutlich mehr Anklang, allerdings kristallierte sich in den 1920er Jahren keine einheitliche politische Strategie heraus. Die panafrikanischen Kongresse blieben Orte der Diskussion und der Petitionen, die von ihren Adressaten – den imperialen Mächten und der internationalen Öffentlichkeit – weitgehend ignoriert wurden (Kohn/Sokolsky 1965:26f).

Ein marxistisch inspirierter, internationalistischer Panafrikanismus entstand während der 1920er Jahre unter diasporischen Studierenden in den USA. In Erinnerung geblieben sind vor allem der aus Trinidad stammende Trotzkist C.L.R. James (1901–1989), Autor des klassischen Werks zur Haitianischen Revolution *The Black Jacobins* (1938), sowie George Padmore (1902–1959), der unter dem Namen Malcolm Nurse ebenfalls auf Trinidad geboren wurde. Padmore, der 1927 in den USA der KP beitrat, leitete in der Folge das *Negroe Bureau* der Komintern. In dieser Funktion hielt er sich zwischen 1929 und 1933 in zahlreichen europäischen Städten auf – darunter Moskau, Hamburg, Wien, London und Paris –, um für Antikolonialismus zu werben. Zum Bruch kam es, als die UdSSR ihre antiimperialistischen Aktivitäten 1933 zugunsten einer antifaschistischen Allianz mit den Imperialmächten Frankreich und Großbritannien weitestgehend aufgab (Geiss 1969:272ff). Padmore hatte sich als begnadeter Netzwerker erwiesen, der enge persönliche Beziehungen zu afrikanischen Studierenden in Europa und den USA zu knüpfen verstand, darüber hinaus auch Zugang zum Kreis der afrikanischen Arbeiterschaft suchte und fand.

Die Grundlegung einer nationalistisch inspirierten breiten Basis in den afrikanischen Kolonien passierte freilich jenseits der panafrikanischen Kongresse und ohne Zutun der Komintern – in unabhängigen Kirchen; in ländlichen, oft religiös inspirierten Protestbewegungen; unter Minen- und Dockarbeitern; und unter städtischen Jugendlichen, Männern und Frauen, deren Leben durch die kolonialen Verhältnisse aus gewohnten Bahnen geworfen worden war und vielfältige Adaptionen verlangte (Davidson 1984; Cooper 2007). Hier äußerte sich allgemeine Unzufriedenheit, und es bildeten sich jener »Geist der Rebellion« und jene Einsicht in die Notwendigkeit heraus, »sich für gemeinsame Anliegen zu organisieren« (Kohn/Sokolsky 1965:30), die seit Mitte der 1930er Jahre von Panafrikanisten um George Padmore und einer jungen Generation von afrikanischen Nationalisten genutzt werden konnten, um ihrem zentralen Anliegen – Freiheit und Gleichheit – eine solide und breite Unterstützung zu verschaffen. Ihre Organisationsbemühungen konzentrierten sich ganz auf die antiimperialistische Propaganda und antikoloniale Praxis. Vermehrt kam es zu Gewerkschaftsbildungen, sodann zum Aufbau von Jugendorganisationen; schließlich, unter Einbindung auch von Frauenorganisationen, zu Parteigründungen.

Eine wichtige Gestalt in dieser Hinsicht war Isaac Theophilus Akunna Wallace-Johnson (1885–1965) aus Sierra Leone, der im Ersten Weltkrieg als Soldat in Kamerun, Ostafrika und im Nahen Osten diente, später als Schiffsarbeiter zwischen afrikanischen und amerikanischen Häfen pendelte, außerdem in Nigeria, an der Goldküste und in Sierra Leone journalistisch tätig war. 1930 nahm er in Hamburg an der von Padmore organisierten *International Trade Union Conference of Negro Workers* teil und war auch an der Gründung der ersten Gewerkschaft in Nigeria im selben Jahr beteiligt. Er schrieb regelmäßig für den *Negro Worker*, »eine Zeitschrift, die es sich zur Aufgabe machte, ein Einheitsbewusstsein unter schwarzen Arbeitern überall zu erwecken. Sie diente als Kommunikations- und Bildungsmittel und forderte Arbeiter auf, sich eigenständig daran zu machen, ihre Probleme zu lösen, und nicht auf Programme und Aktivitäten der Unternehmen, der Regierung oder der berufsmäßigen Funktionäre zu warten.« (Spitzer/Denzer 1971:420) 1932/33 verbrachte Wallace-Johnson nahezu zwei Jahre in Moskau, um seine organisatorischen Fähigkeiten fortzubilden. Aus Nigeria ausgewiesen, gründete er 1935 an der Goldküste die *West African Youth League* (WAYL), die erste Organisation dieser Art, die eine dezidiert panafrikanische Stoßrichtung verfolgte. Verhaftung und Rechtsstreitigkeiten folgten, Wallace-Johnson verbrachte daraufhin die Jahre 1935 bis 1938 in London. Eine Rückkehr an die Goldküste blieb ihm untersagt. Zurück in Freetown, Sierra Leone, gründete er einen lokalen Ableger der WAYL (Spitzer/Denzer 1973:416ff).

Eng kooperierte er mit Nnamdi Azikiwe (1904–1996), der nach seinem von 1925 bis 1934 dauernden Studienaufenthalt in den USA als kompromissloser Journalist und Zeitungsmacher – etwa *The African Morning Post* – in Nigeria, später auch als dezidiert politischer Aktivist »die Wiedergeburt der Afrikaner und die Neuformierung der afrikanischen Gesellschaft« propagierte (Azikiwe 1968:8). Dabei bemühte er sich, einerseits die indigene koloniale Elite antikolonial zu radikalisieren, andererseits über deren enge Grenzen hinaus zu wirken und insbesondere jüngere Menschen zu mobilisieren (Grohs 1967:163ff). Damit machte sich der Afrikanische Nationalismus im engeren Sinn, als ideologische Waffe gegen Imperialismus und kolonialen Rassismus, seit den 1930er Jahren deutlich vernehmbar: »Der wiedergeborene Afrikaner«, schrieb Azikiwe 1937, »lehnt ab, seine Zukunft passiv hinzunehmen. Er ist artikuliert. Er ist dazu bestimmt, ins neue Afrika zu führen.« (Azikiwe 1968:7f) Die beabsichtigte Regeneration Afrikas brauchte fünf Voraussetzungen: »1. *Spirituelles Gleichgewicht* [...] 2. *Soziale*

Regeneration [...] 3. *Wirtschaftliche Selbstbestimmung* [...] 4. *Mentale Emanzipation* [...] 5. *Nationales Risorgimento* [...].« (Azikiwe 1968/1937:8ff)

In politischer Hinsicht panafrikanisch an Azikiwes Programmatik war die Idee einer westafrikanischen Einheit, die bereits von Casely Hayford vertreten worden war, nun aber weit radikaler eingefordert wurde: »Die westafrikanischen Kolonien haben einen gemeinsamen Feind«, schrieb Azikiwe etwa im *West African Pilot* am 21. Juli 1938: »Solange wir [...] nicht als ein vereinigtes Westafrika denken, müssen wir mit einer Kolonialdiktatur zufrieden sein, statt einer Regierung des Volkes durch das Volk und für das Volk« (zitiert nach Grohs 1967:165). Nur durch überregionale enge Kooperation – durch Einheitsbildung – könne das Teile-und-Herrsche-Prinzip der kolonialen Herrschaft überwunden werden. Diesen panafrikanischen Optimismus sowie das Vertrauen in die Natürlichkeit und Automatik des nationalistischen Projekts teilten die meisten politischen Nationalisten Afrikas seit den 1930er Jahren, die im Ausland studiert hatten – gleichgültig, ob in den USA, wie Hastings Kamuzu Banda (1896–1997) aus Nyassaland und Kwame Nkrumah von der Goldküste, oder in Europa, wie Jomo Kenyatta (1893–1978) aus Kenya, Julius Nyerere (1922–1999) aus Tanganjika und Amilcar Cabral (1924–1973) aus Guinea Bissau.

Als Italien 1935 einen Angriffskrieg gegen das unabhängige Äthiopien zu führen begann, den die internationale Staatenwelt weitgehend billigend in Kauf nahm, formierten sich weltweit zivilgesellschaftliche Gruppierungen des Protests. Die erfolgreichste waren die *International African Friends of Abyssinia* (IAFA), die sich in London zusammenfanden und sich aus afrikanischen Studenten und karibischen Intellektuellen zusammensetzten. Beteiligt waren George Padmore, C.L.R. James und Amy Ashwood Garvey (1897–1969) aus der Diaspora, Joseph Boakye Danquah (1895–1965) von der Goldküste, Jomo Kenyatta und viele andere Afrikaner mehr. Aus dieser Organisation entstand im Mai 1937 das *International African Service Bureau* (IASB), dessen Vorsitzender George Padmore wurde. Generalsekretär wurde I.T.A. Wallace Johnson, und im Vorstandskomitee fanden sich unter anderen Jomo Kenyatta und Nnamdi Azikiwe. Diese afro-diasporische Allianz gab seit 1938 eine eigene Zeitschrift heraus, die *International African Opinion*, in deren Artikeln Panafrikanismus und Afrikanischer Nationalismus eng ineinander verflochten wurden (Asante 1972:219ff). Das Brücken schlagende Element in dieser Verbindung stellte der gemeinsame Opponent her: die koloniale Herrschaft. Darüber hinaus wurde die internationalistische Solidarisierung über sogenannte Rassenschranken hinweg mit der »weißen« Arbeiterschaft aktiv gesucht: »Infolge der weitverbreiteten negrophoben Einstellung in Afrika«, schrieb Padmore etwa in einem seiner unermüdlichen Versuche, die afrikanische koloniale Situation zu erklären, »tragen die Schwarzen eine zwiefache Bürde – die der Klasse und der Rasse. Ihre Klassenausbeutung, d.h. ihre Ausbeutung als Arbeiter ist infolge ihrer kolonialen Lage sogar noch brutaler als die des Proletariats in England und anderen europäischen Ländern. Gewerkschaften und Konsumgenossenschaften sind ihnen versagt [...]. Andererseits nimmt ihre Unterjochung als Rasse die barbarischesten Formen der Unterdrückung an.« (Padmore 1936:15)

Das Recht auf politische »Selbstbestimmung der Kolonialvölker«, auf »nationale Freiheit« einerseits, die grundsätzliche Absage an »Imperialismus« und »Krieg« andererseits waren es, die als »die zwei fundamentalen Fragen, vor denen die Arbeiterklasse in der gegenwärtigen Epoche steht«, angesehen wurden (Padmore 1938:o.S.). Nach dem Zweiten Weltkrieg, mit den Erfolgen der Dekolonisationsbewegungen in asiatischen Räumen riefen Panafrikanisten und Afrikanische Nationalisten auch zur Solidarität mit den Völkern Asiens auf, sowie zur Allianz aller verfügbaren Kräfte weltweit: »die afroasiatischen Völker, alle unterentwickelten und nichtentwickelten Länder, alle progressiven und demokratischen Kräfte in der Welt«, wie das der Gewerkschaftsführer und erste Präsident des seit 1958 unabhängigen Guinea, Ahmed Sékou Touré (1922–1984), anlässlich der *Zweiten Solidaritätskonferenz der Afroasiatischen Völker* in Conakry 1960 äußerte: »Triumphieren sollen nicht nur die Völker dieser oder jener Hautfarbe, dieser oder jener Religion, dieses oder jenes Kontinents, sondern die Menschheit als Ganzes, die sich vereint und an einem Strang ziehend an dieser Unternehmung menschlicher Erneuerung beteiligen soll.« (Touré 1960:115)

Schon früher aber, gegen Ende des Zweiten Weltkriegs, war es durch das Engagement des IASB zu einem zentralen Schulterschluss im Zeichen grundsätzlich sozialistischer Ideen gekommen: zwischen der alten panafrikanischen Kongressbewegung um W.E.B. Du Bois, um die es nach 1927 sehr still geworden war, den internationalistischen Panafrikanisten um George Padmore und der jüngeren Generation afrikanischer Nationalisten. Der Ort, an dem diese Allianz sinnfällig in Szene gesetzt wurde, war das englische Manchester, wo der Kreis des IASB im Oktober 1945 den *Fünften Panafrikanischen Kongress* ausrichtete – nun offiziell in Gestalt der 1944 gegründeten Dachorganisation *Pan-African Federation* auftretend, die zahlreiche Organisationen von Afrikanern in England zusammenfasste. Als einer der wenigen afroamerikanischen Teilnehmer war Du Bois präsent, am zahlreichsten vertreten waren Teilnehmer aus der karibischen Diaspora und aus Afrika selbst – ein augenfälliger Unterschied zu den früheren Kongressen (Legum ²1965:31f; Geiss 1969:300ff, 309ff). Und mit Kwame Nkrumah (1909–1972) trat die prägendste Figur der folgenden zwei Jahrzehnte ins Rampenlicht. Nach London war Nkrumah, der die Jahre 1935 bis 1943 in den USA verbracht hatte, wo er sich arbeitend seine Studien finanzierte, erst kurz vorher gekommen. Er hatte sich aber sehr rasch in die politisierte afrikanische Studentenszene eingebracht und Kontakte zu afrikanischen Arbeitern in England geknüpft. Auf ihn aufmerksam geworden, bestellte ihn die Ende Dezember 1947 gegründete *United Gold Coast Convention* (UGCC) zu ihrem Generalsekretär und gab somit Anlass zu seiner Rückkehr an die Goldküste. Die UGCC war, wie Nkrumah (1957:62) rückblickend schrieb, eine aus »Reaktionären, Anwälten und Händler[n] der Mittelschicht« bestehende Partei, die seinem »revolutionären Hintergrund und [seinen revolutionären] Ideen« nicht entsprach.

Bald kam es zu offenen Spannungen, schließlich zum Bruch und 1949 zur Gründung einer eigenen Partei durch Nkrumah: die *Convention People's Party* (CPP). Nkrumah und seine Partei verstanden es, die urbanen Massen für ihre Sache zu mobilisieren und seit längerem schwelende Unzufriedenheiten zu kanalisieren (Cooper 2007: 50ff). Aber auch ländliche Gebiete wurden bereist und propagandistisch bearbeitet: »Großen Anteil an dem Erfolg der CPP hatten die Bemühungen der weiblichen Mitglieder. Von Anfang an haben Frauen die Außenarbeit organisiert. Als Sprachrohre sind sie durch unzählige Städte und Dörfer gezogen und waren hauptverantwortlich dafür, dass die Solidarität und der Zusammenhalt der Partei hervorgebracht wurden. […] Wir ließen uns nicht von denen stören, die uns »Verandabuben, Hooligans und Kommunisten« schimpften; wir hatten Erfolg, wo sie versagt hatten. Wir hatten Erfolg, weil wir mit den Leuten sprachen, und weil wir das taten, wussten wir um ihre Gefühle und ihre Missstände. Und wir haben niemanden ausgeschlossen. Denn wenn eine nationale Bewegung Erfolg haben soll, dann muss jedem Mann und jeder Frau von gutem Willen erlaubt sein, sich zu beteiligen.« (Nkrumah 1957:109)

Und Erfolg hatte die CPP. Für Streiks und Unruhen verantwortlich gemacht, wurde Nkrumah Ende des Jahres 1949 inhaftiert. Die CPP agitierte indes weiter und ging aus den Legislativwahlen vom Februar 1951 als die stärkste politische Kraft hervor. Daher kam, »daß Nkrumah den Weg aus dem Kerker in das Amt des Regierungschefs nahm, dieses seit März 1952 als »Premierminister« ausübte und aufgrund einer weiteren Änderung im Kolonialstatus, der Einführung der ministeriellen Verantwortlichkeit, die afrikanischen »Vertretungsminister der Regierung« festlegte. Damit war die erste Kabinettsregierung von Afrikanern im kolonialen Afrika überhaupt gebildet.« (Mährdel 1983:173) Im Jahr 1957 folgte die Unabhängigkeit Ghanas. Die antikolonialen Aktivitäten Nkrumahs waren mit dem Erreichen dieser ersten Eigenstaatlichkeit im Afrika südlich der Sahara jedoch nicht zu Ende, ebenso wenig die Bemühungen, sein panafrikanisches Unionsideal Wirklichkeit werden zu lassen (Nkrumah 1979/1962:xf, 33). In Sékou Touré, dessen Guinea 1958 in einem Referendumsentscheid die Unabhängigkeit von Frankreich sicherte, hatte er darin einen wichtigen Verbündeten. Als Generalsekretär der *Parti Démocratique de Guinée* (PDG) seit 1952 ging diese Organisation »resolut an die Mobilisierung und Organisierung von Massen heran. Ohne etablierte gemäßigte Elemente völlig auszugrenzen, setzte er auf die unmittelbare Einbeziehung der niederen Schichten, so durch die [...] massive Gewinnung der Jugend und von Frauen sowie das Hinausgreifen auf die bäuerliche Bevölkerungsmehrheit.« (Mährdel 1990/91:59)

Doch erwies sich nach der Unabhängigkeitswelle von 1960 rasch, dass die meisten politischen Führungspersonen in Afrika Unabhängigkeit im Sinn von nationalstaatlicher Souveränität den Vorzug vor einer politischen Union Afrikas gaben, wie sie Kwame Nkrumah und Sékou Touré vorschwebte (Kohn/Sokolsky 1965:84ff, 94ff, 99ff; Cooper 2007:183f). Dass es 1963 in Addis Abeba dennoch zur Gründung einer panafrikanischen Organisation kam, der *Organisation of African Unity* (OAU), zeigt die Stärke und Verwurzelung der panafrikanischen Idee im Afrikanischen Nationalismus. Sie zeigt aber auch, dass sich damals – wie Hans Kohn und Wallace Sokolsky (1965:104) richtig sahen – jene durchsetzen konnten, »die an die Priorität von ökonomischer und zweckmäßiger Kooperation gegenüber politischer Einheit glauben.«

Schlussbemerkungen

Es gibt mehr als eine atlantische Welt – je nachdem, aus welcher Perspektive man den Atlantischen Raum in den Blick nimmt, stellt er sich auf andere Weise dar, treten verschiedene atlantische Welten in den Fokus. Durchaus richtig ist jene Deutung, welche »die Bedeutung der westeuropäischen Expansion aus ihren Heimatländern in den Atlantischen Ozean, seine vielen Inseln und Ufer betont.« (Benjamin 2009: xxiii) Atlantische Geschichte ist in zentralen Aspekten die Geschichte der europäischen Expansion. Doch ebenso wichtig ist die häufig übergangene Tatsache, dass das »Wachstum atlantischen Handels, atlantischer Kolonien, Ökonomien und Imperien das Resultat kreativer und adaptiver Interaktionen zwischen Europäern, Afrikanern und Indianern« war (Benjamin 2009: xxiv) – das Ergebnis komplexer, wechselseitiger kultureller Begegnungsprozesse, in denen beileibe nicht nur Europäer handlungsfähig waren, sondern *Agency* auf allen Seiten zu finden war (Thornton ²1998; Mann 2001:3ff). Daher ist auch der Hinweis auf den *Black Atlantic* von großer Bedeutung, der mit Paul Gilroy (1993) populär wurde. Um den drohenden Eurozentrismus in jeder ausschließlich Europa-zentrierten Auffassung von »europäischer« Expansion zu kontern, hat er ihm »das interkulturelle und transnationale Gebilde« eines »schwarzen Atlantik« entgegengesetzt (Gilroy 1993:ix).

Die Rede vom *Black Atlantic* ist allerdings die rezente Erscheinung eines Kampfes um begriffliche Hegemonie, der in der zweiten Hälfte des 18. Jahrhunderts eingesetzt hat und seither andauert. Die Auffassung Afrikas als einer Einheit und als etwas Positives sind grundlegende Merkmale der panafrikanischen Idee, die zunächst in der Diaspora entstand. Dort war sie in Reaktion auf eine Sklavenhaltergesellschaft formuliert und entwickelt worden, die ein rassistisches Zerrbild afrikanischer Wirklichkeiten gezeichnet hatte. Ein dezidierter Antirassismus gegenüber den Ansprüchen »weißer« Vorherrschaft ist daher das älteste ideologische Charakteristikum des Panafrikanismus. Antirassismus allerdings ist, wie gezeigt, nicht dagegen immun, seinerseits in einen Gegenrassismus umzuschlagen. Aus ihm resultierten Emanzipationsansprüche, und diese wurden schon rasch in nationalistischen Begriffen gestellt. In den USA verlief bereits seit Anfang des 19. Jahrhunderts eine zentrale Konfliktlinie innerhalb des freien Teils der afroamerikanischen Bevölkerung zwischen politischem Separatismus und Assimilation (Reinhardt 2007:43ff), und in Afrika meldeten sich während der zweiten Hälfte des 19. Jahrhunderts vermehrt Personen zu Wort, die einen kulturellen Nationalismus formulierten. Ihre Forderungen zielten auf geistige Emanzipation sowie auf Beteiligung an der kolonialen Verwaltung bzw. Selbstverwaltung im Rahmen imperialer Verhältnisse, zunächst aber nicht auf Eigenstaatlichkeit. Unabhängigkeit erschien erst seit den 1930er Jahren wenigen, seit dem Zweiten Weltkrieg immer mehreren eine realistische und wünschenswerte Option. Nationalistisches Denken ist mithin ein zweites Merkmal der panafrikanischen Idee, im weiten Sinn verstanden seit dem 19. Jahrhundert dokumentierbar, im engen nationalstaatlichen Sinn seit der Zwischenkriegszeit bezeugt und bald darauf virulent. Ein drittes Element des Panafrikanismus hat mit der kolonialen Situation zu tun, auf die er sich notwendigerweise beziehen musste. Tatsächlich trat diese sehr verschieden in Erscheinung und provozierte daher auch unterschiedliche Reaktionen: Unter den frühen westafrikanischen Nationalisten des 19. Jahrhunderts etwa fanden sich einige Befürworter der europäischen kolonialen Aktivitäten in Afrika. Erst nach der Jahrhundertwende trat langsam eine meist nur zurückhaltend formulierte Kolonialkritik auf. Ein grundsätzlich argumentierter und lautstark artikulierter Antikolonialismus brach sich erst seit den 1930er Jahren Bahn.

Dieser vereinfachten zusammenfassenden Skizze kann man eine kleine Phänomenologie des Panafrikanismus entnehmen: Antirassismus und Antikolonialismus – der Kampf um Gleichheit und Freiheit also – sind seine wesentlichen Antriebe, die sich aus einer durch Ungleichheit gekennzeichneten Ausgangssituation ergeben. Humane Solidarität – im Zeichen der Brüderlichkeit – stellt das Mittel dar, durch das dieser Kampf geführt und gewonnen werden soll. So formuliert, wird deutlich, dass der Panafrikanismus ein dezidiert »modernes« Programm ist. Er ist Teil jener modernen Welt, deren Anfang üblicherweise in die zweite Hälfte des 18. Jahrhunderts datiert wird. Modern sind auch die atavistisch erscheinenden Züge an gewissen Spielarten des Panafrikanismus, vor allem der Naturalismus seiner Sprache, den er mit zwei der beherrschenden Ideologien der europäischen Moderne teilt: dem Rassismus und dem Nationalismus. Der Panafrikanismus hat in seinem emanzipatorischen Bestreben jedoch auch die Idee seiner eigenen Überwindung formuliert. Niemand tat das vielleicht prägnanter als Julius Nyerere 1962: »Es war im Kampf, uns aus dem Würgegriff des Kolonialismus zu lösen, wo wir gelernt haben, dass Einheit notwendig ist. [...] Unsere Anerkennung der Familie, zu der wir alle gehören, muss noch weiter ausgedehnt werden – über den Stamm, die Gemeinschaft, die Nation und selbst über den Kontinent hinaus – sodass sie die gesamte menschliche Gesellschaft umfasst.« (Nyerere 1979:12) Modern sind schließlich auch die Fragen, die sich Panafrikanisten stellen, und die Probleme, auf die sie Antwort zu finden suchen: die Authentizität, die Befreiung und die Entwicklung Afrikas. Dass sich innerhalb dieses weiten Spannungsbogens eine extreme Vielzahl an verschiedenen afrikanischen Positionen auffinden lässt, kann nur den verwundern, der sich eine zu einfache Vorstellung macht: von Afrika und vom Atlantischen Raum, von gesellschaftlichen Realitäten und historischen Verläufen.

Literatur

Adeleke, Tunde (1998): UnAfrican Americans. Nineteenth-Century Black Nationalists and the Civilizing Mission. Lexington: The University Press of Kentucky
Appiah, Kwame Anthony (1993): In My Father's House. Africa in the Philosophy of Culture. New York/Oxford: Oxford University Press
Asante, S.K.B. (1972): The Impact of the Italo-Ethiopian Crisis of 1935–36 on the Pan-African Movement in Britain. In: Transactions of the Historical Society of Ghana XIII/2: 217-227
Azikiwe, Nnamdi (^{3}1968/1937): Renascent Africa. London: Frank Cass
Benjamin, Thomas (2009): The Atlantic World. Europeans, Africans, Indians and Their Shared History, 1400–1900. Cambridge u. a.: Cambridge University Press
Biddis, Michael D. (1971): The Universal Race Congress of 1911. In: Race XIII/July: 37-46
Blyden, Edward Wilmot (1967/1887): Christianity, Islam and the Negro Race. Edinburgh: At the University Press
Blyden, Edward Wilmot (1971/1893): Study and Race. In: Lynch, Hollis R., Hg.: Black Spokesman. Selected Published Writings of Edward Wilmot Blyden. London: Frank Cass & Co.: 195-204
Booth, Joseph (1996/1897): Africa for the African, Hg. Laura Perry. Blantyre: Christian Literature Association in Malawi/Bonn: Verlag für Kultur und Wissenschaft
Casely Hayford, Joseph Ephraim (^{2}1969/1911): Ethiopia Unbound. Studies in Race Emancipation. London: Frank Cass
Conrad, Sebastian/Hildermeier, Manfred, Hg. (2006): Beyond Hegemony? – »Europe« and the Politics of Non-Western Elites, 1900–1930. = Journal of Modern European History 4/2
Cooper, Frederick (2001): Networks, Moral Discourse, and History. In: Callaghy, Thomas M./Kassimir, Ronald/Latham, Robert, Hg.: Intervention and Transnationalism in Africa. Global-Local Networks of Power. Cambridge u. a.: Cambridge University Press: 23-46

Cooper, Frederick (⁷2007/2002): Africa since 1940. The Past of the Present. Cambridge u. a.: Cambridge University Press
Curtin, Philip D. (1969): The Atlantic Slave Trade. A Census. Madison/London: University of Wisconsin Press
Curtin, Philip D. (²1998): The Rise and Fall of the Plantation Complex. Esays in Atlantic History. Cambridge/New York/Melbourne: Cambridge University Press
Davidson, Basil (1984): Modern Africa. London/New York: Longman
Dikötter, Frank (2008a): The Racialization of the Globe. An Interactive Interpretation. In: Ethnic and Racial Studies 31/8: 1478-1496
Dikötter, Frank (2008b): Rassendiskurs in China. In: Gomes, Bea/Schicho, Walter/Sonderegger, Arno, Hg.: Rassismus. Beiträge zu einem vielgesichtigen Phänomen. Wien: Mandelbaum: 119-149
Du Bois, W.E.B. (1963): An A.B.C. of Color. Selections from over a half century of the writings of W.E.B. Du Bois. Berlin: Seven Seas Publishers
Eckert, Andreas (1995): Wem gehört das Alte Ägypten? Die Geschichtsschreibung zu Afrika und das Werk Cheikh Anta Diops. In: Reinhard, Wolfgang, Hg.: Die fundamentalistische Revolution. Partikularistische Bewegungen der Gegenwart und ihr Umgang mit der Geschichte. Freiburg im Breisgau: Rombach: 189-214
Frobenius, Leo (1933): Kulturgeschichte Afrikas. Prolegomena zu einer historischen Gestaltlehre. Zürich: Phaidon
Füllberg-Stolberg (1997): Afrozentrismus. Afrika aus dem Blickwinkel der Diaspora. In: Deutsch, Jan-Georg/Wirz, Albert, Hg.: Geschichte in Afrika. Einführung in Probleme und Debatten. Berlin: Verlag das Arabische Buch, 261-281
Fyfe, Christopher (1972): Africanus Horton 1835–1883. West African Scientist and Patriot. New York: Oxford University Press
Geiss, Imanuel (1969): Panafrikanismus. Zur Geschichte der Dekolonisation. Frankfurt am Main: Europäische Verlagsanstalt
Gilroy, Paul (1993): The Black Atlantic. Modernity and Double Consciousness. London/New York: Verso
Grohs, Gerhard (1967): Stufen afrikanischer Emanzipation. Studien zum Selbstverständnis westafrikanischer Eliten. Stuttgart u. a.: W. Kohlhammer
Heerten, Lasse (2008): Léopold Sédar Senghor als Subjekt der »Dialektik des Kolonialismus«. Ein Denker Afrikas und die imperiale Metropole. In: Stichproben, Wiener Zeitschrift für kritische Afrikastudien 15: 87-116
Hegel, Georg Wilhelm Friedrich (1961): Vorlesungen über die Philosophie der Geschichte. Brunstäd-Ausgabe. Stuttgart: Reclam
Horton, James Africanus Beale (²1969/1868): West African Countries and Peoples. British and Native. With the Requirements necessary for establishing that Self-Government recommended by the Committee of the House of Commons, 1865. And a Vindication of the African Race. Edinburgh: Edinburgh University Press
Hund, Wulf D. (1999): Die soziale Konstruktion natürlicher Ungleichheit. Münster: Westfälisches Dampfboot
July, Robert W. (1968): The Origins of Modern African Thought. London: Faber and Faber
July, Robert W. (1987): An African Voice. The Role of the Humanities in African Independence. Durham: Duke University Press
Kohn, Hans/Sokolsky, Wallace (1965): African Nationalism in the Twentieth Century. New York u. a.: Van Nostrand Reinhold Company
Law, Robin (2001): The Transition from the Slave Trade to »Legitimate« Commerce. In: Diène, Doudou, Hg.: From Chains to Bonds. The Slave Trade Revisited. New York/Oxford: Berghan; Paris: Unesco: 22-35

Legum, Colin (²1965): Panafricanism. A Short Political Guide. New York/Washington/London: Frederick A. Praeger

Livingstone, Thomas (1975): Education and Race. A Biography of Edward Wilmot Blyden. Berkeley: University of California Press

Lovejoy, Paul (1983): Transformations in Slavery. A History of Slavery in Africa. Cambridge/New York/Melbourne: Cambridge University Press

Mährdel, Christian (1983): Afrika, Teil III. Afrika vom zweiten Weltkrieg bis zum Zusammenbruch des imperialistischen Kolonialsystems. Köln: Pahl-Rugenstein

Mährdel, Christian (1990/91): Antikolonialismus und Entkolonialisierung in Afrika. In: Zeitgeschichte 18/3-4: 55-62

Mährdel, Christian (1994): Afrika südlich der Sahara: Vom selbstbestimmt-visionären »Afrikanismus« zum antikolonial-emanzipatorischen Nationalismus. In: Bruckmüller, Ernst/Linhart, Sepp/Mährdel, Christian, Hg.: Nationalismus: Wege der Staatenbildung in der außereuropäischen Welt. Wien: Verlag für Gesellschaftskritik: 177-200

Mann, Kristin (2001): Shifting Paradigms in the Study of the African Diaspora and of Atlantic History and Culture. In: Mann, Kristin/Bay, Edna G., Hg.: Rethinking the African Diaspora. The Making of a Black Atlantic World in the Bight of Benin and Brazil. London/Portland: Frank Cass: 3-21

Manning, Patrick (1990): Slavery and African Life. Occidental, Oriental, and African Slave Trades. Cambridge u. a.: Cambridge University Press

Nkrumah, Kwame (1957): The Autobiography of Kwame Nkrumah. Edinburgh u. a.: Thomas Nelson and Sons

Nkrumah, Kwame (1979/1962): Towards Colonial Freedom. Africa in the Struggle Against World Imperialism. London: Panaf

Nyerere, Julius (1979/1962): Ujamaa. In: Ujamaa. Essays on Socialism. Dar es Salaam u. a.: Oxford University Press: 1-12

Osterhammel, Jürgen (1995): Kolonialismus. Geschichte, Formen, Folgen. München: C.H. Beck

Osterhammel, Jürgen (2009): Die Verwandlung der Welt. Eine Geschichte des 19. Jahrhunderts. München: C.H. Beck

Padmore, George (1936/o.J.): Afrika unter dem Joch der Weissen. Erlenbach-Zürich/Leipzig: Rotapfel-Verlag

Padmore, George (1938): Hands Off the Colonies! In: New Leader, 25th February. http://www.marxists.org./archive/padmore/1938/hands-off.htm, 09.10.2009

Parker, John/Rathbone, Richard (2007): African History. A Very Short Introduction. Oxford u. a.: Oxford University Press

Reinhardt, Thomas (2007): Geschichte des Afrozentrismus. Imaginiertes Afrika und afroamerikanische Identität. Stuttgart: Kohlhammer

Resolution (1919): The Pan-African Congress, Paris, 1919, Resolution. In: Legum, Colin, Hg.: Panafricanism. A Short Political Guide. Appendices. New York/Washington/London: Frederick A. Praeger: 151-152

Senghor, Léopold Sédar (1970): Negritude. A Humanism of the Twentieth Century. In: Cartey, Wilfred/Kilson, Martin, Hg.: The Africa Reader: Independent Africa. New York: Vintage: 179-192

Senghor, Léopold Sédar (1977/1967): L'Africanisme. In: Liberté III. Négritude et civilisation de l'universel. Paris: Éditions du Seuil: 163-173

Shepperson, George (1960): Notes on Negro American Influences on the Emergence of African Nationalism. In: Journal of African History 1/2: 299-312

Sonderegger, Arno (2008): Die Dämonisierung Afrikas. Zum Despotiebegriff und zur Geschichte der Afrikanischen Despotie. Saarbrücken: VDM

Sonderegger, Arno (2009): Anglophone Discourses on Race in the 19th Century. In: Sonderegger, Arno/Kraler, Albert, Hg.: Perspectives on Ethnicity and »Race«. In: Stichproben, Vienna Journal of African Studies 16: 45-85

Spitzer, Leo/Denzer, LaRay (1971): I.T.A. Wallace-Johnson and the West African Youth League. In: The International Journal of African Historical Studies VI/3: 413-452

Thornton, John (²1998/1992): Africa and Africans in the Making of the Atlantic World, 1400–1800. Cambridge u. a.: Cambridge University Press

Touré, Sékou (1960/o.J.): Afro-Asian Fraternity. In: The International Policy of the Democratic Party of Guinea, Vol. VII. O.O.: Société Orientale de Publicité-Press: 111-123

Wallerstein, Immanuel (1986–2004/1974ff): Das moderne Weltsystem. 3 Bände. Wien: Promedia

Wallerstein, Immanuel (2006): European Universalism. The Rhetoric of Power. New York/London: The New Press

Wirz, Albert (1984): Sklaverei und kapitalistisches Weltsystem. Frankfurt am Main: Suhrkamp

Wirz, Albert (2000): Sklavenhandel, Sklaverei und legitimer Handel. In: Grau, Inge/Mährdel, Christian/Schicho, Walter, Hg.: Afrika. Geschichte und Gesellschaft im 19. und 20. Jahrhundert. Wien: Promedia, 75-91

Wolf, Eric (1997/1982): Europe and the People Without History. Berkeley/Los Angeles/London: University of California Press

Brigitte Reinwald

Transatlantische Passagen und der Preis der Freiheit
Erfahrungen und Begegnungen westafrikanischer und afroamerikanischer Soldaten in Diensten der Alliierten

Die beiden von Europa zu verantwortenden »großen« Kriege des 20. Jahrhunderts verdienen die Bezeichnung Weltkriege nicht zuletzt auch deshalb, weil Angehörige kolonisierter Bevölkerungen in bis dahin ungekanntem Ausmaß als Frontkombattanten, Pioniere und Nachschubkräfte auf nahezu sämtlichen Kriegsschauplätzen eingesetzt wurden. Flankiert wurde diese Beteiligung am Kriegsgeschehen durch die Requirierung ziviler Arbeitskraft in den Kolonien selbst, wo Zivilist/innen jeglichen Alters und beiderlei Geschlechts in vielfachen Formen »ihren« Anteil an den Kriegsanstrengungen zu leisten hatten, sei es zur Versorgung der kämpfenden Einheiten oder durch die Produktion von kriegswichtigen Rohstoffen bzw. Grundnahrungsmitteln für die Zivilbevölkerung in den Metropolen. Der Atlantik spielte im Zusammenhang mit den beiden Weltkriegen nicht nur als Transportraum eine Rolle, in dem Truppenkontingente, Waffen und andere kriegswichtige Güter zirkulierten, sondern die sich kriegsbedingt entfaltende atlantische Mobilität ermöglichte auch Begegnungen, Austauschbeziehungen und Ideentransfer zwischen afrikanischen Kolonialuntertanen und europäischen Militär- und Zivilpersonen, aber nicht zuletzt auch (afro)amerikanischen Truppenangehörigen. Die Frage, ob jene transatlantischen Passagen für Kolonisierte bzw. Subalterne das Potenzial bargen, hegemoniale Über-/Unterordnungsverhältnisse zwischen Metropole und Kolonie, Nord und Süd, »Schwarz« und »Weiß« in Frage zu stellen oder gar zu überwinden, beschäftigt seit einiger Zeit nicht nur Historiker/innen, sondern artikulierte sich bereits ab 1942 im Syndrom der »imperialen Panik« (Furedi 1994; Furedi 1999:179), einem in europäischen und nordamerikanischen – militärischen wie zivilen – politischen Kreisen antizipierten Kontrollverlust hinsichtlich kolonialer Einflusssphären in Afrika und Asien. Hierin kamen vor allem die Befürchtungen der Alliierten zum Ausdruck, die Kriegsbeteiligung könne einen weltweiten Schulterschluss zwischen kolonisierten und subalternen Menschen »schwarzer« Hautfarbe zeitigen und mithin den Niedergang der unangefochtenen europäisch-angloamerikanischen Suprematie des Nordens einleiten.

Im Kontext der neuzeitlichen Sozial- und Kulturgeschichte des Atlantischen Raumes markiert die »imperiale Panik« lediglich einen von mehreren Knotenpunkten einer hegemonial überformten europäisch-afrikanisch-amerikanischen Beziehungs- und Verflechtungsgeschichte, deren Wechselwirkungen hier am Beispiel der Verwendung westafrikanischer Soldaten im Zweiten Weltkrieg exemplarisch thematisiert werden sollen. Eine atlantische Dimension zeigte sich bereits in den Ursprüngen der afrikanischen Armee Frankreichs Mitte des 19. Jahrhunderts, insofern sich die ersten Kontingente, die ab 1857 auf Initiative von General Louis Faidherbe in der Kolonie Senegal rekrutiert wurden, überwiegend aus Sklaven bzw. Freigekauften zusammensetzten. Die Männer stammten aus den Regionen der heutigen Staaten Senegal und Mali und wurden unter dem Sammelbegriff *tirailleurs sénégalais* (Senegalschützen) als Hilfstruppen für die koloniale Expansion Frankreichs im nördlichen Westafrika und Nordafrika verwendet (Echenberg 1991:7-24). Diese Mobilisierung afrikanischer Arbeitskraft zu militärischen Zwecken markierte eine Periode des Übergangs im atlantischen System, die durch die Ablösung von Sklavenhandel und -wirtschaft durch den »legitimen« Handel mit afrikanischen Rohstoffen und Naturprodukten gekennzeichnet war, der seinerseits auf dem europäischen Projekt der kolonialen Durchdringung, Eroberung und »Befriedung« beruhte. Im Falle Westafrikas bedeutete dies, dass Frankreich von seiner ältesten subsaharischen Küstenkolonie Senegal aus nach Osten (Mali, Guinea) und Norden (Marokko) expandierte, aber auch bestrebt war, Madagaskar zu erobern und diesbezüglich in scharfer Konkurrenz zu Großbritannien operierte, das von der Goldküste (heute Ghana) und der Bucht von Benin (im heutigen Südnigeria) aus ähnliche Pläne nach kolonialer Landnahme verfolgte.

Einen weiteren atlantischen Bezugspunkt markiert die Periode der 1930er bis 1960er Jahre: Einsatz und Demobilisierung westafrikanischer Weltkriegssoldaten standen in enger historischer Wechselwirkung mit den sich in den 1930er Jahren verstärkenden wirtschaftlichen und politischen Bewegungen gegen koloniale Zwänge und Bevormundung, die sich in den afrikanischen Kolonien artikulierten. Spätestens mit dem Eintritt der Vereinigten Staaten in den Zweiten Weltkrieg und nicht zuletzt angesichts deren geostrategischer Konzepte zur globalen Nachkriegsordnung (*Atlantic Charter*) wurde jedoch auch für die »traditionellen europäischen Großmächte« eine antikoloniale Option westlicher Provenienz manifest (Betts 1998:21), der sie sich zur Sicherung ihrer Einflusssphären in Asien und Afrika fürderhin zu stellen hatten. Afrikanische Soldaten und Veteranen wurden sowohl von der französischen Kolonialmacht als auch von den Protagonisten westafrikanischer Dekolonisations- und Nationalbewegungen nach 1945 als Schlüsselgruppen ihrer Interessenpolitik betrachtet und dementsprechend gleichermaßen stark umworben.

Einen dritten – eng mit dem Syndrom der »imperialen Panik« verwobenen und als Quelle politischer Besorgnis von Europäern und Angloamerikanern gleichermaßen ins Feld geführten – transatlantischen Knotenpunkt schließlich stellt das kriegsbedingte Aufeinandertreffen von Westafrikanern und *African Americans* dar, in der sich gewissermaßen eine unverhoffte und von den Alliierten keinesfalls gewünschte Spätwirkung des transatlantischen Sklavenhandels mit unbekannter Wirkmacht abzuzeichnen schien.

In welcher Weise und mit welcher Nachhaltigkeit sich die Kriegsbeteiligung kolonisierter Bevölkerungen auf Konfliktkonstellationen und politische Aushandlungsprozesse im spätkolonialen Kontext ausgewirkt hat, soll in diesem Beitrag am Beispiel westafrikanischer Kombattanten bzw. Veteranen der französischen Armee dargestellt werden. Besonderes Augenmerk gilt dabei der Frage, ob ihnen – wie im Syndrom der »imperialen Panik« antizipiert – als Aktivisten oder Anhängern westafrikanischer Dekolonisationsbewegungen ein Anteil an der wachsenden politischen Mobilisierung westafrikanischer Bevölkerungen in den 1940er und 1950er Jahren bescheinigt werden kann und welcher Stellenwert in diesem Zusammenhang den kriegsbedingten transatlantischen Passagen und Begegnungen jener Männer beizumessen ist. Dazu werden im Folgenden, gestützt auf die Studie von Furedi (1999), Wahrnehmungsmuster der »imperialen Panik« sowie politische und militärische Vorkehrungen, mit denen die Krieg führenden Westmächte den Demobilisierungsprozess flankierten, um befürchteten Aufständen und Umsturzversuchen in den Kolonialterritorien vorzubeugen, diskutiert und mit Selbstzeugnissen westafrikanischer Weltkriegssoldaten der französischen Armee kontrastiert. Gestützt auf Lebenserinnerungen westafrikanischer Veteranen werden in diesem Zusammenhang vor allem Formen der Begegnung und Interaktion zwischen afrikanischen Kolonialsoldaten verschiedener Herkunft und *African Americans* betrachtet, die auf verschiedenen Kriegsschauplätzen tatsächlich eintraten, jedoch anders verliefen als in den Bedrohungs-Szenarien der Kolonialmächte bzw. des US-*State Department* ausgemalt. Ein kurzer historischer Abriss über die afrikanischen Armeen Großbritanniens und Frankreichs im 20. Jahrhundert sowie eine Skizzierung des Forschungsstandes zum Thema werden der Untersuchung vorausgeschickt.

Koloniale Truppenkontingente Großbritanniens und Frankreichs im 20. Jahrhundert

Seit Beginn des 20. Jahrhunderts wurde die In-Wert-Setzung kolonialer Arbeitskraft zu militärischen Zwecken sowohl im französischen als auch im britischen Imperium institutionalisiert, wenngleich Briten und Franzosen deren Aushebung und Verwendung unterschiedlich handhabten. So hatte Frankreich mit der Einführung der allgemeinen dreijährigen Wehrpflicht für männliche Kolonialuntertanen 1912 den Grundstein für den Aufbau einer regulären kolonialen Armee gelegt und ein aus Männern sämtlicher Kolonien in West-, Zentral- und Ostafrika bestehendes Heer aufgebaut, das unter dem Befehl französischer Offiziere der Marineinfanterie stand. Die afrikanischen Kontingente kamen auf sämtlichen Kriegsschauplätzen zum Einsatz, auf denen die koloniale Muttermacht vertreten war, d.h. in den beiden Weltkriegen und den anschließenden französischen Kolonialkriegen auf Madagaskar (1947), in Indochina (1945–1954) und zuletzt in Algerien (1954–1962). Der Sammelbegriff *Tirailleurs Sénégalais* verdeckt indes den Umstand, dass das Gros der westafrikanischen Soldaten keinesfalls aus Senegal stammte, sondern aus den rohstoffarmen und vom Zugang zum Meer abgeschnittenen Hinterlandkolonien Obervolta (heute Burkina Faso), Soudan (heute Mali) sowie dem Hochland von Guinea. Zentralafrikanische Einheiten wurden in den Kolonien Tschad, Gabun und Kongo gebildet, ostafrikanische Kontingente aus Männern von der Somaliküste, den Komoren und Madagaskar gestellt. Hinzu kamen Frankreichs maghrebinische – d.h. marokkanische, tunesische und algerische – Infanterie- und Kavallerieeinheiten sowie Infanteristen aus Französisch-Indochina, sodass für das französische Kolonialimperium eine flächendeckende »Nutzung« kolonialer militärischer Arbeitskraft konstatiert werden kann. Die nachfolgend aufgelisteten Zahlen vermitteln eine grobe Größenordnung, was den Gesamtumfang der auf Seiten Frankreichs kämpfenden westafrikanischen Einheiten in den Kriegen des 20. Jahrhunderts betrifft.

Westafrikanische Truppenkontingente Frankreichs im 20. Jahrhundert

Erster Weltkrieg	Zweiter Weltkrieg	Indochinakrieg (1945–1954)	Algerienkrieg (1954–1962)
165.229	~ 100.000 (1939–40) ~ 100.000 (1942–45) (FFL und Alliierte Truppen, enthält auch Franz.-Äquatorialafrika)	~ 46.800	~ 15.000
davon in Europa und Nordafrika: 134.077	davon in Kriegsgefangenschaft: ~ 20.000 (1941) (subsaharisches Afrika und Madagaskar gesamt)		
davon Tote und Vermisste: 24.938	davon Tote und Vermisste: 17.500 (1939/40)		

(Zahlenangaben und Schätzungen nach Reinwald 2005:36-41)

Unter anderen Auspizien, d.h. auf der Grundlage einer Söldnerarmee aus Freiwilligen, hatte Großbritannien in seinen kolonialen Territorien in Westafrika nach dem Ersten Weltkrieg die Truppenkontingente der *Royal West African Frontier Force* (WAFF) sowie in Ost- und Südostafrika diejenigen der *Kings African Rifles* aufgebaut (Clayton/Killingray 1989). Diese in der Zwischenkriegszeit vergleichsweise kleinen und inter- sowie binnenkolonialen Ordnungsaufgaben gewidmeten Einheiten wurden mit Eintritt Großbritanniens in den Zweiten Weltkrieg durch Konskription erheblich aufgestockt. Die britische Regierung rekrutierte insgesamt etwa 400.000 Männer, die über ihre Einsätze in Afrika hinaus (z.B. 1942 in Äthiopien) ab 1942 im Mittleren Osten (Syrien, Libanon), auf Ceylon (heute Sri Lanka) und in Burma (heute Myanmar) kämpften. Zwar hatte die britische Regierung unter Churchill den Einsatz afrikanischer Soldaten auch in Europa propagiert, war damit aber an der strikt ablehnenden Haltung des *War Office* und *Colonial Office* gescheitert (Killingray 1979). Untermauert von rassistischen Vorbehalten argumentierten beide Agenturen, die Präsenz inferiorer Kolonialuntertanen im Mutterland gefährde die innere Sicherheit in Großbritannien und in den Kolonien selbst. »It might put ideas in their heads«, lautete die Devise (Killingray 1979:425). Solcherlei Bedenken waren paradoxerweise weder während des Ersten noch des Zweiten Weltkriegs im Hinblick auf Großbritanniens *Indian Army* laut geworden. Im Gegenteil: Von der Truppenstärke und ihren überseeischen Einsatzgebieten her bildeten die kolonialen Kombattanten des südasiatischen Subkontinents während der beiden Weltkriege gewissermaßen das britische Pendant zur afrikanischen Armee Frankreichs. Hinzu kamen schließlich noch Armeeangehörige aus den karibischen *Dominions*, die während des Zweiten Weltkrieges u. a. auch im kolonialen Mutterland eingesetzt wurden.

Forschungsstand

Diese kolonialen Truppenverbände werden seit den 1990er Jahren nicht mehr nur in militärhistorischer und politikgeschichtlicher Hinsicht untersucht, sondern interessieren in steigendem Maße auch Sozial- und Kulturwissenschaftler/innen, die sie aus beziehungs- und verflechtungsgeschichtlicher Perspektive in den Blick nehmen. In diesem Zusammenhang ist vor allem der Kriegseinsatz von Afrikanern, sowohl nordafrikanischer als auch subsaharischer Herkunft, aber auch von Männern aus Süd-, Südost- und Zentralasien auf Seiten der französischen, britischen sowie türkischen, russischen oder deutschen Armeen zum Gegenstand einer Reihe sozial- und kulturhistorischer Fallstudien und Gesamtdarstellungen geworden. Deren Beitrag zur Erweiterung des Forschungsstandes bemisst sich nicht nur daran, dass sie Umfang und Formen von Aushebung und Rekrutierung, Funktionen und Stellung kolonialer Kombattanten in europäischen Armeen, ihre Einsätze an verschiedenen Fronten sowie ihre Erfahrungen, Geselligkeits- und Sozialformen im Garnisonsalltag rekonstruieren (Michel 2003; Clayton/Killingray 1989; Omissi 1994; Recham 1996; Killingray/Omissi 1999), sondern nunmehr auch erstmals Aufschluss geben, was rassistisch motivierte Kriegsverbrechen an Kolonialsoldaten (Scheck 2006), Bedingungen und Erfahrungen von Kriegsgefangenschaft (Mabon 2010) sowie Modi und Medien der Propaganda anbelangt, die zur Regulierung und Meinungslenkung kolonialer Soldaten eingesetzt wurden (Bromber 2009).

Selbst- und Fremdwahrnehmungen afrikanischer Kombattanten in europäischen Heeren sowie den mittel- und längerfristigen Auswirkungen ihrer Kriegsbeteiligung widmen sich schließlich eine Reihe von Autor/inn/en, die Demobilisierung und postmilitärische Karrieren sowie die aus Armee- und Kriegsdienst erwachsenen sozialen, politischen und mentalen Konsequenzen für die jeweiligen Herkunftsgesellschaften untersuchen (Shiroya 1985, 1992; Echenberg 1991; Lawler 1992; Parsons 1999; Lunn 1999; Maghraoui 2000; Höpp/Reinwald 2000, Brown 2001; Lovering 2002; Reinwald 2005; Mann 2006). Der in diesen – mehrheitlich unter Einbeziehung mündlich erhobener Selbstzeugnisse von Weltkriegsveteranen entstandenen – Arbeiten vollzogene Perspektivenwechsel hat den Erkenntniszuwachs im Forschungsfeld auch dahingehend befördert, dass er deren Positionierung in den ungleichen, aber wechselseitigen Beziehungen zwischen europäischen und kolonialen Truppenangehörigen, aber auch deren Folgen besser Rechnung trägt als frühere Studien. Letztere transportierten zumeist polarisierte Forschungsmeinungen, die – gewissermaßen in Tradierung von Versatzstücken des Diskurses der »imperialen Panik« – ehemalige Kolonialsoldaten entweder zu hoch politisierten Aktivisten der Dekolonisationsbewegung und des Nation Building *avant la lettre* stilisierten (Schleh 1968; Matthews 1982; Israel 1992) oder lediglich als »bystanders to nationalist politics« charakterisierten, die sich im Übrigen, wie Soldaten überall auf der Welt, in erster Linie für »Sex und Fußball, aber nicht für Politik« interessiert hätten (Killingray 1983:533, 527, Übersetzung B.R.).

Die Erweiterung von Kenntnissen der »umgekehrten Wahrnehmung« (*regard croisé*) erlaubt nicht nur, individuelle und Gruppenerfahrungen der »Fremden« in europäischen Heeren besser auszuleuchten, sondern eröffnet auch neue Forschungsperspektiven auf spätkoloniale Konfliktkonstellationen und Dynamiken der Systemtransformation. Statt die Geschichte »der Periode von 1945 bis 1960 als unvermeidlichen Triumph des Nationalismus zu lesen« (Cooper 1997:406, Übersetzung B.R.), richtet sich das Augenmerk nunmehr auf Wahrnehmungen und Handlungsstrategien verschiedener Gruppen von Kolonisierten, deren Reichweite sich mit dem Paradigma des Nation Building nicht erschöpfend ermitteln lässt.

Wenn etwa zahlreiche westafrikanische Weltkriegsveteranen der französischen Armee das Kriegsende 1944/45 als Beginn des Zeitalters der *politique* erinnern, markieren sie damit die für sie vitale Ablösung von Zwang und Gehorsam durch Auseinandersetzung und Verhandlung, was sie jedoch nicht zwangsläufig als Auftakt zur Erlangung nationalstaatlicher Souveränität verstanden haben bzw. verstehen (Reinwald 2005:293ff). Welches politische Wirkungspotenzial ist in diesem Zusammenhang nun jedoch dem im und durch den Krieg erweiterten Wissensvorrat beizumessen, dessen sich afrikanische Soldaten bei ihrer Demobilisierung und Reintegration ins spätkoloniale Alltagsleben bedienen konnten und der ihren Lebensentwürfen und Handlungsstrategien in den beiden Scharnierdekaden zwischen dem Kriegsende und dem Beginn der graduellen Überführung kolonialer Verhältnisse in den afrikanischen Nationalstaat eine spezifische Ausprägung verlieh? Und welche Bedeutung hatte es in diesem Zusammenhang, dass jene afrikanischen Soldaten nicht nur in enge Berührung mit »Weißen« – Kommandeuren, aber auch Zivilist/inn/en, Siegern und Besiegten – gekommen, sondern häufig in multiethnische und multinationale Truppenkontingente eingebunden gewesen waren, wie sie insbesondere die Kampfverbände der Alliierten im Zweiten Weltkrieg darstellten? Hatte der Krieg also Kontaktzonen für Kolonisierte und Subalterne geschaffen und ihnen somit Gelegenheiten geboten, Beziehungen zu knüpfen, die über soldatische Kameraderie hinausreichten und politisch motivierte Fraternisierungsprozesse initiierten, welche sie nach ihrer Rückkehr dazu bewogen, zum Angriff gegen koloniale Ordnungssysteme überzugehen?

Diskursive Strukturen und Äußerungsformen der »imperialen Panik«

Mit Blick auf das Syndrom der »imperialen Panik« lässt sich behaupten, dass die jüngere politik- und sozialgeschichtliche Forschung den afrikanischen Weltkriegsveteranen als – umstrittenen – (proto)nationalen Akteur gewissermaßen lediglich wiederentdeckt hat. Wie oben bereits erwähnt, firmierte dieser als Angstfigur und Projektionsfläche antizipierten imperialen Kontroll- und Prestigeverlustes bereits ab 1942 in Verlautbarungen der wichtigsten Krieg führenden Nationen des Nordens. Solche Besorgnisse artikulierten sich vor allem in britischen und französischen Regierungs- und Militärkreisen sowie Kolonialagenturen, hatten jedoch auch das US-*State Department* erfasst, das vor allem – aus der Begegnung mit Afrikanern resultierende – »moralische Störungen« bei seinen in Europa und Nordafrika eingesetzten afroamerikanischen Truppenteilen fürchtete (Furedi 1999:189). Auf britischer und französischer Seite antizipierte man hingegen vor allem die potenzielle Gefahr, welche von den demobilisierten afrikanischen Kombattanten ausging. Dahinter steckte, wie Frank Furedi detailliert ausführt, die Angst, demobilisierte Soldaten könnten die Aufrechterhaltung der kolonialen Ordnung gefährden. Abgesehen von der Furcht, die den kolonialen Truppen von den Alliierten eingeimpften antideutschen Haltungen könnten sich zu entsprechenden Ressentiments gegenüber allen »Weißen« entwickelt haben (Furedi 1999:179), unterstellte man afrikanischen Kriegsheimkehrern vor allem auch eine generelle Unberechenbarkeit, was ihre künftige Lebensplanung anging. So argwöhnte man etwa, die Männer könnten sich weigern, in ihre ländlichen Herkunftsgebiete zurückzukehren oder gar in Europa bleiben wollen, sich mit antikolonialen Ideen angesteckt haben, seien sie doch schließlich mit Angehörigen anderer Kolonialvölker in Berührung gekommen, deren Muttermächte – und das ging an die Adresse Frankreichs – weniger rassenbewusst seien als die britische bzw. die US-Regierung (Furedi 1999:189). Diese unerwünschte Kontaktnahme begünstige Allianzen und trage zusammen mit entsprechenden, in Kampfhandlungen gewonnenen Anschauungen von der Besiegbarkeit der »Weißen« schließlich ausschlaggebend dazu bei, dass der Kolonialsoldat jeglichen Respekt vor der weißen Rasse verliere und ihn potenziell dazu verleite, nach seiner Rückkehr politische Revolten und Erhebungen in den Kolonien anzuzetteln bzw. sich daran zu beteiligen (Furedi 1999:181-185).

Abgesehen von vereinzelt auftretenden Fällen von Befehlsverweigerung oder Verstößen gegen die militärische Disziplin innerhalb afrikanischer Einheiten der britischen und französischen Armee gab es vor Herbst 1944 indes keine Vorkommnisse, die das hier skizzierte Bedrohungsszenarium gerechtfertigt hätten. Mehr noch: Wie Furedi detailliert ausführt, erwies es sich auch späterhin als gegenstandslos, gestaltete sich doch der Repatriierungs- und Demobilisierungsprozess in den britischen wie französischen kolonialen Territorien Afrikas vergleichsweise unproblematisch (Furedi 1999:179). Einschränkend sollte jedoch erwähnt werden, dass sich die antizipierten Angst- und Krisenszenarien in spezifischen Fällen in militärischen Überreaktionen entladen sollten, wie sie z.B. anlässlich der »Ereignisse« im senegalesischen Repatriierungslager von Thiaroye bei Dakar im November 1944 (Echenberg 1978; Reinwald 2005:239-248) oder der als *Accra Riots* bezeichneten Protestkundgebungen in der britischen Kolonie Gold Coast von 1948 manifest wurden, an denen sich ghanaische Weltkriegsveteranen prominent beteiligt hatten (Israel 1992).

Die Angst vor dem Verlust kolonialer Kontrolle und dem generellen Niedergang »weißen« Prestiges, die sich in diesen Szenarien Bahn brach, war indes kein reiner »Phantomschmerz«, sondern nährte sich aus einem seit Beginn der 1930er Jahre wachsenden – jedoch nicht offiziell eingestandenen – Problembewusstsein im Hinblick auf die »Rassenfrage«, die im gesamten Atlantischen Raum virulent wurde und sich u. a. in der Beteiligung afrikanischer, karibischer und nordamerikanischer »Farbiger« an den verschiedenen Panafrikanischen Kongressen artikulierte. Zusätzliche Schockwellen gingen vom Indischen und Pazifischen Ozean aus, wo die blitzartige japanische Eroberung Hongkongs (1941), Singapurs, Malayas und Burmas (1942) sowie seine Bedrohung Indiens nicht nur das britische Imperium in Süd- und Südostasien auseinandergerissen hatte, sondern auch weitergehende britische »Besorgnisse weckte, Japans Botschaft einer antiweißen Rassensolidarität könne auf Widerhall seitens kolonialer Truppen stoßen« (Furedi 1999:188, Übersetzung B.R.) und somit das »globale Rassengleichgewicht« irreversibel erschüttern (Furedi 1999:191).

Der Umstand, dass sich europäische Kolonialmächte – berechtigterweise, wie Archivzeugnisse bekunden (Furedi 1999:188) –, auch seitens ihrer kolonialen Truppen mit erhöhtem »Rassenbewusstsein« (*colour consciousness*) und unvermeidlich daraus resultierenden Forderungsdiskursen nach Anerkennung und Gleichbehandlung konfrontiert sahen, löste eine generelle Ungewissheit und Unsicherheit dahingehend aus, was deren

Loyalität im weiteren Kriegsgeschehen, aber auch die Aufrechterhaltung der imperialen Nachkriegsordnung betraf. Auffällig ist in diesem Zusammenhang, so Furedi, dass die »Rassenthematik« vor allem in Großbritannien nicht offen diskutiert wurde und, um dem Eindruck von Schwäche vorzubeugen, auch nicht diskutiert werden sollte (Furedi 1999:190), d.h. auch der Status quo der kolonialen Über-/Unterordnung nicht in Frage gestellt worden ist. Somit blieb Großbritannien – und Gleiches galt in gewissem Maße und unter anderen Vorzeichen auch für die Vereinigten Staaten im Krieg – im Dilemma befangen, den für notwendig befundenen Einsatz kolonialer Truppen trotz aller antizipierten Konsequenzen hinsichtlich der Zersetzung imperialer Vorstellungen über die künftigen Beziehungen zwischen »Schwarz« und »Weiß« aufrechtzuerhalten. Mit dem Ergebnis, dass die tief sitzende Angst imperialen Kontrollverlustes auf die Figur des afrikanischen Kombattanten projiziert wurde: Man habe den Kolonialsoldaten zum Augenzeugen der Selbstzerfleischung der weißen zivilisierten Welt gemacht, und das, was er dabei beobachtet und erfahren habe, so die Befürchtung, ziehe unvermeidlich einen grundsätzlichen Sinneswandel der Kolonisierten im Verhältnis zur Muttermacht nach sich. Und das Schlimmste: diese Männer konnten mit der Waffe umgehen und hatten militärisches Training genossen.

Dass der Riss im imperialen Gefüge direkt auf die Kriegserfahrungen der kolonialen Truppen bzw. der als inferior stigmatisierten Afroamerikaner zurückgeführt wurde, belegen Äußerungen des britischen Premierministers Harold Macmillan, der 1962 die ausschlaggebende Rolle der beiden Weltkriege für das unwiederbringlich zerstörte »weiße Prestige« konstatierte:

»For not only did the yellows and blacks watch them tear each other apart, committing the most frightful crimes and acts of barbarism against each other, but they actually saw them each enlisting their own yellows and blacks to fight other Europeans, other whites. It was bad enough for the white men to fight each other, but it was worse when they brought in their dependents.« (Public Record Office, London, PREM 11/3665, Harold Macmillan to Prime Minister Robert Menzies, 15.01.1962, hier zit.n. Furedi 1999:192)

Der Kolonialsoldat als Augenzeuge der Selbstzerfleischung der weißen zivilisierten Welt und die Angst, dass er nach seiner Rückkehr all das Beobachtete und Erfahrene weitergeben und das zu erwartende Aufbegehren der Kolonisierten dem imperialen Selbstverständnis schließlich den Todesstoß versetzen würde – das waren, grob gesagt, mentale Leitmotive der »imperialen Panik«, an denen britische Regierungskreise und Kolonialagenturen bis zum Ende der 1940er Jahre alle Unmutsäußerungen und Protestbewegungen kolonialer Soldaten und Kriegsveteranen messen sollten und an denen sich praktische Präventivmaßnahmen orientierten, die seit 1942 für die britischen Kolonien in West- und Ostafrika getroffen wurden, um die befürchtete, aber in weiten Teilen lediglich herbeigeredete – Radikalisierung demobilisierter Soldaten und Veteranen einzudämmen (Creech Jones 1951).

Obwohl die diesbezügliche offizielle Haltung Frankreichs zu britischen und US-amerikanischen Besorgnissen hinsichtlich kolonialer bzw. subalterner Truppenkontingente sowie der mit deren Demobilisierung und Wiedereingliederung ins (koloniale) Zivilleben erwarteten Gefahren und Unwägbarkeiten meines Wissens bislang nicht untersucht worden ist, weisen mehrere von militärischen Dienststellen ab Ende der 1940er Jahre in Auftrag gegebene Untersuchungen auf vergleichbare Vorbehalte und Reaktionsweisen von französischer Seite hin. Das in diesen Berichten zum Ausdruck kommende Bestreben, sich Aufschlüsse über Mentalität (*état d'esprit*) und Loyalität aktiver und ehemaliger westafrikanischer Soldaten zu verschaffen (Reinwald 2005:232f; Echenberg 1991:103), lässt sich bereits den ab 1941 zahlreich vorliegenden *renseignements* (Spitzelberichten) entnehmen, welche das französische Militär, aber auch zivile Regierungsstellen sowohl in den nordfranzösischen Frontstalags, in denen afrikanische Kriegsgefangene überwiegend interniert waren, als auch in den französischen Kolonien in Westafrika selbst einholen (Archives Nationales du Sénégal, Série D-Affaires militaires:2 D, versement 28; 4 D, versement 89).

Nun gestaltete sich im Falle Frankreichs die Einschätzung der Lage nicht zuletzt vor dem Hintergrund dessen unübersichtlich, dass seit der Kapitulation gegenüber Deutschland und dem Londoner Appell von Charles de Gaulle im Juni 1940 »zwei Frankreichs« existierten, die ihren »Bruderkrieg« unter Einsatz kolonialer Truppen auch in den französischen Kolonialterritorien in Asien und Afrika austrugen, wo bis 1943 eine antagonistische Gemengelage zwischen Vichy-treuen Kolonialgouvernements in Französisch-Westafrika und ihren auf die Seite der *Freien Truppen Frankreichs* unter de Gaulles Befehl gewechselten Pendants in Französisch-Äquatorial- und Nordafrika vorherrschte. Unter diesen Bedingungen behielten Besorgnisse über die potenzielle Indoktrinierung und Manipulation kriegsgefangener Kolonialsoldaten seitens Nazi-Deutschlands (Thomas 2002:670-675) vorerst die Oberhand gegenüber etwaigen Vorstellungen einer möglichen Zersetzung der imperialen Ordnung vonseiten der Kolonisierten. Dies sollte sich jedoch, wie im folgenden Abschnitt noch ausführlicher zu erörtern ist, mit der Repatriierung und Demobilisierung der ersten Kontingente von Frontkombattanten der Alliierten Truppen und ehemaliger westafrikanischer Kriegsgefangener der Deutschen ab Herbst 1944 ändern. Die in diesem Zusammenhang auftretenden vereinzelten Unruhen und Befehlsverweigerungen bis hin zur Meuterei alarmierten die Kommandoebene der französischen Armee, aber auch das Generalgouvernement von Französisch-Westafrika und ließen sie zu durchaus eigenwilligen Erklärungen greifen. In ihnen mischten sich Weiterungen früherer Verdachtsmomente vermeintlicher Kollaboration mit den Deutschen, zum Teil unterlegt mit Vorstellungen einer erfolgreichen islamophilen Indoktrination, mit Versatzstücken antizipierten kolonialen Kontrollverlustes. Als französische Variante der »imperialen Panik« prägte sie Verhaltenseinstellungen und politische Ordnungsmaßnahmen der Kolonialadministration gegenüber westafrikanischen – und überwiegend muslimischen – Soldaten und Demobilisierten, aus deren Reihen Forderungen nach Gleichbehandlung mit metropolitanen Kameraden und Entschädigungen für die Zeit ihrer Kriegsgefangenschaft laut wurden. Zumindest bis Herbst 1946, wo mit der im Oktober jenes Jahres gegründeten westafrikanischen politischen Sammlungsbewegung RDA (*Rassemblement Démocratique Africain*) eine neue imperiale Angstfigur am kolonialen Horizont auftauchte. Insbesondere die aus pragmatischen Erwägungen vollzogene – und bis 1950 aufrechterhaltene – Affiliierung des RDA mit der französischen KP trugen ihm sowie seinen Anhängern die unerbittliche Verfolgung seitens der französischen Kolonialverwaltung in Westafrika ein, die auch auf sympathisierende Kriegsveteranen ausgeweitet worden ist (Reinwald 2005:300-312).

Sinnfällig scheint in diesem Zusammenhang, dass man – durchaus vergleichbar mit dem Verhalten britischer Regierungs- und Kolonialbehörden – die Forderungsdiskurse von Kriegsheimkehrern als typische Merkmale »veränderter Mentalitäten« interpretierte, deren Ursprung man in kriegsbedingten multiethnischen und multinationalen »Vermischungen« zu finden glaubte und somit als eine maßgeblich durch externe Triebkräfte ferngesteuerte Radikalisierung der Kolonialuntertanen in Uniform interpretierte, welche nur mit entschiedenen Ordnungsmaßnahmen, gekoppelt mit paternalistischer Rückholung in die frankoafrikanische Waffenbruderschaft, eingedämmt werden konnte. Weitgehend ausgeklammert blieb bei dieser Art der Ursachenermittlung jedoch, dass sich die Kriegsheimkehrer, vor allem diejenigen unter ihnen, die auf ihre vielfältigen Leidenserfahrungen in Kriegsgefangenschaft zurückblickten, mit ihren Forderungen nach Freisetzung und Gleichbehandlung in eine von breiten Bevölkerungsgruppen getragene Bewegung einreihten, der es in allererster Linie um die Überwindung nahe liegender, d. h. alltäglich spürbarer Repression zu tun war. Dieser Forderungsdiskurs entzündete sich an diversen Formen wirtschaftlicher, politischer und sozialer Ungleichbehandlung, allen voran koloniale Zwangsarbeit, indigene Strafrechtsordnung sowie koloniale Arbeits- und Familiengesetzgebung, und hatte sich bereits seit den frühen 1930er Jahren formiert, bevor er durch den Kriegsbeginn 1939/40 und insbesondere die Periode des Vichy-Regimes vorübergehend gebremst wurde, aber unmittelbar nach Kriegsende in einer durch Generalstreiks und andere öffentliche Protestbekundungen gekennzeichneten Massenbewegung kulminierte (Cooper 1997:415-418).

Veränderte Mentalitäten als Resultat transatlantischer Begegnungen und Interaktionen?

Eine Reihe von insgesamt 15 aktenkundig gewordenen »Zwischenfällen«, die im Umfeld des Kriegsendes 1944/45 in Frankreich auftraten (Reinwald 2005:235) und sich in Form von Unruhen in Sammel- und Repatriierungslagern, Auseinandersetzungen zwischen afrikanischen und französischen Soldaten sowie Zivilpersonen niederschlugen, jedoch auch in verschiedenen westafrikanischen Kolonien manifest wurden, wo sie in einem Falle – im bereits erwähnten senegalesischen Übergangslager Thiaroye bei Dakar – Anfang Dezember 1944 in einer »Meuterei« eskalierten (Echenberg 1978), veranlassten französische Militärstellen und Kolonialagenturen zu einer fieberhaften Fahndung nach Ursachen. Auf der Suche nach Anhaltspunkten für die veränderte »Mentalität der afrikanischen Truppen« wurde die Frage breit diskutiert, ob transatlantische Begegnungen und Interaktionen im Verlauf des Krieges in eine »rassensolidarische Verbrüderung« eingemündet seien und afrikanische Kombattanten somit einen ernsthaften Gefahrenfaktor für die koloniale Ordnung darstellten. Ob sich in diesen Perzeptionen lediglich die oben untersuchte Angstfigur der »imperialen Panik« spiegelte, oder ob westafrikanische Soldaten tatsächlich politische Aktivierungsenergie aus ihren transatlantischen Passagen und Begegnungen geschöpft haben, soll in diesem Abschnitt zunächst anhand von Erfahrungsberichten französischer Offiziere nachgegangen werden, die als Kompanieführer west- und zentralafrikanische Truppen befehligten und ihre Erfahrungen in enger zeitlicher Nähe zu den berichteten Vorkommnissen schriftlich niederlegten. In einem zweiten Schritt werden deren Beobachtungen und Prognosen schließlich mit

Lebenserinnerungen westafrikanischer Weltkriegsveteranen kontrastiert, um die Tragfähigkeit und Reichweite der transatlantischen Interaktionen zu prüfen.

Bei der herangezogenen Quellensorte handelt es sich um Abschlussarbeiten von Schülern der Pariser *École Nationale de la France d'Outre-Mer*, ENFOM, einer Ausbildungsstätte für Anwärter auf die höhere Laufbahn in der französischen Kolonialadministration. Insgesamt wurden zum Thema »Afrikanische Soldaten« sieben – von den Kandidaten frei gewählte – Abschlussarbeiten verfasst, alle am Ende des Schuljahres 1945/46. Sämtliche Verfasser hatten als Offiziere – zumeist im Range eines Hauptmanns (*capitaine*) aufseiten der Freien Truppen Frankreichs bzw. in Alliierten Verbänden gedient. So auch Fernand Poujoulat, der auf 21 Seiten die »Entwicklung der Mentalität der Senegalschützen im Verlauf des Krieges 1939–1945« reflektierte und dessen – vom Korrektor für »sehr gut« befundene und von »geistiger Reife« sowie »praktischer Kenntnis der schwarzen Truppen« zeugende – Arbeit (Poujoulat 1945/46, Deckblatt, Übersetzung B.R.) hier exemplarisch paraphrasiert und ausgewertet werden soll.

Poujoulat untersucht die Unruhen unter westafrikanischen Soldaten nach ihrer Entlassung aus den kämpfenden Einheiten im Zeitraum 1944–45 und zieht daraus den Schluss, sie seien auf veränderte Einstellungen der Afrikaner gegenüber den Franzosen zurückzuführen, die sich aus einer neuen Selbsteinschätzung der Kolonialsoldaten ableiteten. Unter mehreren Aspekten, die an anderer Stelle eingehend diskutiert werden (Reinwald 2005:169-172), misst er diesbezüglich vor allem dem transatlantischen Kontakt, d.h. der Begegnung zwischen Afrikanern und *African Americans* ausschlaggebende Bedeutung bei. Er setzt ihn von der Wirkmacht her den Beziehungen afrikanischer Soldaten zu französischen Zivilpersonen, insbesondere weiblichen Geschlechts, und Angehörigen der *Résistance* gleich: All jene Beziehungen hätten dem Afrikaner nämlich seine ungleiche Behandlung in der Armee als absurd und unbegründet vor Augen geführt. Ungerecht behandelt fühle er sich vor allem in folgenden Punkten: erstens habe er eine eigens für »Senegalschützen« entworfene Uniform tragen müssen, die ihn mit ihrem roten Fez und einem breiten Flanellgürtel von vornherein als Armeeangehörigen zweiter Klasse stigmatisierte, während er doch mit ansehen musste, wie die algerischen Soldaten der Division Leclerc US-amerikanische Uniformen hätten trägen dürfen; zweitens sei es ihm verboten worden, Alkohol zu trinken und drittens sich Soldat zu nennen. Viertens schließlich führe er seinen skandalös niedrigen Sold ins Feld, der sich, verglichen mit dem seines französischen Kameraden aus der Metropole, lediglich auf ein Zehntel bis ein Siebtel belaufe (Poujoulat 1945/46:9-12).

Im Kern der Unmutsäußerungen und Proteste, bis hin zu Befehlsverweigerungen, stehe also die Forderung der Afrikaner nach Gleichbehandlung mit ihren französischen Kameraden, wobei sie sich diesbezüglich vor allem auch an der vermeintlichen Gleichstellung von Anglo- und Afroamerikanern in der US-Armee orientiert hätten. Im Kontakt mit Afroamerikanern habe der Afrikaner also den Eindruck gewonnen, sie seien den Weißen gleichgestellt; die im US-Armeekorps praktizierte Segregation sei ihm indes nicht bewusst geworden (Poujoulat 1945/46:13). Mehr noch:

»Während also unsere Senegalesen diese amerikanischen Schwarzen darum beneiden, dass sie vermeintlich die gleichen Rechte wie Weiße hätten, beneiden die amerikanischen Schwarzen ihrerseits wiederum die Männer schwarzer Hautfarbe innerhalb der französischen Gemeinschaft, die nicht unter der Rassenbarriere zu leiden haben.« (Poujoulat 1945/46:13, Übersetzung B.R.)

Bester Beweis dafür sei, dass fast alle Afroamerikaner eine Photographie von Félix Éboué, dem schwarzen Generalgouverneur Französisch-Äquatorialafrikas, bei sich getragen hätten. (Der aus Französisch-Guyana stammende und seit 1941 in Brazzaville amtierende Éboué war in der Tat von Anfang an der gaullistischen Bewegung loyal verbunden gewesen.) Nicht unterschätzt werden dürfe in diesem Zusammenhang schließlich das unter Afroamerikanern seit Beginn des Jahrhunderts manifeste Rassenbewusstsein, das nicht nur ihrem Bestreben nach Dominanz und Herrschaft Ausdruck verleihe, sondern sie auch dazu motiviere, ihre afrikanischen Brüder in diesem Sinne zu indoktrinieren. Von hierher erkläre sich die von Afroamerikanern seit den 1930er Jahren in Afrika verbreitete Propaganda des »Africa for the Africans«, die von den Wortführern der schwarzen Bewegung, Marcus Garvey und W.E.B. DuBois, verbreiteten Überzeugungen, Afrika müsse von der schwarzen Bevölkerungsmehrheit selbst regiert werden sowie die diesbezüglich anlässlich des fünften Panafrikanischen Kongresses in Manchester 1945 ergangenen revolutionären Aufrufe zur schwarzen Selbstherrschaft. Diese Propaganda sei bereits bei den Gebildeten unter den afrikanischen Soldaten auf fruchtbaren Boden gefallen, und es stehe zu befürchten, dass sie sich von da aus auch unter den einfachen Soldaten verbreite (Poujoulat 1945/46:20f).

Die Beobachtungen und Prognosen Poujoulats, die hier stellvertretend für eine Reihe ähnlich lautender Stimmungsberichte präsentiert wurden, welche französische Offiziere der Freien Truppen Frankreichs im Umfeld der Demobilisierung und Repatriierung afrikanischer Soldaten 1945/46 verfassten (Reinwald 2005:162-175), stimmen in vielerlei Hinsicht mit den oben diskutierten Befürchtungen britischer, französischer und US-Regierungsvertreter überein, die kriegsbedingten transatlantischen Begegnungen könnten irreversible »rassensolidarische« Verbrüderungsprozesse ausgelöst oder verstärkt haben. Ob die solchen Begegnungen in diesen Krisenszenarien beigemessene politische Brisanz sich nun historisch-empirisch erhärten lässt und die im Kontext der Demobilisierung und Repatriierung westafrikanischer Weltkriegssoldaten aufgetretenen »Zwischenfälle« und Unruhen tatsächlich mit den beschworenen Verbrüderungsprozessen von Schwarzen dies- und jenseits des Atlantiks zusammenhingen, wurde bislang ebenso wenig systematisch untersucht wie die Frage, welche Wirkungen das transatlantische Zusammentreffen bei schwarzen Soldaten nordamerikanischer und karibischer Provenienz zeitigte. Angesichts dieser Forschungslücke sollten die im Folgenden präsentierten diesbezüglichen Äußerungen burkinischer sowie ivorischer Weltkriegskombattanten als erste Annäherungen aus mikrohistorischer Sicht verstanden werden.

Aus den von Nancy Lawler (Lawler 1992:191-194) und mir erhobenen Daten (Reinwald 2005:151ff) lässt sich zunächst auf eine starke Bewunderung für die US-Armee im Allgemeinen schließen. So stellten westafrikanische Veteranen im Gespräch häufig unaufgefordert Vergleiche zwischen der US-Armee und den französischen Einheiten an, in denen sie auf die waffentechnische Überlegenheit der Amerikaner, das von ihnen als ausgesprochen locker und unkompliziert empfundene Verhalten von Anglo- und Afroamerikanern gegenüber Afrikanern sowie deren moralische Integrität hinwiesen. Daraus leiteten sie das Fazit ab, die US-Amerikaner seien als Kameraden wie als Vorgesetzte in jeder Hinsicht den Franzosen vorzuziehen gewesen. Aus ihren diesbezüglichen Äußerungen spricht jedoch auch eine gewisse Distanz und Oberflächlichkeit der Wahrnehmung, die in erster Linie auf die Sprachbarriere zurückzuführen ist, die tiefer gehende Verständigungsprozesse verhinderte, wie die Interviewten selbst erläuterten: »Als ich in Italien im Gefecht war, kämpften amerikanische Truppen, englische Truppen mit uns Seite an Seite. Wir waren also gemischt. Aber wir konnten nicht miteinander sprechen; erst nach und nach haben wir sie ein bisschen besser verstanden.« (Y.K., Jahrgang 1937, Ouagadougou 05.03.1999, Übersetzung B.R.)

Nicht nur fehlende sprachliche Verständigungsmöglichkeiten, sondern auch die – auf die Anordnungen der US-Armeeführung zurückzuführenden – spezifischen »Mischungsverhältnisse« in den Alliierten Verbänden verweisen allseits befürchtete Verbrüderungsprozesse zwischen schwarzen Soldaten ins Reich der Phantasie: So waren afrikanische Soldaten zwar explizit in angloamerikanische Landungseinheiten eingebunden, dürften jedoch kaum in Berührung mit den streng segregierten *African Americans* gekommen sein, die als Nachschub- und Versorgungskräfte das Kampfgeschehen flankierten. Umso erstaunlicher erscheint vor diesem Hintergrund die allem Anschein nach harmonische – bislang jedoch nicht eingehender untersuchte – Kohabitation zwischen Angloamerikanern und Westafrikanern in Nordafrika, Italien und Frankreich, in die sich auch weiße GI's wohl nicht nur ohne großes Aufheben fügten, sondern sie gar als »exotische Begegnung« schätzten (Lawler 1992:191). Glaubt man den Anekdoten burkinischer und ivorischer Veteranen, so haben ihnen die GI's seinerzeit nicht nur Zugang zu den ihnen verbotenen alkoholischen Getränken verschafft, sondern sich gelegentlich auch mit einer gehörigen Tracht Prügel bei französischen Soldaten revanchiert, die durch verächtliches oder herabwürdigendes Benehmen Afrikanern gegenüber aufgefallen waren (Y.K., Jahrgang 1937; T.G., Jahrgang 1934, beide Ouagadougou 05.03.1999).

Von alledem ist den weitaus meisten Veteranen der Umstand am besten im Gedächtnis geblieben, dass sie innerhalb der Alliierten Verbände mit US-Uniformen ausgestattet wurden. Wie ihre auch 50 Jahre nach Kriegsende noch euphorischen Bekundungen nahe legen, symbolisierte der Uniformwechsel einen wichtigen, wenn nicht den ausschlaggebenden Wendepunkt in ihren Kriegserfahrungen: »Die Ausstattung war jetzt die gleiche. Denn die Franzosen hatten vorher einen Unterschied gemacht [...] Als der Amerikaner kam, hat er gesagt: Alle sollen gleich sein.« (Y.K., Jahrgang 1937, Ouagadougou 05.03.1999, Übersetzung B.R.) Ob sich einige durch die neue Uniform nun ermutigt fühlten, Beleidigungen seitens frankofranzösischer und, nicht zu vergessen, antillianischer Soldaten – von denen sie wiederholt als »Neger« abqualifiziert wurden – schlagkräftig zu vergelten, andere sie als Geste der in ihren Augen längst überfälligen Anerkennung ihrer militärischen Leistungen empfunden haben mögen, oder sie gar als entscheidenden Schritt zu der von ihnen eingeforderten Gleichbehandlung interpretierten: im Uniformwechsel manifestierte sich für sie die unbestrittene Überlegenheit der ihnen wohlgesonnenen US-Amerikaner gegenüber ihrer kolonialen Muttermacht: »It was the French who had sent for us. The Americans took all the power from the French when they arrived. [...] The Americans loved us very much and they took care of us.« (Tuo Nahon, Jahrgang 1941, Guiembe/Korhogo 17.01.1986 in Lawler 1988:813)

Lässt sich daraus insgesamt schließen, dass die Sympathien der westafrikanischen Soldaten den US-Amerikanern allgemein, d.h. ohne Ansehen von Hautfarbe und Armeerang galten, so leiteten sie aus ihren Beobachtungen der Beziehungen zwischen

Schwarzen und Weißen im US-Korps durchaus unterschiedliche Bewertungen ab. Entgegen Poujoulats Annahme haben auch westafrikanische Mannschaftssoldaten die Segregation in der US-Armee zwar durchaus wahrgenommen, was indes nicht impliziete, dass sie zum Kern der Problematik gelangt wären. Während manche sie schlicht für ein Merkmal europäischer »Besonderheiten« hielten (Lawler 1992:191f), versäumten andere nicht darauf hinzuweisen, es habe für *African Americans* seinerzeit Aufstiegsmöglichkeiten im US-Korps gegeben, die ihnen in der französischen Armee verwehrt waren. Der Anblick afroamerikanischer Piloten, Panzerfahrer und Offiziere mag bei den Afrikanern jedoch die späterhin von den meisten Veteranen geteilte Überzeugung ausgelöst bzw. verfestigt haben, mit Hilfe von Bildung und unter Nutzung aller gebotenen Chancen könne man über das ihnen als koloniale Untertanen vorbestimmte Los von Arbeitern und Infanteristen hinausgelangen (Lawler 1992:192; Reinwald 2005:152, 210).

Die von Europäern und Angloamerikanern antizipierten Gemeinsamkeiten zwischen dunkelhäutigen Soldaten dies- und jenseits des Atlantiks lassen sich schließlich – zumindest was westafrikanische Veteranen anbelangt – auch im Punkte des impliziten Wissens um die leidvolle Erfahrung des transatlantischen Sklavenhandels nicht bestätigen. Den wenigen erhobenen Äußerungen zufolge scheint Erstaunen über die Existenz des anderen, nicht jedoch ein aus der gemeinsamen Geschichte abgeleiteter Impuls zur »rassensolidarischen« Verbrüderung die kriegsbedingte (Wieder)Begegnung geprägt zu haben:

»I didn't know black Americans existed. I was surprised to see them. I had an American friend. We went out together. I saw one of them who looked like a Korhogolese. I spoke to him, but when he did not understand me, I knew he was not from Korhogo. We did not know where they came from. [*Brief mini-history of African slave trade provided, N.L.*] Slaves, eh! The elders used to speak of slaves and Samory, but not about things before that.« (Siliouenissougui Silue, Jahrgang 1941, Guiembe/Korhogo 04.02.1986, in Lawler 1988:912)

Zusammengefasst können wir also davon ausgehen, dass die kriegsbedingte transatlantische Begegnung zwischen Afrikanern und Afro-Amerikanern insgesamt wohl eher ephemerer oder zufälliger Natur gewesen sein dürfte. Sprachliche Barrieren, aber auch die Existenz segregierter Truppenverbände haben wohl kaum Gelegenheit geboten, intensive Kontakte zu knüpfen, geschweige denn transatlantische Verbrüderungsprozesse in politischer Absicht einzuleiten. Dem Beobachter Poujoulat ist jedoch insofern zuzustimmen, als die Berührung mit – überwiegend angloamerikanischen – Angehörigen des US-Korps den Erfahrungshorizont westafrikanischer Soldaten der französischen Armee beträchtlich erweiterte. Analog zu anderen Begegnungen und Austauschbeziehungen, die sie auf verschiedenen Stationen ihrer Kriegsitinerarien knüpften oder zwangsweise erlebten – etwa zu französischen Militär- und Zivilpersonen beiderlei Geschlechts oder zu Angehörigen der deutschen Wehrmacht – konnte ihnen die temporäre Integration in das US-Korps durchaus zum Ausgangspunkt werden, Vergleiche anzustellen und neue Gewichtungen vorzunehmen, was ihre Selbst- und Fremdwahrnehmung anbelangte. In diesem Zusammenhang kann argumentiert werden, dass die ihnen in den Alliierten Verbänden gewährte Aufwertung als Soldaten, auch wenn sie vorrangig symbolischer Natur gewesen sein mag, zum wichtigen Korrektiv wurde, um das kolonial konnotierte und in den Mikrokosmos der französischen Armee übertragene Verhältnis der Unter-/Überordnung neu zu perspektivieren und sich einen Forderungs- und Berechtigungsdiskurs zu eigen zu machen, in dem Teilhabe, Gleichstellung und Befreiung aus kolonialen Zwängen zu Schlüsselbegriffen wurden. Einer ebenso einfachen wie für sie unverrückbaren Handlungslogik folgend, warfen sie ihren Anteil an der Befreiung Frankreichs in die Waagschale und nahmen Frankreich in die Pflicht, ihnen das Geleistete angemessen und gerecht zu vergüten. Waren ihre Forderungen also durchaus angetan, die auf dem zivilisatorischen Vorbehalt gegründeten kolonialen Über- und Unterordnungsverhältnisse grundsätzlich in Frage zu stellen und durch ein auf Reziprozität gegründetes Vertragsverhältnis zu ersetzen, so traten sie damit noch lange nicht als Akteure einer Zersetzung des französischen Kolonialreiches geschweige denn als transatlantisch vernetzte Systemüberwinder in Erscheinung, wie es die Krisenszenarien des antizipierten imperialen Kontrollverlustes unterstellten. Oder, wie man auch argumentieren könnte, es bedurfte nicht erst »rassensolidarischer« Verbrüderung, um den weitgehend durch ihre Erfahrungen geschulten Kriegsheimkehrern den Weg in die Auseinandersetzung mit den von ihnen nunmehr als anachronistisch empfundenen Beziehungen zur kolonialen Muttermacht zu weisen und ihr gewachsenes Selbstwertgefühl zur Geltung zu bringen.

Literatur

Betts, Raymond (1998): Decolonization. London/New York: Routledge
Bromber, Katrin (2009): Imperiale Propaganda. Die ostafrikanische Militärpresse im Zweiten Weltkrieg (=Studien Zentrum Moderner Orient Bd. 28). Berlin: Klaus Schwarz Verlag
Brown, Kevin K. (2001): The Military and Social Change. Phil. Diss. an der Michigan State Univ.
Clayton, Anthony/Killingray, David, Hg. (1989): Khaki and Blue: Military and Police in British Colonial Africa. Athens: Ohio University Center for International Studies
Cooper, Frederick (1997): The Dialectics of Decolonization: Nationalism and Labor Movements in Postwar French Africa. In: Cooper, Frederick/Stoler, Ann Laura, Hg.: Tensions of Empire. Colonial Cultures in a Bourgeois World. Berkeley/Los Angeles/London: University of California Press: 406-435
Creech Jones, Arthur (1951): British Colonial Policy: With Particular Reference to Africa. In: International Affairs 27/2: 176-183
Echenberg, Myron (1978): Tragedy at Thiaroye: The Senegalese Soldiers' Uprising of 1944. In: Cohen, Robin/Copans, Jean/Gutkind, Peter, Hg.: African Labor History. Beverly Hills: Sage: 109-128
Echenberg, Myron (1991): Colonial Conscripts. The Tirailleurs Sénégalais in French West Africa, 1857–1960. Portsmouth NH: Heinemann/London: James Currey
Furedi, Frank (1994): The New Ideology of Imperialism: Renewing the Moral Imperative. London: Pluto Press
Furedi, Frank (1999): The demobilized African soldier and the blow to white prestige. In: Killingray, David/Omissi, David, Hg.: Guardians of empire. The armed forces of the colonial powers, c. 1700–1964. Manchester/New York: Manchester University Press: 179-197
Höpp, Gerhard/Reinwald, Brigitte, Hg. (2000): Fremdeinsätze. Afrikaner und Asiaten in europäischen Kriegen, 1914–1945 (=Studien Zentrum Moderner Orient Bd. 13). Berlin: Das Arabische Buch
Israel, Adrienne M. (1992): Ex-Servicemen at the Crossroads. Protest and Politics in Post-War Ghana. In: Journal of Modern African Studies 30/2: 359-368
Killingray, David (1979): The Idea of a British Imperial African Army. In: Journal of African History 20/3: 421-436

Killingray, David (1983): Soldiers, Ex-Servicemen, and Politics in the Gold Coast, 1939–50. In: The Journal of Modern African Studies 21/3: 523-534

Killingray, David/Omissi, David, Hg. (1999): Guardians of empire. The armed forces of the colonial powers, c. 1700–1964. Manchester/New York: Manchester University Press

Lawler, Nancy E. (1988): Soldiers of Misfortune: The Tirailleurs Sénégalais of the Côte d'Ivoire in World War Two. Phil. Diss. an der NorthWestern Univ., Evanston, Illinois. 3 Bände. Ann Arbor, Mich.: UMI Dissertation Services

Lawler, Nancy E. (1992): Soldiers of Misfortune. Ivoirien Tirailleurs of World War II. Athens: Ohio University Press

Lovering, Timothy (2002): Authority and Identity. Malawian Soldiers in Britain's Colonial Army, 1891-1964. Phil. Diss. an der Univ. of Stirling

Lunn, Joe (1999): Memoirs of the Maelstrom: A Senegalese Oral History of the First World War. Portsmouth NH: Heinemann/Oxford: James Currey/Capetown: David Philip

Mabon, Armelle (2010): Prisonniers de guerre »indigènes«. Visages oubliés de la France occupée. Paris: Éditions la Découverte

Maghraoui, Driss (2000): Moroccan Colonial Troops. History, Memory and the Culture of French Colonialism. Phil. Diss. an der Univ. of California, Santa Cruz

Mann, Gregory (2006): Native Sons. West African Veterans and France in the Twentieth Century. Durham, NC: Duke University Press

Matthews, James J. (1982): World War I and the Rise of African Nationalism. Nigerian Veterans as Catalysts of Change. In: The Journal of Modern African Studies 20/3: 493-502

Michel, Marc (2003): Les Africains et la grande guerre. L'appel à l'Afrique, 1914–1918. Paris: Éditions Karthala (leicht veränderte Neuauflage der Erstausgabe 1982 *L'appel à l'Afrique. Contributions et réactions à l'effort de guerre en A.O.F., 1914–1919*. Paris: Publications de la Sorbonne)

Omissi, David (1994): The Sepoy and the Raj. The Indian Army, 1860–1940 (=Studies in Military and Strategic History). London: Mac Millan Press

Parsons, Timothy H. (1999): The African Rank and File. Social Implications of Colonial Military Service in the King's African Rifles, 1902–1964. Portsmouth N.H.: Heinemann/Oxford: James Currey

Poujoulat, Fernand (1945/46): Évolution de la mentalité des tirailleurs sénégalais au cours de la guerre 1939–1945. Aix-en-Provence: Centre des Archives d'Outre-Mer, 3 Ecol/56/9

Recham, Belkacem (1996): Les musulmans algériens dans l'armée française. 1919–1945. Paris/Montreal: Éditions L'Harmattan

Reinwald, Brigitte (2005): Reisen durch den Krieg. Erfahrungen und Lebensstrategien westafrikanischer Weltkriegsveteranen der französischen Kolonialarmee (=Studien Zentrum Moderner Orient 18). Berlin: Klaus Schwarz Verlag

Scheck, Raffael (2006): Hitler's African Victims. The German Army Massacres of Black French Soldiers in 1940. Cambridge: Cambridge University Press (deutsche Übersetzung: Hitlers afrikanische Opfer. Die Massaker der Wehrmacht an schwarzen afrikanischen Soldaten. Berlin: Assoziation A)

Shiroya, Okete J. E. (1985): Kenya and World War II. African Soldiers in the European War. Nairobi: Kenya Literature Bureau

Shiroya, Okete J. E. (1992): African Politics in Colonial Kenya. Contribution of World War II Veterans 1945–1960. Nairobi: Educational Research and Publications

Schleh, Eugene (1968): The Post-War Careers of Ex-Servicemen in Ghana and Uganda. In: The Journal of Modern African Studies 6/2: 203-220

Thomas, Martin C. (2002): The Vichy Government and French Colonial Prisoners of War, 1940–1944. In: French Colonial Historical Studies 25/4: 657-692

Jana Gohrisch

Transatlantischer Kulturaustausch

Einleitung

Im Zentrum dieses Aufsatzes steht der transatlantische Kulturaustausch, wie er in den Sprachen und Literaturen der anglophonen Karibik sichtbar wird. Methodisch beruht die Darstellung auf einem kontextorientierten Ansatz, der Geschichte und Geographie, ökonomische, soziale und politische Bedingungen zur Interpretation sprachlicher, literarischer und kultureller Phänomene heranzieht. Auf die Betrachtung der theoretischen Grundlagen aus der postkolonialen und der Kulturaustauschforschung folgt ein kurzer Abriss der geographischen Gegebenheiten und historischen Entwicklungen der Region sowie von deren sprachlichen Besonderheiten. Daran schließt sich ein ausführlicher Überblick über die anglophone karibische Literatur an, aus der ausgewählte Beispiele vorgestellt werden, um besonders die Themen und Formen der transkulturellen karibischen Literatur in Großbritannien näher zu beleuchten.

Methodische Überlegungen

Wie lässt sich transatlantischer Kulturaustausch theoretisch fassen? Mit welchen Analysemethoden und Kenntnissen können wir diese Prozesse beschreiben und erklären?

1993 veröffentlichte der Soziologe Paul Gilroy (geb. 1956 als Sohn der aus Guyana stammenden britischen Autorin Beryl Gilroy) seine bis heute einflussreiche Untersuchung *The Black Atlantic. Modernity and Double Consciousness*. Darin kritisiert er die aus seiner Sicht zu sehr am Konzept des Nationalstaats und seiner Kulturen orientierte britische Kulturwissenschaft der Nachkriegszeit dafür, dass sie den Beitrag der Schwarzen zur Kultur der Moderne systematisch vernachlässigt habe und entwickelt, angeregt von Stuart Hall, Gedanken zu einer »Schwarzen Kulturwissenschaft«. Seine zentrale Metapher für den entscheidenden Beitrag der Schwarzen zu einer Gegenkultur der Moderne ist der »schwarze Atlantik«, der ein System von transnationalen kulturellen Austauschprozessen, »a system of cultural exchange« (Gilroy 1993:14), darstellt. Dieses System wird getragen von einer transatlantischen Diaspora, deren Akteure eine Ästhetik des Hybriden, Vermischten hervorgebracht haben, die Gilroy anhand der populären Musik erläutert. Dabei ist die Karibik nur ein Teil der transatlantischen Vernetzungen von Musikern und Musikrichtungen, die von Afrika in die USA und nach Großbritannien, von der Karibik nach West- und Südafrika reichen.

Gilroy verdeutlicht an seinem Gegenstand, was der aus Bombay stammende Kulturtheoretiker Homi Bhabha (geb. 1949), der heute an der renommierten University of Chicago lehrt, mit dem Begriff des »third space« bezeichnet (Bhabha 1994:37). Bhabha, der die Dichotomie von Selbst und Anderem überwinden will, sieht Kulturen erst in ihren Zwischenräumen Bedeutungen entfalten (ebd. 38), die grundsätzlich instabil sind und daher dem randständigen Migranten Interventionsmöglichkeiten bieten. »It is from this hybrid location of cultural value – the transnational and the translational – that the postcolonial intellectual attempts to elaborate a historical and literary project.« (Bhabha 1992:439) Hybridität wird hier als dynamisch-kreatives Prinzip verstanden, wobei der postkoloniale Intellektuelle als Akteur die transnationale Übersetzungsarbeit verrichtet, die zum Abbau von Gegensätzen beiträgt. Neben Bhabha, Gilroy und anderen postkolonialen Kulturwissenschaftlern (wie Said und Spivak) erforschen britische, französische und deutschsprachige Historiker den Kulturaustausch und beziehen sich mehrheitlich auf europäische Kulturräume. Wichtig für die Betrachtung des transatlantischen Kulturaustauschs ist diese Forschung, weil sie wesentliche Kategorien bereitstellt, um diese Austauschprozesse in ihren konkreten Ausprägungen zu untersuchen. Dazu gehören die Akteure, die als Kulturvermittler auftreten, deren soziale und geographische Kontexte, die Ideen und materiellen Objekte des Austauschs. Die Kategorie Raum fungiert als eine Metapher für eine ausgedehnte Kontaktzone, wobei die gewaltsamen wie friedlichen Kulturkontakte diesen Kulturraum erst konstituieren. Grundsätzlich lässt sich behaupten, dass aus diesen sich zeitlich und räumlich überkreuzenden Prozessen der Zerstörung und Neuschöpfung einzigartige kulturelle Produkte wie Sprachen, Literaturen und kulturelle Praktiken entstanden sind, die sich ständig weiter wandeln.

Beeinflusst vom *New Historicism* und *Cultural Materialism* werden hier literarische Texte auf die repräsentierten Machtbeziehungen zwischen sozialen und ethnischen Gruppen sowie den Geschlechtern hin analysiert und als Objekte des Kulturaustauschs betrachtet. Die Prozesse der Semantisierung und Funktionalisierung gelten dabei als bedeutungsgebende soziale Praktiken, d.h. Produzenten und Rezipienten schreiben kulturellen Erzeugnissen Bedeutungen zu, die den Dingen erst kulturellen Wert verleihen. Mit einem historischen Interpretationsansatz, der den Funktionen der ästhetischen Elemente nachspürt, lassen sich die künstlerischen Mittel zunächst genau beschreiben und dann im historischen Moment des Entstehens sowie des damaligen und heutigen Rezipierens interpretieren. Dabei gilt die Auswahl bestimmter poetischer, erzähltechnischer oder dramatischer Techniken nicht als Intention eines Autors (in der sich dann gar die Interpretation erschöpft), sondern als textuelles bedeutungskonstituierendes Verfahren. Diese Herangehensweise beinhaltet, Nicht-Gesagtes und Leerstellen aufzuspüren und zu deuten und ist natürlich nur möglich, wenn man weiß, was der Text hätte anderes auswählen können. Dazu ist eine ausführliche Lektüre historiographischen Materials ebenso notwendig wie eine genaue Kenntnis zeitgenössischer, (nicht nur) literarischer Diskurse.

Transatlantischer Kulturaustausch und englischsprachige Karibik

Die Karibik selbst ist, so wie der Begriff hier verwendet wird, ein Konstrukt. Sie ist kein einheitlicher Kulturraum, sondern besteht aus einer Vielzahl von Inseln und Festlandterritorien mit jeweils unterschiedlicher Geschichte sowie verschiedenen Sprachen und Kulturen. Geographisch gehören zu ihr vor allem die Antillen, wobei im Norden die Großen Antillen (Kuba, Jamaika, Hispaniola mit Haiti und der Dominikanischen Republik sowie Puerto Rico) liegen. Östlich und südlich davon befinden sich die Kleinen Antillen mit den Inseln über dem Winde/Leeward Islands (Virgin Islands bis Trinidad) und den Inseln unter dem Winde/Windward Islands (Aruba bis Isla de Margarita vor der Küste Venezuelas). Die großen Inseln sind meist gebirgig, das Klima ist tropisch mit häufigen Wirbelstürmen. Zur geographisch und kulturell definierten englischsprachigen Karibik gehören die Bahamas, Jamaika, Trinidad und Tobago sowie eine Reihe der kleineren Inseln über dem Winde (Antigua, Barbuda, St. Kitts, Nevis, Anguilla, Montserrat) sowie von den Inseln unter dem Winde (Grenada, St. Lucia, St. Vincent), aber auch Festlandterritorien wie Guyana und Belize.

Historisch gesehen, nahmen sich die Bewohner der Region als Einwohner verschiedener Inseln wahr, die sich durch ihre Geographie und Geschichte, Sprachen und Kulturen unterschieden. Erst mit dem Zweiten Weltkrieg und der politischen Unabhängigkeit machte diese Fragmentierung einer auf regionale politische und kulturelle Besonderheiten gegründeten karibischen Identität Platz, die paradoxerweise besonders durch die Migration nach Europa und Amerika bestärkt wurde. Erst in der Fremde wurden sich viele Karibier ihres gemeinsamen sprachlichen und kulturellen Erbes bewusst, das sie z.B. von den Briten unterschied. Aber auch die gemeinsamen wirtschaftlichen, politischen und kulturellen Institutionen (wie die University of the West Indies), die seit den sechziger Jahren des 20. Jahrhunderts in der Karibik geschaffen wurden, untermauern dieses geographische Gemeinschaftsbewusstsein.

Die historische Dimension
Was heißt das nun für den transatlantischen Kulturaustausch? Um diese spezielle Form des noch immer anhaltenden Austauschs und seine Ergebnisse zu verstehen, betrachten wir ihn zunächst in seiner historischen Dimension. Dies dient dazu, die Akteure und Kulturvermittler kennenzulernen und deren Lebensräume sowie Interessen vorstellbar zu machen.

Waren die europäischen Entdecker mit Christoph Columbus noch freiwillig in die Region gekommen, so gilt das für viele der nachfolgenden Europäer nicht. Sie verdingten sich für wenig Geld als Kontraktarbeiter auf den Plantagen und ersetzten die indianischen Ureinwohner, die binnen weniger Jahrzehnte (außer in Guyana und Belize sowie einigen kleinen Inseln) ausgerottet worden waren. Die Plantagenbesitzer vergrößerten ihre Güter immer weiter und begannen daher im 16. Jahrhundert Afrikaner einzuführen, deren Arbeitskraft sie ohne Bezahlung ausbeuteten, um vor allem Zucker gewinnbringend zu produzieren. Diese Afrikaner wurden im atlantischen Dreieckshandel als Waren gehandelt und gegen ihren Willen in die Karibik sowie vor allem in die heutigen USA und nach Südamerika (besonders Brasilien) gebracht. Von den ungefähr 12,5 Millionen verschifften Afrikanern kamen ca. 10,7 Millionen in den Amerikas an (Sand 2002).

Wie normal dieser Handel und die ihm zugrunde liegende Auffassung von der rassischen Minderwertigkeit der Afrikaner war, lässt sich aus Daniel Defoes Roman *Robinson Crusoe* (1719) ersehen, dessen gleichnamige Hauptfigur als Sklavenhändler von Brasilien (wo er eine große Plantage betreibt) mehrfach nach Westafrika fährt und schließlich bei einem Sturm auf einer Insel in der Orinokomündung strandet – dies nicht etwa als Strafe für die Beteiligung am Sklavenhandel, sondern um eine weltliche Variante des protestantischen Arbeitsethos ungestört von konkurrierenden Plantagenbesitzern entwickeln zu können. Die aus heutiger Sicht widersprüchlichen Vorstellungen der europäischen Aufklärung schlagen sich auch in der Darstellung des Freitag nieder, der als edler Wilder zwar zivilisiert werden kann, als Robinsons Untergebener aber über ein rudimentäres Pidgin-Englisch nicht hinauskommt.

Auch der von den politischen Ideen der Aufklärung beeinflusste Mitautor der amerikanischen Unabhängigkeitserklärung und dritte amerikanische Präsident Thomas Jefferson zeigt sich als widerspruchsvolle Persönlichkeit. Er gehörte selbst zur Pflanzerschicht Virginias und hielt auf seinem Gut in Monticello ca. 200 Sklaven. Trotz einer inzwischen nachgewiesenen sexuellen Beziehung zu einer Mulattin konnte er sich ein friedliches und vor allem gleichberechtigtes Miteinander schwarzer und weißer Amerikaner nicht vorstellen.

Nach Abschaffung des Sklavenhandels (1807) und der Sklaverei im britischen Kolonialreich (1834/38) fehlten den Plantagenbesitzern wieder billige Arbeitskräfte, die sie diesmal aus Asien importierten. Die Mehrheit kam aus Indien in die jungen Kolonien Trinidad und Tobago sowie nach Guyana, in denen indischstämmige Einwohner heute mehr als ein Drittel bzw. die Hälfte der Bevölkerung stellen.

Bereits im 18. und 19. Jahrhundert verließen viele Karibier ihre Wohnorte und suchten Arbeit und bessere Lebensbedingungen z. B. auf anderen karibischen Inseln und in Panama beim Kanalbau. Vor allem aber nach dem Zweiten Weltkrieg gingen Hunderttausende in die USA und nach Kanada sowie nach Großbritannien, das nach dem Krieg Arbeitskräfte für die Industrie und den öffentlichen Sektor suchte. 2001 stammte 1 % der (58,7 Millionen zählenden) britischen Bevölkerung aus der Karibik. Da auch aus den anderen ehemaligen Kolonien Menschen einwanderten, machen die alteingesessenen Migrantinnen und Migranten mit britischer Staatsbürgerschaft sowie deren Nachkommen heute 7,9 % der Bevölkerung aus (Berg 2006:254). Neben der Migration in die Karibik ist also für das Thema des Kulturaustauschs auch die innerkaribische und inneramerikanische sowie die Migration nach Großbritannien zu bedenken.

Was für eine Art Kulturaustausch kann aus dieser Situation erwachsen? Kann die Zerstörung ethnischer und sozialer Gemeinschaften durch Versklavung und ökonomisch erzwungene Migration überhaupt mit dem Begriff »Kulturaustausch« beschrieben werden? Wie lebten diese unterschiedlichen ethnischen Gruppen aus Afrika, Europa und Asien in der Karibik, in welchen sozialen Beziehungen standen sie zueinander? Welche Veränderungen vollzogen sich unter den Bedingungen von Kolonialismus und Neokolonialismus? Die Akteure, die unter diesen historischen Bedingungen wirken, kommen nicht aus einheitlichen, sondern aus sozial und ethnisch sowie durch ihre Geschlechtszugehörigkeit unterschiedenen Gruppen, deren Überlebensstrategien sich aus allen Kulturen speisen. Schauen wir im Folgenden die Sprachentwicklung in der Karibik an, um einige kulturelle Elemente vor allem der anglophonen Regionen näher zu bestimmen.

Die sprachliche Dimension

Die Karibik wurde von spanisch-, französisch-, holländisch- und englischsprachigen Europäern besiedelt, zu denen noch kleinere Gruppen von Portugiesen kamen. Die Afrikaner kamen hauptsächlich aus Westafrika, aber auch aus Angola im Süden und aus dem Kongo in Zentralafrika und sprachen mehr als 100 verschiedene Sprachen. Die am häufigsten vertretenen Sprachfamilien waren die zu den Niger-Kongosprachen gehörenden Kwa-Sprachen (mit Ewe, Fon, Yoruba, Ibo) und die Mande-Sprachen (mit Mende-Fu, Mandinka, Bambara, Fula, Wolof). Schon die Schiffskapitäne, später dann auch die Plantagenbesitzer trennten die Afrikaner so, dass diese nicht mehr in ihren jeweiligen Muttersprachen kommunizieren konnten und so des wichtigsten Mittels beraubt waren, mit dem sie hätten Protest äußern und Widerstand organisieren können.

In der Karibik selbst lernten diese Sklaven zu Beginn der regionalen sprachlichen Neubelebung ein rudimentäres Pidgin-Englisch (bzw. Französisch, Spanisch oder Holländisch), um sich untereinander und mit den Aufsehern im Arbeitsprozess verständigen zu können. Mit der Zeit entwickelten sich daraus komplexe englisch- bzw. französischbasierte Mischsprachen, die Linguisten als Kreol bzw. *Creole* bezeichnen (beim Spanischen in der Karibik spricht man nicht von einem Kreol, obwohl das kubanische Spanisch deutliche phonologische wie lexikalische Eigenarten hat). Diese Kreolsprachen sind damit einige der wichtigsten Produkte des erzwungenen Kulturaustauschs in der Karibik und belegen die Schöpferkraft und Kreativität vor allem der Afrikaner unter sehr schwierigen Bedingungen.

Die Kreols variieren von Region zu Region und sind geprägt von den historischen, ökonomischen, politischen und sozialen Bedingungen ihrer Entstehung. Die Kreolisierung und damit der radikale Umbau des Englischen begannen in der Mitte des 17. Jahrhunderts auf Barbados, als die dortigen Plantagenbesitzer Afrikaner für ihre Zuckerplantagen heranholten. Mit Siedlern aus Barbados und deren Sklaven verbreiteten sich Kreolformen nach Jamaika und Surinam. Während in Jamaika ständig neue englischsprachige Siedler eintrafen, entwickelte sich das englischbasierte Kreol in Surinam, das Sranan, seit der Mitte des 17. Jahrhunderts eigenständig. Auf anderen Inseln beeinflussten nicht nur afrikanische Sprachen das englische Kreol, sondern auch andere Kolonialsprachen, wie z. B. das Französische auf St. Lucia und Trinidad (Sand 2002:81-83).

Alle neuankommenden Sklaven erlernten dann Kreol als Verkehrssprache, ihre Nachgeborenen erwarben sie bereits als Muttersprache, während die kolonialen Eliten weiterhin Englisch und Französisch sprachen, die als Regierungssprachen und Sprachen der formalen öffentlichen Kommunikation der Herrschenden erhalten blieben (Devonish 2007:169). Dies hat bis heute zu einer Zweisprachigkeit geführt, die einerseits karibische Standardvarietäten des Englischen (West Indian Standard English) und andererseits eine breite Palette von Kreolvarianten umfasst, die für die informelle Alltagskommunikation gebraucht werden. Kreol existiert als sog. sprachliches Kontinuum mit Formen, die uns als Englischsprechern zugänglich sind, und solchen, die wir wie eine Fremdsprache lernen müssen.

Worin bestehen nun die Besonderheiten des Kreol? Wie wird es von den Sprechern bewertet und welche Rolle spielt es für die Kulturen der Region?

Phonologisch ist das englischbasierte karibische Kreol an die Sprachen Westafrikas angepasst und verfügt über weniger Vokale und Konsonanten als das karibische Standardenglisch, weniger komplexe Silbenstrukturen sowie (wie viele westafrikanische Sprachen) über Tonhöhen, die die Unterscheidung gleichlautender Wörter gestatten. Das offensichtlichste und am weitesten verbreitete phonetische Merkmal ist die Reduktion des stimmlosen [T] zu [t], wie in »thing« zu »ting«, und des stimmhaften [D] zu [d], wie »the« zu »de«. Phonologisch gesehen unterscheiden sich Kreol und karibisches Standardenglisch wie Spanisch und Französisch (auch zum Folgenden Devonish 2007:175-177).

Betrachtet man das Lexikon, so zeigt sich, dass höchstens 5 % des täglichen Wortschatzes nicht-englischen Ursprungs sind. Besonders auffällig sind die Lehnwörter *nyam* für »essen« und *pickni* für »Kind/er«. Viele Wörter haben jedoch eine andere Bedeutung als in der Standardsprache, auch wenn sie ihnen ähnlich sehen. Die Unterschiede hier sind etwa so groß wie die zwischen Spanisch und Portugiesisch.

Die größten Abweichungen von der Standardsprache gibt es in den syntaktischen Strukturen, so z. B. bei den Zeitformen, den Aspekten, der Pluralbildung, wobei das Kreol die standardenglische Flektion (d. h. die Beugung der Verben) durch Partikel ausdrückt. Auch der Satzbau funktioniert anders. Bei den morpho-syntaktischen Abweichungen verhalten sich Kreol und karibisches Standardenglisch ähnlich wie deutsch und englisch.

Bei der Bewertung des Kreol muss man immer den Standpunkt und die Interessen des Bewertenden mitdenken: die Kreolsprecher selbst empfinden ihre Sprache als eine Form des Englischen und nennen sie *dialect, Patwa* oder *Patois*. Sprecher des karibischen und britischen Standardenglisch halten Kreol dagegen oft für *broken English* oder schlicht falsches Englisch. In der Vergangenheit wurde Kreol auch in der Karibik stark als die Sprache der schwarzen Unterklasse stigmatisiert und diskriminiert. Mit der Migration nach Großbritannien und in andere Länder hat sich diese Bewertung auch dort verbreitet. Seit den 1950er Jahren jedoch hat sich daran einiges geändert, wozu die Literatur entscheidend beigetragen hat. In London hat sich mittlerweile eine als cool geltende Jugendsprache herausgebildet, die Elemente des jamaikanischen Kreol mit dem Londoner *Cockney* verbindet und von Jugendlichen verschiedener ethnischer Herkunft gesprochen wird.

Auch die Bildungspolitik in der Karibik hat sich (bei allen regionalen Unterschieden) auffällig verändert: Mittlerweile wird Kreol als eine vom Englischen unterschiedene eigenständige Sprache anerkannt. Obwohl es noch keine standardisierte Rechtschreibung des Kreolischen gibt, wird Kreol auch in der Schule geschrieben. Schulbücher enthalten zunehmend mehr Texte aus der kreolsprachigen karibischen Literatur. In den elektronischen wie den Print-Medien ist häufiges *code-switching* zu beobachten, d. h. die Sprecher wechseln zwischen Standard- und Kreolvarianten und durchbrechen so die Trennung beider Sprachen, was wiederum dazu beiträgt, das Kreolische von seinem sozialen Stigma zu befreien (Sand 2002:87ff). Den Sprechern steht also eine Vielzahl von sprachlichen Möglichkeiten zur Verfügung, die sie flexibel handhaben und situationsgebunden auswählen, z. B. um ihre Zugehörigkeit zu einer bestimmten sozialen oder familiären Gruppe anzuzeigen oder eine bestimmte Identität auszudrücken (ebd. 89).

Die literarische Dimension
Literarische Themen und Formen in der Karibik
Die englischsprachige Literatur der Karibik, die sowohl in der Region als auch in Großbritannien, den USA und Kanada entsteht, ist das Ergebnis materieller, sprachlicher und ideeller Austauschprozesse im Atlantischen Raum. Dies zeigt sich sowohl in den The-

men dieser Literatur als auch in ihren Formen sowie den verschiedenen künstlerischen Mitteln, mit denen diese Themen unter Verwendung verschiedener sprachlicher Register präsentiert werden. Diese Ästhetik ist eine Ästhetik des Hybriden (in Bhabhas und Gilroys Sinn), die sowohl sprachlich als auch literarisch fassbar ist.

Zu den europäischen literarischen Formen gehören die Gattungen von Epik, Lyrik und Dramatik mit den jeweiligen Gattungskonventionen, die die weißen Autoren der Region, die seit dem 19. Jahrhundert in englischer Sprache schrieben, zunächst nachahmten und dabei ihren Lebenserfahrungen anverwandelten.

Ebenso bedeutend, wenn auch lange nicht in dieser Bedeutung anerkannt, sind die mündlich überlieferten vielfältigen afrikanischen Literaturformen. Dazu gehören Mythen und Sagen, Legenden und Fabeln, Rätsel und Geschichten, wovon die über Anancy, den trickreichen Spinnenmann, wohl die bekanntesten sind. Anancy-Geschichten sind bis heute in den verschiedenen Regionen der Karibik lebendig und haben Eingang gefunden in die Dichtung moderner Autoren. Darüber hinaus hat in der karibischen (wie auch der afroamerikanischen) Musik, wie im Reggae und Calypso (und im Jazz), sowie in der Lyrik das *call-and-response-pattern* westafrikanischen Erzählens und Singens besondere Spuren hinterlassen. Die mündliche Überlieferungsform bedingt bestimmte ästhetische und sprachliche Elemente: Reime und andere rhythmische Muster, Dialoge und refrainartige Wiederholungen sind notwendig, um das Memorieren zu erleichtern. Das dialogische Element erklärt sich aus der Aufführungspraxis in Gemeinschaften, deren Mitglieder weder lesen noch schreiben können. Diese Literatur, die deren Produzenten in der Karibik ihren Bedürfnissen anpassten, floriert vor allem in ländlichen Gesellschaften, auf deren gemeinsamer Kultur an Symbolen und Bedeutungen sie aufbaut.

Vor dem Hintergrund der kolonialen und später neokolonialen historischen Wirklichkeit verwundert es nicht, dass die afrikanischen Traditionen – wie auch das Kreol – über viele Jahrhunderte unterdrückt und stigmatisiert wurden. Kreol und die kreolisierte mündlich überlieferte Literatur afrikanischen Ursprungs gehören zu der von Schwarzen getragenen Volkskultur, deren Elemente die moderne schriftliche karibische Literatur entscheidend geprägt haben, wie später noch zu zeigen sein wird. Diese ist allerdings so vielfältig wie alle Literaturen, bevorzugt aber bestimmte Themen, die der lokalen Geschichte und den daraus erwachsenden spezifischen Lebensverhältnissen geschuldet sind.

In der Karibik haben sich verschiedene Modelle kultureller Produktion entwickelt, die bis heute fruchtbar sind. Der indischstämmige Trinidadier und Nobelpreisträger von 2001, V. S. Naipaul (geb. 1932), distanziert sich (besonders seit seinem Roman *The Mimic Men*, 1967) von der kreolisierten Kultur und bedient damit (ohne dass dies sein erklärtes Ziel wäre) eines der Vorurteile, die im 19. Jahrhundert den öffentlichen Diskurs über die Karibik in Großbritannien prägten. Englische Reisende wie der Schriftsteller Anthony Trollope oder der einflussreiche konservative Historiker James Anthony Froude berichteten immer wieder von den Unzulänglichkeiten der kolonialen Gesellschaft der Karibik, die sie als sozial, politisch und kulturell defizitär begriffen.

Die meisten Gegenwartsautorinnen und -autoren begrüßen ausdrücklich, wenn auch auf ganz unterschiedliche Weise, die Hybridität der karibischen Kultur und Literatur und sehen darin ihr besonderes Potenzial. Dazu gehören in der älteren Generation besonders Edward Kamau Brathwaite und Derek Walcott, aber auch Wilson Harris (geb. 1921), den besonders die indianische Kultur Guyanas fasziniert. Brathwaite (geb. 1930 in Barbados), Historiker und Dichter, betont dabei immer wieder die Rolle des afrikanischen Erbes im Kreolisierungsprozess (Brathwaite 1971) und dessen schöpferische Umwandlung in der Karibik. Für ihn ist das Kreolische, das er »nation language« nennt (Brathwaite 1981:21), notwendiger Bestandteil einer thematisch und ästhetisch eigenständigen Literatur. Diese muss sich bewusst von den kolonialen Einflüssen, d. h. von den Vorurteilen und Stereotypen gegenüber dem kreolisierten afrikanischen Erbe befreien, die nicht zuletzt auch durch das englische Bildungssystem zementiert wurden. Derek Walcott (geboren 1930 in St. Lucia), der erste karibische Nobelpreisträger, hebt die Bedeutung der europäischen Dichtungstraditionen hervor, die unauflöslich mit den afrikanischen und kreolischen kulturellen Elementen verbunden sind.

In seiner Nobelpreisrede von 1992 weist er der karibischen Literatur die Aufgabe zu, die Fragmente karibischer Geschichte und Identität zusammenzufügen. Dies funktioniert ihm zufolge nur, wenn alle Traditionslinien gleichermaßen akzeptiert und weiterentwickelt werden. »Antillean art is this restoration of our shattered histories, our shards of vocabulary, our archipelago becoming a synonym for pieces broken off from the original continent.« (Walcott 1993:262) Der letzte Teil dieser Äußerung spielt auf John Donnes *Meditation 17* aus den *Devotions upon Emergent Occasions* (1624) und damit auf einen berühmten englischen Prosatext an, der gebildeten Lesern bis heute vertraut ist. Mit der Metapher der einst zusammengehörigen Kontinente, die die frühneuzeitlichen Entdeckungen in sich trägt, versinnbildlichte Donne die Verbundenheit aller Menschen in einer Zeit, die sie zunehmend fragmentierte. Walcott macht mit dem Verweis auf Donne (nach dem Wilson Harris in *Palace of the Peacock*, 1960, eine Romanfigur benennt) den Zusammenhang zwischen Alter und Neuer Welt sinnfällig und unterstreicht die Chance, die in jedem Neubeginn liegt, auch wenn er aus der Zerstörung geboren ist.

In vielen seiner sprachlich sehr anspruchsvollen Gedichte, die in zehn Bänden vorliegen, verarbeitet Walcott klassische europäische Dichtung. Sowohl in seine Gedichte als auch in viele seiner mehr als 20 Dramen bezieht er, wie in *Ti-Jean and His Brothers* (1957), volkstümliche karibische Überlieferungen in englisch- und französischbasiertem Kreol ein oder entwirft, wie in *Pantomime* (1978), eine neue Version eines englischen Kanontexts. Hier ist es Defoes *Robinson Crusoe*, den Walcott (wie andere postkoloniale Autoren vor und nach ihm) umschreibt und dabei die Rollen nicht nur einfach verkehrt, sondern zum Anlass nimmt, die aus seiner (wie aus Homi Bhabhas späterer) Sicht vereinfachende Dichotomie von Kolonisator und Kolonisiertem aufzubrechen. Crusoe ist nicht nur der zerstörerische Kolonialherr, sondern eine Figur, deren lebenssichernder Pragmatismus und gleichzeitige Offenheit für neue Erfahrungen Walcott fasziniert und die er in *Pantomime* dramatisiert. Defoes Freitag tritt in Walcotts Stück als zupackender, witziger und souveräner ehemaliger Calypsosänger namens Jackson auf, der geschickt theatralische und sprachliche Konventionen manipuliert. Das Stück inszeniert ein Spiel im Spiel, in dem Jackson die Rolle des Crusoe übernimmt und mit seiner Nachahmung kolonialer Rollenzuschreibungen diese satirisch überhöht und dadurch die ihnen eingeschriebenen Herrschaftsstrukturen kritisch unterläuft. Mit *Omeros*, seinem 1990 erschienenen erzählenden Langgedicht, entwirft Walcott eine karibische Odyssee und setzt sich mit der Rolle des Dichters und seines Umgangs mit Sprache auseinander, die auch alle anderen Autoren immer wieder beschäftigen.

Wenden wir uns nun Louise Bennett (1919–2006), von vielen liebevoll »Miss Lou« genannt, und damit einer der bekanntesten Dichterinnen der schwarzen Volkskultur aus Jamaika zu. Einzigartig sind bis heute Bennetts virtuos gehandhabtes Kreol und die der mündlich überlieferten afro-karibischen Kultur entlehnten Sprachformen und Figuren. Darüber hinaus zeichnen sich ihre Gedichte durch eine pointierte Theatralik aus, die sich aber erst richtig entfaltet, wenn Bennett ihre Texte selbst vorträgt. Dafür hat sich die Bezeichnung *performance poetry* eingebürgert. Paradoxerweise sind es gerade diese Merkmale, die Miss Lou unter den Karibiern aller Schichten berühmt und beliebt machten, die die internationale (fachwissenschaftliche) Leserschaft aber lange daran hinderten, ihre Kunst als Kunst anzuerkennen. Erst ein weiter und kontextbezogener Literaturbegriff ermöglicht es, die lebensvollen poetischen Gestalten aus Bennetts volkstümlichen Balladen, ihre Ironie und Situationskomik voller aktueller Bezüge als Literatur zu würdigen. Mit ihren Gedichten und Geschichten sowie unzähligen Fernseh- und Radiosendungen hat sich Bennett (seit den 1940er Jahren) nicht nur entscheidend um die Popularisierung bisher nicht als literaturfähig geltender Formen der Unterhaltungskunst verdient gemacht, sondern zugleich auch geholfen, das Kreolische von seinem sozialen Stigma zu befreien. Das vielfach aufgeführte und mehrfach in leicht verschiedenen Fassungen veröffentlichte Gedicht *Colonizing in Reverse* (Bennett in Markham 1989:62f) erschien erstmals 1966 in Bennetts Gedichtband *Jamaica Labrish*. Es thematisiert auf humorvolle Weise die Migration der Karibier ins einstige Mutterland Großbritannien und damit eine weitere Stufe des transatlantischen Kulturaustauschs.

> What a joyful news, Miss Mattie,
> Ah feel like me heart gwine burs –
> Jamaica people colonizin
> Englan in reverse.
>
> By de hundred, by de tousan,
> From country an from town,
> By de ship-load, by de plane-load,
> Jamaica is Englan boun.
>
> Dem a pour out a Jamaica;
> Everybody future plan
> Is fe get big-time job
> An settle in de motherlan.
>
> What a islan! What a people!
> Man an woman, old an young
> Jusa pack dem bag an baggage
> An tun history upside dung!
>
> Some people doan like travel,
> But fe show dem loyalty
> Dem all a open up cheap-fare-
> To Englan-agency;

> An week by week dem shippin off
> Dem countryman like fire
> Fe immigrate an populate
> De seat a de Empire.
>
> Oonoo see how life is funny,
> Oonoo see de tunabout,
> Jamaica live fe box bread
> Out a English people mout'.
>
> What a devilment a Englan!
> Dem face war an brave de worse,
> But I'm wonderin how dem gwine stan
> Colonizin in reverse.

In kraftvollem Kreol führt Bennett in ihrem balladenartigen Gedicht eine Frau vor, die – vielleicht auf dem Markt – einer Bekannten voller Stolz berichtet, wie Tausende Jamaikaner nach Großbritannien gehen, um dort ihr Glück zu machen. Selbst die Reiseunlustigen beteiligen sich clever an dem gewinnbringenden Unternehmen, in dem sie ein Reisebüro gründen. Selbstbewusst und witzig ist hier die historische Perspektive in ihr Gegenteil verkehrt: Die Jamaikaner erobern das Mutterland und Bennetts lyrisches Ich fragt sich belustigt, wie denn die Briten nach den schweren Kriegszeiten nun auch noch die umgekehrte Kolonisierung aushalten werden.

Literarische Themen und Formen in Großbritannien
Dieser von Bennett mit ironischer Geste beschriebene transatlantische Kulturaustausch brachte karibische Themen und Formen sowie karibische Varietäten des Englischen nach Großbritannien. Er wurde getragen von den (zunächst meist männlichen) Arbeitsmigranten sowie von Autorinnen und Autoren, die im Mutterland auf bessere Verdienst- bzw. Veröffentlichungsmöglichkeiten hofften. Die ältere Generation karibischer Autoren wirkte in den 50er und 60er Jahren als Kulturvermittler aus der Karibik nach Großbritannien. Diese Autoren (wie Brathwaite oder George Lamming, geb. 1927 in Barbados) identifizierten sich emotional mit der (oft ländlichen) karibischen Kultur, in der sie noch unter britischer Kolonialherrschaft aufgewachsen waren. Für die heutigen Autoren um die 50 (wie Caryl Phillips) und jünger, die als Kinder nach Großbritannien kamen oder gleich dort geboren wurden, ist die karibische Kultur ihrer Eltern lediglich ein Teil ihres transkulturellen Erbes, mit dem sie sich oft intensiv auseinandersetzen. Dem gegenüber ist für die jüngste Generation (wie für Zadie Smith), die sich mit Großbritannien als ihrem Lebens- und Schaffensmittelpunkt identifiziert, die Karibik nur noch ein kultureller Aspekt unter vielen. Diese Autorinnen und Autoren schauen auf Großbritannien selbst, dessen Vorstellungen vom »Britisch-Sein« sie sowohl aus der Innen- als auch der Außenperspektive befragen.

Im Ergebnis dieser Migrationsbewegung und der Integration der Nachgeborenen in die britische Gesellschaft steht eine neue transnationale karibische Literatur, deren Vertreter der mittleren und jüngeren Generation sich verstärkt mit karibischer Geschichte als Teil der Weltgeschichte befassten. Die Autorinnen und Autoren schreiben aber für ein britisches Publikum und experimentieren besonders mit der Romanform, die sie aufnahmefähig machen wollen für ihre Erfahrungen. Geschichte erscheint in ihren Texten als verbundene, als gemeinsame Geschichte. Ästhetisch wird das z. B. versinnbildlicht durch verschiedene Zeitebenen innerhalb eines Romans oder vielstimmiges und vielsprachiges Erzählen aus verschiedenen Figurenperspektiven, wie z. B. in Caryl Phillips' *Cambridge* (1991) oder *Crossing the River* (1993) und Andrea Levys *Small Island* (2004). Alle drei Romane widmen sich verschiedenen Perioden karibisch-britischer Weltgeschichte. *Cambridge*, wie David Dabydeens *The Harlot's Progress* (1999), spielt zur Zeit des Sklavenhandels und der Plantagensklaverei, während Levy sich der Zeit um den Zweiten Weltkrieg zuwendet. Phillips (geb. 1958 in St. Kitts) und Dabydeen (geb. 1956 in Guyana mit indischem Hintergrund) experimentieren, angeregt von Wilson Harris, mit postmodernen Formen. Phillips bezieht Tagebücher und Reiseberichte aus dem frühen 19. Jahrhundert sowie das Genre der *slave narrative* ein, deren Stil er sich im Modus des Pastiche anverwandelt, während Dabydeen als Teil des widerspruchsvollen europäischen kulturellen Gedächtnisses die Malerei von William Hogarth und William Turner in einen intermedialen Dialog mit Literatur treten lässt. Phillips setzt zwei Erzähler nebeneinander, die die Machtverhältnisse auf einer Zuckerplantage aus der Sicht der Tochter des Sklavenhalters und aus der Sicht eines rebellischen Sklaven schildern, die konkurrierende Wahrheiten formulieren. Wie für Dabydeen so steht auch für Phillips die Produktion von Wissen über diese Periode der gemeinsamen Geschichte Großbritanniens und der Karibik im Zentrum der Aufmerksamkeit. Andrea Levy (geb. 1956 in Jamaika) erzählt ihren realistischen Roman multiperspektivisch aus weiblicher und männlicher, karibischer und englischer Perspektive, um die Stereotypen von Identitäten sowie von Weltkriegs- und Immigrationserfahrungen wechselseitig zu beleuchten und letztendlich zu unterwandern. Auch hier gibt es keine eine Wahrheit, die es aufzudecken gilt, sondern eine Vielzahl an möglichen Bedeutungen, die die migrantischen Akteure im »third space«, dem von Homi Bhabha identifizierten Raum zwischen den Kulturen, hervorbringen.

Betrachten wir nun den ästhetischen Kulturaustausch im Roman näher. Ein inzwischen klassisches Beispiel für die gelungene Verbindung europäischer und karibischer ästhetischer Traditionen ist der 1956 erschienene Roman *The Lonely Londoners* des indisch-stämmigen Trinidadiers Samuel Selvon (1923–1994), der auch Kurzgeschichten und Theaterstücke schrieb. Er kam 1950 nach Großbritannien und ging in den achtziger Jahren nach Kanada. In der Moses-Trilogie, zu der auch *Moses Ascending* (1975) und *Moses Migrating* (1983) gehören, thematisiert Selvon die Einwanderung der ersten Generation schwarzer Karibier nach Großbritannien, den dortigen Rassismus und die verschiedenen kollektiven wie individuellen Strategien des Überlebens und des Protests, den sie entwickeln. Nach vielen seiner Vorgänger, die das Kreolische in immer neuen Varianten als Figurensprache nutzten, war Selvon der erste Autor, der in *The Lonely Londoners* darüber hinaus eine für englische Muttersprachler gut lesbare Form des trinidadischen Kreol durchgängig als Erzählersprache einsetzte. Dieses ästhetische Element kann als Ausdruck einer sich entwickelnden Gruppenidentität interpretiert werden, deren Entstehung auch die Handlung thematisiert.

Der Roman erzählt die Geschichte einer Gruppe junger schwarzer Männer aus verschiedenen Teilen der englischsprachigen Karibik, die sich in London um Moses scharen, der, seinem biblischen Vorbild gemäß, die Gruppe zusammenhält. Bis auf wenige Nebenfiguren kommen alle Charaktere aus der Arbeiterschicht. Einige verschaffen sich kurzzeitig ein Gefühl der Überlegenheit durch wiederholte Beziehungen zu weißen Frauen, die als Sexobjekte und Statussymbole fungieren. Auch die Darstellung der wenigen schwarzen Frauen mutet aus heutiger Sicht sehr patriarchal an, denn sie übersetzen zwar die dörfliche Lebensweise in städtische Strukturen des gemeinsamen Überlebens, haben aber keine eigene Stimme in diesem Roman, der nur die Männerfiguren als Fokalisatoren ausweist. Diesen Eindruck hatten auch schon frühere Leser und vor allem Leserinnen, die, wie die Romanautorin Joan Riley, in den achtziger Jahren die Geschichte der karibischen Einwanderer aus der Sicht der Frauen zu erzählen begannen.

Der Roman ist insgesamt episodisch angelegt, hat also keine linear fortschreitende Handlung, sondern stellt die verschiedenen Figuren in wechselnden Konstellationen und Situationen vor. Diese Erzähltechnik vermittelt den Lesern ein Gefühl von ständiger Bewegung und Veränderung und modifiziert die Konventionen des realistischen Romans mit seiner logischen Handlungsführung, seinen Konflikten und ihrer Lösung. Gegen Ende des Romans verstärkt eine lange Passage in der modernistischen Bewusstseinsstromtechnik, die ohne Erzählerkommentar die (scheinbar ungeordneten) Gedanken Moses' wiedergibt, den Eindruck des Romans als Geflecht ineinander verwobener mündlicher Reportagen einzelner Erzähler, die erst für den Leser ein Ganzes ergeben.

Atmosphäre, Stil und Ton von Selvons Roman sind des Weiteren besonders von der karibischen Tradition des mündlichen Erzählens beeinflusst, die explizit durch den häufig verwendeten Begriff »ballad«, der soviel wie Erzählung und Bericht bedeutet, aufgerufen wird. Das folgende Zitat führt Moses als kreolsprechenden Erzähler-Fokalisator vor:

»Sometimes, listening to them, he look in each face, and he feel a great compassion for everyone of them, as if he live each of their lives, one by one, and all the strain and stress come to rest on his own shoulders.« (Selvon 1987:139)

Die parataktische Verbindung der Hauptsätze durch »and« ist ein der mündlichen Rede entlehntes Mittel der Reihung; die Verben sind unflektiert; der Konditionalsatz verzichtet auf das Präteritum des Verbs. Zugleich charakterisiert dieser Abschnitt Moses und seine Funktion für das Überleben der Einwanderer in der feindlichen Umgebung. Ein Besuch bei ihm ersetzt den jungen Männern die Kirche, denn sie können bei ihm ihre Erfahrungen loswerden und Trost empfangen.

Die Episodenstruktur und der komisch-heroische Ton der *Lonely Londoners* sind auch vom europäischen Schelmenroman beeinflusst, dessen spanisches Urbild *Lazarillo de Tormes* (1554) eine Figur aus der niederen Volksschicht vorführt, die alle Schichten der Gesellschaft durchwandert und zuweilen recht bissig kommentiert. Die Erniedrigung und Machtlosigkeit, die er erfährt, kompensiert er durch Witz und Schläue, ganz so, wie es Selvons (und Bennetts) Karibier angesichts des englischen Rassismus tun. Auf der ästhetischen Ebene dienen neben dem Schelmenroman noch andere Genres der europäisch-westlichen Kultur und weitere karibische kulturelle Praktiken als Reservoirs, aus denen der Text Darstellungsformen, Motive und Tropen schöpft. Aus der Bibel und den mittelalterlichen Ritterromanen um König Artus und seine Tafelrunde entlehnt sind zwei Ausprägungen des Suchmotivs: die Suche nach dem gelobten Land und die nach dem heiligen Gral. Beide Prä-Texte erscheinen in Figurennamen wie in Handlungselementen und lenken die Aufmerksamkeit der Leser vor allem auf die Abweichungen von diesen kulturell vorgeprägten Mustern. Weder ist Großbritannien das gelobte Land, noch bietet es Erlösung wie der heilige Gral. Während in der christlichen Ikonographie die Taube den Heiligen Geist versinnbildlicht, erlegt der hungrige Galahad, benannt nach dem Ritter, der den heiligen Gral schaut, ironisch verkehrt eine richtige Taube.

Stilistisch bietet der Text so ungewöhnliche Passagen wie die folgende aus Galahads Sicht, der sich mit dem allgegenwärtigen Rassismus auseinandersetzt. Die Stilfigur der Personifizierung macht über die daraus resultierende und durch das Kreol verstärkte Komik einen unerträglichen Zustand individuell beherrschbar, weil sie den einzelnen – zumindest verbal – als handlungsfähig darstellt.

»And Galahad watch de colour of his hand, and talk to it, saying, ›Colour, is you that causing all this, you know. [...] Is you that cause a lot of misery in the world. Is not me, is you! I ain't do nothing to infuriate people and them, is you! Look at you, you so black and innocent, and this time so you causing misery all over the world. [...]‹ Is not we that the people don't like,' he tell Moses, ›is the colour Black‹.« (Selvon 1987:88f)

Die Trennung zwischen Person und Hautfarbe führt vor, dass alle Zuschreibungen aufgrund der Hautfarbe rassistische Konstrukte sind, die der Ausgrenzung dienen.

Auf karibische kulturelle Praktiken verweisen Figuren mit Namen, die an Calypsosänger erinnern, wie Five Past Twelve und Big City. Calypso ist eine populäre Form der Musik und Sprachkunst, die die ehemaligen Sklaven im kolonialen Trinidad entwickelten, um sich mit ihren Lebensumständen auseinanderzusetzen und die dann von den städtischen Unterschichten gepflegt wurde. Weltweit bekannt wurde diese in den 1940er Jahren in Trinidad als Unterhaltung beliebte Musik in den fünfziger Jahren durch Harry Belafonte. Von *Steelbands* begleitet, ist sie heute aber auch bei den Karnevals in London oder New York zu hören. Ein guter *Calypsonian* improvisiert häufig seine Texte und reagiert damit auf Einwürfe oder Kommentare aus dem Publikum, das besonders sprachliche Schärfe und Wortwitz, sexuelle Anzüglichkeit, oder zumindest Mehrdeutigkeit, schätzt sowie sozial kritische Texte honoriert. Die Sprache umfasst alle Register des karibischen Englisch und des englisch- wie französischbasierten Kreol. Trotz der touristischen Vermarktung des Genres erfüllt es, besonders in Trinidad, noch immer das Bedürfnis nach öffentlicher und unterhaltender Auseinandersetzung mit Alltagsleben und -politik aus der Sicht der Nicht-Privilegierten. Die sexistischen Elemente, die (ähnlich wie in Selvons Roman) Männern das Gefühl von Stärke und Dominanz vermitteln, sind immer wieder (besonders von Frauen) kritisiert worden, prägen das Genre aber weiterhin.

Selvons innovative Verbindung von westlichen wie karibisch-kreolischen kulturellen Praktiken versinnbildlicht den transatlantischen Kulturaustausch, den sowohl die agierenden Romanfiguren ausführen als auch der Autor selbst, der damit ein wesentlicher Akteur ist und dies in seiner Hauptfigur zugleich ironisiert. So zeigt er uns am Ende des Romans Moses am Ufer der Themse stehend und die hoffnungslose Rastlosigkeit, die das Lachen nur kurzzeitig zu überdecken vermag, reflektierend:

»The old Moses standing on the banks of the Thames. [...] Under the kiff-kiff laughter, behind the ballad and the episode, the what-happening, the summer-is-hearts, he could see a great aimlessness, a great restless, swaying movement that leaving you standing in the same spot. As if a forlorn shadow of doom fall on all the spade in the country.« (141)

Anschließend überlegt Moses, ob er wohl – wie jetzt so viele Einwanderer in Frankreich – ein Buch über seine Erlebnisse schreiben solle: »One day you sweating in the factory and the next day all the newspapers have your name and photo, saying how you are a new literary giant.« (142) Mit dieser selbstreflexiv-ironischen Referenz auf ihre eigene kulturvermittlerische Tätigkeit, die der niederdrückenden Bilanz des Einwandererdaseins wieder eine komische Distanz gibt, entlassen uns Moses und sein Schöpfer Samuel Selvon aus dieser gelungenen künstlerischen Aneignung realer Austauschprozesse.

In der Lyrik kamen mit den karibischen Dichtern Formen und Aufführungspraktiken nach Großbritannien, die die dortige, für die private Lektüre geschriebene Dichtkunst nicht entwickelt hatte. Heute gehört vor allem die in abgemildertem Kreol verfasste *performance poetry* zur britischen Lyrik – und vor allem zur Musikszene, die ohne Reggae und Calypso sowie andere karibische Musikstile deutlich ärmer wäre. In der transnationalen karibischen Literatur ist Hybridität thematisch ein Alltagsphänomen, das weder besonders gelobt noch beklagt wird. Auch ästhetisch sind die literarischen Texte karibischstämmiger Autorinnen und Autoren Mischformen. Sie verwenden weiterhin das Kreolische, haben aber, in der Nachfolge Selvons, milde Formen ausgeprägt, die einem britischen Lesepublikum keine Verständnisprobleme bereiten.

Dies wird deutlich in den Gedichten von John Agard (geb. 1949), der 1977 aus Guyana nach Großbritannien kam und dort ein bekannter *performance poet* und Kinderbuchautor ist. Sein oft anthologisiertes Gedicht *Listen Mr Oxford don* (Agard 1985:44f), frei übersetzt etwa: »Hör zu, Professor aus Oxford«, setzt Bennetts ironische Verkehrung der Verhältnisse in ihr Gegenteil fort. Es thematisiert die Machtverhältnisse zwischen Einwanderern und Briten von der sprachlichen Seite her, die auch Walcott in *Pantomime* bearbeitet. Agards lyrisches Ich ist ein nach Großbritannien emigrierter Karibier, der sich im Mutterland des Englischen sogleich daran macht, dessen Autorität zu zerstören. Diese Autorität wird schon im Titel metonymisch versinnbildlicht durch den Professor aus Oxford, das, neben Cambridge, die älteste und prestigeträchtigste Universität des Landes beherbergt. Sie gab mit dem Standardwörterbuch *Oxford Dictionary of the English Language* der englischen Hochsprache einen ihrer Namen. Die andere metonymische Bezeichnung, auf die das Gedicht anspielt, ist das *Queen's English*, das Englisch der höchsten politischen Autorität im Lande.

Draufgängerisch und selbstbewusst verschafft sich der Kreol sprechende Einwanderer, der im nicht sehr noblen Londoner Stadtteil Clapham Common zu Hause ist, Gehör. Er posiert als ein gesuchter Schwerverbrecher, obwohl er als Akteur des Sprachwandels doch nur mit seinem Atem und seiner Sprache bewaffnet ist. Ganz ohne Axt und Hammer schlägt er das kostbarste Gut der Briten in Stücke, bringt dessen wohlklingende Phonetik und geordnete Grammatik durcheinander. Die Schlusszeile stellt uns vor, wie es wäre, wenn die Königin daran mittäte und sich gar mit der neuen Art Englisch zu sprechen schmücken würde.

> Me not no Oxford don
> me a simple immigrant
> from Clapham Common
> I didn't graduate
> I immigrate

But listen Mr Oxford don
I'm a man on de run
and a man on de run
is a dangerous one

I ent have no gun
I ent have no knife
but mugging de Queen's English
is the story of my life

I don't need no axe
to split/ up yu syntax
I don't need no hammer
to mash/ up yu grammar

I warning you Mr Oxford don
I'm a wanted man
and a wanted man
is a dangerous one

Dem accuse me of assault
on de Oxford dictionary/
imagine a concise peaceful man like me/
dem want me serve time
for inciting rhyme to riot
But I tekking it quiet
down here in Clapham Common

I'm not a violent man Mr Oxford don
I only armed wit me human breath
but human breath
is a dangerous weapon

So mek dem send one big word after me
I ent serving no jail sentence
I slashing suffix in self-defence
I bashing future wit present tense
and if necessary
I making de Queen's English accessory / to my offence

Die von Historikern, Linguisten und Literaten für die Karibik beschriebene Kreolisierung ist – wenigstens in der literarischen Phantasie Agards – nach Großbritannien zurückgekehrt, von deren kolonialem Expansionsdrang sie ursprünglich herrührte. Kreol und Kreolisierung sind nun auch britische Phänomene, die die altehrwürdigen und mächtigen Institutionen des Landes von innen her verändern. Eine dieser Institutionen ist eben das *Oxford English*, das in den *Home Counties* Südenglands vor allem von den Gebildeten der oberen Klassen gesprochen wird und mit dem sich Konnotationen von Wohlstand und Macht verbinden. Dieses Gedicht inszeniert einen Sprachwandel, in dessen Folge die Sprache der einstigen Kolonialherren ihre bedrückende Macht verliert und damit aufnahmefähig wird für die Erfahrungen der bisher Marginalisierten und Ausgegrenzten.

Agards neues Englisch trägt damit auch eine politische Botschaft, die alte Bedeutungen in Frage stellt, ohne sogleich neue zu etablieren. Sprache ist in Bewegung und erzeugt Bewegung, die neugierig macht auf die karibische Literatur und Sprache der Zukunft.

Zusammenfassung

Der transatlantische Kulturaustausch ist ein über Jahrhunderte andauernder und bis heute nicht abgeschlossener Prozess. Ausgelöst durch die europäische koloniale Expansion und begründet in ökonomischen Prozessen haben die freiwilligen und unfreiwilligen Akteure dieser Prozesse eine bedeutende Kreativität entfaltet. Diese Kreativität wird sichtbar in den Sprachen und Literaturen der Karibik, von denen sich dieser Beitrag denen der englischsprachigen Karibik in der Karibik und in Großbritannien gewidmet hat.

Das auf einem Kontinuum verschiedenster Stufen existierende englischbasierte Kreol entstand aus der Notwendigkeit, die unterdrückten Sprachen vor allem Afrikas zu ersetzen und in dem neuen Umfeld der Plantagensklaverei zu überleben, zu kommunizieren und schließlich auch künstlerisch tätig zu werden. Die karibische Literatur entwickelte sich in zwei, sich wechselseitig durchdringenden Varianten: als bürgerliche, von Weißen verfasste Literatur in der Nachahmung britischer Vorbilder und als afrikanisch beeinflusste, kreolisierte und von der ländlichen schwarzen Gemeinschaft getragene Volkskultur. Ihre vor allem der mündlichen Überlieferung angepassten Formen umfassen besonders Arbeitslieder und religiöse Gesänge, Balladen und Gedichte verschiedener Art. Diese mündliche Literatur in den verschiedenen Kreolformen fließt ein in die moderne karibische Literatur, die vor allem seit den 1950er Jahren sichtbar wird und heute in der Karibik, aber auch in den USA, in Kanada und in Großbritannien produziert und rezipiert wird. Hier wirken sowohl die Arbeitsmigranten als auch die Autoren wie Louise Bennett, Samuel Selvon und John Agard selbst als Kulturvermittler. Karibische Literatur ist heute ein Ensemble von Texten, die sich thematisch, ästhetisch oder sprachlich auf die Karibik beziehen und von transnationalen Autoren geschrieben werden, die der Region biographisch verbunden sind. Sie beinhaltet im weitesten Sinne, neben Romanen und anderen Prosaformen, auch für den mündlichen Vortrag verfasste *performance poetry* und Musik, Theater und weitere Aufführungspraktiken, die westliche und karibische Dichtungstraditionen verschmelzen. Aus dem erzwungenen Kulturkonflikt wurde ein Kulturaustausch, dessen Folgen den Ausgangspunkt dieser Entwicklung erreicht haben: Großbritannien. Dort entwickeln sich nun immer neue spannende Mischformen, die die Musik ebenso umfassen wie die bildende Kunst und die Populärkultur mit ihrem berühmten Londoner Karneval von Notting Hill, der seine Wurzeln im kolonialen Trinidad hat.

Literatur

Primärliteratur

Agard, John (1985): Mangoes and Bullets. London: Pluto
Bennett, Louise (1989): Colonizing in Reverse. In: Markham, E. A., Hg.: Hinterland. Caribbean Poetry from the West Indies and Britain. Newcastle: Bloodaxe: 62-63
Donne, John (^{5}1986). Meditation 17. In: Howard Abrams, Meyer, Hg.: Norton Anthology of English Literature. 1. Band. New York/London: Norton: 1107-1108
Selvon, Samuel (1987): The Lonely Londoners. London: Longman (Erstfassung 1956)

Sekundärliteratur

Berg, Sebastian (2006): Einwanderung und multikulturelle Gesellschaft. In: Kastendiek, Hans/Sturm, Roland, Hg.: Länderbericht Großbritannien. Geschichte, Politik, Wirtschaft, Gesellschaft, Kultur. Bonn: Bundeszentrale für politische Bildung: 250-272
Bhabha, Homi (1992). Postcolonial Criticism. In: Greenblatt, Stephen/Gunn, Giles, Hg.: Redrawing the Boundaries: The Transformation of English and American Studies. New York: MLA: 437-465
Bhabha, Homi (1994): The Location of Culture. London/New York: Routledge
Brathwaite, Edward Kamau (1971): The Development of Creole Society in Jamaica 1770–1820. Oxford: Clarendon Press
Brathwaite, Edward Kamau (1981): English in the Caribbean. In: Fiedler, Leslie A./Baker Jr., Houston A., Hg.: English Literature: Opening up the Canon. Baltimore/London: The Johns Hopkins University Press: 15-53
Devonish, Hubert (2007): Speaking the Caribbean: Turning Talk into a Language in the Anglophone Caribbean. In: Stiersdorfer, Klaus, Hg.: Reading the Caribbean: Approaches to Anglophone Caribbean Literature and Culture. Heidelberg: Universitätsverlag Winter: 165-187
Gilroy, Paul (1993): The Black Atlantic. Modernity and Double Consciousness. Cambridge, MA: Harvard University Press
Gohrisch, Jana (2007): Caribbean Literature II: Themes and Narratives. In: Stiersdorfer, Klaus, Hg.: Reading the Caribbean: Approaches to Anglophone Caribbean Literature and Culture. Heidelberg: Universitätsverlag Winter: 51-72
Sand, Andrea (2002): English in the Caribbean. In: Allerton, D. J./Skandera, Paul: The Trans-Atlantic Slave Trade Database. Verfügbar unter http://www.slavevoyages.org/tast/assessment/estimates.faces (Zugriff 8.5.2010)
Walcott, Derek (1993): The Antilles, Fragments of Epic Memory: The 1992 Nobel Lecture. World Literature Today. 67/2: 261-267

Ulrike Schmieder

Aspekte der Forschungsgeschichte zum Atlantischen Raum

Im vorliegendem Artikel werden einige Grundlinien der Geschichtsschreibung zum Atlantischen Raum nachgezeichnet, um die Aussagen der Beiträge dieses Bandes zu theoretischen Konzepten punktuell zusammenzuführen. Die historiographischen Anmerkungen, nach Sprachräumen und zentralen Themen geordnet, erheben angesichts der enormen Dichte der Publikationen selbstverständlich keinen Anspruch auf Vollständigkeit. Zur hier nicht behandelten Historiographie im Hinblick auf den niederländischen und nordisch-skandinavischen Atlantik wird auf die Beiträge von Schmidt in Greene/Morgan (2009) und Emmer, Pourchasse, Andersen und Müller in Emmer/Pétré-Grénouillau/Roitman (2006) verwiesen.

Die Rolle, die dem Atlantischen Raum in globalgeschichtlichen Konzepten zugemessen wird, kann hier nur kurz in Bezug auf wenige Beispiele angesprochen werden. Der Fokus des Bandes auf sozial- und kulturgeschichtliche Themen spiegelt sich auch in diesen Bemerkungen wider, ebenso die Betonung der Verflechtungen des südatlantischen Raumes mit einem Exkurs zu nordatlantischen Migrationsbewegungen von K. H. Schneider. Dies ergibt sich aus den Hannoveraner Forschungsschwerpunkten und berücksichtigt, dass auf die Geschichte des nördlichen Atlantik in dem Band der *Edition Weltregionen* zu Nordamerika (Grandner/Gräser 2009) eingegangen wurde. Bezug genommen wird eher auf atlantische *entanglements* und Interaktionen als auf Forschungsergebnisse der *area studies*, die Großräume als relativ abgeschlossene, homogene Einheiten betrachten. Der Band folgt der Entwicklung der *Edition Weltregionen*, die sie innerhalb der letzten Jahre genommen hat, von den *area studies* (Afrika, Lateinamerika, Südasien, Südostasien) zur Verflechtungsgeschichte (Indischer Ozean, Ostsee, Ozeanien).

Der Begriff »Atlantischer Raum« hat seit Beginn seiner Verwendung mehrere Bedeutungswandel erfahren und wurde in den verschiedenen nationalen akademischen Kulturen mit unterschiedlichen Definitionen und Schwerpunkten thematisiert. Greene und Morgan fassen in *Atlantic History. A Critical Appraisal* (2009) die Historiographie zum spanischen, portugiesischen, englischen (siehe auch: Armitage/Braddick 2002/2009), französischen und niederländischen Atlantik, zum Atlantik und Afrika, zum Atlantik und Europa sowie bisherige Debatten und Kontroversen (darunter die grundsätzliche Kritik am Nutzen des Konzepts »Atlantic History« durch Coclanis) zusammen. Der hier von Turner Bushnell vorgebrachten Kritik am Ausschluss des indigenen Amerika in vielen

Studien zur atlantischen Geschichte – obwohl bis weit ins 19. Jahrhundert große Teile der Amerikas indianisch kontrolliert waren, die Geschichte des amerikanischen Atlantik auch eine Geschichte jahrhundertelanger Grenzkriege mit indigenen Gruppen einerseits und widerständischer und adaptiver Strategien indianischer Bevölkerungen sowie transkultureller Prozesse in den kolonial kontrollierten Gebieten andererseits war – begegnet im vorliegenden Band W. Gabbert, indem er die Conquista in den historischen Kontext des indigenen Mexiko einordnet und den Motiven für indianisch-spanische Allianzen nachspürt.

Im Band von Cañizares-Esguerra/Seeman *The Atlantic in Global History 1500–2000* (2007) vergleichen unter anderem Greer und Mills den »katholischen Atlantik« mit dem protestantischen und betonen die stärkere Herausbildung synkretistischer Religionsauffassungen im katholischen Amerika (zu den Transformationen des katholischen und protestantischen Christentums durch den Kontakt mit afrikanischen Religionen und den Rekonfigurationen afrikanischer Götter unter dem Einfluss von Christentum und Sklavenhandel siehe Rüther in diesem Band). Seeman behandelt die in vielen Atlantikgeschichten (hingegen hier: Beitrag von C. Cwik) wenig berücksichtigte Rolle der Juden im Atlantischen Raum der Frühen Neuzeit, deren Spuren er auf jüdischen Friedhöfen in der Karibik folgt. Das genannte Defizit hat damit zu tun, dass viele Darstellungen früher atlantischer Geschichte aus der Perspektive der später konstituierten/ imaginierten Nationalstaaten geschrieben sind und damit die Rolle von Gemeinschaften/Nationen ohne Staat vernachlässigen. Moya befasst sich in dem Band mit Liberalismus und Freihandel im Atlantischen Raum im 19. Jahrhundert und der Verschiebung der städtischen Wirtschaftszentren von den alten Kolonialstädten Hispanoamerikas, Mexiko, Lima und Potosí, in Richtung der Ostküstenstädte der USA, Buenos Aires und São Paulo. Daneben bearbeitet Moya ein wenig erforschtes Feld, den »anarchistischen« Atlantik, die Wanderungen von Anarchisten und ihren Ideen von Russland, Frankreich und Spanien in die USA und nach Argentinien, Uruguay und Chile, Nebenprodukt der Einwanderungs- und »Einweißungspolitik« der hispanoamerikanischen Eliten. Dieser Band steht wie andere für die aktuelle Tendenz, die verschiedenen – thematisch, akteursbezogen oder auf Basis der alten Kolonialreiche definierten – Atlantischen Räume miteinander zu vergleichen (z.B. den britischen und spanischen Atlantik – Elliott 2007), aber auch ihre historischen Verflechtungen darzustellen.

Anglophone Historiographie

Erste Vorläufer der atlantischen Idee finden sich in den Arbeiten von Lippmann, Hoffmann und Hayes, die von der Existenz einer *Atlantic Community* zwischen (West)Europa und den USA, basierend auf der Grundlage westlicher, christlicher Zivilisation, ausgingen. In den 1950er Jahren, zeitgleich zu den Bemühungen, ein westliches atlantisches Bündnis gegen den kommunistischen »Ostblock« zu schaffen, suchten Historiker nach gemeinsamen kulturellen und religiösen Wurzeln der Gesellschaften des europäisch-nordamerikanischen Nordatlantiks (Bailyn 1996:21-25). Palmer (1959–1964) und Godechot (1965) spürten den gemeinsamen Ursprüngen demokratischen Denkens in den Revolutionen des späten 18. und frühen 19. Jahrhunderts diesseits und jenseits eines Atlantiks nach, der als Raum zwischen Westuropa und den USA konzipiert wurde, ein Konzept, das als ideologische Grundlage der NATO dienen konnte (Canny 2002:55-56). Auch mit einem wirtschafts- und sozialgeschichtlichen Fokus konnte man in den 1960er Jahren Weltgeschichte noch als Fortschrittsgeschichte westlicher Zivilisation erzählen. Mc Neill (1963) meinte z. B., dass es einen unilinearen, vom Westen ausgehenden, auf der Entwicklung der Landwirtschaft beruhenden zivilisatorischen Fortschritt gegeben habe und alle kulturellen Leistungen außerhalb Eurasiens auf Kontakt mit der überlegenen Kultur des Westens zurückgingen oder ohne einen solchen Kontakt nur ein sehr niedriges Niveau erreichten.

Immanuel Wallersteins unorthodox marxistischer Ansatz der Weltsystemtheorie zur Entstehung eines kapitalistischen Weltsystems unter europäischer Vorherrschaft im späten 15. und 16. Jahrhundert, ausgehend vom Atlantischen Raum, mit sich verlagernden europäischen Zentren, Semiperipherien und Peripherien, sah den Expansionsprozess kritisch und nicht mehr als Heilsgeschichte. Wallersteins international einflussreiche Theorie wird in diesem Band von Hans-Heinrich Nolte aufgenommen, der allerdings auch betont, dass Asien erst spät und nur teilweise in dieses System integriert wurde und seinen gegenwärtigen ökonomischen Aufschwung und globalen Einfluss auch der späten Einbeziehung in die »europäische Weltwirtschaft« verdankt. Das für eine makro- und strukturgeschichtliche Betrachtung globaler Verflechtungen und dynamischer wirtschaftlicher Austauschbeziehungen immer noch nützliche Konzept Wallersteins bezieht jedoch Kultur(en) und Akteur/innen nicht ein und wurde daher durch andere, z.B. kulturanthropologische (Clifford 1986), Ansätze ergänzt. Kritisiert wurde außerdem die schematische Zuordnung von freier Arbeit zum Zentrum (Westeuropa), von Pachtarbeit und *share cropping* zur Semiperipherie (Südeuropa) und von Zwangsarbeit zur Peripherie (Osteuropa, Lateinamerika und die Karibik), eine undifferenzierte Sicht auf verschiedene Formen von Zwangsarbeit und Sklaverei und die Vernachlässigung der Konsumtion in den atlantischen Austauschbeziehungen (Mintz 1977). Wallersteins Theorie hatte Vorläufer: Das US-amerikanische Paar Stein hatte bereits auf die doppelten Strukturen von Abhängigkeit und Unterentwicklung hingewiesen: Lateinamerika war Kolonialbesitz Spaniens und Portugals, die Gewinne aus Bergbau und Plantagenwirtschaft flossen aber nach England, Frankreich und in die Niederlande, die die Waren für die iberischen und iberoamerikanischen Märkte produzierten, und finanzierten dort die industrielle Entwicklung mit (Stein 1970). Weitere Vorläufer des Wallerstein'schen Konzepts waren die Vertreter der *dependencia*-Theorien. Eine frühe kluge Kritik am Begriff der »Entdeckung« Amerikas stammt von O'Gorman (1961), der vorschlug, ihn durch »Erfindung« zu ersetzen, denn dass ein Kontinent, auf dem seit vielen tausend Jahren sehr unterschiedliche Gesellschaften und Kulturen einschließlich großer Reiche und urbaner Zentren existierten, eine *Neue Welt* darstelle, sei tatsächlich nichts als eine westeuropäische Idee bzw. Erfindung.

Ein wichtiges Konzept, um die Exklusion außereuropäischer Gesellschaften aus der Geschichtswissenschaft zu beenden, stammt von Wolf (*Europe und the People without History*, 1982). Die Grundaussage seines Buches besteht in der Kritik daran, dass außereuropäische Gesellschaften von Europa aus als statisch und geschichtslos betrachtet wurden. Wolf betont dagegen, dass alle menschlichen Gesellschaften historischen Transformationen unterliegen, sich durch Interaktionen mit anderen selbst verändern und, dass eine Geschichte zu haben, nicht an die Existenz einer Schriftsprache gekoppelt ist.

Spätere historische Studien betrachteten außereuropäische Gesellschaften, kolonialisierte und versklavte Bevölkerungen nicht so sehr als Objekte (und Opfer) der europäischen Expansion, sondern untersuchten ihre Anpassungs-, Rückzugs- und Widerstandsstrategien, z.B. den indigenen Widerstand in den Amerikas gegen *conquista* und Kolonialherrschaft (Jones 1989; Kicza 1993; Soriano Hernández 1994; Taylor/Pease 1994). Gabbert stellt in seinem Beitrag zu diesem Band Geschichtsdarstellungen vom Ergebnis der etablierten Kolonialherrschaft in Hispanoamerika her in Frage und wendet sich gegen ein »dichotomisches Geschichtsverständnis«, nach dem Eroberer und Eroberte als homogene Gruppen gegenübergestellt werden und die indigene Bevölkerung der Amerikas nicht als historischer Akteur erscheint. Kulturtransfer wird nunmehr als Prozess der Interaktion zwischen europäischen und außereuropäischen Gesellschaften betrachtet und auch bemerkt, dass sich Gesellschaften dem europäischen Einfluss auch verweigern oder europäische Kulturelemente nur ganz selektiv aufnehmen und den Prämissen der eigenen Kultur unterordnen konnten. Außerdem werden die direkten wirtschaftlichen und soziokulturellen Süd-Süd-Verflechtungen zwischen afrikanischen und amerikanischen Gesellschaften untersucht (Mann/Bay 2001; Sweet 2003; Curto/Soulodre-LaFrance 2005). Aufmerksamkeit gilt zudem den Mittlern zwischen den Kulturen, den *cultural brokers* oder *go-betweens* (Greenblatt 1991; Brooks 2003; Metcalf 2005). Diese konnten aus der einheimischen Bevölkerung stammen wie die Kauffrauen und Lebensgefährtinnen von europäischen Händlern, *signares*, in Westafrika und die indianischen Lebensgefährtinnen der Konquistadoren in Hispano- und Lusoamerika (wie Cortés' Übersetzerin und zeitweilige Lebensgefährtin Malintzin) oder Nachfahren von Europäern und einheimischen Frauen in der ersten Generation sein. Oder sie waren Europäer, die als Kriegsgefangene, Schiffbrüchige, religiöse Außenseiter und reisende Kaufleute in außereuropäische Gesellschaften aufgenommen wurden, z.B. die portugiesischen/sephardischen *lançados* und *tangomaos* in Westafrika oder die jüdischen/neuchristlichen »Atlantikkreolen« in der Karibik (C. Cwik in diesem Band).

Für die literatur- und kulturwissenschaftliche Befassung mit dem Atlantik ist der theoretische Ansatz der *postcolonial studies* von zentraler Bedeutung. Deren Pionier Said (1978) kritisiert die der kolonialen Aneignung und Beherrschung dienende Konstruktion des »Orients« und des Islam als das ganz Andere zu Europa und Christentum. Jana Gohrisch arbeitet in ihrem Beitrag mit Bhabhas (1994) Konzept von Hybridität und den produktiven Zwischenräumen zwischen den Kulturen. Die *postcolonial studies* wenden sich gegen eurozentristische Geschichtsdarstellungen, die die als Modell begriffene historische Entwicklung Europas zum Maßstab der Bewertung der Geschichte anderer Weltregionen machen, sowie gegen das nationalstaatliche Paradigma der Geschichtswissenschaft (Conrad/Randeria 2002) und versuchen im Bewusstsein der epistemologischen Schwierigkeiten eines solchen Projekts, »Europa zu provinzialisieren« (Chakrabarty 2000). Statt essenzialistisch und dichotomisch definierten Kulturen sind transkulturelle Prozesse und Grenzüberschreitungen Forschungsgegenstand der *postcolonial studies*. Narrative von Frauen, Minderheiten, indigenen und kolonialisierten Bevölkerungen, Migrant/innen und Diaspora-Gemeinschaften jenseits der vermeintlich homogenen nationalen Kulturen sollen untersucht und die traditionellen Grenzen zwischen Theorie und Politik überwunden werden (Bhabha 1994:1-39). Die *postcolo-*

nial studies idealisieren gelegentlich die vorkolonialen gesellschaftlichen Verhältnisse und vermeintlich authentische indigene Kulturen und vernachlässigen demgegenüber sozioökonomische Faktoren der historischen Entwicklung (Juneja 2003:95). Die feministische postkoloniale Theorie kritisiert die »verflochtenen Patriarchate« (Castro Varela/Dhawan 2009:11-12; Spivak 1993): Historische europäische Kolonialherren und gegenwärtige Gegner multikultureller Gesellschaften rechtfertigen koloniale Herrschaft oder Xenophobie mit der Unterdrückung der »Anderen«, »indischen«, »afrikanischen« oder »muslimischen« Frauen durch ihre »eigenen« Männer. Patriarchen verschiedenster kultureller Herkunft (bei Spivak z.B. indische) rechtfertigen die Unterdrückung der Frauen damit, dass diese ein Wesensmerkmal ihrer Kultur darstelle, das man gegen die europäische Herrschaft verteidigen müsse. Zwischen diesen Diskursen bleibt die kolonialisierte Frau zum Schweigen verurteilt.

Die von indischen Intellektuellen entwickelten *subaltern studies* (Guha/Spivak 1988) untersuchen das geschichtswirksame Handeln der bisher von akademischen, politischen und künstlerischen Diskursen ausgeschlossenen kolonialisierten Bevölkerung, städtischen und ländlichen Unterschichten, Frauen, die Objektstatus, Entfremdung und »Stummsein« durch kollektive, rebellische Bewusstseinsbildung überwinden sollen. *Subaltern studies* in Bezug auf Lateinamerika etablierten sich langsam gegen den Vorwurf, dass die im Hinblick auf Südasien entwickelten Theorien die Besonderheiten der frühen unabhängigen Staatlichkeit Lateinamerikas ignorieren würden, was von ihren Vertreter/innen mit dem Hinweis zurückgewiesen wurde, dass die Kulturwissenschaften sonst mit Konzepten aus Europa und den USA, also ebenfalls nicht mit eigenen, arbeiten würden und ein theoretischer Süd-Süd-Austausch hilfreich wäre (Rodríguez 2001:7-8). Die Forderung nach Überwindung des Eurozentrismus hat auch zur Entwicklung einer, im Kontext der afroamerikanischen *academic community* allerdings minoritären (Howe 1998:59), afrozentristischen Denkschule geführt, deren Grundideen auf Cheikh Anta Diop zurückgehen (Howe 1998:59, 163-192). Ihr führender Kopf ist derzeit Molefi Keti Asante (Asante 1988). Asante und seine Schüler lehnen die epistemologischen Prämissen der westlichen Wissenschaft grundsätzlich ab und vertreten einen quasi religiösen absoluten Wahrheitsanspruch im Hinblick auf die Deutung der Weltgeschichte. Sie betonen, in simplifizierter Repetitivität der Thesen Diops, die Primordialität und Überlegenheit einer auf das Alte Ägypten rückführbaren homogenen afrikanischen Kultur und die Existenz *einer* afrikanischen Nation, die die transatlantischen Diasporas einschließt (Howe 1998:230-239; Reinhardt 2007:264, 280-295).

Einen weit überzeugenderen Gegenentwurf zu den Studien über einen »weißen Atlantik« hat in den Kulturwissenschaften Gilroy mit dem *Black Atlantic* (1993, zu *Black Atlantic*- und *African Diaspora*-Studien: Chambers 2008) entwickelt. Auf Gilroys Thesen beziehen sich im vorliegenden Band die Artikel von Jana Gohrisch und Arno Sonderegger, wobei Gohrisch Gilroys Konzept für ihre Analyse des transatlantischen Kulturaustauschs zwischen dem anglophonen Afrika, der Karibik und Großbritannien anwendet und Sonderegger die panafrikanische Vorgeschichte der *Black Atlantic*-Idee erläutert. Gilroy betrachtet kulturelle Entwicklungen im Atlantischen Raum vom Standpunkt »schwarzer« britischer Intellektueller und Künstler, die ein »doppeltes Bewusstsein« entwickelten, da sie wegen ihrer ethnischen Zugehörigkeit aus eben jener aufgeklärten Kultur der westlichen Moderne ausgeschlossen wurden, von der sie geprägt waren.

Die Exklusion erfolgte durch die »weiße« Mehrheit ebenso wie durch die rassistischen Diskurse des westlichen Denkens selbst. *African Americans* and *African Britons* argumentierten daraufhin in widerständischen intellektuellen Diskursen gegen die Abwertung alles Afrikanischen. Durch transatlantischen Kulturaustausch zwischen Afrika, den Amerikas und Europa entstand (in der Musik, in der Literatur) eine schwarze Gegenkultur, der *Black Atlantic*. Gilroys Konzept, das für literatur- und kulturwissenschaftliche Untersuchungen ebenso nützlich wie einflussreich ist, konzentriert sich allerdings sehr auf intellektuelle und künstlerische Eliten der afrikanischen Diasporas. Es abstrahiert von den kulturellen und politischen Missverständnissen, die immer auftraten, wenn Afroamerikaner oder Afroeuropäer tatsächlich mit Afrikanern zusammentrafen, z. B. als Soldaten in den beiden Weltkriegen des 20. Jahrhunderts (siehe B. Reinwald in diesem Band). Missverständnisse, Spannungen und Hierarchisierungen entwickelten sich bei den afroamerikanischen Siedlungs- und Missionsprojekten in Afrika im 19. Jahrhundert, bei denen einseitig ein Transfer westlicher Zivilisationsvorstellungen nach Afrika statt einer Kulturbegegnung auf Augenhöhe stattfand und Afroamerikaner oft Akteure kolonialistischer Projekte waren (Füllberg-Stolberg 2002:160-180; Mayer zu Liberia 2005:87-106, A. Sonderegger in diesem Band) oder bei der zivilen Entwicklungshilfe der Kubaner in Angola. Hier blieben sich Kubaner und Angolaner oft fremd, weil die Afrokubaner wie ihre weißen Kolleg/innen sich als kulturell und arbeitsethisch überlegene Missionare des Sozialismus im rückständigen Afrika fühlten, auch wenn sie Ähnlichkeiten zwischen angolanischer und afrokubanischer Religion und Musik, also »gemeinsame Wurzeln« erkannten. Die Angolaner ihrerseits betrachteten die Kubaner als gute, aber eben doch Kolonisatoren und bemerkten sehr wohl den Rassismus von weißen gegenüber schwarzen Kubanern und Afrikanern (Hatzky 2009:336-356). Der kommerzialisierte Massentourismus zu Erinnerungsorten an den transatlantischen Sklavenhandel nach Westafrika (z. B. ins umstrittene *Maison des Esclaves* in Gorée im Senegal oder das *Cape Coast Castle* in Ghana) von Afro-US-Amerikaner/innen auf der Suche nach ihren kulturellen Ursprüngen führt den Einheimischen den größeren Wohlstand und die Privilegien der Afroamerikaner vor Augen. Andererseits fühlen diese sich oft von der Vermarktung der Orte, aus denen ihre Vorfahren verschleppt wurden, abgestoßen (Schramm 2004; Ebron 1999). Außerdem begegnen die Afroamerikaner hier vielleicht den Nachfahren derer, die einst ihre Vorfahren verkauft hatten, ein lange tabuisiertes Thema, das aber nicht mehr an allen touristischen Orten ausgeklammert wird: In der alten Sklavenhandelsstadt Ouidah (Benin) werden mit den Touristen Zeremonien der Entschuldigung (*cérémonie de repentir*) für dieses Erbe abgehalten (Law 2008).

Thornton (1992), Andrews (2004) und Landers (2010) schreiben über die Geschichte der afrikanischen und afrolateinamerikanischen Bevölkerung, nicht nur der politischen und intellektuellen Eliten, sondern auch der Sklaven und armen Landarbeiter. Thornton betont besonders die Kontinuität zentralafrikanischer kultureller und religiöser Traditionen in den Amerikas. Andrews stellt z. B. die Rolle afroamerikanischer Soldaten in den Unabhängigkeitskriegen und in den Bürgerkriegen des 19. Jahrhunderts dar, die Bestrebungen lateinamerikanischer Eliten vor allem in den Ländern des *Cono Sur*, den farbigen Atlantik in einen weißen zu verwandeln und durch Immigration aus Europa die ethnische Struktur ihrer Ländern zu verändern, und die Gegenstrategien, politischen und sozialen Forderungen der Afrolateinamerikaner/innen. Landers untersucht die *agency* afroamerikanischer und afrokaribischer Atlantikkreolen, Maroons, Rebellen und Revolutionäre und deren Netzwerke im Atlantischen Raum.

Die Studien zu historischen und gegenwärtigen sozialen Situationen und kulturellen Ausdrucksformen afrohispanoamerikanischer Bevölkerungen (zu Afrobrasilien siehe U. Schmieder in diesem Band), z. B. zum *Black* oder *African Mexico*, *Venezuela*, *Cuba* etc. (Vinson/Restall 2009; Bennett 2009; Carroll 1991; Helg 1995; de la Fuente 2001) sind inzwischen kaum noch überschaubar, verallgemeinerbare Tendenzen schwer auszumachen. Sozialgeschichtliche und kulturwissenschaftliche Ansätze existieren teils parallel, teils vernetzt, die Inklusion von *gender* in die Fragestellungen ist keine Ausnahme mehr (Whitten/Torres 1998). Zu beobachten sind auch Bestrebungen, eine akademische Süd-Süd-Vernetzung zu erreichen und z. B. Studien zu transatlantischen schwarzen Identitäten in Afrika und Brasilien in gemeinsamen Publikationen brasilianischer und afrikanischer Historiker/innen zu veröffentlichen (Sansone/Soumonni/Barry 2008, zurückgehend auf eine Konferenz in Gorée, Senegal 2002) oder literarische und ästhetische Repräsentationen der afrikanisch-atlantischen Diasporas durch Wissenschaftler/innen beidseits des südlichen Atlantik zu erforschen (Opoku-Agyemang/Lovejoy/Trotman 2008; Ergebnis der Folgekonferenz in der University of Cape Coast, Ghana 2003).

Nicht um den *Black Atlantic*, sondern um einen multiethnischen revolutionären Atlantik, erzählt aus der Perspektive der atlantischen Unterschichten, Seeleute, Hafenarbeiter, Piraten, Sklav/innen, *indentured servants*, religiösen Dissident/innen, geht es bei Linebaugh und Rediker in *The Many Headed Hydra. Sailors, Slaves, Commoners, and the Hidden History of the Revolutionary Atlantic* (2000, dt. 2008). »Verborgen« wurde aus Sicht der Autoren in der Geschichtsschreibung durch und für die gesellschaftlichen Eliten die Geschichte des Widerstands gegen das kapitalistische Wirtschaftssystem des Atlantiks, Sklaverei und Zwangsarbeit, koloniale Unterdrückung und Rassendiskriminierung. Obwohl das Buch hin und wieder eine gewisse ideologische Schlagseite hat (im Sinne einer Überbewertung dieses Widerstands und seiner gesamtgesellschaftlichen Auswirkungen sowie der Idealisierung von Subkulturen), haben die Autoren für eine akteurzentrierte Geschichte des Atlantiks von unten bemerkenswerte Quellen und Geschichten ausgegraben und thematisieren Herrschaft und die Rolle von Gewalt bei der Konstitution des Atlantischen Raums, die sich nicht nur gegen die afrikanische und indianische, sondern auch gegen die aus Europa stammenden Unterschichten richtete. Sie verknüpfen Sozialgeschichte mit ihrer Reflexion in der Literatur und bildenden Kunst und sind dabei nicht wie die ältere marxistische kolonialkritische Geschichtsschreibung geschlechterblind. Damit sind sie bei den großen Erzählungen zum Atlantik eher die Ausnahme, obwohl *gender* eine zentrale Kategorie vieler Detailstudien zu atlantischen Interaktionen und Transkulturationen ist.

Der Atlantische Raum kann auch um Produktion und Handel einer Ware konstruiert werden: Mintz (1986) und Schwartz (2004) haben die Geschichte des Zucker(rohr)s jeweils unter den Prämissen sozial- und kulturhistorischer sowie konsumgeschichtlicher und wirtschafts- und sklavereigeschichtlicher Fragestellungen geschrieben. Nicht ein Produkt, sondern der Austausch von Nutzpflanzen und -tieren sowie Krankheitserregern zwischen Eurasien und den Amerikas und damit in Verbindung die ökologischen und epidemiologischen Folgen des Kulturkontakts waren Gegenstand von Crosbys *Columbian Exchange* (1972, siehe dazu M. Kaller-Dietrich in diesem Band).

Frankophone Historiographie

In der frankophonen Wissenschaft war ein frühes Werk zum Atlantischen Raum Godechots *Histoire de l'Atlantique* (1947), in dem er den Atlantik von den Fahrten des Kolumbus bis zum Zweiten Weltkrieg behandelt und ihn vor allem als Ort militärischer Auseinandersetzungen der europäischen Mächte um den Besitz der Antillen begreift. Sein Buch ist daher im Wesentlichen nach Schlachten geordnet und ganz traditionell ereignisgeschichtlich angelegt, der transatlantische Sklavenhandel und die Plantagenwirtschaft werden nicht behandelt. Ganz anders gingen Pierre und Huguette Chaunu (*Séville et l'Atlantique*, 1955–1959) an den Atlantik heran: Sie behandelten, angeregt von Braudels Studien zum Mittelmeer, aber nach einem ganz anderen integrativen Muster (Bailyn 1996:20), den Atlantik als einen Handels-, Wirtschafts- und Migrationsraum. Im Mittelpunkt standen vor allem die historischen Handelsrouten und Wanderungswege des 16. und 17. Jahrhunderts zwischen Spanien (Sevilla) und seinen amerikanischen Kolonien, der iberische Atlantik. Mit Braudels Konzepten wird nicht nur gearbeitet, wenn die Konstitution eines Raumes um einen Ozean durch Handel und Migrationen erklärt wird (im Hinblick auf den Indischen Ozean Chaudhuri 1985; Rothermund/Weigelin-Schwierdzik 2004; in Bezug auf die Ostsee Komlosy/Nolte/Sooman 2008; Ozeanien Mückler/Ortmayr/Werber 2009), sondern auch bezogen auf soziokulturelle Phänomene wie die transatlantische Ernährungsgeschichte als Teil einer *longue durée*-Geschichte der materiellen Kultur (M. Kaller-Dietrich in diesem Band).

Der belgische Historiker Verlinden (1966) verfolgte einen ganz anderen Ansatz als die Chaunus und ihre Nachfolger: Er untersuchte die Ursprünge der »atlantischen Zivilisation«, von der Renaissance bis zur Aufklärung. Hierbei handelt es sich um eine kombinierte maritime, sozioökonomische, politisch-militärische, vor allem aber ideengeschichtliche Geschichte der westeuropäischen Staaten am Atlantik und ihrer kolonialen Expansion im Atlantischen Raum. Die europäischen Kolonialsysteme in den Amerikas werden dabei sehr ausführlich, Afrika und der transatlantische Sklavenhandel sehr knapp abgehandelt, was nicht verwunderlich ist, da für Verlinden nur Westeuropa, die Amerikas und Südafrika zur »Atlantischen Zivilisation« gehören. Innovativ ist die Verknüpfung des Atlantiks mit dem mediterranen Raum und dem Indischen Ozean. Butel schrieb mit seiner *Histoire de l'Atlantique de l'antiquité à nos jours* (1997) vor allem eine strukturgeschichtliche Wirtschafts- und Handelsgeschichte, wobei er die Bedeutung der Gewinne aus dem transatlantischen Sklavenhandel, der karibischen Zuckerwirtschaft und dem Absatz europäischer Waren in Übersee für die Entwicklung der Hafenstädte und von Handel und Gewerbe in Frankreich und England hervorhebt.

Einige wichtige Arbeiten zum Lusoatlantik und Brasilien sind in französischer Sprache erschienen, z. B. die klassische struktur-, wirtschafts- und sozialgeschichtliche Arbeit zum Lusoatlantik als Handels- und Migrationsraum (Mauro 1983) und die kulturanthropologischen Studien zu Afrolateinamerika und Afrobrasilien von Bastide (1967, siehe auch die Webseite der Zeitschrift Bastidiana: http://claude.ravelet.pagesperso-orange.fr/bastide.html). Spezialstudien zum französischen Atlantik (Mettas 1978; Daget 1997; Butel 2002; Pétré-Grénouilleau 1998, 2004) konzentrieren sich entweder auf Kanada oder die französischen Antillen (St. Domingue/Haiti, Martinique, Guadeloupe und Französisch-Guyana), die Rolle Frankreichs im transatlantischen Sklavenhandel und die Bedeutung der französischen Hafenstädte Nantes und Bordeaux im atlantischen Dreieckshandel. Die *Histoire atlantique* spielt in der französischsprachigen Geschichtsschreibung nicht annähernd so eine zentrale Rolle wie in der anglophonen. Man befasst sich eher mit einer umfassenden Kolonialgeschichte des gesamten französischen, eben nicht nur atlantischen Imperiums, und lässt sich von den Tendenzen angelsächsischer Forschungen wenig beeinflussen. Jüngst ist allerdings ein Sammelband von Agudelo, Boidin und Sansone (*Autour de »l'Atlantique noir«. Une polyphonie de perspectives*) erschienen, die Gilroys (erst 2003 ins Französische übersetzten) *Black Atlantic* zuschreiben, dass »die Geschichte der Schwarzen in der Weltgeschichte nicht mehr verborgen wird« und dass seine Thesen den Kampf gegen Kolonialapologien und Rassismus positiv beeinflussen. Sie betonen aber auch, dass Gilroys Atlantik ein *North Black Atlantic* im Rahmen des britischen Empire sei (Dies. 2009:14-19, Zitat 14). Sie fordern, den Südatlantik, den katholischen Atlantik, den südlichen Schwarzen Atlantik stärker zu berücksichtigen und diesen polyphon und interdisziplinär zu beforschen. Die Kulturanthropologin und Karibikspezialistin Christine Chivallon ist diejenige, die in Frankreich am intensivsten mit dem Konzept des *Black Atlantic* und Diasporatheorien gearbeitet hat (Chivallon 2004). Dass diese Konzepte in Frankreich spät und eher ausnahmsweise rezipiert werden, erklären Rémy Bazenguissa-Ganga und Abdoulaye Gueye einerseits fachlich mit der ablehnenden Haltung der französischen Sozialwissenschaften gegenüber den *postcolonial studies*, dem Festhalten am Strukturalismus und einer starken fachlichen und regionalen Spezialisierung und andererseits politisch mit dem universalistischen, egalitären, integrativen Anspruch der französischen Republik (der die Erinnerung an Sklaverei und Kolonialismus wie die gegenwärtige Exklusion der afrikanischen und afrokaribischen Einwander/innen ausblendet) und der Ablehnung des Multikulturalismus und der »Rassefixiertheit« der US-amerikanischen Gesellschaft. Die afrikanistische Forschung ihrerseits konzentriert sich auf »Afrika in Afrika« und ein Zusammenwachsen der Forschungen zu Afrika und Afroamerika (wie es der Boom der *cultural studies* in den USA mit sich gebracht hat) gibt es kaum (Gueye 2006; Bazenguissa-Ganga 2009). Es wäre hinzuzufügen, dass die frankophonen afrokaribischen Intellektuellen mit den Identitätskonzepten von *négritude* (Aimé Césaire), *antillanité* (Edouard Glissant) und *creolité* (Jean Bernabé, Patrick Chamoiseau und Raphaël Confiant; Thiem 2010) eigene Ideen einer auf den soziokulturellen Bedingungen des frankokaribischen *Atlantique Noir* fußenden Gegenkultur hervorgebracht haben, sodass eine skeptische Haltung gegenüber der Übertragbarkeit des so spezifisch angloamerikanischen Konzepts Gilroys in diesen Kulturraum durchaus nachvollziehbar ist.

Spanischsprachige Historiographie

In der spanischen Historiographie gibt es viele klassische Arbeiten zur europäischen Expansion im Atlantik als Teil einer »glorreichen« Nationalgeschichte. Diese musste sich mit einem vor allem von den Kriegsgegnern Spaniens, den Protestanten und schließlich den hispanoamerikanischen Patrioten des 19. und 20. Jahrhunderts immer wieder gezeichneten *leyenda negra* (Juderías 1914) der spanischen Eroberung und Kolonialisation auseinandersetzen, die zurückgeht auf die zeitgenössischen Schilderungen von

Bartolomé de Las Casas, den energischen Gegner der Versklavung der Indianer. Dieser hob die besondere Grausamkeit der spanischen Eroberer im Vergleich zu anderen europäischen Mächten hervor und machte diese für die demographische Katastrophe nach der conquista verantwortlich. Die demographische Katastrophe als solche wird heute – nach erbitterten Auseinandersetzungen zwischen 1945 und 1980 (zu den Beteiligten: Bailyn 2005:39-40) – nicht mehr bestritten, wenn auch über das quantitative Ausmaß und das Verhältnis von Krieg, Ausbeutung und Krankheiten als Ursachen noch kein Konsens erreicht ist.

Bis zum Ende der Franco-Zeit überwogen kolonialapologetische Schriften, die *leyenda negra* wurde als reine Verleumdung abgetan. Es wurde postuliert, dass die Amerikas eigentlich keine Kolonien waren, sondern schlicht Teile des spanischen Reiches und die *conquista* vor allem der Christianisierung der einheimischen Bevölkerung gedient und deren Lebensbedingungen verbessert habe. Der Bevölkerung, gleich welch ethnischer Herkunft, sei es unter der wohlwollenden spanischen Monarchie wirtschaftlich gut gegangen, von despotischer Kolonialherrschaft könne nicht die Rede sein (Madariaga 1955). Es gab auch durchaus lateinamerikanische Historiker, die dieser These folgten wie den Argentinier Levene mit *Las Indias no eran colonias* (1951). Wirtschafts- und sozialhistorische Studien um Handel, Kaufmannschaft und Seeleute (García Fuentes 1980; Vila Vilar 1991, 2003; Pérez-Mallaína Bueno 1992) und Studien über Handelsrouten wie die zu Cádiz, das im späten 17. Jahrhundert zum zentralen Überseehandelshafen wurde, von García-Baquero (1976) klammern das Herrschaftsgefälle zwischen Metropole und Kolonien aus und konzentrieren sich auf die Akteure auf spanischer Seite.

Der 500. Jahrestag der »Entdeckung« Amerikas 1992 war Anlass für einen Schlagabtausch um *conquista* und Charakter der spanischen Herrschaft. In Spanien und Portugal wurde die »Entdeckung« und »Eroberung«, nunmehr passend zum *cultural turn* in der Geschichtswissenschaft *encuentro* (Begegnung oder Zusammenstoß) genannt, mit großem Aufwand gefeiert (EXPO in Sevilla) und Universitäten und Archive bedachte man für entsprechende Forschungen mit einem wahren Geldregen. Die universitäre Forschung in Lateinamerika, vor allem in Mexiko, ließ sich auch auf den *encuentro*-Diskurs ein. Aber es gab heftige Proteste von Seiten indigener und afrolateinamerikanischer Gemeinschaften und kritischer Intellektueller in Lateinamerika, kirchlicher Solidaritätsgruppen und Menschenrechtsbewegungen in Europa. Diese waren nicht der Meinung, dass es an der Kolonialisierung der Amerikas und am Sklavenhandel etwas zu feiern gibt. Horst Pietschmann hat diese Debatte für die hiesige Fachwelt kritisch aufgearbeitet (Pietschmann 2001), aber mit aus meiner Sicht zu geringer Berücksichtigung der *contramemorias* von unten. Die indigenen und afrolateinamerikanischen Aktivisten veranstalteten mehrere kontinentale Gegentreffen gegen die offiziellen Feiern, und sprachen statt von *encuentro* von 500 *años de resistencia*, 500 Jahren Widerstand, erklärten das Jahr 1992 zum »Año Internacional de Resistencia Indígena, Negra y Popular« (Declaración de Quito 1990, II Encuentro Continental 1991). Natürlich ist diese Begrifflichkeit ebenfalls problematisch, abstrahiert sie doch von den europäisch-indigenen Allianzen in der frühen Kolonialzeit (W. Gabbert in diesem Band), von den Privilegien der indigenen Eliten, von adaptiven Strategien der indigenen Bevölkerung und projiziert die gemeinsame indigene Identität, die eine Erfindung des 20. Jahrhunderts ist, zurück in die Kolonialzeit.

Neben dem *encuentro*-Konzept gibt es das Konzept der *transculturación*. Der Begriff stammt ursprünglich vom kubanischen Sozial- und Kulturhistoriker Ortiz, der ihn auf die kulturellen Transformationen durch die gegenseitige Durchdringung europäischer, indianischer und afrikanischer Kulturen (im Falle Kubas der nach der Eroberung zerstörten *ciboney*- und *taino*-Kultur und der Kulturen der spanischen Einwanderer und afrikanischen Sklaven) bezog, wobei er die ursprüngliche Heterogenität des spanischen und afrikanischen Erbes betonte und Transkulturation als einen durchaus schmerzhaften, weil auch kulturvernichtenden Prozess betrachtete (Ortiz 1963:98-104). In der Literaturwissenschaft werden neben Transkulturation auch Begriffe wie Hybridisierung und Kreolisierung verwendet. García Canclini spricht zum Beispiel von hybriden Kulturen in Lateinamerika, die indigene, afrikanische und spanisch-amerikanische Traditionen mit Innovationen der westlichen Moderne vermischen, und von einer »multitemporalen Heterogenität«, mit der die Akteure im lateinamerikanischen Modernisierungsprozess konfrontiert werden (García Canclini 1992:15). Hierarchie und Dominanz bleiben bei seiner Vorstellung von Kulturvermischung ausgeklammert.

Ganz im Gegensatz zu versöhnlichen Darstellungen der lateinamerikanischen Geschichte steht das Werk Galeanos. Der Uruguayer Eduardo Galeano, Prototyp des kritischen lateinamerikanischen Intellektuellen und scharfer Kritiker der USA und ihres Vormachtstrebens gegenüber Lateinamerika, der Globalisierung von oben und des neoliberalen Denkens, hat mit *Die offenen Adern Lateinamerikas* (1973) einen Klassiker der lateinamerikanischen Geschichte verfasst, den bei aller Kritik im Detail jeder gelesen haben sollte, der sich ernsthaft mit Lateinamerika befasst, zumal der Einfluss von Galeanos Denken auf gegenwärtig an der Macht befindliche linke Regierungen unbestreitbar ist; so z. B. hat der Präsident von Venezuela, Hugo Chávez, beim Amerikagipfel im April 2009 US-Präsident Barack Obama das Buch von Galeano geschenkt. Nun ist Galeanos Werk kein explizites Buch über den Atlantik, sondern steht in der Tradition dependenztheoretischen Denkens, das die Heilsgeschichte der europäischen Expansion im Atlantischen Raum in Frage stellte und daher hier erwähnt werden sollte. Bekannte Vertreter dieser Theorie waren Prébisch (1950) und Frank (1967). Der Grundgedanke der Dependenztheorie ist, dass die Entwicklung der Industrieländer sich auf Kosten der Dritte-Welt-Länder bzw. der Kolonien und abhängigen Territorien Europas und der USA vollzogen hat. Letztere sind nicht per se unterentwickelt und abhängig, sondern ihre Unterentwicklung und Abhängigkeit ist Folge kolonialer und neokolonialer Herrschaft und Ausbeutung durch Europa. Die Bedingung der Entwicklung des Nordens ist die Unterentwicklung des Südens, ohne die Ausplünderung der Dritten Welt hätte es keine Industrialisierung gegeben. Diese Theorie lehnt sich an Karl Marx an, fokussiert aber viel stärker auf die Interessen des Südens und den Kapitalismus in der Peripherie. Auf Afrika hat z. B. Rodney dieses Konzept in *How Europe underdevelopped Africa* (1972) angewandt. Galeano machte die Dependenztheorie im Hinblick auf Lateinamerika populär, es gibt unendlich viele Auflagen und Übersetzungen in verschiedenste Sprachen. Galeano zitiert im Übrigen Marx und Frank, viel häufiger jedoch lateinamerikanische und US-amerikanische Ökonomen. Der Atlantik ist für Galeano vor allem ein Meer, über das die spanischen Konquistadoren kamen, um die Reichtümer der Neuen Welt, vor allem Gold und Silber, zu erbeuten, mit denen der europäische Fortschritt bezahlt wurde. Dabei etablierten sie Jahrhunderte andauernde Zwangsarbeitssysteme und vernichteten einen großen Teil der indigenen Bevölkerung. Zum transatlantischen Sklavenhandel sagt Galeano wenig. Die indigene, mestizische und afrolateinamerikanische Bevölkerung wird vor allem als Opfer betrachtet und deren Einflussnahme auf das historische Geschehen stark unterschätzt.

In der Tradition der Dependenztheorie wie der *subaltern studies* bewegt sich Quijanos Konzept der *coloniality of power*, in dem er die kapitalistische Weltwirtschaft unter europäischer Vorherrschaft mit dem kulturellen Konstrukt von *race* im Denken der westeuropäischen Moderne verknüpft. Der Rassismus habe ermöglicht, kolonialisierte Bevölkerungen als angebliche Angehörige einer *inferior race* nicht entlohnter oder unterbezahlter Zwangsarbeit zu unterwerfen (Quijano 2000).

Einen anderen lateinamerikanischen Blick über den Atlantik wirft der Kolumbianer Arcienegas, der sich in *América en Europa* (1975) mit der Veränderung des europäischen Denkens durch die Konfrontation mit der Neuen Welt befasst hat, von Kolumbus bis ins 19. Jahrhundert. Dabei behandelt er die Projektion von Utopien auf den amerikanischen Kontinent im 16. Jahrhundert, mit der Vorstellung von »edlen Wilden« in einem irdischen Paradies, die Klimatheorien und Vorläufertheorien des Rassismus während der Aufklärung, die ein extrem negatives Bild von körperlich, intellektuell und moralisch minderwertigen »Amerikanern« (der Begriff bezeichnete im 18. Jahrhundert noch die indigene Bevölkerung) und »degenerierten« Kreolen zeichneten. Arciniegas beschreibt dann die Wende zu einem weit positiveren Amerikabild, das durch die Reisen Alexander von Humboldts (1799–1804) vermittelt wurde und auch während der Unabhängigkeitskriege Lateinamerikas (1810–1826) dominierte, während sich danach liberale politische Hoffnungen wegen der Instabilität der lateinamerikanischen Staaten nur noch auf die USA konzentrierten. Zuvor aber hatten europäische Freiwillige aller Länder auf Seiten der lateinamerikanischen Patrioten gekämpft, in einer Art liberalen atlantischen Internationale. Die Herangehensweise von Arciniegas, der an den gegenseitigen Beeinflussungen Europas und der Amerikas interessiert ist und ein Gleichgewicht zwischen beiden herstellen will, unterscheidet sich deutlich von der des weit populäreren Galeanos, der Europa der Unterdrückung und Ausbeutung Lateinamerikas anklagt.

Die gesamte spanischamerikanische Geschichtsschreibung befasst sich, wenn sie die Kolonialzeit und damit die Beziehungen zu Spanien, die Unabhängigkeit und somit die Loslösung von Spanien, und die Geschichte des 19. und 20. Jahrhunderts und damit die Beziehungen zu europäischen Mächten und den USA behandelt, auf irgendeine Weise mit dem Atlantischen Raum, was in diesem Kapitel nicht nachgezeichnet werden kann. Es sei noch darauf hingewiesen, dass es auch eine umfangreiche Historiographie zu einem weiteren Begriff der atlantisch orientierten, spanischen Karibik gibt, die die zirkumkaribischen spanischamerikanischen Küsten z. B. Kolumbiens und Venezuelas einschließt und ihren Blick auf die Beziehung dieser Region zu Afrika und den Sklavenhandel richtet (Márquez Moreno 1980; Múnera Cavadía 1998; Elías Caro/Silva Vallejo 2009). Außerdem gibt es zahlreiche hispanophone Studien zur afrohispanoamerikanischen Geschichte, z. B. im Hinblick auf Kolumbien (Mosquero Labbé/Barcelos 2007), Ekuador (Savoia 1992), Venezuela (García 1992; Pollak-Eltz 1991), Uruguay (Montaño 2001), Mexiko (Naveda Chávez-Hita 2001) und Kuba (Duharte-Jiménez 1988; Fernández Robaina 1994).

Seit den 1990er Jahren reklamiert die iberische und lateinamerikanische Geschichtsschreibung den Begriff der Atlantischen Revolutionen, der, wie oben erwähnt, bis dahin meist nur auf Westeuropa und die USA bezogen wurde, für die Revolutionen des 19. Jahrhunderts auf der Iberischen Halbinsel, die spanischamerikanischen Unabhängigkeitsrevolutionen zwischen 1808 und 1826 und die Unabhängigkeit Brasiliens 1822. Dabei geht es nicht mehr vorrangig um Einflüsse der Französischen Revolution und US-amerikanischen Unabhängigkeit auf die Iberische Welt wie in der älteren Historiographie. Hervorgehoben werden die wechselseitigen Bezüge der lateinamerikanischen Revolutionen untereinander, zum spanischen Unabhängigkeitskrieg (1808–1814), zum spanischen *Trienio liberal* und zur ersten liberalen Revolution in Portugal (1820–1823), Gemeinsamkeiten der Ideengeschichte in Bezug auf Konstitutionalismus und Liberalismus, teilweise auch die Verflechtungen mit der Amerikanischen Revolution 1783, der Französischen Revolution 1789 und der Haitianischen Antisklaverei- und Unabhängigkeitsrevolution 1791–1804 (Guerra 1992; Rodriguez 2005; Calderón/Thibaud 2006; in der anglophonen Historiographie: Lengley 1996, Adelman 2006; Historiographie dazu: Rinke 2010; Portillo Valdés 2008 und das Dossier des Jahrbuchs für Geschichte Lateinamerikas 45/2008 zur politischen Begriffsbildung in der iberischen Welt zwischen 1750–1850 im Rahmen des Lexikonprojektes *Iberoconceptos*). Aus Anlass des 200. Jahrestages der Unabhängigkeit Hispanoamerikas erscheinen viele forschungsbilanzierende und vergleichende Studien (Chust/Serrano 2007; Frasquet/Slemián 2009).

Lusophone Historiographie

Die portugiesische Geschichtsschreibung hat die Expansion nach Afrika, Asien und Brasilien lange nationalistisch verherrlicht, den Kolonialismus mit dem Lusotropikalismus gerechtfertigt und die eigene Rolle als wichtigste Sklavenhandelsnation der Neuzeit wenig reflektiert. Gegenstimmen gab es bis in die 1990er Jahre nur wenige. Debatten rankten sich um den Charakter der portugiesischen Expansion als Kreuzzug oder profitorientierte Wirtschaftsunternehmung und die Motive der Protagonisten der Eroberungen. Zum 500. Jahrestag der »Entdeckung« Brasiliens wurde der kolonialapologetische Diskurs durch das problematische Konzept der Kulturbegegnung ersetzt (Barreto Xavier 2000). Eine dreibändige *História da Expansão Portuguesa* (Bethencourt/Chaudhuri 1998–2000) verknüpft eine sehr detaillierte Personen-, Institutionen-, Wirtschafts- und Sozialgeschichte punktuell und in ganz kurzen Texten mit internationalen Forschungsdebatten, z.B. um »Kapitalismus und Sklaverei« und die Auswirkungen des transatlantischen Sklavenhandels auf Afrika, verschleiert aber die zentrale Rolle Portugals im internationalen Sklavenhandel, vermeidet eine vergleichende Sklavereigeschichte und kann sich aus einer eurozentristischen Geschichtserzählung nicht lösen.

Die Diskurse um den *Black Atlantic* und Postkolonialismus sind, wenn auch verspätet wie in Frankreich und eher kultur- als geschichtswissenschaftliche Diskurse bestimmend, in Portugal angekommen (Vale de Almeida 2000; Ribeiro Sanches 2006). Ribeiro Sanches (2009) nimmt Gilroys Kritik an der Aufklärung und einer Moderne auf, die Humanität und Menschenrechte für die Einen mit der Versklavung der Anderen sehr gut vereinbaren konnte, und benutzt seine Konzepte, um die Rolle des Lusotropikalismus als Kolonialismus- und Rassismusapologie aufzuzeigen und für ein Miteinander des weißen und des schwarzen Europa ohne Assimilierungszwang zu plädieren.

In der jüngeren Geschichtswissenschaft und Ethnologie zum Lusoatlantik spielt der Sklavenhandel von Afrika nach Brasilien, aber auch die Sklavereiwirtschaft unter portugiesischer Herrschaft auf beiden Seiten des Atlantiks eine zentrale Rolle. Die Forschung erhebt nicht mehr nur demographische und ökonomische Daten, sondern auch die sozialen Transformationen in den Export- und Importregionen und kulturellen Folgen dieses Handels, wie afrikanische Kontinuitäten in der brasilianischen Gesellschaft und Kultur oder die Konstruktion lange wirksamer rassistischer Stereotype über Afrikaner/innen (Capela 2002; Alencastro 2000; Costa Pinto 2003; Castro Henriques 2004). Die Titel zur Sklaverei in Brasilien sind unzählbar (Moura 2004), was angesichts der Tatsache, dass Brasilien das Hauptabnahmeland von afrikanischen Sklav/innen war und das Land, in dem die Sklaverei in den Amerikas zuletzt abgeschafft wurde, nicht überrascht. Schwerpunkte der Forschung sind *agency* von Sklav/innen, Sklavenwiderstand und *quilombo*-Kulturen (Reis 1986; Santos Gomes 2005), Sklavenfamilien (Florentino/Goés 1997; Slenes 1999), soziale Veränderungen der Postemanzipationsperiode (Mattos 1998; Gomes da Cunha/Santos Gomes 2007) und Erinnerungskulturen an Sklaverei (Dalla Vecchia 1994; Lugão Rios/ Mattos 2005). Viele brasilianische Wissenschaftler sind international vernetzt und publizieren ihre Texte, z.B. zu historischen und gegenwärtigen »trans-Atlantic Black Identities« in Englisch (Sansone/Soumonni/Barry 2008), da Englisch eher als das Portugiesische die transatlantische akademische Begegnung ermöglicht.

Deutschsprachige Historiographie

Lateinamerikahistoriker/innen in Deutschland – seit Konetzke, Kellenbenz, Kahle und Pietschmann im Westen, Markov, Kossok und Max Zeuske im Osten Deutschlands – haben sich in impliziter und expliziter Form immer mit dem Atlantischen Raum auseinandergesetzt (zu Sklavenhandel und Sklaverei siehe im folgenden Kapitel). Eine Befassung mit der überseeischen Expansion und den politischen und wirtschaftlichen Strukturen des spanischen und portugiesischen Kolonialreichs (Konetzke, Markov/Kossok, Pietschmann, König, Liehr, Schmitt), den Unabhängigkeitsrevolutionen mit ihren Bezügen zur Amerikanischen und Französischen Revolution und der Nationalstaatsbildung in Lateinamerika und der Karibik (Bernecker, Büschges, König, Kossok, Rinke) oder den politischen und wirtschaftlichen Beziehungen sowie kulturellen Wahrnehmungen zwischen Lateinamerika und europäischen Staaten/Regionen (Bernecker, Menninger, Zeuske/Schmieder, Schüller, Ludwig, González de Reufels) betreffen den Atlantik, ebenso wie jede Darstellung einer bestimmten lateinamerikanischen Gesellschaft oder eines bestimmten Aspekts der lateinamerikanischen Geschichte (z.B. der Frauen- und Geschlechtergeschichte: Potthast, Schröter) das Aufeinandertreffen iberischer, indigener und afrikanischer Kultur behandeln wird. Die gesamte Historiographie kann hier natürlich nicht beschrieben und auch nicht in einer dann ausufernden Literaturliste genannt werden, sondern es werden im Folgenden einige explizit auf Verflechtungen im Atlantischen Raum bezogene Arbeiten genannt.

Reinhard hat mit der Geschichte der europäischen Expansion in die Neue Welt und nach Afrika (1985, 1990) und zahlreichen Studien zu wirtschaftlichen Austauschbeziehungen in der Atlantischen Welt (u.a. 2004) wichtige Pionierarbeit auf diesem Gebiet geleistet. Das Interesse an *Atlantic History* in der deutschen Geschichtswissenschaft dokumentiert ein gleichnamiger von Pietschmann herausgegebener Band (2002), Ergebnis einer internationalen Konferenz in Hamburg 1999 mit dem Schwerpunkt Netzwerke des Atlantik. Handels- und Kommunikationsnetze und kaufmännische Akteure im Atlantik sind auch Gegenstand der Arbeiten von Pieper (2000) und Böttcher (2008). Bitterli hat das Konzept des *encuentro* in der deutschsprachigen Historiographie aufgenommen und Kulturbegegnung zwischen Kulturzusammenstoß inklusive Vertreibung und Vernichtung, Akkulturation und Kulturverflechtung angesiedelt (1986). Afrokaribische und afroargentinische Sozial- und Kulturgeschichte waren Gegenstand der Arbeiten von Gabbert (1992) und Windus (2005).

Der Atlantische Raum war natürlich auch Gegenstand etlicher Texte in anderen Bänden der *Edition Weltregionen* (z. B. Hausberger/Pfeisinger 2005 zur karibischen Geschichte 1492–2000; Grau/Mährdel/Schicho 2000 zu Afrika mit Beiträgen von Harding zum Ausgreifen der Weltwirtschaft auf Afrika und von Wirz zu Sklavenhandel, Sklaverei und »legitimen Handel«; Edelmayer/Grandner/Hausberger 2001 zur »Neuen Welt« in der Kolonialzeit mit Beiträgen zu den verschiedenen Kolonialsystemen und zur Rolle der Amerikas in der Weltwirtschaft; Grandner/Komlosy zur Globalgeschichte 1700–1815 mit einem Beitrag von Schulze zu transatlantischen Interaktionen der Revolutionen des späten 18. Jahrhunderts oder Kaller-Dietrich/Potthast/Tobler zu Lateinamerika 1870–2000 mit Beiträgen von Bernecker zu den Wirtschafts- und Handelsbeziehungen und Hensel zu Migrationen von Afrika und Europa nach Lateinamerika). Der Atlantik war aber bisher nicht wie in diesem Band der zentrale Referenzrahmen der Texte.

Beiträge zum *Black Atlantic* werden auch in der Ethnologie und Kulturanthropologie verfasst (Hofbauer 1995; Zips 2003 u. a., letzter mit einem zu undifferenzierten Blick auf *maroonage*, Rastafari-Philosophie und Afrozentrisms). Aus den New American Studies stammt eine kritische Wertung der *Black Atlantic*-Theorie, die betont, dass nicht alle afroamerikanisch-afrikanischen Begegnungen Teil einer subversiven Gegengeschichte des *Black Atlantic* sind, sondern oft von »ökonomische[n] Alltagsrealitäten, die diese Begegnungen zu hierarchisch gestuften machen« geprägt sind und daher in den Diaspora-Studien selten vorkommen (Mayer 2005:73-121, Zitat: 111).

Atlantische Geschichte und transatlantischer Sklavenhandel und Sklaverei

Wer sich mit dem Atlantik befasst, kommt um die Beschäftigung mit dem transatlantischen Sklavenhandel von Afrika in die Amerikas, von der zweiten Dekade des 16. Jahrhunderts bis 1867 und an der bis 1888 (Abolition in Brasilien) andauernden Sklaverei sowie den Studien zur Postemanzipationsperiode nicht herum. Der Sklavenhandel war während seiner Existenz der eigentliche Dreh- und Angelpunkt der transatlantischen Beziehungen (Solow 1991:1-2) und nach Eric Williams (*Capitalism und Slavery*, 1944) eng verknüpft mit der Entstehung des kapitalistischen Weltwirtschaftssystems. Die Debatten um die beiden Grundthesen Williams', dass erstens die Gewinne aus dem transatlantischen Sklavenhandel und der Plantagenwirtschaft einen wesentlichen Beitrag zur ursprünglichen Akkumulation des Kapitals und damit zur Industriellen Revolution geleistet hätten, und zweitens die Sklaverei nicht aus humanitären Gründen, sondern wegen ihrer Unwirtschaftlichkeit in der Epoche des Industriekapitalismus abgeschafft worden sei, sowie das quantitative Ausmaß des Sklavenhandels und die Auswirkungen des transatlantischen Sklavenhandels auf Afrika erläutert C. Füllberg-Stolberg in diesem Band.

Die zum transatlantischen Sklavenhandel erschienene Literatur, die gerade im Zusammenhang mit den Jahrestagen 1998 (150. Jahrestag der Abschaffung der Sklaverei in der französischen Karibik), 2004 (200. Jahrestag der Unabhängigkeit Haitis nach der Sklavenrevolution von 1791), 2007 (200. Jahrestag des britischen Verbots des transatlantischen Sklavenhandels) und mehreren 150. Jahrestagen der Abolition in Hispanoamerika, einen Boom erlebte, ist hier nicht ansatzweise zu erfassen. Für einen Überblick über die internationale Forschung wird hier auf die Bibliographien von Miller (1999), Drescher/Engermans *Historical Guide to World Slavery* (1998), die Zeitschrift *Slavery & Abolition* und den Literaturanhang in Zeuske (2006:409-569) verwiesen.

Die Sklavereiforschung ist dem in der Geschichtswissenschaft vollzogenen Paradigmenwechsel von der strukturellen Wirtschafts- und Sozialgeschichte hin zu einer akteursbezogenen Kultur- und Geschlechtergeschichte (Paton/Scully 2005) gefolgt. Ihre zentralen Kontroversen bezogen sich neben den o. g. auf die Handlungsspielräume von Sklav/innen: »sozialer Tod«-vs. »proto-peasant«-These (Patterson 1982; Mintz/Hall 1959) und Betonung der Existenz von Sklavenökonomien/Sklavenkulturen (Berlin/Morgan 1991; Palmié 1995), die Möglichkeit für Sklav/innen, eine Familie zu gründen (Debatte pro und contra z. B. für Kuba Meriño Fuentes/Perera Díaz 2007 vs. Martínez-Alier 1974) und Fortbestand afrikanischer Kulturen in den Amerikas vs. Kreolisierung der Sklaven aus Afrika (Herskovits 1941 vs. Frazier 1939; Hatzky 2010).

Schon die Pionierstudie von James *The Black Jacobins* (1938) betrachtete die Antisklaverei- und Unabhängigkeitsrevolution in Haiti (1791–1804) als Teil der revolutionären Bewegungen im Atlantik. Die enge Vernetzung dieser Revolution mit Sklavenwiderstand und Unabhängigkeitsbewegungen in der Karibik, Lateinamerika und den USA wurde belegt (Geggus 2001; Hoffmann u. a. 2008; Geggus/Fiering 2009). Die Bedingungen für Entstehung, Erfolg oder Scheitern von (gewaltsamem) Sklavenwiderstand, die Bedeutung europäischen revolutionären Gedankenguts und afrikanischer Religionen für Rebellionen und *maroonage* diskutierten u. a. Genovese 1979, Price 1996, Laviña/Ruiz-Penado 2006, Thompson 2006, Lienhard 2008. Umfangreiche Debatten gab es um die These über die »Milde« der iberoamerikanischen Sklaverei gegenüber der angelsächsischen (Tannenbaum 1947), die inzwischen kaum noch vertreten wird, da sie – mit Ausnahme der Tatsache, dass in Iberoamerika mehr Sklaven freigelassen wurden oder sich freikaufen konnten – widerlegt wurde.

Die Forschungen zur Postemanzipationsperiode in den Amerikas (vergleichende Sammelbände: Beckles/Shepherd 1993; Cooper/Holt/Scott 2000; Libby/Ferreira Furtado 2006) bezogen sich bisher auf folgende drei Themenkomplexe: Erstens den Übergang von Sklavenarbeit zu Lohnarbeit oder anderen Formen der Zwangsarbeit, die Frage der Entstehung eines Kleinbauerntums aus ehemaligen Sklav/innen, Veränderungen der geschlechtsspezifischen Arbeitsteilung nach der Abolition, zweitens die Familienstrukturen der afrokaribischen Bevölkerung nach der Sklaverei (Kernfamilien oder matrifokale Mehrgenerationenhaushalte und *visiting unions*), die Überwindung oder Tradierung der »Marginalisierung afrokaribischer Männer« durch die Sklaverei, die Reaktion der ehemaligen Sklav/innen auf die Oktroyierung des christlichen Familienmodells, und drittens den Kampf um persönliche Freiheit und Mobilität, sozialen Protest und Kampf gegen Rassendiskriminierung, für politische Mitbestimmung und Landrechte.

In der deutschsprachigen Historiographie zur Sklaverei und Postemanzipation in den Amerikas sind die forschungsorientierten Werke mit dem Schwerpunkt Kuba und Brasilien und deren Beziehungen zu afrikanischen Regionen von Zeuske (2004, 2006) zu erwähnen, die Publikationen von Wirz (1984), von Finzsch zu den USA (1999; Finzsch/Zeuske 2003), Füllberg-Stolberg zur britischen und dänischen Karibik (2007, 2008) und Schmieder zu Französisch-Westindien, Kuba und Brasilien (2008a, b), sowie die Überblicksdarstellung von Meissner/Mücke/Weber (2008). Die Studien Zeuskes haben einerseits einen akteurzentrierten, mikrogeschichtlichen Fokus, es werden archivalisch basierte *life stories* von (ehemaligen) Sklav/innen und Sklavenhaltern erzählt, die in makrogeschichtliche Zusammenhänge eingeordnet werden, andererseits geht es um die großräumige Geschichte der *seascape* Atlantik, Vergleiche von Netzen des transatlantischen Sklavenhandels und der Sklavereisysteme in Kuba, Brasilien und den USA und eine Neubewertung der Williams-These zu Kapitalakkumulation durch Sklaverei und Sklavenhandel im Bezug auf Kuba, Spanien, die USA und Brasilien. Finzsch untersucht Widerstand, Arbeitsalltag, Familien und Religion der Sklav/innen, den afroamerikanischen Abolitionismus sowie wirtschaftliche, soziale und politische Handlungsstrategien ehemaliger Sklav/innen, um nach der Abolition in der schwierigen Umgebung der rassistischen Südstaaten so viel Freiheit, Autonomie und Mobilität wie möglich zu erreichen. Füllberg-Stolberg arbeitet mit von den Herrnhuter Missionaren hinterlassenen Quellen, die die Widersetzlichkeit der (ehemaligen) Sklav/innen gegenüber Sklavenhaltern und Missionaren belegen und zeigen, dass protestantische Mission und Abolitionismus nicht immer Hand in Hand gingen.

Zur Sklaverei- und Nachsklavereigeschichte in Afrika liegen u. a. Publikationen von Bley (1991), Deutsch (1997, 2006), Haenger (1997), Eckert (2002), Bromber (2007) und Strickrodt (2007) vor, die hier nicht alle detailliert vorgestellt werden können. Deutsch (1997) hat die Debatten um die Geschichte der Sklaverei in Afrika aus der Perspektive verschiedener Fächer und Paradigmenwechsel historischen Denkens seit 1900 nachgezeichnet. Dazu gehört u. a. die Kontroverse zwischen Rodney und Fage um die Frage, ob die interne afrikanische Sklaverei erst durch den transatlantischen Sklavenhandel entstand oder durch ihn nur eine andere Intensität und Ausbreitung erlebte, und zwischen Meillassoux, nach dessen Theorie im Gefolge von Handelsbeziehungen und Dorfkriegen vor allem Fremde versklavt wurden, um mit deren Arbeitskraft Mehrwert zu erzeugen, und Miers/Kopytoff, die Sklaverei als Teil der afrikanischen Verwandschaftsbeziehungen verstehen und betonen, dass Sklavinnen und ihre Kinder in die Besitzerfamilie inkorporiert wurden und Rechte gegenüber der Verwandtengruppe erwarben. Diese Debatte berührt die Frage, wie sehr sich die interne afrikanische Sklaverei von der Sklaverei in den Amerikas unterschied oder eben nicht.

Im erwähnten Band von Bley befassen sich u. a. Hebenbrock und Kaese mit den Folgen des transatlantischen Sklavenhandels für afrikanische Gesellschaften. Kaese schreibt dem auf dem europäischen Eingreifen und der Etablierung des transatlantischen Sklavenhandels beruhenden Handelskreislauf Feuerwaffen-Sklaven-Gold die zentrale Rolle bei der Entstehung und Expansion des Asantestaates der Akanvölker in Ghana zu. Hebenbrock betont dagegen, dass der Sklavenhandel nie die Wirtschaft Dahomeys in der starken Form dominiert hat, wie Elwert und andere in der »atlantischen Theorie« formulierten, und nicht der Hauptgrund für die Zentralisierung und Expansion des Königreichs Dahomey gewesen sei.

Atlantische Geschichte und Globalgeschichte

Der gegenwärtige Boom von Globalgeschichte, um Ozeane als historische Räume konzipierte entwickelte Geschichte, transnationale Geschichte etc. ist Ausdruck der Tatsache, dass sich das nationalstaatliche Paradigma in der Geschichtswissenschaft angesichts einer neuen Stufe der Globalisierung nicht aufrechterhalten lässt, die jeder/m vor Augen führt, dass Menschen, Waren und Ideen sich global bewegen und gegenwärtige Bewegungen zwischen den Kontinenten oft mit der Geschichte der politischen, sozioökonomischen und kulturellen Verflechtungen zwischen ihnen zu tun haben.

Dagegen, dass die Debatten um Globalgeschichte infolge der eben nicht nur politisch-militärischen und wirtschaftlichen, sondern auch kulturellen und akademischen Vorherrschaft der USA, aber auch des praktischen Bedarfs einer *lingua franca* im Wissenschaftsbetrieb fast nur auf Englisch geführt werden, wehrt sich ein Netzwerk romanischsprachiger Historiker/innen (http://www.h-debate.com/), in dessen Diskussionen der Begriff des Atlantischen Raums allerdings kaum vorkommt.

Die Bewertung der Konstitution des Atlantischen Raumes für die Globalisierungsprozesse der Moderne fällt in jüngeren globalgeschichtlichen Arbeiten sehr unterschiedlich aus. Bayly (*The Birth of the Modern World, 1780–1940*) betrachtet den Handel Europas mit außereuropäischen Regionen vor dem 18. Jahrhundert nur als »archaic globalization«, setzt den Beginn einer komplexen Globalisierung (»truly global imperialism«) erst für die Periode von 1760–1830 an (Bayly 2004:44-45), führt diese vor allem auf den Austausch zwischen Europa, Asien und Afrika zurück und unterschätzt die Bedeutung von Bergbau und Plantagenwirtschaft der Amerikas für die Entstehung des europäischen Kapitalismus und seiner globalen Verflechtungen. Osterhammel (*Die Verwandlung der Welt. Eine Geschichte des 19. Jahrhunderts*) befasst sich mit Räumen um Meere und ihren Hinterländern, die als Interaktionsräume resp. Kontaktarenen verstanden werden, wobei er für den Atlantik des 19. Jahrhunderts neben einem Defizit in der Forschung gegenüber der Frühen Neuzeit ein widersprüchliches Auseinanderdriften (durch den Rückgang des Sklavenhandels ab 1840, die lateinamerikanische Unabhängigkeit und die Abgrenzung der USA von Europa) und neue Verflechtungen (durch die europäischen Migrationen in die Amerikas) konstatiert (2009:157-163). Zentralen Themen der atlantischen Geschichte wie dem transatlantischen Sklavenhandel und dem »revolutionären Atlantik« – mit Haiti im Gegensatz zu traditionellen Darstellungen – widmet er eigene Unterkapitel (2009:229-235, 747-776).

Der Atlantik spielt aber nicht in allen epochen- und europaübergreifenden Darstellungen eine Rolle. In Heinrich August Winklers ideen- und politikgeschichtlich orientierter *Geschichte des Westens* ist z.B. vom Atlantischen Raum nicht die Rede, weder vom »weißen« noch vom »schwarzen«. Koloniale Expansion und transatlantischer Sklavenhandel, Sklaverei und die Sklavenrevolution in Haiti, Kreuzungspunkt der Revolutionen beidseits des Atlantiks, werden nur am Rande erwähnt und Lateinamerika wird als der westlichen Hemisphäre, nicht aber der politischen Kultur des Westens zugehörig betrachtet (Winkler 2009:91-92, 492).

Es zeichnet sich außerdem derzeit, gewiss nicht unabhängig vom gegenwärtigen wirtschaftlichen Aufstieg Asiens, eine gewisse Tendenz ab, die historische Rolle des Atlantischen Raums in der Weltwirtschaft gegenüber einer auf Asien zentrierten Sichtweise zu minimieren (Nolte in diesem Band). So hat Andre Gunder Frank in *ReOrient: Global Economy in the Asian Age* von seinen eigenen früheren Positionen Abstand genommen, nach denen es in der Frühen Neuzeit eine Weltwirtschaft und ein Weltsystem mit Europa als Zentrum gegeben habe, und betont stattdessen, dass bis 1800 Asien mit dem Kern China das Zentrum der Weltwirtschaft gewesen sei (1998:5).

Schlussbemerkung

Es ist nicht das Ziel dieses Bandes, dem Atlantischen Raum eine überdimensionale Bedeutung in der Globalgeschichte zuzuweisen. Selbstverständlich kann man auch Geschichte aus indischer oder chinesischer Perspektive schreiben und für diese Regionen sind natürlich die Verflechtungen im Atlantischen Raum von geringerer Relevanz als für Afrika, Amerika und Europa. Vielmehr soll vom Atlantischen Raum selbst ein differenziertes Bild gezeichnet werden. In diesem sollen die Beziehungen zwischen Afrika und den Amerikas angemessen berücksichtigt und die afrikanischen und indianischen Bevölkerungen nicht als geschichtslos oder als bloße Objekte der Geschichte betrachtet werden.

Es soll außerdem gezeigt werden, dass sich Europa selbst durch die Interaktionen im Atlantischen Raum verändert hat. Europas allmählicher Aufstieg und seine wirtschaftliche und politische Vorherrschaft in großen Teilen der Welt im 19. Jahrhundert wäre ohne Gold und Silber aus Amerika und Afrika, die Gewinne aus Sklavenhandel, Sklaverei, Zwangsarbeit, Plantagenwirtschaft und Handel mit tropischen Landwirtschaftsgütern, ohne Absatzmärkte für europäische Waffen, Tuche und Werkzeug in Afrika und in den Amerikas und ohne die Möglichkeiten der Auswanderung niemals zustande gekommen. Wir würden nicht essen, was wir essen, und nicht die Musik hören, die wir hören, ohne die hier erzählten Geschichten. Allerdings hätten wir auch weniger Grund, uns zu entschuldigen.

Gewiss: Afrikaner/innen haben am transatlantischen Sklavenhandel verdient und die Tlaxcalteken haben sich mit den Spaniern in der Hoffnung verbündet, sich ihrer aztekischen Feinde zu entledigen. Afrikaner/innen und Indianer/innen haben unseren Vorfahren gegen Eroberung und Ausbeutung auf unterschiedlichste Weise Widerstand geleistet und haben das Christentum, europäische Waren und Ideen in ihre Kultur inkorporiert und dabei verändert. Aber ihr geschichtsmächtiges Handeln ändert nichts an der demographischen Katastrophe, die die Kolonialisierung der Amerikas ausgelöst hat, an den Toten während der *middle passage* und auf den Zuckerrohrfeldern Brasiliens und der Karibik, den Massenmorden, die europäische Kolonialmächte in Afrika (»Belgisch-Kongo«, »Deutsch-Südwestafrika«) begangen haben, und Hunderten Arten rassistischer Exklusion gegenüber »nichtweißen« Menschen durch Europäer/innen bei vielen historischen Begegnungen.

Literatur

Adelman, Jeremy (2006): Sovereignty and Revolution in the Iberian Atlantic Princeton/Oxford: Princeton University Press

Agudelo, Carlos/Boidin, Capucine/Sansone, Livio, Hg. (2009): Autour de »l'Atlantique noir«. Une polyphonie de perspectives. Paris: Éditions d'IHEAL

Alencastro, Luiz Felipe (2000): O trato dos viventes: formação do Brasil no Atlântico Sul, séculos XVI e XVII, São Paulo: Companhia das Letras

Andrews, George Reid (2004): Afro Latin America, 1800–2000: Oxford: Oxford University Press

Arciniegas, Germán (1975): América en Europa. Buenos Aires: Ed. Sudamericana

Armitage, David/Braddick, Michael J. Hg. (2002/2009²): The British Atlantic World, 1500–1800. Basingstoke [u.a.]: Palgrave Macmillan

Asante, Molefi Kete (1988): Afrocentricity. Trenton: Africa World Press

Bailyn, Bernard (2005): Atlantic History. Concepts and Contours. Cambridge, Mass.: Harvard Univ. Press

Bailyn, Bernard (1996): The Idea of Atlantic History. In: Itinerario 20: 19-44

Barreto Xavier, Ángela (2000): Tendências na historiografia da expansão portuguesa. Reflexões sobre os destinos da história social. In: Penélope 22: 141-179

Bastide, Roger (1967): Les Amériques noires: les civilisations africaines dans le Nouveau Monde. Paris: Payot

Bayly, Christopher Alan (2005): The Birth of the Modern World: 1780–1914. Global Connections and Comparisons. Malden, Mass.: Blackwell

Bazenguissa-Ganga, Rémy (2010): Au-delà de l'Atlantique noir, les Afriques des banlieues »mondialisées«. In: Agudelo, Carlos/Boidin, Boidin/Sansone, Livio, Hg.: Autour de »l'Atlantique noir«. Une polyphonie de perspectives. Paris: Éditions d'IHEAL: 133-153

Beckles, Hilary/Shepherd, Verene, Hg. (1993): Caribbean Freedom. Economy and Society from Emancipation to the Present, A Student Reader. Kingston: Randle u.a.

Bennett, Hermann Lee (2009): Colonial Blackness. A History of Afro-Mexico. Bloomington: Indiana Univ. Press

Berlin, Ira/Morgan, Philipp D., Hg. (1991): The Slaves Economy. Independent Production by Slaves in America. London: Frank Cass

Bernecker, Walther L. (2004): Die wirtschaftliche Entwicklung Lateinamerikas in der Neuzeit. In: Kaller-Dietrich, Martina/Potthast, Barbara/Tobler, Hans Werner, Hg.: Lateinamerika. Geschichte und Gesellschaft im 19. und 20. Jahrhundert. Wien: Promedia: 55-76

Bethencourt, Francisco/Chaudhuri, Kirti, Hg. (1998–2000): Historia da expansão portuguesa. Lisboa: Temas e Debates e Autores

Bhabha, Homi (1994): The Location of Culture. London: Routledge

Bitterli, Urs (1986): Die Alte und die Neue Welt, Formen des europäisch-überseeischen Kulturkontaktes vom 15. bis zum 18. Jahrhundert. München: Beck

Bley, Helmut u.a., Hg. (1991): Sklaverei in Afrika: afrikanische Gesellschaften im Zusammenhang von europäischer und interner Sklaverei und Sklavenhandel. Pfaffenweiler: Centaurus-Verlagsgesellschaft

Böttcher, Nikolaus (2008): Monopol und Freihandel: britische Kaufleute in Buenos Aires am Vorabend der Unabhängigkeit (1806–1825). Stuttgart: Steiner

Bromber, Katrin (2007): Mjakazi, Mpambe, Mjoli, Suria: Female Slaves in Swahili Sources. In: Campbell, Gwyn u.a., Hg: Women and Slavery: Africa, the Indian Ocean world, and the medieval north. Athens: Ohio University Press: 111-128

Brooks, George E. (2003): Eurafricans in Western Africa. Commerce, Social Status, Gender and Religious Observance from the Sixteenth to the Eighteenth Century. Athens: Ohio University Press, Oxford: Currey

Butel, Paul (2002): Histoire des Antilles françaises, XVIIe-XXe siècle. Paris: Perrin
Butel, Paul (1997): Histoire de l'Atlantique: de l'antiquité à nos jours. Paris: Perrin
Calderón, María Teresa/Thibaud, Clément (2006): Las revoluciones en el mundo atlántico (coloquio Revoluciones en el mundo atlántico: una perspectiva comparada, Archivo General de la Nación, 27.-29.10.2004. Bogotá: Taunus Histora, Univ. Externado de Colombia
Cañizares-Esguerra, Jorge/Seeman, Eric R., Hg. (2007): The Atlantic in Global History, 1500–2000. Upper Saddle River, N.J.: Pearson Prentice Hall
Canny, Nicholas (2002): Atlantic History, 1492–1700: Scope, Sources and Methods. In: Pietschmann, Horst, Hg.: Atlantic History. History of the Atlantic History 1580–1830. Göttingen: Vandenhoek & Ruprecht: 55-64
Caroll, Patrick James (1991): Blacks in colonial Veracruz: race, ethnicity end regional development, Austin: Univ. of Texas Press
Capela, José (2002): O tráfico de escravos, nos portos do Mocambique 1733–1904. Porto: Afrontamento
Castro-Henriques, Isabel (2004): Os pilares da diferença. Relações Portugal-África séculos XV-XX. Casal de Cambra: Caleidoscópio
Castro Varela, Mario do Mar/Dhawan, Nikita, Hg. (2009): Feministische Postkoloniale Theorie: Gender und (De)Kolonisierungsprozesse. Europa provinzialisieren? Ja, bitte! Aber wie? In: Femina Politica, Zeitschrift für Feministische Politikwissenschaft 2: 9-18
Chakrabarty, Dipesh (2000): Provincializing Europe: Postcolonial Thought and Historical Difference. Princeton: Princeton University Press
Chambers, Douglas B. (2008): The Black Atlantic: Theory, Method and Practice. In: Falola, Toyin/Roberts, Kevin D., Hg.: The Atlantic World 1450–2000. Bloomington & Indianapolis: Indiana University Press: 151-173
Chaudhuri, Kirti Narayan (1985): Trade and Civilization in the Indian Ocean: an Economic History from the Rise of Islam to 1759. Cambridge: Cambridge Univ. Press
Chaunu, Pierre/Chaunu, Huguette (1955–1959): Séville et l'Atlantique, Band 1-8. Paris: Colin
Chivallon, Christine (2004): La diaspora noire des Amériques: expériences et théories à partir de la Caraïbe. Paris: CNRS Ed.
Chust, Manuel/Serrano José Antonio, Hg. (2007): Debates sobre las independencias iberoamericanas (= Estudios AHILA de Historia Latinoamericana 3). Frankfurt am Main: Vervuert
Clifford, James (1986): Writing Culture: the Poetics and Politics of ethnography; a School of American Research Advanced Seminar. Berkeley: Univ. of California Press
Conrad, Sebastian/Randeria, Shalini, Hg. (2002): Jenseits des Eurozentrismus, Postkoloniale Perspektiven der Geschichts- und Kulturwissenschaften. Frankfurt am Main/New York: Campus Verlag
Cooper, Frederick/Holt, Thomas C./Scott, Rebecca J., Hg. (2000): Beyond Slavery, Explorations of Race, Labor, and Citizenchip in Postemancipation Societies. Chapel Hill: University of North Carolina Press
Costa Pinto, António (2003): The Transition to Democracy and Portugal's Decolonization. In: Lloyd-Jones, Stewart/Costa Pinto António, Hg.: The Last Empire. Thirty Years of Portuguese Decolonization, Bristol, Portland: intellect
Costa e Silva, Alberto da (2003): Um Rio chamado Atlântico, a África no Brasil e o Brasil na África, Rio de Janeiro: Ed. Nova Fronteira
Crosby, Alfred W. (1972): The Columbian Exchange: Biological and Cultural Consequences of 1492. Greenwood Press: Westport, Conn.
Curto, José C./Souloudre-LaFrance, Rénée, Hg. (2005): Africa and the Americas: interconnections during the Slave Trade. Trenton/Asmara: Africa World Press
Daget, Serge (1997): La repression de la traite des Noirs au XIX siècle: l'action des croisières françaises sur les côtes occidentals de l'Afrique, 1817–1850 Paris: Éd. Karthala

Declaración de Quito y Resolución del Encuentro Continental de pueblos indígenas (1990): Quito, 17.-21.7.1990, CONAIE, CONFENAIAE, SAIIC, ECUARUNARI ONIC

Dalla Vecchia, Agostinho Mario (1994): Vozes do silêncio: depoimentos de descendentes de escravos do Meridão Gaucho. Pelotas

Deutsch, Jan-Georg (2006): Emancipation without Abolition in German East Africa, c. 1884–1914. Oxford: Currey

Deutsch, Jan Georg (1997): Sklaverei als historischer Prozeß. In: Deutsch, Jan-Georg/Wirz, Albert, Hg.: Geschichte in Afrika. Einführung in Probleme und Debatten. Berlin: Zentrum Moderner Orient: 53-74

Drescher, Seymour/Engerman, Stanley, Hg. (1998): A Historical Guide to World Slavery. New York/Oxford: Oxford University Press

Duharte-Jiménez, Rafael (1988): El negro en la sociedad colonial, Santiago de Cuba: Editorial Oriente

Ebron, Paula A. (1999): Tourists as Pilgrims: Commercial Fashioning of Transatlantic Politics, in: American Ethnologist 26:4: 910-932

Eckert, Andreas (2002): The Impact of African Slave Trade on Africa – Historical Controversies. In: Pietschmann, Horst, Hg.: Atlantic History. History of the Atlantic System 1580–1830. Göttingen: Vandenhoeck & Ruprecht: 337-348

Edelmayer, Friedrich/Grandner, Margarete/Hausberger, Bernd, Hg. (2001): Die Neue Welt. Süd- und Nordamerika in ihrer kolonialen Epoche. Wien: Promedia

Elías Caro, Jorge E./Silva Vallejo, Fabio, Hg. (2009): Los mil y un Caribe. 16 textos para su DES entendimiento. Santa Marta: Ediciones Univ. de Magdalena

Elliott, John (2007): Empires of the Atlantic World. Britain and Spain in America 1492–1830. New Haven: Yale Univeristy Press

Emmer, Piet C./Pétré-Grenouillau, Olivier/Roitman, Jessica V. (2006): A *Deus ex Machina* Revisited. Atlantic Colonial Trade and European Economic Development. Leiden/Boston: Brill

II Encuentro Continental (1991): Campaña 500 años resistencia indígena y popular Quetzaltenango, 7.-12.10.1991

Fage, John D. (1969): Slavery and the Slave Trade in the Context of West African History. In: Journal of African History 10: 393-404

Fernández Robaína, Tomás (1994): El negro en Cuba, 1902–1958: apuntes para la historia de la lucha contra la discriminación racial, La Habana: Ed. Letras Cubanas

Finzsch, Norbert/Horton, James O./Horton, Lois (1999): Von Benin nach Baltimore. Die Geschichte der African Americans vom Beginn des transatlantischen Sklavenhandels bis in die neueste Zeit. Hamburg: Hamburger Ed.

Florentino, Manolo/Góes, José Roberto (1997): A paz das senzalas. Famílias escravas e tráfico atlântico, Rio de Janeiro, c.1790–c.1850, Rio de Janeiro: Civilização Brasileira

Frank, André Gunder (1967): Capitalism and Underdevelopment in Latin America. Historical Studies of Chile and Brazil. New York: Monthly Review Press

Frank, André Gunder (1998): ReOrient: Global Economy in the Asian Age. Berkeley u.a.: University of California Press

Frasquet, Ivana/Slemian, Andréa, Hg. (2009): De las independencias iberoamericanas a los Estados nacionales (1810–1950). 200 años de historia (= Estudios AHILA de Historia Latinoamericana 6), Frankfurt am Main: Vervuert

Frazier, E. Franklin (1939): The Negro Family in the United States. Chicago: University of Chicago Press

Fuente, Alejandro de la (2001): A Nation for all. Race, Inequality, and Politics in Twentieth-Century Cuba. Chapel Hill/London: Univ. of North Carolina Press

Füllberg-Stolberg, Claus (2007): Britisch- und Dänisch-Westindien nach der Sklaverei. In: Comparativ 17/1:38-78

Füllberg-Stolberg, Claus (2008): Economic Adjustments and the Fight for Cultural Hegemony in the British and Danish West Indies after Slavery. In: REVIEW I XXXI/2: 145-168
Füllberg-Stolberg, Katja (2002): Amerika in Afrika. Die Rolle der Afroamerikaner in den Beziehungen zwischen den USA und Afrika, 1880–1910. Berlin: Schwarz
Gabbert, Wolfgang (1992): Creoles – Afroamerikaner im karibischen Tiefland von Nicaragua. Münster: Lit
Galeano, Eduardo (1973): Die offenen Adern Lateinamerikas. Wuppertal: Hammer. (1971: Las venas abiertas de América Latina. La Habana: Casa de las Américas)
García, Jesús Chucho (1992): Afrovenezuela: Una visión desde adentro. Caracas. Editorial Abicum
García-Baquero González, Antonio (1976): Cádiz y el Atlántico, Band 1-2. Sevilla: Escuela de Estudios Hispanoamericanos
García Canclini, Nestór (1992): Culturas híbridas. Estrategias para entrar y salir de la modernidad. Buenos Aires: Editorial Sudamericana
García Fuentes, Lutgardo (1980): El comercio español con América, 1650–1700. Sevilla: Diputación Provincial de Sevilla
Geggus, David (2001): The impact of the Haitian revolution in the Atlantic world. Columbia: University of South Carolina Press
Geggus, David/Fiering, Norman (2009): The World of the Haitian Revolution. Bloomington: Indiana University Press
Genovese, Eugene D. (1979): From Rebellion to Revolution. Afro-American Slave Revolts in the Making of the Modern World. Baton Rouge/London: Louisiana State University Press
Gilroy, Paul (1993): The Black Atlantic: Modernity and Double Consciousness. London/New York: Verso
Godechot, Jacques (1947): Histoire de l'Atlantique. Paris: Bordas
Godechot, Jacques (1965): France and the Atlantic Revolution in the Eighteenth Century. New York: Free Press
Gomes da Cunha, Olívia Maria/Santos Gomes, Flavio, Hg. (2007): Quase-cidadão. Histórias e antropologias da pós-emancipação no Brasil, Rio de Janeiro: Ed. FGV
Grandner, Margarete/Gräser, Marcus, Hg. (2009): Nordamerika. Geschichte und Gesellschaft seit dem 18. Jahrhundert. Wien: Promedia
Greenblatt, Stephen (1991): Marvellous Possessions. The Wonder of the New World. Oxford: Clarendon Press
Greene, Jack P./Morgan, Philip D., Hg. (2009): Atlantic History. A Critical Appraisal. Oxford: Oxford University Press
Greer, Allan/Mills, Kenneth (2007): A Catholic Atlantic. In: Cañizares-Esguerra, Jorge/Seeman, Erik R., Hg.: The Atlantic in Global History, 1500–2000. Upper Saddle River: N.J Pearson Prentice Hall: 3-20
Guerra, François-Xavier (1992): Modernidad e independencias: ensayos sobre las revoluciones hispánicas. Madrid: Ed. MAPFRE
Gueye, Abdoulaye (2006): De la diaspora noire: enseignements du contexte français. In: Revue européenne des migrations internationales 22/1: 11-33
Guha, Ranajit/Spivak, Gayatri Chakravorty, Hg. (1988): Selected Subaltern Studies. New York: Oxford University Press
Haenger, Peter (1997): Sklaverei und Sklavenemanzipation an der Goldküste; Ein Beitrag zum Verständnis von sozialen Abhängigkeitsbeziehungen in Westafrika. Basel: Helbing & Lichtenhahn
Harding, Leonhard (2000): Politische Systeme afrikanischer Gesellschaften: Konzentrationsprozesse, Konsolidierung und »Modernisierung« im 19. Jahrhundert. In: Grau, Ingeborg/Mährdel, Christian/Schicho, Walter, Hg.: Afrika. Geschichte und Gesellschaft im 19. und 20. Jahrhundert. Wien: Promedia: 35-52

Hatzky, Christine (2009): Kubaner in Angola. Süd-Süd-Kooperation und Bildungstransfer. Köln: unveröff. Habilitationschrift Universität Duisburg-Essen, mit freundlicher Genehmigung der Autorin

Hatzky, Christine (2010): Kontinuitäten und Transformationen afrikanischer Kulturen in der atlantischen Welt. Debatten um Sklaverei und Postemanzipationsgesellschaften. In: Hatzky, Christine/Schmieder, Ulrike, Hg.: Sklaverei- und Postemanzipationsgesellschaften in Afrika und der Karibik. In: Periplus, erscheint 2010

Hausberger, Bernd/Pfeisinger, Gerhard, Hg. (2005): Die Karibik. Geschichte und Gesellschaft 1492–2000. Wien: Promedia

Helg, Aline (1995): Our Rightful Share. The Afro-Cuban Struggle for Equality 1886–1912, Chapel Hill/London: Univ. of North Carolina Press

Hensel, Silke (2004): Ein Kontinent in Bewegung. Bevölkerungsentwicklung und Migration in Lateinamerika, 19. und 20. Jahrhundert. In: Kaller-Dietrich, Martina/Potthast, Barbara/Tobler, Hans Werner, Hg.: Lateinamerika. Geschichte und Gesellschaft im 19. und 20. Jahrhundert. Wien: Promedia: 77-98

Herskovits, Melville, J. (1941): The Myth of Negro Past. New York: Harper and Brothers

Hofbauer, Andreas (1995): Afrobrasilien. Vom weißen Konzept zur schwarzen Realität. Historische, politische und anthropologische Gesichtspunkte. Wien: Promedia

Hoffmann, Léon-François/Gewecke, Frauke/Fleischmann, Ulrich, Hg. (2008): Haïti 1804. Lumières et ténèbres. Impact et résonances d'une révolution. Frankfurt am Main: Iberoamericana

Howe, Stephen (1998): Afrocentrism. Mythical Pasts and Imagined Homes. London/New York: Verso

James, C.L.R. (1938): The Black Jacobins. Toussaint L'Ouverture and the San Domingo Revolution. London: Secker & Warburg

Jones, Grant D. (1989): Maya Resistance to Spanish Rule: Time and History on a Colonial Frontier. Alberquerque: Univ. of. New Mexico Press

Juderías, Julián (1914): La leyenda negra y la verdad histórica: Contribución al estudio acerca del concepto de España en Europa, de las causas de este concepto y de la tolerancia religiosa y política en los países civilizados. Madrid: Tip. de la Revista de Archivos, Bibliotecas y Museos

Juneja, Monica (2003): Debatte zum »Postkolonialismus«, aus Anlass des Sammelbandes *Jenseits des Eurozentrismus* von Sebastian Conrad und Shalini Randeria. In: WerkstattGeschichte 34: 88-96

Kicza, John E., Hg. (1993): The Indian in Latin American History: Resistance, Resilience and Acculturation, Wilmington. Delaware: A Scholarly Resources Inc. Imprint

Komlosy, Andrea/Nolte, Hans-Heinrich/Sooman, Imbi (2008): Ostsee 700–2000, Gesellschaft – Wirtschaft – Kultur. Wien: Promedia

Landers, Jane (2010): Atlantic Creoles in the Age of Revolution. Cambridge: Harvard University Press

Laviña, Javier/Ruiz-Penado, José Luis (2006): Resistencias esclavas en las Américas. Aranjuez (Madrid): Doce Calles

Law, Robin (2008): Commemoration of the Atlantic Slave Trade in Ouidah. In: Gradhiva. Révue d'Anthropologie et de Museologie, nouvelle série. Paris: Musée du Quai Branly: 10-27

Lengley, Lester (1996): The Americas in the Age of Revolution. New Haven u.a.: Yale University Press

Levene, Ricardo (1951): Las Indias no eran colonias. Buenos Aires: Espasa Calpe

Libby, Douglas Cole/Ferreira Furtado Júnia, Hg. (2006): Trabalho livre, trabalho escravo. Brasil e Europa, séculos XVIII e XIX. São Paulo/Brasil: Annablume

Lienhard, Martin (2008): Disidentes, rebeldes, insurgentes: resistencia indígena y negra en América Latina; ensayos de historia testimonial. Madrid u.a.: Iberoamericana

Linebaugh, Peter/Rediker, Markus Buford (2000): The Many-Headed Hydra, Sailors, Slaves, Commoners, and the Hidden History of the Revolutionary Atlantic. Boston, Mass.: Beacon Press

Lugão Rios, Ana/Mattos, Hebe Maria (2005). Memórias do cativeiro: família, trabalho e cidadania nos pós-abolição. Rio de Janeiro: Civilização Brasileira

Madariaga, Salvador de (1955): El auge del imperio español. Buenos Aires: Ed. Sudamericana

Mann, Kirstin/Bay Edna G., Hg. (2001): Rethinking the African Diaspora. The Making of a Black Atlantic World in the Bight of Benin and Brazil: London/Portland: Frank Cass

Márquez Moreno, Jesús E. (1980): El atlántico, Canarias y Venezuela. Santa Cruz de Tenerife: Romero

Martínez Alier, Verena (1974): Marriage, Class and Colour in Nineteenth-Century Cuba. A Study of Racial Attitudes and Sexual Values in a Slave Society. Cambridge: Cambridge University Press

Mattos, Hebe Maria (^{2}1998): Das cores do silêncio: os significados da liberdade no sudeste escravista – Brasil século XIX, Rio de Janeiro: Ed. Nova Fronteira

Mauro, Frédéric (1983): Le Portugal, le Brésil et l'Atlantique au XVIIe siècle: 1570–1670: étude économique. Paris: Fondation Calouste Gulbenkian (Erstausgabe: 1960, Le Portugal et l'Atlantique au XVIIe siècle: 1570–1670: étude économique. Paris: SEVPEN)

Mayer, Ruth (2005): Diaspora: eine kritische Begriffsbestimmung. Bielefeld: transcript-Verlag

McNeill, William (1963): The Rise of the West. A History of the Human Community. Chicago/London: University of Chicago Press

Meissner, Jochen/Mücke, Ulrich/Weber, Karl (2008): Schwarzes Amerika. Eine Geschichte der Sklaverei. München: Beck

Metcalf, Alida C. (2005): Go-Betweens and the Colonization of Brazil: 1500–1600. Austin: Univ. of Texas Press

Mettas, Jean (1978): Répertoire des expéditions négrières françaises. Paris: Soc. Française d'Histoire d'Outre-Mer

Miller, Joseph (1999): Slavery and Slaving in World History, A Bibliography, 2 Bände (1900–1991, 1992–1996). Armonk: Sharpe

Mintz, Sydney/Hall, Douglas (1959): The Origins of the Jamaican Internal Marketing System. New Haven: Yale University PressMintz, Sidney W. (1977): The So-Called World System: Local Initiative and Local Response. In: Dialectical Anthropology 2: 253-270

Mintz, Sydney (1986): Sweetness and power. The place of sugar in modern history. New Cork u. a.: Penguin Books

Mintz, Sydney/Hall, Douglas (1959): The Origins of the Jamaican Internal Marketing System. New Haven: Yale University Press

Mintz, Sydney/Hall, Douglas (1970): The Origins of the Jamaican Internal Marketing System. In: Papers in Caribbean Anthropology 57: 3-26

Montiel, Martinez Luz María (1993): Presencia Africana en Centroamérica. México: Consejo Nacional para la Cultura y las Artes

Montaño, Oscar D. (2001): Yeninyanha. Umkhonto II; historia de los afrouruguayos. Montevideo: Mundo Afro

Mosquera Rosero-Labbé/Claudia/Barcelos/Luiz Claudio, Hg. (2007): Afro-reparaciones: memorias de la esclavitud y justicia reparative para negros, afrocolombianos y raizales. Bogotá: Univ. Nacional de Colombia

Moura, Clóvis (2004): Dicionário da escravidão negra no Brasil. São Paulo: Edusp

Moya José C. (2007): Modernization, Modernity, and the Transformation of the Atlantic World in the Nineteenth Century. In: Cañizares-Esguerra/Seeman, Hg.: The Atlantic in Global History. 1500–2000. Upper Saddle River: N.J Pearson Prentice Hall: 179-198

Mückler, Hermann/Ortmayr, Norbert/Werber, Harald, Hg. (2009): Ozeanien. 18. bis 20. Jahrhundert. Geschichte und Gesellschaft. Wien: Promedia

Múnera Cavadía, Alfonso, Hg. (1998): El fracaso de la nación: Región, clase y raza en el Caribe colombiano (1717–1821). Bogotá: Banco de la República, El Ancora editores

Naveda Chávez-Hita, Adriana, Hg. (2001): Pardos, mulatos y libertos. Sexto encuentro de Afromexicanistas. Xalapa: Universidad Veracruzana

O'Gorman, Edmundo (1961): The Invention of America. An inquiry into the historical nature of the New World and the meaning of its history. Bloomington: Indiana University Press

Opoku-Agyemang, Naana/Lovejoy, Paul E./Trotman, David (2008): Africa and Trans-Atlantic Memories. Literary and Aesthetic Manifestations of Diasporas and History. Trenton/Asmara: Africa World Press

Ortiz, Fernano (1963): Contrapunteo cubano del tabaco y el azúcar. La Habana: Consejo Nacional de Cultura (Erstausgabe 1940)

Osterhammel, Jürgen (2009): Die Verwandlung der Welt: eine Geschichte des 19. Jahrhunderts. München: Beck

Palmié, Stephan (1995): Slave Cultures and the Cultures of Slavery. Knoxville: University of Tennessee Press

Palmer, Robert Roswell (1959–1964): The Age of Democratic Revolution: a Political History of Europe and America 1760–1800. Princeton: Princeton University Press

Paton, Diana/Scully, Pamela, Hg. (2005): Gender and slave emancipation in the Atlantic World. Durham/London: Duke University Press

Patterson, Orlando (1982): Slavery and Social Death. Cambridge, Mass.: Harvard University Press

Perera Díaz, Aisnara/Meriño Fuentes (2007): María de los Angeles, Matrimonio y Familia en el ingenio: una utopía posible. La Habana (1825–1886). La Habana: Editorial Unicornio

Pérez-Mallaína Bueno/Pablo Emilio (1992): Los hombres del óceano. Vida cotidiana de los tripulantes de las flotas de Indias, siglo XVI. Sevilla: Escuela de Estaudios Hispano-Americanos

Pétré-Grenouilleau, Olivier (1998): Nantes au temps de la traite des noirs. Paris. Hachette

Pétré-Grenouilleau, Olivier (2004): Les traites négrières: essai d'histoire globale. Paris: Éditions Gallimard

Pieper, Renate (2000): Die Vermittlung einer Neuen Welt. Amerika im Nachrichtennetz des Habsburgischen Imperiums 1493–1598. Mainz: Verlag Philipp von Zabern

Pietschmann, Horst (2001): Amerika 1992. Zeitgeist und politische Instrumentalisierung eines Zeitenwende-Jubiläums. In: Hiery, Hermann Joseph, Hg.: Der Zeitgeist und die Historie. Dettelbach: Röll: 181-198

Pietschmann, Horst, Hg. (2002): Atlantic History. History of the Atlantic System 1580–1830. Göttingen: Vandenhoeck & Ruprecht

Pollak-Eltz, Angelina (1991): La négritude en Venezuela. Caracas: Cuadernos Lagoven

Portillo Valdés, José M. (2008): Ex unum, pluribus: revoluciones constitucionales y disgregación de las Monarquías iberoamericanas. In: Jahrbuch für Geschichte Lateinamerika 45: 57-80

Prébisch, Raul (1950): The Economic Underdevelopment of Latin America and its Principal Problems. New York: UN

Price, Richard, Hg. (^{3}1996): Maroon Societies, Rebel Slave Communities in the America, Baltimore: Johns Hopkins University Press

Quijano, Anibal (2000): Coloniality of Power, Eurocentrism and Latin America. In: Nepantla. Views of the South 1: 533-580

Reinhard, Wolfgang (1985): Geschichte der europäischen Expansion, Band 2, Die Neue Welt. Stuttgart: Kohlhammer

Reinhard, Wolfgang (1990): Geschichte der europäischen Expansion, Band 4, Dritte Welt. Afrika. Stuttgart: Kohlhammer

Reinhard, Wolfgang (2004): Atlantischer Austausch. In: Zeitschrift für Weltgeschichte 5/2: 67-78

Reinhardt, Thomas (2007): Geschichte des Afrozentrismus. Imaginiertes Afrika und afroamerikanische Identität. Stuttgart: Kohlhammer

Reis, João José (1986): Rebelião escrava no Brasil: a história do levante dos malês 1835. São Paulo: Ed. Brasiliense

Ribeiro Sanches, Manuela, Hg. (2006): Portugal não é um pais pequeno. Contra o império na pós-colonialidade. Lisboa: Cotovia

Ribeiro Sanches, Manuela (2009): Transversalités ou lire le Black Atlantic au Portugal. In: Agudelo, Carlos/Boidin, Capucine/Sansone, Livio, Hg.: Autour de »l'Atlantique noir«. Une polyphonie de perspectives. Paris: Éditions d'IHEAL: 153-166

Rinke, Stefan (2010): Revolutionen in Lateinamerika. Wege in die Unabhängigkeit 1760–1830. München: Beck

Rodney, Walter (1972): How Europe underdeveloped Africa. London: Bogle-L'Ouverture Publications

Rodríguez, Ileana, Hg. (2001): The Latin American Subaltern Studies Reader. Durham: Duke Univ. Press

Rodríguez O., Jaime E., Hg. (2005): Revolución, independencia y las nuevas naciones de América. Madrid: Fundación MAPFRE

Rothermund, Dieter/Weigelin-Schwiedrzik, Susanne, Hg. (2004): Der Indische Ozean. Das afro-asiatische Mittelmeer als Kultur- und Wirtschaftsraum. Wien: Promedia

Said, Edward (1978): Orientalism. London: Routledge & Kegan

Sansone, Livio/Soumonni/Barry, Boubacar (2008). Africa, Brazil and the Construction of Trans Atlantic Black Identities. Trenton/Asmara: Africa World Press

Santos Gomes, Flávio dos (2005): A hydra e os pântanos. Mocambos, quilombos y comunidades de fugitives no Brasil (séculos XVII-XIX), São Paulo: Editora UNESP

Savoia, Rafael, Hg. (1992): El negro en la historia: raíces africanas en la nacionalidad ecuatoriana, Quito: Centro Cultural Afroecuatoriano

Schmieder, Ulrike (2008a): Geschlechterrollen, Ethnizität und Klasse in Sklavereigesellschaften: Brasilien und Kuba im 19. Jahrhundert. In: Jahrbuch für Europäische Überseegeschichte: 57-90

Schmieder, Ulrike (2008b): Histories Under Construction: Slavery, Emancipation and Post-Emancipation in the French Caribbean. In: REVIEW, I XXXI/2: 217-242

Schramm, Katharina (2004): Struggling over the Past, the Politics of Heritage and Homecoming in Ghana. Diss. FU Berlin

Schulze, Reinhard (2004): Weltbilder der Aufklärung. Zur Globalgeschichte neuzeitlicher Wissenskulturen. In: Grandner, Margarete/Komlosy, Andrea, Hg.: Vom Weltgeist beseelt. Globalgeschichte 1700–1815. Wien: Promedia: 161-180

Schwartz, Stuart B., Hg. (2004): Tropical Babylons. Sugar and the Making of the Atlantic World, 1450–1680. Chapel Hill/London: University of North Carolina Press

Slenes, Robert M. (1999): Na senzala, uma flor: esperanças e recordações na formação da família escrava – Brasil Sudeste, século. Rio de Janeiro: Ed. Nova Fronteira

Solow, Barbara (1991): Introduction. In: Solow, Barbara, Hg.: Slavery and the Rise of the Atlantic System. Cambridge: Cambridge University Press

Soriano Hernández, Silvia (1994): Lucha y resistencia indígena en el México colonial. México: Univ. Nacional Autónoma de México

Spivak, Gayatri Chakravorty (1993): Can the Subaltern Speak? In: Williams, Patrick/Chrisman, Laura, Hg.: Colonial Discourse and Post-colonial Theory. Harlow: Pearson: 66-111

Stein, Stanley J./Stein Barbara (1970): The Colonial Heritage of Latin America. Essays on Economic Dependence in Perspective. New York: Oxford University Press

Strickrodt, Silke (2007): »If She no Learn, She no Get Husband.« Christianity, Domesticity and Education at the Church Missionary Society's Female Institution in Freetown, 1848–1880. In: Comparativ 17, 5-6: 14-35

Sweet, James Hoke (2003): Recreating Africa: culture, kinship, and religion in the African-Portuguese world 1441–1770. Chapel Hill: Univ. of North Carolina Press

Tannenbaum, Frank (^{2}1947): Slave and Citizen, The Negro in the Americas. New York: Knopf

Taylor, William B./Pease, Franklin, Hg. (1994): Violence, Resistance, and Survival in the Americas. Native Americans and the Legacy of Conquest. Washington/London: Smithsonian Institution Press

Thompson, Alvin O. (2006): Flight to Freedom, African Runaways and Maroons in the Americas. Kingston: University of the West Indies Press

Thornton, John (1992): Africa and Africans in the Making of the Atlantic World, 1400–1800. Cambridge: Cambridge University Press

Vale de Almeida, Miguel (2000): Um mar da cor da terra. Raça, cultura e política da identidade. Lisboa: Celta

Verlinden, Charles (1966): Les Origines de la civilisation Atlantique. De la Renaissance à l'âge des Lumières. Brüssel: La Renaissance du Livre

Vila Vilar, Enriqueta (1991): Los Corzo y los Mañara. Tipos y arquetipos del mercader con América. Sevilla: Escuela de Estudios Hispano-Americanos

Vila Vilar, Enriqueta (2003): Familia, linajes y negocios entre Sevilla y las Indias: los Almonte. Madrid: Fundación Mapfre Tavera

Wallerstein, Immanuel (1998–2004): Das moderne Weltsystem. Bde. I-III. Wien: Promedia

Whitten, Norman E. Jr./Torres, Arlene, Hg. (1998): Blackness in Latin America and the Caribbean. Bloomington/Indianapolis: Indiana University Press

Williams, Eric (1944): Capitalism and Slavery. Chapel Hill: University of North Carolina Press

Windus, Astrid (2005): Afroargentinier und Nation: Konstruktionsweisen afroargentinischer Identität im Buenos Aires des 19. Jahrhunderts. Leipzig: Leipziger Univ.-Verlag

Winkler, Heinrich August (2009): Geschichte des Westens. Von den Anfängen in der Antike bis zum 20. Jahrhundert. München: Beck

Vinson III, Ben/Restall, Matthew, Hg. (2009): Black Mexico. Race and Society from Colonial to Modern Times. Albuquerque: University of New Mexico Press

Wirz, Albert (1984): Sklaverei und kapitalistisches Weltsystem. Frankfurt am Main: Suhrkamp

Wirz, Albert (2000): Sklavenhandel, Sklaverei und legitimer Handel. In: Grau, Ingeborg/Mährdel, Christian/Schicho, Walter, Hg.: Afrika. Geschichte und Gesellschaft im 19. und 20. Jahrhundert. Wien: Promedia: 75-92

Wolf, Eric R. (1982): Europe and the People without History. Berkeley: University of California Press

Zeuske, Michael (2004): Schwarze Karibik. Sklaven, Sklavereikultur und Emanzipation. Zürich: Rotpunkt

Zeuske, Michael (2006): Sklaven und Sklaverei in den Welten des Atlantiks 1400–1940: Umrisse, Anfänge, Akteure, Vergleichsfelder und Bibliographien. Münster: Lit

Zeuske, Michael/Finzsch, Norbert (2003): Was kommt nach der Emanzipation? Ein mikrohistorischer Vergleich Kuba-USA. In: COMPARATIV 13/2: 81-115

Zips, Werner (2003): Afrikanische Diaspora: out of Africa – into New Worlds. Münster: Lit

Autorinnen und Autoren

Christian CWIK, Gastprofessor an der Universidad de Cartagena, (Kolumbien), Lehrbeauftragter für Iberische und Lateinamerikanische Geschichte der Universität zu Köln, Vorsitzender des Forschungs- und Kulturvereins für Kontinentalamerika und die Karibik Wien

Claus FÜLLBERG-STOLBERG, Professor für Neuere und Außereuropäische Geschichte an der Leibniz Universität Hannover

Wolfgang GABBERT, Professor für Entwicklungssoziologie und Kulturanthropologie, Sprecher der »Transformation Studies« und des »Master Atlantic Studies in History, Culture and Society« an der Leibniz Universität Hannover

Jana GOHRISCH, Professorin für Englische Literaturwissenschaft/ New English Literatures an der Leibniz Universität Hannover, Mitglied im Vorstand der »Transformation Studies«

Martina KALLER-DIETRICH, a.o. Universitätsprofessorin für Neuere Geschichte an der Universität Wien, Direktorin der Masterstudiengänge Global Studies und Latin American Studies der Universität Wien

Hans-Heinrich NOLTE, Professor für Osteuropäische Geschichte an der Leibniz Universität Hannover i. R., Vorstandsmitglied im Verein für Geschichte des Weltsystems und Herausgeber der »Zeitschrift für Weltgeschichte«

Brigitte REINWALD, Professorin für Afrikanische Geschichte und Sprecherin der Forschungsinitiative der Leibniz Universität Hannover „Relations of Difference, Dynamics of Conflict in Global Perspective«

Kirsten RÜTHER, Privatdozentin und wissenschaftliche Mitarbeiterin für Afrikanische Geschichte an der Leibniz Universität Hannover

Ulrike SCHMIEDER, Lateinamerikahistorikerin und Koordinatorin der »Transformation Studies« und des »Master Atlantic Studies in History, Culture and Society« an der Leibniz Universität Hannover

Karl-Heinz SCHNEIDER, Professor für Neuere und Neueste Geschichte unter besonderer Berücksichtigung der Regionalgeschichte an der Leibniz Universität Hannover

Arno SONDEREGGER, Lektor für Wissenschaftsgeschichte, Geschichte und Internationale Entwicklung am Institut für Afrikawissenschaften der Universität Wien